Ditmar Brock

Globalisierung

Ditmar Brock

Globalisierung

Wirtschaft – Politik –
Kultur – Gesellschaft

VS VERLAG FÜR SOZIALWISSENSCHAFTEN

Bibliografische Information Der Deutschen Nationalbibliothek
Die Deutsche Nationalbibliothek verzeichnet diese Publikation in der
Deutschen Nationalbibliografie; detaillierte bibliografische Daten sind im Internet über
<http://dnb.d-nb.de> abrufbar.

1. Auflage 2008

Alle Rechte vorbehalten
© VS Verlag für Sozialwissenschaften | GWV Fachverlage GmbH, Wiesbaden 2008

Lektorat: Frank Engelhardt

Der VS Verlag für Sozialwissenschaften ist ein Unternehmen von Springer Science+Business Media.
www.vs-verlag.de

Das Werk einschließlich aller seiner Teile ist urheberrechtlich geschützt. Jede Verwertung außerhalb der engen Grenzen des Urheberrechtsgesetzes ist ohne Zustimmung des Verlags unzulässig und strafbar. Das gilt insbesondere für Vervielfältigungen, Übersetzungen, Mikroverfilmungen und die Einspeicherung und Verarbeitung in elektronischen Systemen.

Die Wiedergabe von Gebrauchsnamen, Handelsnamen, Warenbezeichnungen usw. in diesem Werk berechtigt auch ohne besondere Kennzeichnung nicht zu der Annahme, dass solche Namen im Sinne der Warenzeichen- und Markenschutz-Gesetzgebung als frei zu betrachten wären und daher von jedermann benutzt werden dürften.

Umschlaggestaltung: KünkelLopka Medienentwicklung, Heidelberg

ISBN 978-3-531-15398-8

Inhalt

Vorbemerkung und Danksagung 6

Kapitel 1
Zum Globalisierungsbegriff 7

Kapitel 2
Der wirtschaftliche Aspekt: Die Entwicklung einer global
vernetzten Weltwirtschaft 23

Kapitel 3
Der politische Aspekt: Reaktionen von Staat und
Zivilgesellschaft auf die aktuelle Phase wirtschaftlicher
Globalisierung 75

Kapitel 4
Kulturelle Globalisierung 117

Kapitel 5:
Der gesellschaftliche Aspekt. Auf dem Wege zur
Weltgesellschaft? 173

Literaturverzeichnis 239

Sachregister 251

Vorbemerkung und Danksagung

Wichtige Begriffe und Aussagen werden im Text kursiv, sehr wichtige fett kursiv hervorgehoben. Das soll den Text übersichtlicher machen und auch das Nachschlagen und vergleichen erleichtern. Hierzu dient auch das Sachregister. Merksätze halten zudem wichtige Aussagen fest, Anregungen sollen die selbstständige Verarbeitung des Gelesenen unterstützen.

Weiterhin möchte ich den Studenten der Soziologie an der TU Chemnitz, Benjamin Kahlert, Dietmar Mälzer und Max Wolf herzlich danken. Wenn der Text relativ arm an Rechtschreibfehlern, gut lesbar und an den richtigen Stellen durch Merksätze und Anregungen für Studierende nützlicher geworden sein sollte, dann ist dies vor allem ihr Verdienst. Dort, wo sie das Buch durch eigene Recherchen und Rohtexte bereichert haben, werden sie als Koautoren genannt. Für alles Kritikwürdige haftet wie üblich der Autor.

Kapitel 1
Zum Globalisierungsbegriff

1.	Was ist Globalisierung?	7
1.1	Globalisierungsdebatten	7
1.2	Ist Globalisierung ein politisches Schlagwort oder ein reales Phänomen?	9
1.3	Globalisierung oder Denationalisierung?	10
1.4	Ansatzpunkte zur Präzisierung des Globalisierungsbegriffs	12
1.5	Einfallstore für zwischengesellschaftliche Sozialkontakte	14
1.6	Die „Herausforderungen" der Globalisierung	16
1.7	Ein kurzer Überblick über die weiteren Kapitel dieses Buches	18

1 Was ist Globalisierung?

„Nicht selten wird das Wort ‚global' leichtfertig verwendet für Dinge, die nur weit weg, irgendwo in der Ferne geschehen" (Dahrendorf 2002: 16).

In den öffentlichen Debatten um Veränderungen in Wirtschaft und Gesellschaft gehört der Begriff „Globalisierung" inzwischen zum Standardrepertoire. Vieles, wenn nicht alles, hängt „irgendwie" mit „der" Globalisierung zusammen. Das muss keineswegs bedeuten, dass dieser Begriff eine klare oder gar eindeutige Bedeutung hat. Bei genauerem Hinsehen zeigt sich, dass der Begriff sehr unterschiedlich verwendet wird und dass mit „Globalisierung" oft ganz unterschiedliche Dinge angesprochen werden. Daher ist es unumgänglich, sich zunächst Klarheit über den Begriff zu verschaffen.

1.1 Globalisierungsdebatten

Nicht nur in den Medien und der politischen Öffentlichkeit wird Globalisierung als ein **politisches Schlagwort** benutzt. Auch in der Globalisierungsliteratur (exemplarisch: Beck 1998) stößt man auf die tief sitzende Vermutung, dass Globalisierung primär als ein politisches Schlagwort zu verstehen sei. Das ist überaus nahe liegend. Unternehmen drohen mit Standortverlagerung, wenn die Mitarbeiter nicht bereit sind länger zu arbeiten oder massive Gehaltskürzungen in Kauf zu nehmen. Politische Akteure bitten die Öffentlichkeit um Verständnis dafür, dass Kürzungen sozialstaatlicher Leistungen unumgänglich seien, um den Standort Deutschland für den globalen Wettbewerb fit zu machen. In der öffentlichen Debatte konkretisiert sich der Begriff Globalisierung typischerweise in derartigen Argumenten. Unangenehme, den Wählern oder Mitarbeitern schwer zu vermittelnde Absichten werden typischerweise mit „der Globalisierung" begründet.

Daneben wird der Begriff auch *mit grundsätzlicheren Veränderungsabsichten* gebraucht. In dieser Hinsicht knüpft Globalisierung an die alte liberale Utopie einer Bürgergesellschaft ohne bzw. mit möglichst wenig Staat an. Aus diesem Blickwinkel heraus thematisiert Globalisierung eine Intensivierung des Wettbewerbs zwischen Wirtschaftsakteuren und Staaten, die alles Ineffiziente in Frage stellt (z.B. Dahrendorf 2002). Ineffizient sind aus dieser Sicht insbesondere die sozialstaatliche Daseinsfürsorge und staatlich organisierte Leistungen. Der *Effizienzdruck der Globalisierung* wird aus dieser Sicht über kurz oder lang dazu führen, dass nicht nur Eisenbahnen und Telekommunikation, sondern auch Leistungen wie der Betrieb von Gefängnissen oder von Bildungseinrichtungen durch privatwirtschaftliche Unternehmen organisiert werden, weil sie eben effizienter arbeiten als der Staat.

Während Globalisierung auf der einen Seite des politischen Spektrums die Hoffnung schürt, dass die letzte nach dem Niedergang des Marxismus noch verbliebene Gesellschaftsideologie des Liberalismus nun endlich die Realität durchgängig prägen könne, erweckt genau diese Perspektive auf der anderen Seite des politischen Spektrums die Angst, dass die Chancen eines verantwortlichen Umgangs mit den ökologischen und sozialen Problemen des Planeten nun definitiv vertan werden. Aus der Sicht der *Globalisierungskritiker* eskalieren durch das ökonomische Zusammenwachsen die *Gefahren einer globalen Umweltzerstörung und eines globalen Sozialabbaus* (exemplarisch Chossudowski 2002; Mander/ Goldsmith 2002; Martin/Schumann 1996; Altvater/Mahnkopf 1996). Aus dieser Perspektive aktualisiert die wirtschaftliche Globalisierung die globale ökologische wie soziale Verantwortlichkeit der Menschen. Die soziale und ökologisch tragfähige Gestaltung der gesamten Welt wird somit als verantwortliche Aufgabe zum Thema (vgl. z.B. Kingsnorth 2002; zusammenfassend Leggewie 2003).

Kapitel 1: Zum Globalisierungsbegriff

> ➔ In Globalisierungsdebatten in den Medien und der politischen Öffentlichkeit wird Globalisierung zumeist als Schlagwort gebraucht, um unpopuläre Reformvorschläge als unausweichlich zu rechtfertigen oder Kritik am Sozial- und Wohlfahrtstaat zu üben. Dabei bleibt meist unklar, ob Globalisierung mehr ist als nur ein politisches Schlagwort.
>
> *Anregung: Schauen Sie sich doch einmal in diversen Verbreitungsmedien (Zeitschriften, Internet, Fernsehen) die Benutzung des Terminus „Globalisierung" an und achten Sie darauf, in welchem Zusammenhang dieser gebraucht wird.*

1.2 Ist Globalisierung ein politisches Schlagwort oder ein reales Phänomen?

Wenn man diese Debatten inspiziert, dann drängt sich die Frage nach dem Realitätsgehalt dessen auf, was jeweils als Globalisierung bezeichnet wird. Eine Möglichkeit wäre, dass Globalisierung nur als ein universelles Stichwort in politischen Kontroversen fungiert. Es wird deswegen so häufig benutzt, weil es Wasser auf die Mühlen nicht nur einer, sondern unterschiedlicher gesellschaftspolitischer Positionen bringt. *Globalisierung ist aus dieser Sichtweise nur deswegen zu einer Standardvokabel im politischen Diskurs geworden, weil nahezu jede Richtung Programmatisches dazu zu sagen hat.* Daraus speist sich dann die soziale Bedeutung von „Globalisierung". Denn nach dem Thomas-Theorem (vgl. Keller 2007) sind Phänomene, die die Menschen als real ansehen, auch in ihren Konsequenzen real. Das „Phänomen" Globalisierung wäre dann mit der Begriffsverwendung weitgehend identisch und könnte ausschließlich über eine Rekonstruktion der diversen Globalisierungsdiskurse erfasst werden.

Die konträre Auffassung bringt Globalisierung dagegen mit drastischen realen Veränderungen in Zusammenhang. Aus dieser Sichtweise verweist der Begriff auf *neue Möglichkeiten wirtschaftlicher und auch politischer Vernetzung über nationale Grenzen hinweg.* So haben z.B. politische Großereignisse wie der Zusammenbruch des realen Sozialismus in Verbindung mit einer Globalisierung infrastruktureller Möglichkeiten sowie neuen Transport- und Kommunikationstechnologien dafür gesorgt, dass die klassische Scheidelinie zwischen Erster und Dritter Welt immer brüchiger und in absehbarer Zeit anderen Strukturen weichen wird. Der „Turbokapitalismus" ist aus diesem Blickwinkel als ein ganz reales

Phänomen aufzufassen, das auch unabhängig von Globalisierungsdiskursen existiert (vgl. z.B. Martin/Schumann 1996; Rifkin 1996).

Wenn man nach gut 15 Jahren internationaler Diskussion Bilanz zieht, dann trifft man nur noch auf ganz wenige Anhänger der ersten Variante. Es hat sich vielmehr eine Art Synthese durchgesetzt, die sich vielleicht so zusammenfassen lässt: Globalisierung ist ein politisches Schlagwort, das aber mit ganz realen, neuartigen Handlungsoptionen verknüpft ist. Für Unternehmen haben sich die Möglichkeiten, global zu agieren, deutlich verbreitert, woraus aber Gestaltungsfragen entstehen, die im politischen Diskurs entschieden werden müssen. Mit anderen Worten: *Es bestehen heute kaum noch Zweifel am Phänomen einer neuartigen oder einfach nur dynamisierten und weiterreichenden wirtschaftlichen Globalisierung. Sie ist mit tief greifenden politischen und sozialen Veränderungen im globalen Rahmen verknüpft, die die politischen Systeme wie die Zivilgesellschaften vor neue Aufgaben stellen.* Die Neuartigkeit dieser Aufgaben ist aber kein Hindernis dafür, dass die relevanten Akteure nach wie vor auf bisher etablierte politische Rezepte und Positionen zurückgreifen.

➜ Globalisierung ist zweifelsfrei ein reales Phänomen.

Anregung: Werfen Sie doch mal einen Blick in Ihren Kühl- oder Kleiderschrank und sehen Sie nach, wo die Nahrungsmittel oder Kleidungsstücke gefertigt wurden.

1.3 Globalisierung oder Denationalisierung?

Auch wenn sich die Sichtweise durchgesetzt hat, dass Globalisierung ein reales Phänomen und keine bloße Drohkulisse ist, so bestehen für die wissenschaftliche Aufarbeitung des Phänomens nach wie vor erhebliche Probleme, zwischen harten Fakten und ideologischem Pulverdampf zu unterscheiden. Dieses für die Sozialwissenschaften typische Problem hat insbesondere in den Politikwissenschaften dazu geführt, dass man versuchsweise den Begriff der **Denationalisierung** an die Stelle von Globalisierung setzt, um das Phänomen besser präzisieren zu können.

Für den Begriff Denationalisierung werden zwei Hauptargumente ins Feld geführt: Das erste Argument hebt hervor, dass Globalisierung, wenn man die harten Fakten ansieht, gerade *kein* globales Phänomen ist. Zumindest im Negativ-

Kapitel 1: Zum Globalisierungsbegriff

verfahren könne man bestimmte Weltgegenden wie insbesondere Schwarzafrika ausschließen (vgl. z.B. Zürn 1998; Castells 2003). Sie seien eben gerade nicht Teil eines globalen wirtschaftlichen Netzwerks geworden, sondern spielten immer noch als Standorte global agierender Unternehmen eine allenfalls marginale Rolle.

Das zweite grundlegendere Argument lautet: Wenn man zu präzisieren versucht, was sich in den letzten Jahrzehnten tatsächlich geändert hat, dann stößt man immer wieder darauf, dass *nationalstaatliche Grenzen* durchlässig geworden und damit ihre zuvor unbezweifelbar existierende Ordnungsfunktion verloren hätten.

Diese Argumentation ist für eine auf politikwissenschaftliche Aspekte beschränkte Behandlung von Globalisierungseffekten durchaus plausibel. Man darf dabei allerdings nicht übersehen, dass die begriffliche Präzisierung hier auf Kosten der Wahrnehmung des Phänomens Globalisierung geht. *Mit Denationalisierung erfassen wir immer nur einen Teil des Globalisierungsphänomens.* Bei dieser Verkürzung drohen vor allem folgende drei Aspekte aus dem Blickfeld zu geraten:

1. Globalisierung lässt sich nicht nur auf wirtschaftliche und politische Aspekte reduzieren. Das Phänomen hat immer auch eine *kulturelle wie eine soziale Dimension*, von denen der Begriff Denationalisierung eher ablenkt.
2. Wie wir noch sehen werden (vgl. Kapitel 2), sensibilisiert Denationalisierung nur für die aktuellen wirtschaftlichen und politischen Aspekte von Globalisierung, schneidet aber die *historische Dimension* des Phänomens ab. *Der Einstieg in die wirtschaftliche Globalisierung war nicht mit Denationalisierung, sondern gerade umgekehrt mit Nationalisierung verknüpft* (vgl. Wallerstein 1974).
3. Sozialhistoriker wie Kultursoziologen sind in den letzten Jahrzehnten auf unterschiedlichen Wegen zu der Auffassung gekommen, dass „der" Nationalstaat im Sinne einer direkten Verbindung zwischen ökonomischen, politischen, kulturellen und sozialen Grenzen mehr eine ideologische Fassade als eine soziale Realität sei (vgl. zusammenfassend Tenbruck 1984). Das bedeutet aber, dass der begriffliche Ausgangspunkt der Denationalisierungsthese, *der Nationalstaat, zu einem problematischen Begriff geworden ist*, der seine klaren Konturen insbesondere aufgrund präziserer sozialhistorischer Untersuchungen weitgehend verloren hat.

Aus diesen Einwänden ergibt sich ein klares Fazit: *Wer am Gesamtphänomen Globalisierung interessiert ist, kann nicht hoffen, es über den Begriff der Denationalisierung besser erfassen zu können.*

> Es ist sicher wünschenswert Globalisierung durch präzisere Begriffe zu ersetzen. „Denationalisierung" ist aber keine bessere Alternative. Denationalisierung blendet die kulturelle, soziale und historische Dimension der Globalisierung weitgehend aus und übersieht die begrifflichen Schwierigkeiten im Zusammenhang mit dem „Nationalstaat".
>
> *Anregung: Machen Sie sich mit den Begriffen „Nationalstaat" und „Denationalisierung" vertraut.*

1.4 Ansatzpunkte zur Präzisierung des Globalisierungsbegriffs

Was kann man also unter Globalisierung verstehen, wenn man (a) sowohl ökonomische, politische, kulturelle wie soziale Globalisierungsphänomene erfassen möchte und (b) zudem unterschiedliche historische Formen und Etappen der Globalisierung im Auge behalten möchte? Da Globalisierung ganz ähnlich wie auch Modernisierung ein *Prozessbegriff* ist, kann man zunächst versuchen, sowohl den *Einstieg* in den Prozess der Globalisierung als auch den *logischen Endpunkt* des Prozesses begrifflich zu fassen.

Ein Einstieg in Phänomene der Globalisierung findet immer dann statt, wenn soziale Beziehungen (welcher Art auch immer) zwischen den Mitgliedern mindestens zweier Gesellschaften, also *zwischengesellschaftliche Beziehungen*, etabliert werden können. Der logische Endpunkt des Phänomens der Globalisierung ist dann erreicht, wenn die zwischenmenschlichen Sozialkontakte *global* miteinander *vernetzt* sind und demnach alle existierenden Gesellschaften einschließen. Weniger abstrakt ausgedrückt *setzen Phänomene der Globalisierung dann ein, wenn Sozialkontakte zu „Fremden"* (vgl. zusammenfassend Merz-Benz/ Wagner 2002) *aufgenommen und stabilisiert werden*. Der Endpunkt der Globalisierung ist in einer **Weltgesellschaft** (vgl. Stichweh 2000) erreicht, die keine Totalkonstruktion sein muss, sondern eher so etwas wie ein *zwischengesellschaftliches Netzwerk* darstellen könnte.

Der begriffliche Ausgangspunkt dieses Definitionsvorschlags ist die Gesellschaft, nicht der Nationalstaat. Damit ist ein allgemeinerer begrifflicher Ausgangspunkt gewonnen, denn der Nationalstaat ist ja nur eine bestimmte Ausprägung, ein historischer Typ von Gesellschaft. Unter Gesellschaft wird hier eine kulturelle Totalkonstruktion verstanden, die ihren Mitgliedern eine für sie ver-

Kapitel 1: Zum Globalisierungsbegriff

bindliche Welt vorgibt (*Weltverständnis*), innerhalb derer jedes Gesellschaftsmitglied platziert wird (*Sozialstruktur*) und bestimmte Aufgaben übernimmt, deren Ausführung zumindest teilweise kulturell normiert ist (*ritualisierte Praxis*)[1]. Mit dem Begriff „Totalkonstruktion" soll ausgedrückt werden, dass Gesellschaften eine für ihre Mitglieder verbindliche soziale Realität bereitstellen, die vollständig ist. Grenzen einer Gesellschaftskonstruktion werden daher erst im Kontakt mit den Mitgliedern *anderer* Gesellschaften, mit anderen ebenfalls als „Totalkonstruktionen" konzipierten Sprachen und Kulturen, mit anderen Sozialstrukturen und gesellschaftlichen Praktiken sichtbar. Diese Grenzen weisen die charakteristischen Merkmale von Abschlussgrenzen[2] auf.

Der Einstieg in die mit Globalisierung apostrophierten Phänomene findet dann statt, wenn stabile Sozialkontakte zu „Fremden", also zu Mitgliedern anderer Gesellschaften aufgenommen werden und Dauer gewinnen, ohne dass diese Fremden Teil der Gesellschaft werden oder die „andere" Gesellschaft eliminiert wird. Solche Fremden können beispielsweise Händler, Wandermönche, Räuber oder Abenteurer sein. Derartige *zwischengesellschaftliche Beziehungen* können nur dann geknüpft werden, wenn diese zwischengesellschaftlichen Differenzen nicht (etwa durch Eroberung oder Missionierung) eingeebnet werden und gegebenenfalls nur noch als innergesellschaftliche Differenzen fortexistieren.

 Globalisierung ist ein Prozessbegriff, der in soziologischer Hinsicht bei zwischengesellschaftlichen Beziehungen beginnt und einen Endpunkt mit einem weltumspannenden zwischengesellschaftlichen Netzwerk erreicht.

Anregung: Überlegen Sie sich Beispiele für zwischengesellschaftliche Beziehungen.

---

[1] Dieser Gesellschaftsbegriff wird eingehend erläutert bei Brock (2006).
[2] *„Abschlussgrenzen'* nehmen nur eine Einheit in den Blick, betonen aber deren interne Strukturierung im Sinne von Zentrum und Peripherie, von Ausdehnung und Reichweite. Ihre Funktion ist die Beschränkung und das Maß, zugleich stellen sie aber eine Herausforderung dar, die Beschränkung hinauszuschieben und das Operationsfeld zu erweitern" (Brock et al. 2006; vgl. weiterhin Brock/Holly/Ohler/ Voß 2005). In Gesellschaften werden derartige Grenzen des Denkbaren, des Kommunizierbaren und des Realisierbaren erst in zwischengesellschaftlichen Beziehungen sichtbar.

1.5 Einfallstore für zwischengesellschaftliche Sozialkontakte

Mit dieser vorläufigen Definition ist zwar einer verkürzten Sichtweise von Globalisierung ein Riegel vorgeschoben worden. Mehr ist aber noch nicht gewonnen. Insbesondere kommt es nun darauf an, ein Verständnis für die Brisanz des Phänomens zu entwickeln. Ein Ansatzpunkt hierfür sind Mechanismen, über die sich zwischengesellschaftliche Sozialkontakte typischerweise vollziehen: Austausch von Gütern wie von Gedanken und Verbreitungsmedien. Sowohl Gütertausch und Handel wie auch Verbreitungsmedien sind wichtige Formen innergesellschaftlichen Austauschs, die aber auch leicht für die Überschreitung der Grenze der eigenen Gesellschaft genutzt werden können.

Austausch und Handel über die Grenzen einer Gesellschaft hinweg wird seit Jahrtausenden betrieben und hat keineswegs nur Hochkulturen bereichert und teilweise sicherlich auch irritiert. So ist beispielsweise Bernstein schon vor 5000 Jahren nach Mesopotamien gelangt. Produkte der römischen Zivilisation haben u.a. den umgekehrten Weg an die Bernsteinküste genommen. Wir nähern uns dem Phänomen Globalisierung, wenn wir solche *zwischengesellschaftlichen Austauschbeziehungen* betrachten, die organisiert waren und über längere Zeiten hinweg stabil funktioniert haben.

Unverzichtbare Rohstoffe und lebensnotwendige Nahrungsmittel wurden schon seit Jahrtausenden importiert. So war das holzarme Ägypten beispielsweise schon sehr früh auf den Import von Bau- und Möbelholz angewiesen. Hierzu muss allerdings ergänzt werden, dass friedlicher Handel nur die am wenigsten ruhmreichste unter drei Möglichkeiten war, in den Besitz derartiger rarer und deswegen kostbarer Dinge zu kommen. Die ruhmreichste Möglichkeit wäre bei diesem Beispiel gewesen, wenn die Ägypter das nächste holzreiche Gebiet, den Libanon erobert und dauerhaft unter ihre Kontrolle gebracht hätten. Das ist ihnen aber nur während eines vergleichsweise kurzen Zeitraums gelungen. Die zweite Möglichkeit bestand in erfolgreichen Raubzügen, die gerade die Ägypter immer wieder unternommen haben. Die am wenigsten ehrenvolle Möglichkeit des friedlichen Handels hat sich indessen schon damals als die stabilste und ressourcenschonendste erwiesen. Nur in diesem Fall ist eine beidseitige Win-Win-Situation denkbar. An diese Gewinne können aber auch innergesellschaftliche Aktivitäten anknüpfen und aufbauen. So macht zum Beispiel der Holzimport erst bestimmte Bauweisen möglich. Er kann aber auch zur Grundlage für berufliche und gewerbliche Spezialisierungsprozesse werden und so neue innergesellschaftliche Realitäten schaffen, die aber immer davon abhängig sind, dass der Import weiter geht.

Das Beispiel zeigt, wie zwischengesellschaftlicher Austausch, wenn er erfolgreich ist, innergesellschaftliche Aktivitäten hervorbringt und damit auch Interessen und Abhängigkeiten gegenüber dem Austauschprozess schafft.

Das zweite Einfallstor für die Etablierung zwischengesellschaftlicher Sozialbeziehungen ist kultureller Art. Es besteht in dem Austausch von Gedanken und Ideen, der über *Verbreitungsmedien* eine neue raum- und zeitübergreifende Qualität gewinnt. Es ist an die Institution der Übersetzung gebunden. Durch Übersetzung von einer Sprache in die andere bereichern sich Kulturen gegenseitig, wie sich wohl am instruktivsten im religiösen Bereich demonstrieren lässt (vgl. Eliade 1978). Ideen, Konstruktionen, Semantiken dringen so in die nur scheinbar geschlossene Symbolwelt einer Gesellschaft ein und lösen dort ebenso wie die Ergebnisse von zwischengesellschaftlichen Tauschprozessen eigene Reaktionen aus. Als besonders fruchtbar erweisen sich vielfach Begriffe, die als Lehnworte übernommen werden, wenn sie sich nicht übersetzen lassen, also keine direkte Repräsentanz in der Realität der aufnehmenden Gesellschaft haben. So drückt sich beispielsweise der intensive Einfluss der chinesischen Kultur auf Japan in einem hohen Anteil an Lehnworten aus dem Chinesischen aus (vgl. Coulmas 1993: 26). Diese Prozesse haben sich offenbar bereits vor der Entwicklung des Mediums der Schrift immer wieder ereignet. Sie gewinnen – wie etwa die internationale Verbreitung englischer Begriffe aus dem Computerbereich demonstriert – aber durch Verbreitungsmedien wie Schrift, Buchdruck und die heutigen elektronischen Medien eine ganz andere interkulturelle Reichweite und Durchdringungstiefe.

Was mit diesen Formulierungen gemeint ist, kann man am historischen Beispiel von Luthers Bibelübersetzung gut nachvollziehen. Während zuvor die Kenntnis des Bibeltextes nur einer kleinen Elite vorbehalten war, die die griechischen oder lateinischen Versionen zu lesen vermochte, ermöglichte die Übersetzung in das Deutsche nun einem wesentlich größeren Kreis Lesekundiger einen direkten Zugang zu diesem Text. Durch die Technik des Buchdrucks konnte zudem eine wesentlich breitere Streuung des Textes, eine höhere soziale Zugänglichkeit als noch bei handschriftlicher Vervielfältigung erreicht werden. Genau aus diesem Grund hatte Luther das Projekt der Bibelübersetzung in Angriff genommen. Sein Ziel bestand darin, die Gläubigen von der Wissensvermittlung durch religiöse Spezialisten unabhängig zu machen. Die Auseinandersetzung mit dem religiösen Text sollte eben von den Gläubigen selbst, dezentral und ungelenkt von den gesellschaftlichen Autoritäten stattfinden. Zwar war es schon vor der Bibelübersetzung Luthers in vielen Ländern zu vergleichsweise raschen religiösen Veränderungsprozessen gekommen – man denke nur an den Siegeszug des Buddhismus in China einige Jahrhunderte früher. Die Reformation in Deutschland setzte sich aber nicht nur noch schneller durch, sie führte auch zur Herausbildung einer großen Zahl unterschiedlicher Strömungen und Sekten mit jeweils ganz unterschiedlichen sozialen Folgewirkungen. Und sie blieb nicht auf den deutschen Sprachraum beschränkt.

➔ Austausch, Handel und Verbreitungsmedien sind wichtige Formen zwischengesellschaftlicher Sozialkontakte und erleichtern das Verständnis für den Prozess der Globalisierung.

Anregung: Überlegen Sie sich, welche internationalen Verbreitungsmedien Sie in Ihrem Alltag verwenden.

1.6 Die „Herausforderungen" der Globalisierung

Das Beispiel von Luthers Bibelübersetzung führt in den sozialen und politischen Hauptaspekt des Globalisierungsthemas ein, der üblicherweise mit der Vokabel „Herausforderung" umschrieben wird. Denn das eigentlich Interessante am Globalisierungsthema scheinen weniger die zwischengesellschaftlichen Beziehungsgeflechte und die darüber transportierten Gedanken oder Produkte zu sein. Ausschlaggebend ist vielmehr die jeweilige *innergesellschaftliche Resonanz*, die derartige Prozesse auslösen kann. Die Herausforderungen der Globalisierung betreffen in erster Linie die „Gralshüter" des Bestehenden. Sie treffen Politik und Gesellschaft.

Hier liegt eine wichtige Pointe des Globalisierungsbegriffs. Das Phänomen der Globalisierung ist vergleichsweise trivial. Deswegen ist durch eine reine Definition des Globalisierungsbegriffes noch nicht viel gewonnen. Die hier gegebene Definition über zwischengesellschaftliche Beziehungen unterscheidet sich von anderen[3] zunächst nur dadurch, dass sie ziemlich weit gefasst ist und auf ein

---

[3] Wenn man nach Definitionen von Globalisierung sucht, trifft man vor allem auf wortreiche Umschiffungsversuche definitorischer Festlegungen. „Globalisierung ist sicher das am meisten gebrauchte – missbrauchte – und am seltensten definierte, wahrscheinlich missverständlichste, nebulöseste und politisch wirkungsvollste (Schlag- und Streit-) Wort der letzten, aber auch der kommenden Jahre" (Beck 1998: 42). Held u.a. (1999: 16) fixieren den Begriff als „Transformation der räumlichen Organisation sozialer Beziehungen und Transaktionen" (näheres hierzu im ersten Abschnitt des 5. Kapitels). Dass es

Kapitel 1: Zum Globalisierungsbegriff

umfassendes Verständnis von Globalisierungsvorgängen abzielt. Der entscheidende Punkt ist aber, dass man versteht, *warum relativ stabile grenzüberschreitende Sozialbeziehungen, warum Tausch und interkultureller Kontakt sich nicht immer, aber doch häufig zu Herausforderungen für Politik und Gesellschaft entwickeln können.*

Globalisierung ist deswegen so problematisch, weil die gesellschaftlichen Instanzen der Kontrolle und Integration, die gesamte gesellschaftliche Ordnung immer innergesellschaftliche Konstruktionen sind, die die Grenzen der eigenen Gesellschaft nicht überschreiten können. Die klassischen Mittel grenzüberschreitender Politik, Drohung und militärische Gewalt, können zwar im Sinne einer „ultima ratio" auch gegenüber Fremden eingesetzt werden. Sie sind aber immer zweischneidig und aufwändig. Zudem sind sie gegenüber vielen Formen zwischengesellschaftlicher Kontakte äußerst stumpfe Instrumente. Es wird sich allerdings zeigen, dass es im Zusammenspiel zwischen Politik und Zivilgesellschaft durchaus möglich ist zwischengesellschaftliche Sozialbeziehungen zum Nutzen der eigenen Gesellschaft zu steuern und zu kanalisieren. Dieses Unterfangen ist aber immer risikoreich und in der Regel nur dann von dauerhaftem Erfolg gekrönt, wenn es auf beiden Seiten durch Interessen an der Aufrechterhaltung der zwischengesellschaftlichen Beziehung unterstützt wird. *In jedem Fall aber bedeuten zwischengesellschaftliche Sozialbeziehungen deshalb eine Herausforderung, weil sie mit den üblichen innergesellschaftlich etablierten Ordnungsmustern und Handlungsroutinen in der Regel nicht organisiert werden können. Sie nehmen daher vielfach die Rolle eines Fremdkörpers ein, eines Handlungsbereiches, für den eigene besondere Regeln gefunden werden müssen.*

---

um die räumliche Organisation sozialer Beziehungen geht, ist vermutlich als kleinster gemeinsamer Nenner konsensfähig, aber wie die weiteren Überlegungen zu Grenzen in diesem Band zeigen, vermutlich zu oberflächlich. Es ist symptomatisch, dass die Definitionsfrage meist über das Ausweisen von Dimensionen umgangen wird. Die hier verwendeten vier Dimensionen Wirtschaft, Politik, Kultur und Gesellschaft strukturieren u.a. auch den Reader von Lechner und Boli (2004). Giddens (1995: 93; Schaubild 2) nennt neben Wirtschaft und Politik die militärische Dimension und die internationale Arbeitsteilung. Beck unterscheidet „ohne Anspruch auf Vollständigkeit" (Beck 1998: 42) sechs Dimensionen: Kommunikationstechnik, Ökologie, Wirtschaft, Arbeitsorganisation, Kultur, Zivilgesellschaft.

> ➔ Wir betrachten grenzüberschreitende Sozialbeziehungen deshalb häufig als „Herausforderung", weil auf sie die in einer Gesellschaft ganz selbstverständlich geltenden Regeln und Gewohnheiten nicht angewendet werden können. Es sind ja immer auch „Andere" beteiligt.
>
> *Anregung: Denken Sie in diesem Zusammenhang an die Wiedervereinigung Deutschlands. Der schnelle Anschluss der ostdeutschen Länder an die BRD ließ eine Debatte über gemeinsame Regeln nicht zu. Damit waren jetzt „Andere", für die Westdeutschen „Ossis" und für die Ostdeutschen „Wessis", im eigenen Land.*

1.7 Ein kurzer Überblick über die weiteren Kapitel dieses Buches

Gerade in der Soziologie sind Veröffentlichungen zum Thema Globalisierung nahezu unüberschaubar geworden. Insbesondere im angelsächsischen Bereich werden seit Jahren nahezu sämtliche Themenbereiche auch unter dem Globalisierungsgesichtspunkt beleuchtet. In den deutschsprachigen wie auch bei französischen Veröffentlichungen fallen dagegen eher globalisierungskritische Bücher ins Auge, die sich weniger an ein wissenschaftliches Publikum, sondern eher an eine breite politisch, sozial und ökologisch interessierte Öffentlichkeit richten. Nebenbei bemerkt, kommen in diesem Segment globalisierungskritischer Literatur auch Auflagen zustande, die diesen Markt für die *global players* unter den Medienkonzernen attraktiv macht.

Dieses Buch bietet keinen Überblick über diese Literatur, weil nach Einschätzung des Autors der Ertrag oft gering ist und die meisten dieser Veröffentlichungen in fünf Jahren vergessen sein werden. Eine gute und durchaus auch repräsentative Einführung in den angelsächsischen Globalisierungsdiskurs bietet der Reader von Frank Lechner und John Boli (Lechner/Boli 2004). Die aktuelle Globalisierungskritik entnehmen sie bitte den Verlagsanzeigen. Zum Zeitpunkt der Überarbeitung dieser Einleitung ist der international aktuellste Titel schon aufgrund des immensen Medienrummels der neue Bestseller von Naomi Klein (2007). Diese Einführung in das Globalisierungsthema ist anders angelegt. Sie zielt darauf ab, Globalisierung als ein soziales Phänomen zu rekonstruieren, das den Alltag der Menschen seit langem verändert hat und auch in Zukunft weiter ver-

Kapitel 1: Zum Globalisierungsbegriff

ändern wird. Hierbei wird die für diesen Zweck dienliche Literatur benutzt. Für ein solches Vorhaben ist es eher hinderlich, das Ohr allzu sehr am Puls der Zeit zu haben – zumindest insoweit die Globalisierung nur in den Medien beobachtet wird.

Im zweiten Kapitel wird es darum gehen, die aktuellen Formen wirtschaftlicher Globalisierung zu verstehen. Das kann aber nur gelingen, wenn wir beachten, dass sich unser heutiges Wirtschaftssystem schon seit Jahrhunderten auch durch Globalisierung entwickelt hat. Aus einem solchen Blickwinkel wird sichtbar, dass sich die Nutzung der Möglichkeiten globaler Verflechtung in den 70er Jahren des letzten Jahrhunderts entscheidend verändert hat. Seitdem emanzipieren sich die Unternehmen immer stärker von nationalstaatlicher Protektion und organisieren ihre Geschäftsinteressen global. Das hat zu einer entscheidenden Dynamisierung des Wirtschaftssystems geführt, zu einer Erfolgsgeschichte des Kapitalismus, die allerdings Probleme in der Umwelt des Wirtschaftssystems produziert, wie sie zuvor unbekannt waren. Solche für das Verständnis der Probleme wirtschaftlicher Globalisierung entscheidenden Veränderungen können aber nur sichtbar gemacht werden, wenn sie mit älteren Formen wirtschaftlicher Globalisierung verglichen werden. Als Ergebnis wird sich zeigen, *dass es gerade die Erfolge des Wirtschaftssystems (Kostensenkung, effizientere Produktion) sind, die in seiner Umwelt (insbesondere bei Arbeitslosen und Routinearbeitern) Probleme hervorrufen.*

Das dritte Kapitel konzentriert sich auf die Verarbeitung dieser neuartigen Probleme durch Politik und Zivilgesellschaft. Daher stehen hier einmal die Möglichkeiten und Probleme der Kooperation der Nationalstaaten untereinander bei der Anpassung der institutionellen Rahmenbedingungen für das Wirtschaftssystem im Mittelpunkt. Unter demokratischen Bedingungen können sie dabei letztlich nur das politische Potential der Zivilgesellschaft umsetzen. Daher liegt ein zweiter Schwerpunkt dieses Kapitels auf Reaktionen der Zivilgesellschaft auf wirtschaftliche Globalisierung bis hin zu transnationalen Netzwerken, wie sie typischerweise von international agierenden Nichtregierungsorganisationen geknüpft werden.

Das politische Feld zeigt aber auch, dass Globalisierung nicht auf das Wirtschaftssystem beschränkt bleiben kann, schon weil institutionelle Rahmenbedingungen und soziale Folgen eine globale Dimension gewonnen haben. Daher werden in den Kapiteln vier und fünf der kulturelle und der gesellschaftliche Aspekt der Globalisierung behandelt. Mit dieser Ausweitung eng verknüpft ist die Grundfrage jeder Soziologie der Globalisierung: *Was bedeutet es, wenn Grenzen überschritten bzw. überwunden und eingeebnet werden?*

Das vierte Kapitel ist auf kulturelle Aspekte der Globalisierung zugeschnitten. Am Beispiel der Sprache wird gezeigt, dass wir uns nur deshalb in einer Symbolwelt problemlos bewegen können, in der über alles gesprochen werden kann, weil jede Sprache gegen andere abgeschlossen ist. Auch Gesellschaften und Funktionssysteme weisen Abschlussgrenzen auf. *Solche Abschlussgrenzen sichern die Operations- und Entwicklungsfähigkeit kultureller und sozialer Räume.* Der Preis dieser Möglichkeiten besteht in den Schwierigkeiten bei der *Überschreitung sprachlicher und gesellschaftlicher Abschlussgrenzen.* Dieses Problem stellt sich nicht erst im Zeithorizont moderner bzw. postmoderner Gesellschaften, es ist vermutlich fast so alt, wie die Abschließung von Sprachen und Gesellschaften selbst. Jedenfalls lässt sich an dem bekannten Beispiel des Alten Testaments zeigen, dass scheinbar archaische Darstellungen wie der erste Teil der Genesis das Produkt kultureller Globalisierung sind und *dass bereits das Alte Testament an erstaunlich vielen Stellen als Anti-Globalisierungsschrift gelesen werden kann.*

Kulturelle Grenzüberschreitungen werden im vierten Kapitel aus zwei Blickwinkeln systematischer dargestellt: **Einmal wird untersucht, auf welche Art und Weise Kommunikationen und Sozialkontakte solche Grenzen überschreiten.** Typische Einfallstore kultureller Grenzüberschreitungen sind *Religionen, Kriege und Eroberungen.* **Zum anderen kann kulturelle Grenzüberschreitung auch aus der Perspektive von Individuen beleuchtet werden, die in eine Kultur einsozialisiert wurden und über Mobilität in andere kulturelle Räume gelangen.** Unterschiedliche Muster derartiger „Grenzüberschreiter" – *Fremde, Migranten, Pilger und Touristen* – haben die Soziologie seit den Klassikern beschäftigt.

Das abschließende fünfte Kapitel gibt zunächst aus analytischer Perspektive einen kurzen Überblick über den soziologischen Forschungsstand zum Globalisierungsthema. In der Literatur lassen sich drei unterschiedliche Analyseperspektiven ausmachen: Globalisierung kann erstens als empirisch-deskriptives Phänomen behandelt werden. Das führt in nahezu unendliche Themenkataloge hinein. Globalisierung kann zweitens als ein Modernisierungsphänomen analysiert werden. Das nährt die Illusion, dass Globalisierung ausschließlich ein eminent zeitgemäßes Thema wäre. Drittens kann Globalisierung als eine abhängige Variable betrachtet werden. Das ruft den dürftigen Stand soziologischer Theoriebildung in Erinnerung.

Als Leitfaden für eine Diskussion des gesellschaftlichen Aspekts der Globalisierung bietet es sich daher an, weiterhin von Grenzbegriffen auszugehen. Damit kann eine zentrale Frage der Literatur direkt aufgenommen werden: *Führt Globalisierung zur Entgrenzung, zur definitiven Überwindung sozialer Grenzen?*

Bei dem Versuch, diese Frage nach der Entwicklungstendenz der Globalisierung zu beantworten, wird sich zeigen, **dass genauer zwischen drei Grenzbegriffen unterschieden werden muss.** Durch die Unterscheidung dieser drei Grenzbegriffe kann ein Gesamtbild vom gegenwärtigen Stand der Globalisierung gezeichnet werden.

I. *Soziale Grenzen* im Sinne verhaltensrelevanter innergesellschaftlicher Unterscheidungen (z.B. zwischen Männern und Frauen oder Arbeit und Konsum) *können zwar verändert, aber nicht abgeschafft werden,* weil sie Verhaltenssicherheit gewähren und Identität stiften. Sie werden eher noch komplexer werden.

II. *Sprachen und Gesellschaften bzw. Staaten unterscheiden sich voneinander durch Abschlussgrenzen.* Von außen betrachtet, weisen sie aber eine gleichartige Konstruktionsweise auf. Das ermöglicht den Zusammenschluss, die Fusion. *Aus historischer Perspektive wird sichtbar, dass vor allem mit der Konstruktion von „Nationalstaaten" und „Hochsprachen" ein zahlenmäßiger Rückgang von Sprachen wie von Gesellschaften verbunden war. Eine Welteinheitssprache wie ein Weltstaat existieren zumindest als eine perspektivische Möglichkeit.*

III. Auch *Funktionssysteme unterscheiden sich durch Abschlussgrenzen.* Im Unterschied zu den gesellschaftlichen Abschlussgrenzen trennen sie nicht zwischen Gesellschaftsmitgliedern bzw. Nicht-Mitgliedern, sondern *zwischen einschlägigen und nicht einschlägigen Verhaltensweisen und Handlungsabsichten.* Vom Blickwinkel des einzelnen Menschen aus gesehen bedeutet das, dass jeder problemlos an unterschiedlichen Funktionssystemen mitwirken kann. *Das Problem der Grenzüberschreitung existiert hier nicht in der klassischen Form, sondern „nur" als innere Grenze – aus dem Individuum wird unter dem Einfluss funktionaler Differenzierung ein Dividuum.* Für Funktionssysteme gilt, dass *Entgrenzung* im Sinne der Rücknahme funktionaler Differenzierung *keine Zukunftsperspektive* sein kann.

Funktionssysteme tendieren jedoch dazu, ihre Maximen global durchzusetzen. Über das Wirtschaftssystem (Kapitel 2) hinaus werden in diesem Kapitel mit Wissenschaft, Sport und Kunst noch weitere Beispiele für die Tendenz vorgestellt, *dass sich die Funktionssysteme von der Bindung an die Nationalstaaten lösen und zunehmend nach global einheitlichen Regeln funktionieren.* Insofern geht von ihnen ein erheblicher *Fusionsdruck auf Sprachen und Nationalstaaten* aus, der deutliche Spuren hinterlassen hat.

→ In dem Maße, wie sich Funktionssysteme globalisieren, werden die Zivilgesellschaften zu Formen der Kooperation und zur Verständigung über gemeinsame Standards gezwungen. Das ist aber nichts anderes als der Weg in Richtung auf eine Weltgesellschaft mit einer Welthochsprache.

Kapitel 2
Der wirtschaftliche Aspekt: Die Entwicklung einer global vernetzten Weltwirtschaft

2.1	Die Entstehung des „modernen Weltsystems"	23
2.1.1	Die Startphase im „langen 16. Jahrhundert"	23
2.1.2	Zentrum und Peripherie: Ungleichheit zwischen Staaten und Produktionsverhältnissen	27
2.1.3	Globalisierung und Modernisierung	29
2.1.4	Unterschiede zwischen reinen Handelsbeziehungen und internationaler Arbeitsteilung	34
2.1.5	Zentrumsstaaten und Hegemonialmächte	34
2.2	Wirtschaftliche Globalisierung unter industriellen Bedingungen – Die zweite Phase im Globalisierungsprozess	37
2.3	Aktuelle Formen der Globalisierung – Die dritte Globalisierungsphase	45
2.4	Die aktuellen „Herausforderungen" wirtschaftlicher Globalisierung	55
2.4.1	Eingriffe in die Autonomie des Wirtschaftssystems	55
2.4.2	Das aktuelle Problem einer „Zähmung des Wirtschaftssystems"	60
2.4.3	Ansatzpunkte für eine Kritik an wirtschaftlicher Globalisierung	72

2.1   Die Entstehung des „modernen Weltsystems"

2.1.1   Die Startphase im „langen 16. Jahrhundert"

Immanuel Wallerstein hat in detaillierten historischen Analysen gezeigt, dass sich im Zeitraum von etwa 1450 bis 1640 ausgehend von Nordwesteuropa ein System wirtschaftlicher Arbeitsteilung entwickelt hat, das systematisch über die politischen Grenzen der einzelnen Staaten hinausgeht und immer größere geografische Räume umfasst (vgl. Wallerstein 1974 und 1980).

In diesem Abschnitt werden wir den Analysen Wallersteins folgen, wobei allerdings eine ganze Reihe von Ergänzungen hinzugefügt werden. Sie werden sich als notwendig erweisen, um die im „langen 16. Jahrhundert" (Wallerstein) ablaufenden Prozesse in ihrer vollen Tragweite zu verstehen.

Wenn Wallerstein das lange 16. Jahrhundert als Startphase für die Entwicklung des „modernen Weltsystems" ausmacht, dann beschreibt er nicht den Einstieg in wirtschaftliche Globalisierung überhaupt, sondern lediglich den Einstieg in das *heutige* global vernetzte Wirtschaftssystem. Die theoretisch sicherlich bedeutsame Frage, ob nicht bereits wesentlich früher Strukturen wirtschaftlicher Globalisierung entstanden sind, die aber nicht bis heute überlebt haben, bleibt damit ausgeklammert. Im Hinblick auf die Herausbildung des „modernen Weltsystems" (Wallerstein) sollte man allerdings zwei Vorbemerkungen machen:

I. Aus heutiger Sicht klingt es nur allzu selbstverständlich, dass dieser Einstieg von Europa aus erfolgt ist und von Staaten wie Portugal, Spanien, den Niederlanden und England initiiert wurde. Zu Beginn des 15. Jahrhunderts hätten jedoch die Realitäten der internationalen Schifffahrt und die Anstrengungen Fernhandelsbeziehungen aufzubauen ganz eindeutig dafür gesprochen, dass ein solches modernes Weltsystem, allerdings mit anderem Charakter, von *China* aus entstehen würde. Das es nicht so gekommen ist, ist vermutlich nur dem historischen Zufall einiger schwacher Ming-Herrscher zuzuschreiben, die nach großen Erfolgen zu Beginn des 15. Jahrhunderts nach 1425 den Flottenbau und bis nach Arabien und an die afrikanische Ostküste reichende Handelsbeziehungen wieder aufgegeben haben[1].

II. Eine zweite Vorbemerkung gilt den *unabhängigen europäischen Seestädten* des Mittelmeer- (z.B. Genua und Venedig) sowie des Nord- und Ostseeraumes (z.B. Brügge, Lübeck). Sie haben im ausgehenden Mittelalter erfolgreiche Modelle des Zusammenspiels zwischen Politik und Zivilgesellschaft, zwischen Gemeinschaftsaktivitäten und individuellen Handelsaktivitäten entwickelt, die von den neuen Vormächten nur übernommen zu werden brauchten. Vermutlich liegen daher die eigentlichen Ausgangspunkte des „modernen Weltsystems" in den

---

[1] Vgl. hierzu die Darstellung bei Seitz (2006): 15-22. Sie zeigt deutlich, dass ein von China ausgehendes „Weltsystem" vermutlich nicht auf einer ökonomischen, sondern einer kulturell-politischen Grundlage entstanden wäre. China in der Ming-Zeit hatte kein substanzielles Interesse an Handelskontakten, wohl aber an der Ausbreitung seines kulturellen, aber auch politischen Einflusses.

Kapitel 2: Der wirtschaftliche Aspekt

politisch unabhängigen europäischen Seehandelsstädten (vgl. Braudel 1985: 523ff. und insbesondere 1990; Hotz u.a. 2006; Dirlmeier/Fuhrmann 2006)[2].
Nach Wallerstein existieren zwei prinzipiell unterschiedliche Möglichkeiten, zu weltweiten wirtschaftlichen Verflechtungen zu kommen. Die eine Möglichkeit besteht darin, *Imperien* auszubilden. Die Weltreiche der Perser, Römer, das China der Han- und der Tang-Dynastie waren derartige Imperien. Im ausgehenden Mittelalter war das Habsburger Reich unter Karl V. zumindest für wenige Jahrzehnte ein Kandidat für eine solche imperiale Macht.

Imperien sind zunächst durch ein *Primat der Politik* über die Wirtschaft charakterisiert. Die Ziele territorialer Ausdehnung und Machterhaltung dominieren, die Wirtschaft gehört zu den Instrumenten imperialer Machterhaltung. Im Hinblick auf Wirtschaftssystem und Arbeitsteilung besteht die Maxime der Imperien darin, *alle relevanten Wirtschaftsaktivitäten einschließlich der notwendigen Rohstoffe innerhalb des Staatsgebietes zu organisieren.* Sie streben also Unabhängigkeit von Importen an. Der Erfolg der Imperien, nämlich die territoriale Ausdehnung und die infrastrukturelle Organisation immer größerer Territorien, ist zugleich auch ihr Problem und der historische Ansatzpunkt für ihren Niedergang. Denn die territoriale Ausdehnung bindet immer mehr Kräfte, was den weiteren Expansionsdrang zwangsläufig lähmt. Sobald aber, möglicherweise noch an weit auseinander liegenden Grenzabschnitten, politische Gegner auftreten, die dem Imperium nicht mehr einverleibt werden können, müssen immer mehr militärische Kräfte und wirtschaftliche Ressourcen in die bedrohten Grenzregionen fließen, was dann über kurz oder lang zur militärischen und wirtschaftlichen Erschöpfung führt (Wallerstein 1974: 15ff.). Die Geschichte Roms nach der gescheiterten Einverleibung Germaniens ist ein instruktives Beispiel für dieses Problem (vgl. z.B. Seston 1963).

Aus wirtschaftlicher Sicht schafft also die territoriale Ausdehnung Effektivitätsprobleme. Sie sind letztlich darauf zurückzuführen, dass der Ressourcenaufwand

---

[2] Diese These ist besonders instruktiv am Beispiel Venedigs zu belegen. Nach Braudel (1990: 160ff.) kontrollierte Venedig zwischen 1381 und 1498 den Mittelmeerhandel und entwickelte sehr weitgehende Formen der staatlichen Protektion der Wirtschaftsinteressen privater Kaufleute. Das galt nicht nur für die Außenpolitik, die bereits im 9. Jh. mit der Verschleppung der Reliquien des heiligen Marcus aus Alexandria (Hotz u.a. 2006: 221) der eigenen Wirtschaft Impulse gibt und einen Höhepunkt im 13. Jh. mit der Ausplünderung von Byzanz (ebd. 223) erreicht. Auch im Inneren sorgen Maßnahmen wie die unter staatliche Regie angelegten großen Manufakturen und vor allem der Bau von großen Handelsgaleeren aus öffentlichen Mitteln (Braudel 1990: 162) für die Förderung der privaten Wirtschaft. Mit dem Aufstieg des Atlantikhandels verliert Venedig seine Vormachtstellung an Antwerpen und dann an Amsterdam (ebd. 164). Dort entwickelt sich nach Wallerstein mit den Niederlanden die erste Vormacht des modernen Weltsystems.

für die politische Kontrolle über Menschen und deren wirtschaftliche Aktivitäten im Zuge der territorialen Ausdehnung immer weiter ansteigt.

Das im langen 16. Jahrhundert von Europa aus entwickelte moderne Weltsystem beruht dagegen auf einer anderen Konstellation zwischen Wirtschaft und Politik. In Europa ist ein System mehrerer im Wettbewerb miteinander stehender Staaten entstanden, denen es immer wieder erfolgreich gelungen ist, die Imperiumsbildung eines dominierenden Staates zu verhindern.[3]

Innerhalb dieses europäischen Staatensystems haben sich nun über die Staatsgrenzen hinausgehende wirtschaftliche Verflechtungen ergeben, die Züge einer *internationalen wirtschaftlichen Arbeitsteilung* annehmen. Darunter versteht Wallerstein, wie noch an zwei Beispielen erläutert werden wird, stabile Handelsbeziehungen, die die Wirtschaftsstruktur der beteiligten Staaten oder Regionen prägen. Es werden also Rohstoffe nur deswegen gefördert, Feldfrüchte nur deswegen in großem Umfang angebaut oder bestimmte Produkte nur deswegen erzeugt, weil sie mit Gewinn exportiert werden können.

➔ Die Entwicklung einer global vernetzten Weltwirtschaft kann in drei Phasen eingeteilt werden: Die erste Phase erstreckt sich in einem Zeitraum zwischen 1450 bis 1640 und ist dadurch gekennzeichnet, dass sich ein von Nordwesteuropa ausgehendes System internationaler wirtschaftlicher Arbeitsteilung etabliert hat.

Anregung: Warum hat sich das System wirtschaftlicher Arbeitsteilung gegenüber den wirtschaftlichen Verflechtungen der Imperien durchgesetzt?

---

[3] Das unterscheidet das nachrömische Europa auch grundlegend von China. Auch in China ist es immer wieder zur Herausbildung miteinander rivalisierender Teilstaaten gekommen. Diese Phasen werden in der chinesischen Geschichte aber als Niedergangs- bzw. Übergangsphasen verstanden, die zwischen den als Höhepunkten der chinesischen Geschichte verstandenen Phasen eines geeinten Chinas liegen. In China hat es immer starke, in der gemeinsamen kulturellen Tradition wurzelnde Kräfte gegeben, die auf einen einheitlichen Zentralstaat hinsteuerten. Diese Traditionen fehlen im nachrömischen Europa vermutlich schon deswegen, weil es nie zu einer Vereinnahmung der römisch-katholischen Kirche durch *einen* europäischen Staat gekommen ist.

Kapitel 2: Der wirtschaftliche Aspekt

2.1.2 Zentrum und Peripherie: Ungleichheit zwischen Staaten und Produktionsverhältnissen

In der Tradition von Adam Smith versteht Wallerstein die internationale wirtschaftliche Arbeitsteilung durchaus als Motor des ökonomischen und sozialen Fortschritts. Anders als in dem harmonistischen Konzept von Adam Smith (1978) profitieren bei Wallerstein allerdings nicht alle Beteiligten in gleicher Weise von der internationalen Arbeitsteilung. Wie noch an einigen Beispielen sichtbar werden wird, sind die „Terms of trade", also die Austauschrelationen zwischen den getauschten Produkten, eine Quelle sozialer Ungleichheit, die im Rahmen der internationalen Arbeitsteilung auch zu einer Ungleichheit zwischen Staaten führt. Während Rohstoffe und landwirtschaftliche Produkte vergleichsweise geringe Preise erzielen, weil sie an vielen geeigneten Standorten ohne großes Know-how und ohne besondere Technologien angebaut bzw. gefördert werden können, erzielen auf der anderen Seite Luxusprodukte und Produkte, die auf speziellem Wissen und neuen Technologien basieren, vergleichsweise hohe Erlöse (vgl. z.B. Woll 1971: 381ff.).

Dies ist aber nur die Spitze des Eisbergs, denn die Ungleichheit der Produktionsbedingungen schlägt sich auch in einer **Ungleichheit der Produktionsverhältnisse** nieder. Produkte, die im internationalen Austausch wenig erlösen, können auch unter wenig fortschrittlichen Formen der Arbeiterkontrolle – wie z.B. *Sklaverei* oder *Fronarbeit* einschließlich der damit verbundenen Klassenstrukturen – hergestellt werden. Umgekehrt bedürfen hochwertigere Produkte modernerer Produktionsverhältnisse. Sie erfordern kapitalistische Verhältnisse (Marx 1972: 401ff.), also freie Lohnarbeit, private profitorientierte Wirtschaft und eine Differenzierung zwischen Wirtschaft und Staat (vgl. Parsons 1996: 102ff.; Parsons/Smelser 1956).

Für diese über das System internationaler Arbeitsteilung etablierte Ungleichheit zwischen Regionen und Staaten verwendet Wallerstein die Begriffe **Zentrum**, **Semiperipherie** und **Peripherie**. Das Zentrum bilden diejenigen Staaten, die hochwertige Produkte erzeugen und somit vom internationalen Austausch profitieren. Sie haben daher eine vergleichsweise fortschrittliche Sozialstruktur. Daneben existieren Regionen und zum Teil auch Staaten der Peripherie. Sie bringen, teilweise freiwillig, teilweise erzwungen, Produkte in den internationalen Austausch ein, die vergleichsweise wenig erlösen und auf der Grundlage rückständiger Produktionsverhältnisse hergestellt werden. Mit dem Begriff Semiperipherie wird eine Mittellage zwischen diesen beiden Polen bezeichnet.

Kapitel 2: Der wirtschaftliche Aspekt

Dieses Modell ist nicht zuletzt deswegen wichtig, weil es zwei sozialkritische Akzente in die Vorstellungen internationaler wirtschaftlicher Arbeitsteilung einführt:

I. Der erste ist der Begriff der *ungleichen Entwicklung*. Ungleiche Entwicklung liegt dann vor, wenn die Gewinne aus der internationalen Arbeitsteilung in Form von materiellem Lebensstandard, aber auch von Freiheitsrechten, Bürgerrechten und zivilgesellschaftlichen Elementen ungleich verteilt sind. Wallerstein zeigt nun, dass diese ungleiche Entwicklung Methode hat: Fortschritte in den Staaten des Zentrums basieren immer auch auf billigen Importen aus den Gebieten der Peripherie. *Entwicklung in bestimmten Regionen wird durch Entwicklungsblockaden in anderen erkauft.*

II. Eng mit dem Begriff der ungleichen Entwicklung ist das Konzept der *abhängigen Entwicklung* verbunden. *Strukturen internationaler Arbeitsteilung erzeugen, gerade wenn sie auf Formen des ungleichen Tausches basieren, Abhängigkeitsbeziehungen.* Das Wohlergehen der Beteiligten, zumindest aber das der Profiteure des Systems internationaler Arbeitsteilung, hängt davon ab, dass die internationalen Austauschbeziehungen stabil bleiben. Nur dann werden ihre Interessen hinreichend gewahrt. Diese Abhängigkeiten stellen ein durchaus konservatives Element in den internationalen Beziehungen dar.

Wenn Wallersteins Darstellung richtig ist, dann basiert Fortschritt in einem Teil der Welt auf der Blockade von Fortschritt in anderen. Er belegt seine These mit einigen einschlägigen historischen Beispielen, so dass wir – abgesehen von einigen noch vorzunehmenden Präzisierungen – sie durchaus für historisch stichhaltig ansehen können. Eine ganz andere Frage ist dagegen, ob die heute existierenden Formen der internationalen Arbeitsteilung immer noch diesen historischen Mustern folgen.

Sehen wir uns aber zunächst die historischen Beispiele an, mit denen Wallerstein sein Verständnis ungleicher und abhängiger Entwicklung im Rahmen des modernen Weltsystems demonstriert (vgl. insbesondere Wallerstein 1974: 301ff.). Das erste Beispiel ist der Handel zwischen den Niederlanden und Polen sowie dem Baltikum. Es demonstriert die typischen Mechanismen ungleicher und abhängiger Entwicklung. Bei diesem Handel importieren die Niederlande über die Schifffahrtsroute der Ostsee vor allem das Grundnahrungsmittel Getreide. Im Gegenzug exportieren sie nach Polen und dem Baltikum vor allem Luxusgüter. Die Folge dieses Austausches sind Entwicklungschancen in den Niederlanden

Kapitel 2: Der wirtschaftliche Aspekt

und Entwicklungsblockaden in Osteuropa. Das hängt damit zusammen, dass der Import vergleichsweise billigen Getreides in die Niederlande die dortigen Menschen von dem Zwang entbindet, für die gesamte einheimische Bevölkerung Grundnahrungsmittel herzustellen. Sie werden durch die Getreideimporte in den Stand versetzt (a) innerhalb der Landwirtschaft höherwertige Produkte zu erzeugen und (b) Tätigkeiten in Handel und Gewerbe aufzunehmen. Auf der anderen Seite stärkt dieser Handel feudale Strukturen in Osteuropa. Er macht es attraktiv, dass Großgrundbesitzer große Flächen in Fronarbeit mit Getreide bebauen lassen. Da die Feudalaristokratie kein Interesse an einer Veränderung dieser Gegebenheiten hat, tendiert sie dazu, die Einnahmen aus diesem Handel für eine standesgemäße Lebensführung zu verwenden. Dies begründet dann den Import von Luxusartikeln.

Dieses Beispiel wird von Wallerstein auch als Beleg für die These einer Art Klassenspaltung ländlicher Arbeit benutzt (Wallerstein 1974: 67ff.): auf der einen Seite erzwungene Landarbeit in der Peripherie, auf der anderen Seite freie Landarbeit in den Staaten des Zentrums mit dem Interesse an höherwertigen Produkten.

➔ Internationale wirtschaftliche Arbeitsteilung kann als Motor wirtschaftlichen und sozialen Fortschritts verstanden werden. Allerdings entsteht durch ein solches System auch eine facettenreiche Ungleichheit. Diese wird durch die Begriffe Zentrum, Semiperipherie und Peripherie beschrieben.

Anregung: Kann die EU nach dem Modell von Wallerstein als „Zentrum" bezeichnet werden?

2.1.3 Globalisierung und Modernisierung

Das Beispiel des Handels zwischen den Niederlanden und Polen macht auch die enge Verbindung des Globalisierungsthemas mit Aspekten gesellschaftlicher Modernisierung sichtbar. Unter diesem Gesichtspunkt können einige Aspekte der soziologischen Modernisierungstheorie mit Wallersteins Analyse des modernen Weltsystems verbunden werden.

Das vorangegangene Beispiel macht erstens sichtbar, **dass derartige Formen einer internationalen Arbeitsteilung von *technischen Voraussetzungen* abhängen**. In erster Linie geht es hier um Transport- und Kommunikationstechnologien. In der frühen Phase wirtschaftlicher Globalisierung war der systematische Austausch größerer Mengen an Gütern nur auf dem Seewege möglich. Der Handel zwischen den Niederlanden und dem Baltikum war nur dann möglich und wirtschaftlich lukrativ, wenn entsprechende Transportkapazitäten mit geringen Risiken und damit auch zu vertretbaren Kosten zur Verfügung standen. Wallerstein konstatiert in diesem Zusammenhang eine 80-Tage-Grenze. Damit ist gemeint, dass ein Transportweg von 80 Tagen die äußerste Grenze für den internationalen Fernhandel markierte.

Darüber hinaus müssen *militärische und politische Rahmenbedingungen* gegeben sein. Gerade unter den Bedingungen des Wettbewerbs zwischen Staaten und zwischen Händlern unterschiedlicher Nationalitäten muss die *Sicherheit von Handelswegen* zumindest einigermaßen gewährleistet sein. Es muss allen Beteiligten klar sein, dass Vertragsverletzungen, räuberische Überfälle und dergleichen sanktioniert werden. Diese Sanktionen sowie der Schutz von Handelswegen können nicht von einzelnen Wirtschaftsakteuren übernommen werden. Er ist Sache der *gesellschaftlichen Gemeinschaft* und des Staates. In dem Maße, wie der *Staat* solche *Rahmenbedingungen für den internationalen Handel der eigenen Wirtschaftsakteure* garantieren kann und er die wirtschaftlichen Möglichkeiten dieser Akteure durch die Schaffung wichtiger *Kollektivgüter* verbessert und sichert, leistet er einen wichtigen Beitrag zum wirtschaftlichen Erfolg und zum Ausnutzen der Möglichkeiten internationaler Arbeitsteilung. Solche Kollektivgüter waren z.B. eine Kriegsflotte, die Durchsetzung von Handelsrechten und -privilegien, der Bau bzw. die Öffnung von Häfen und dergleichen.

Das setzt aber voraus, dass der Staat kein mittelalterlicher Feudalstaat mehr ist, dessen Zielsetzungen mit den Interessen des jeweiligen Herrscherhauses identisch sind. Nur ein auf die Förderung der wirtschaftlichen Interessen der Gesellschaftsmitglieder (bzw. bestimmter Gruppen) ausgerichteter Staat kann diese Funktion übernehmen. Dies setzt den Übergang zur bürgerlichen Gesellschaft bzw. in soziologischer Terminologie den Übergang zur modernen Gesellschaft voraus. Nach Parsons (1996: 93ff.) können wir solche Gesellschaften als modern bezeichnen, die, auf welche Weise auch immer, drei Revolutionen durchlaufen haben: die *industrielle, die demokratische und die Bildungsrevolution*.

I. Abweichend vom üblichen Sprachgebrauch versteht Parsons unter industrieller Revolution weniger die auf der Werkzeugmaschine und der Dampfmaschine aufbauenden Möglichkeiten einer industriellen Fertigung. Anknüpfend an Weber verbindet Parsons mit dem Begriff „industrielle Revolution" in erster Linie die privatwirtschaftliche *Produktion für Märkte* mit Produktionsfaktoren, deren Allokation ebenfalls über Märkte (Arbeitsmarkt, Kapitalmarkt) geregelt wird.

In dem Moment, wo private wirtschaftliche Akteure in Abhängigkeit von Marktprozessen handeln, hat eine **Differenzierung zwischen Wirtschaft und Politik** stattgefunden. Das bedeutet vor allem, dass die Menschen in der Lage sind wirtschaftliche von politischen Interessen und Aufgaben zu unterscheiden und nach je eigenen Regeln zu organisieren.

II. Die *demokratische Revolution* zielt aus modernisierungstheoretischer Sicht dagegen auf eine **Differenzierung zwischen Politik und gesellschaftlicher Gemeinschaft**. Sie ist durch das aktive und passive Wahlrecht vermittelt. Dieser Differenzierungsschritt ist deswegen so bedeutsam, weil nur er eine Festlegung der Ziele des politischen Systems auf Gruppen- bzw. Mehrheitsinteressen der gesellschaftlichen Gemeinschaft ermöglicht. Solange beide Systeme nicht voneinander getrennt sind und die Politik beispielsweise als genuine Aufgabe eines Standes wie etwa des Adels verstanden wird, kann sie auch nur aus der Interessenperspektive dieses Standes betrieben werden.

Die Durchsetzung der Demokratie war ein Jahrhunderte langer Prozess, der bei den ersten Vormächten des modernen Weltsystems, den Niederlanden und Großbritannien, zwar bereits vergleichsweise weit vorangetrieben worden war, deren damalige aber mit heutigen Formen der Demokratie nicht gleichzusetzen sind (vgl. Reinhardt 1999: 406ff.). Politischen Einfluss hatten damals nur die Mitglieder der aristokratischen wie der bürgerlichen Elite, die mit den führenden Wirtschaftsakteuren gleichzusetzen waren. Damit konnten Wirtschaftsinteressen in politische Zielsetzungen und Programme übersetzt werden. *Nur unter diesen Bedingungen können Staaten jene politische Effektivität gewinnen, die Wallerstein als Merkmal der Zentrumsstaaten identifiziert.*

III. Die dritte Revolution, die Bildungsrevolution, ist späteren Datums. Allerdings ist die Alphabetisierung der Bevölkerung für Staaten, die von einem System internationaler Arbeitsteilung profitieren wollen, essentiell.

Diese drei Differenzierungsschritte kennzeichnen die Zentrumsgesellschaften und insbesondere die Hegemonialmächte des modernen Weltsystems. Man kann daher Wallersteins Beispiele auch modernisierungstheoretisch interpretieren. So war der Getreideimport aus Osteuropa nur dadurch möglich, dass sich in den großen Seehandelsstädten bereits ausgedehnte Märkte gebildet hatten.

Die Differenzierung zwischen Wirtschaft und Politik wurde nicht zuletzt durch die Gold- und Silberimporte aus den spanischen Kolonien in Südamerika nach Europa vorangetrieben. Sie bilden das zweite Beispiel bei Wallerstein. Zwischen 1503 und 1660 wurden 181 Tonnen Gold und 16 887 Tonnen Silber aus Südamerika nach Sevilla verschifft. Der Edelmetallexport hatte im 16. Jahrhundert einen Gesamtanteil von 80 Prozent, im 17. Jahrhundert von 75 Prozent an dem Gesamtexport aus Spanisch-Südamerika (Gründer 2006: 161f.).

Diese gewaltigen Edelmetallimporte ermöglichten es den europäischen Mächten, die *Monetarisierung des Wirtschaftslebens* voranzutreiben. Die Grundlagen für den internationalen Zahlungsverkehr waren in Europa bereits im Italien des 13. Jahrhunderts geschaffen worden. Hierzu zählt neben dem Übergang zum Goldstandard vor allem die Ausdehnung der verfügbaren Geldmenge durch Kredit und Wechsel (Gründer 2006: 96f.). Vor der Kolonialisierung Südamerikas war die allmähliche Expansion des Geldes als Tauschmittel an die begrenzten und arbeitsaufwändig geförderten europäischen Edelmetallvorkommen bzw. an schwierige und damit auch kostspielige Importe gebunden. Ein erheblicher Teil der Zahlungen wurde in Kupfermünzen abgewickelt (zum Geldwesen vgl. Braudel 1985: 499ff.).

Unter den Bedingungen des bis 1930 beibehaltenen Edelmetallstandards bedeutete jede Münzprägung, dass gesellschaftlicher Reichtum in die Herstellung von Zahlungsmitteln investiert wurde und damit „realen" Investitionen oder der Nachfrage nach Gütern und Dienstleistungen entzogen war. Das hatte weiterhin zur Folge, dass die Geldmenge an die Edelmetallreserven der Zentralbank gebunden war. Anders als heute konnte sie also nicht einfach der wirtschaftlichen Entwicklung angepasst werden.

Mit den Edelmetallimporten aus Südamerika konnten nicht nur leichter abbaubare Gold- und Silbervorkommen genutzt werden, sondern auch die billigeren, weil unmenschlichen Produktionsbedingungen in den Bergbauzentren der Neuen Welt (wie beispielsweise Potosi). Auch hier zeigt sich wiederum, dass der europäische Wohlstand zunehmend auf vormoderne Produktionsverhältnisse in anderen Regionen aufgebaut wurde.

Die Edelmetallimporte nach Europa führten aber nicht nur zu einer Ausweitung des Geldverkehrs, sondern auch zu einer Ankurbelung der Wirtschaft, da sie volkswirtschaftlich gesehen die Sparquote erhöhten, ohne dass in Europa real mehr Geld gespart werden musste. Die Edelmetallimporte aus Südamerika unterscheiden sich von den Getreideimporten aus dem Baltikum dadurch, dass erstere aus den spanischen Kolonialgebieten stammen, also zumindest vom Rechtsstandpunkt der Spanier aus Transaktionen waren, die sich innerhalb des spani-

Kapitel 2: Der wirtschaftliche Aspekt

schen Territoriums abspielten, während sich die Getreideimporte in einem transnationalen Rahmen abspielten.

Macht es einen Unterschied für die Entwicklung einer internationalen Arbeitsteilung, ob wir es mit Importen aus Kolonien oder aus selbstständigen Gebieten zu tun haben? Und: Entstehen mit den großen Kolonialgebieten Spaniens, Englands und Frankreichs nicht ähnliche Imperien wie jene der Römer und Chinesen? Für eine Antwort auf diese Fragen ist es wichtig festzuhalten, dass in den Kolonien nicht die Standards des jeweiligen „Mutterlandes" galten[4]. Kolonialgebiete sollten explizit dazu dienen, mit einem wesentlich geringeren Aufwand an Verwaltung und Infrastruktur und mit anderen rechtlichen Rahmenbedingungen „Kolonialwaren" günstig zu produzieren (zu den Spezifika staatlicher Herrschaft in Kolonialgebieten vgl. exemplarisch v. Throtha 1994: 32ff.). Der einzige im Hinblick auf das moderne Weltsystem relevante Unterschied zwischen beiden Fällen besteht darin, dass Kolonien der Ausschaltung der europäischen Konkurrenz auf dem jeweiligen Territorium dienten. Unter dem Gesichtspunkt einer Differenzierung der Produktionsverhältnisse gleichen sich jedoch beide Fälle.

→ Internationale wirtschaftliche Arbeitsteilung ist sowohl von technischen Voraussetzungen als auch von militärischen und politischen Rahmenbedingungen abhängig. Der Übergang vom mittelalterlichen Feudalstaat zur modernen Gesellschaft markiert somit einen Wendepunkt, bei dem sich diese Voraussetzungen und Rahmenbedingungen wesentlich geändert haben. Diese Entwicklung führte zur Vergrößerung des Möglichkeitsspielraums internationaler wirtschaftlicher Arbeitsteilung.

Anregung: Inwieweit vergrößern die drei im Text genannten Revolutionen den Möglichkeitsspielraum internationaler wirtschaftlicher Arbeitsteilung?

---

[4] Die vom „Mutterland" abweichende, für die Kolonialgebiete nachteilige Behandlung war u.a. der Auslöser für die Unabhängigkeitsbestrebungen der Siedler in den nordamerikanischen Kolonialgebieten Großbritanniens. Für die ehemals deutsche Kolonie Togo liegt eine Studie vor, die die Spezifika kolonialer Herrschaft herausarbeitet (v. Trotha 1994).

2.1.4 Unterschiede zwischen reinen Handelsbeziehungen und internationaler Arbeitsteilung

Um Wallersteins Analyse des Einstiegs in das moderne Weltsystem nachvollziehen zu können, ist es schließlich noch notwendig *zwischen Handelsbeziehungen und internationaler Arbeitsteilung zu unterscheiden*[5]. Wallerstein selbst erläutert diese Unterscheidung am Beispiel des Indienhandels. Im 16. Jahrhundert ist der Handel zwischen Indien und Europa nur Handel und nicht mehr. Das hängt damit zusammen, dass der Anteil der Gewürzexporte Indiens nach Europa vergleichsweise gering ist, so dass er keine Rückwirkungen auf die Struktur der indischen Produktion hat. Spätestens mit dem 18. Jahrhundert wird aber Indien zu einem Standort im System internationaler Arbeitsteilung, weil nun der Handel mit Europa dominiert und zudem die Kolonialmacht Großbritannien in die innerindische Produktionsstruktur eingreift. Nun reflektiert die Produktionsstruktur Indiens dessen Rolle im modernen Weltsystem.

➔ Internationale wirtschaftliche Arbeitsteilung grenzt sich dadurch von reinen Handelsbeziehungen ab, dass sie in die Angebotspalette mindestens eines der beteiligten nationalen Wirtschaftssysteme eingreift.

Anregung: Wie kann man die Entstehung von landwirtschaftlichen Monokulturen in vielen Ländern der Dritten Welt erklären?

2.1.5 Zentrumsstaaten und Hegemonialmächte

Zentrumsstaaten, zunächst nur Zentrumsgebiete (Wallerstein 1981: 37), sind alle die Zonen, die von dem System internationaler Arbeitsteilung in Form gesellschaftlichen Reichtums und wirtschaftlicher Entwicklungschancen profitieren. Die *Hegemonialmacht* ist jener Staat innerhalb des Zentrums, dessen Produkte am wettbewerbsfähigsten sind und der am meisten von einem absolut freien Weltmarkt profitieren würde (ebd. 38). Der Status als Hegemonialmacht wird im

---

[5] In vielen Analysen der historischen Entwicklung wirtschaftlicher Globalisierung werden dagegen nur der absolute und relative Anteil des Außenhandels als Indikator benutzt.

Kapitel 2: Der wirtschaftliche Aspekt 35

Wettbewerb zwischen den Zentrumsstaaten für eine kürzere oder längere historische Periode errungen.

Die erste moderne Hegemonialmacht waren nach Wallerstein die **Niederlande**. Sie haben diese führende Position Ende des 16. Jahrhunderts errungen und bis 1651 unangefochten behauptet. In der darauf folgenden Phase kommt es zu einer ganzen Reihe kriegerischer Auseinandersetzungen um den Hegemonialstatus zwischen den Niederlanden und England (1651 Navigationsakte; 1652 erster Seekrieg; weitere Seekriege 1665 bis 1667; 1672 bis 1674). Mit der endgültigen Beilegung der innerbritischen Auseinandersetzungen (Declaration of Rights und Glorious Revolution von 1688/89) geht die Hegemonialstellung auf **Großbritannien** über. Sie ist allerdings bis zum Ende des Siebenjährigen Krieges (1763) alles andere als unangefochten. Der Konkurrenzstaat ist nun aber Frankreich, das mit dem Ende des Siebenjährigen Krieges wichtige überseeische Territorien verliert und danach auch nicht mehr mit der britischen Seemacht konkurrieren kann.

Hegemonialmächte verfügen über die Fähigkeit, die Möglichkeiten einer globalisierten Ökonomie in besonderem Maße nutzen zu können. Für die erste noch vorindustrielle Hegemonialmacht, die Niederlande, bedeutete das einmal eine auf die Erzeugung hochwertiger Produkte und Rohstoffe für die manufakturelle Wiederverarbeitung zugeschnittene Landwirtschaft. Sie wurde einmal aufgrund der Getreideeinfuhren aus Osteuropa möglich, die ungefähr die Hälfte der Einwohner ernähren konnte (Wallerstein 1981: 41). Hinzu kamen aber auch damals neuartige Technologien zur Landentwässerung (Polder), Windmühlen, eine brachenvermeidende Wirtschaftsweise und vieles mehr. Im Hinblick auf Weiterverarbeitung war der Anbau von Flachs, Hanf, Hopfen und Farbstoffen wichtig. Hochwertige Produkte erzeugten der Gartenbau, der Obstanbau und die Viehzucht. Ein zweiter Schwerpunkt der damaligen niederländischen Ökonomie war der Fischfang, den die Niederländer in der Nordsee, vor Island und Spitzbergen dominierten. Der Fischfang lieferte vor allem Heringe und Wale. Letztere waren für die gewerbliche Weiterverarbeitung von großer Bedeutung. Damit einher ging eine führende Rolle im Salzhandel. Schließlich hatten die Niederlande eine Vorreiterrolle in der so genannten hölzernen Industrie. Sie betrieben bereits einen teilstandardisierten Schiffbau, verfügten über eine effektive Textilproduktion und – in ihrer Glanzzeit – über die seetauglichsten Schiffe.

Charakteristisch für die damalige niederländische Ökonomie ist, *dass diese Elemente alle in einander greifen,* wobei die Dominanz in der Schifffahrt dieses Ineinandergreifen erst ermöglichte. Die Getreideimporte erlaubten eine qualitativ hochwertige Landwirtschaft und eine Freisetzung der Bevölkerung für Seefahrt, Fischfang und die gewerblichen Aktivitäten. Mit diesen Produkten konnten wiederum die Schiffe auf ihren Weg nach Danzig und anderen osteuropäischen Häfen gefüllt werden. Dieses Ineinandergreifen ökonomischer Aktivitäten, zu denen noch der Ostasienhandel kam, wurde in sozialstruktureller Hinsicht durch die Differenzierung und das Zusammenspiel von privater Erwerbswirtschaft und staatlicher Produktion und durch die Ausrichtung der staatlichen Politik auf diese Wirtschaftsinteressen möglich.

Auch wenn die Niederlande im 17. Jahrhundert keine Demokratie im heutigen Sinne waren, so verfügten sie doch über Repräsentativorgane, die in Abhängigkeit vom Steueraufkommen zusammengesetzt waren (Der Große Plötz: 1035). Die Niederlande waren (und sind heute noch) föderalistisch strukturiert, wobei Holland aufgrund seines hohen Steueraufkommens, das wiederum auf Amsterdam zurückgeht, eine gewisse Vorrangstellung einnahm. Trotz phasenweiser Konflikte mit dem Adel und der Bevölkerung der Landprovinzen ist das staatliche Interesse neben der Sicherung der Unabhängigkeit auf die Förderung der wirtschaftlichen Interessen der städtischen Kaufleute ausgerichtet. Diese Ausrichtung setzt wiederum eine Differenzierung zwischen Wirtschaft und Politik voraus, die für die städtischen Zentren der Niederlande mindestens bereits seit dem frühen 16. Jahrhundert gegeben ist.

Gerade dieser Umstand zeigt, dass bereits die historisch erste Hegemonialmacht trotz fehlender Industrialisierung eine durch und durch moderne Gesellschaft war, denn nur so konnte sie sich im Konkurrenzkampf gegenüber anderen Zentrumsstaaten durchsetzen.

Auch Großbritannien wurde noch unter vorindustriellen Bedingungen zur Hegemonialmacht. Dies lag daran, dass die Engländer das Zusammenspiel zwischen staatlicher Macht und privatem Unternehmertum sowie zwischen Seemacht, kolonialen Stützpunkten und Mutterland zu einer bis dahin unbekannten Perfektion kultivierten. Konkret erklären stärkere Abhängigkeiten (z.B. von Holzimporten) und Zwänge den Aufstieg Großbritanniens (Wallerstein 1980: insbes. 98ff.).

➔ Hegemonialmächte sind diejenigen Staaten des Zentrums, die am meisten vom System internationaler wirtschaftlicher Arbeitsteilung profitieren.

Anregung: Sind die heutigen USA in diesem Sinne eine Hegemonialmacht? Wenn ja, woran kann man das erkennen?

Kapitel 2: Der wirtschaftliche Aspekt 37

2.2 Wirtschaftliche Globalisierung unter industriellen Bedingungen – Die zweite Phase im Globalisierungsprozess

Mit der Industrialisierung verändert sich das Ausscheidungsrennen der Zentrumsstaaten um den Hegemonialstatus grundlegend, weil die Industrialisierung neue Möglichkeiten der Wertschöpfung eröffnet. Im Anschluss an Marx (1972: 356ff.) wird hier unter *Industrialisierung* eine neue Produktionsmethode verstanden, die die Möglichkeiten *manufektureller Arbeitsteilung* mit einer *zentralen Kraftquelle* (zunächst Einsatz von Dampfmaschinen) und der Erfindung von *Werkzeugmaschinen* kombiniert. Sowohl mit der „zentralen Kraftquelle" wie auch mit der Werkzeugmaschine löst sich der Herstellungsvorgang von den begrenzten physiologischen Fähigkeiten des menschlichen Körpers.

Zunächst führte diese neue Technik dazu, dass bekannte Waren, nämlich Textilien, in wesentlich größeren Stückzahlen und vor allem wesentlich billiger hergestellt werden konnten. Unter kapitalistischen Bedingungen rufen diese neuen Möglichkeiten, wie bereits Marx gezeigt hat, ganz systematisch zyklische Absatzkrisen hervor. Die weitere Industrialisierung eröffnete allerdings auch einen Ausweg aus diesem Dilemma in Form *neuer* Produkte, die neue Märkte und damit zusätzliche Wertschöpfung hervorbrachten. Nur diese Möglichkeit führte dazu, dass die Zentrumsstaaten relativ rasch im neunzehnten Jahrhundert von Agrar- zu Industriegesellschaften wurden. Unter *Industriegesellschaft* wird hier eine Gesellschaft verstanden, deren *wirtschaftliche Wertschöpfung* vorrangig im *sekundären Sektor*[6] stattfindet und deren *Arbeitsplätze* sich ebenso vorrangig im sekundären Sektor befinden.

Zwar sind auch unter den neuen industriellen Bedingungen die von Wallerstein entwickelten Zusammenhänge zwischen Erster und Dritter Welt, zwischen Zentrum und Peripherie weiterhin gültig. Die Handelsbeziehungen zur Dritten Welt haben die Versorgung mit Rohstoffen und günstigen Lebensmitteln sicherzustellen, um in den Zentrumsstaaten die Möglichkeiten industrieller Produktion zur Entfaltung zu bringen. Diese Entfaltungsmöglichkeiten hängen ganz zentral mit dem Absatzgebiet zusammen. Sie erweitern sich in dem Maße, wie Waren über das nationale Territorium hinaus in andere Gebiete exportiert werden können und sie verengen sich in dem Maße, wie diese Möglichkeiten durch Konkurrenten beschnitten werden.

---

[6] Unter dem primären Sektor werden Land-, Forstwirtschaft und Gartenbau verstanden. Der sekundäre Sektor umfasst Gewerbe, Industrie sowie Bergbau. Den tertiären Sektor bilden alle Tätigkeiten mit Dienstleistungscharakter.

Deswegen versuchten die Konkurrenten des ersten industriellen Hegemonialstaats, Großbritanniens, sich gegen den Absatz der überlegenen britischen Industrie und gegenüber dem britischen Handel abzuschotten. Napoleons Kontinentalsperre gab dieser Tendenz nur einen dramatischen Ausdruck. Das zeigt übrigens auch, dass Wallersteins Definition der Hegemonialmacht (siehe oben) unter industriellen Bedingungen in besonderem Maße gilt.

Für eine systematische Betrachtung dieser neuen Phase der Globalisierung wird indessen eine andere Frage zentral. Welchen *Gesetzmäßigkeiten folgt die industrielle, durch neue Produkte herbeigeführte Form der Wertschöpfung?* Unter industriellen Bedingungen hängen die Wachstumschancen der Zentrumsstaaten ganz entscheidend von ihrem *Innovationspotential* ab, d.h. von ihren Fähigkeiten, kontinuierlich neue Produkte auf die Märkte zu bringen. Eine bis heute gültige Antwort auf diese Frage haben Kondratieff und Schumpeter formuliert.

Unter industriellen Bedingungen bedeutet eine genuine wirtschaftliche Entwicklung immer die *Durchsetzung neuer Kombinationen von Produktionsfaktoren im realen Wirtschaftsprozess.* Schumpeter (1993: 100f.) unterscheidet hierbei fünf Fälle:

„1. Herstellung eines neuen, das heißt dem Konsumentenkreise noch nicht vertrauten Gutes oder einer neuen Qualität eines Gutes (...)
2. Einführung einer neuen (...) noch nicht praktisch bekannten Produktionsmethode (...)
3. Erschließung eines neuen Absatzmarktes (...)
4. Eroberung einer neuen Bezugsquelle von Rohstoffen oder Halbfabrikaten (...)
5. Durchführung einer Neuorganisation, wie Schaffung einer Monopolstellung (...) oder Durchbrechen eines Monopols".

Historische Analysen wirtschaftlicher Entwicklungen unter industriellen Bedingungen haben nun gezeigt, dass so genannte *Schlüsseltechnologien,* die die Fälle (1) und (2) kombinieren, eine zentrale Bedeutung für die wirtschaftliche Entwicklung ganzer Volkswirtschaften, ja der gesamten Weltwirtschaft haben, zumindest insoweit deren Schwerpunkt im sekundären Sektor lokalisiert ist. Als Schlüsseltechnologien kann man solche Innovationen bezeichnen, die nicht nur eine neue Faktorkombination hervorbringen, sondern in einer Art *Schneeballeffekt sehr viele neue Faktorkombinationen* ermöglichen, weil grundlegend neue Möglichkeiten entstehen. Klassische Beispiele hierfür sind die Nutzung der Elektrizität als Kraftquelle, die industrielle Nutzung chemischer Verfahren oder die Mikroelektronik.

Kapitel 2: Der wirtschaftliche Aspekt

Diese neuen technologischen Fähigkeiten führen zugleich zu neuen Produkten, d.h. auch zu zusätzlichen Absatzmärkten. Aufgrund dieser Schneeballeffekte kann man erklären, wieso Schlüsseltechnologien eine Periode wirtschaftlichen Aufschwungs auslösen. Neue Produkte, zusätzliche Absatzmärkte, neue Produktionsmethoden und damit verbundene Investitionen verknüpfen sich zu einer Aufschwungphase, in der die wirtschaftliche Wertschöpfung ansteigt, neue Arbeitsplätze und damit verbunden auch zusätzliche Kaufkraft entstehen.

Es liegt nun in der Logik derartiger Innovationen, dass ihre dynamischen Möglichkeiten irgendwann einmal ausgeschöpft sind. Die Konkurrenz in den neu etablierten Wirtschaftszweigen wird härter und nötigt zur Ausreizung aller Rationalisierungs- und Einsparungsmöglichkeiten. Auch diese Tendenzen summieren sich nun – aber zu einem wirtschaftlichen Abschwung.

Nach Kondratieff (1926) können wir mehrere, jeweils 60 Jahre andauernde Entwicklungszyklen unterscheiden, die alle diesem Muster von Auf- und Abschwungsphasen folgen und immer durch Innovationen mit Schlüsseltechnologiencharakter ausgelöst werden. Bornschier (1988), der in etwas modifizierter Form dieser Theorie der langen Wellen folgt, unterscheidet drei Wellen:

I. Die *erste Welle* wird durch den *Eisenbahnbau und seine Folgen für Kohle- und Stahlerzeugung wie für den Maschinen- und Anlagenbau* angestoßen. Sie setzt um 1835 ein und endet in der Depression Ende der siebziger, Anfang der achtziger Jahre des neunzehnten Jahrhunderts.

II. Die *zweite Welle* wird durch die Anwendung der *Elektrizität* und der von Bornschier nicht erwähnten *chemischen Industrie* sowie Innovationen bei der *Stahlerzeugung* ausgelöst. Sie endet in der Weltwirtschaftskrise der frühen dreißiger Jahre des zwanzigsten Jahrhunderts.

III. Die *dritte Welle* setzt noch vor dem Zweiten Weltkrieg ein. Bornschier nennt als „Schlüsselprojekte" *Kunststoffe, Petroleum* und *„Automobilisierung"*. Man könnte noch weitere für das Zeitalter der „Massenproduktion" (Piore/Sabel 1989) stehende Produkte zur *Technisierung des Haushalts* wie Waschmaschinen, Kühlschränke, Spülmaschinen sowie die *Unterhaltungselektrik* hinzufügen. Diese dritte Welle endet nach Bornschier in den späten achtziger Jahren des zwanzigsten Jahrhunderts.

Auch wenn die Theorie der langen Wellen insgesamt alles andere als unumstritten ist (vgl. die Diskussion bei Bornschier 1998: 86f.) und auch Bornschiers konkrete Beschreibung und Datierung viele Fragen aufwirft, kann sie uns doch als grober Anhaltspunkt dienen. Vor allem liefert die Theorie der langen Wellen Anhaltspunkte dafür, wie man sich den *Wettbewerb der Zentrumsstaaten bzw. -regionen unter industriellen Bedingungen* vorstellen kann. An diesem Wettbewerb nehmen nur die Zentrumsstaaten teil, weil nur sie in der Lage sind, die nationale Volkswirtschaft auf die neuen Gegebenheiten umzustellen. *Gegenstand des Wettbewerbs kann nur die Effizienz in der Anwendung und Ausschöpfung der neuen Schlüsseltechnologien sein.*

Ähnlich wie Wallerstein konzipiert auch Bornschier den Zentrumswettbewerb als Zusammenspiel zwischen Staat und Wirtschaft. Während die Wirtschaft über ein klares Erfolgskriterium, nämlich das Wirtschaftswachstum der einzelnen Unternehmen und der gesamten Volkswirtschaft (Sozialprodukt) verfügt, ist dieser Maßstab für den Staat noch zu klären. Im Anschluss an Otto Hintze (1929/1964) begreift Bornschier Staaten als *politische Unternehmen*. Dieses Konzept kann über das Protektionsrenten-Theorem von Lane (1979) präzisiert werden. Nach diesem Theorem können Steuern der Unternehmen als Entgelt für staatliche Protektion verstanden werden. Die Bedeutung staatlicher Protektion für die Wirtschaftsentwicklung wurde bereits für die Anfangsphase der Globalisierung aufgezeigt.

So plausibel das Protektionsrenten-Theorem zunächst einmal klingt, so muss doch bedacht werden, auf welche historischen Phasen der Globalisierung es angewandt werden kann. Das Problem ist, dass es unbegrenzte Möglichkeiten der Standortwahl für die Unternehmen unterstellt. Denn nur auf diese Weise könnten sie auf ein für sie ungünstiges Verhältnis zwischen staatlicher Protektion und Steuersätzen reagieren. Auf der anderen Seite muss bedacht werden, dass die direkten und die indirekten Steuern und Abgaben der Unternehmen nur einen Teil des Steueraufkommens ausmachen. Diese Grenze könnte auch dazu führen, dass Staaten eine eigene unternehmerische Strategie entwickeln, die dann aber an einer Maximierung des Gesamtsteueraufkommens orientiert sein müsste.

Wenn man das Protektionsrenten-Theorem akzeptiert, dann kann man wie Bornschier einen „Weltmarkt für soziale Ordnung und Protektion" (Bronschier 1998: 51f.) annehmen, in dem ein Wettbewerb zwischen den Zentrumsstaaten eine ständige Effektivitätssteigerung staatlicher Leistungen erzwingt und den Luxuskonsum staatlicher Eliten minimiert. Jedoch trifft das Protektionsrenten-Theorem ansatzweise erst die Realität der Zentrumsstaaten seit den achtziger Jahren des letzten Jahrhunderts. Denn erst nach der von Reagan und Thatcher

Kapitel 2: Der wirtschaftliche Aspekt

betriebenen Deregulierung im internationalen Handelsverkehr kann allmählich von unbeschränkten Standortwahlmöglichkeiten der Unternehmen die Rede sein. Sie haben durch den Niedergang des Realsozialismus Ende der 1980er Jahre eine nun auch geographische Ausweitung erfahren. Auf diesen Aspekt werden wir im dritten Abschnitt dieses Kapitels noch zurückkommen.

Wenn man das Protektionsrenten-Theorem vor allem für die Phase vor 1980 nicht akzeptiert, dann bietet die soziologische Modernisierungstheorie von Talcott Parsons (vgl. insbes. 1996) alternative Erklärungen. Danach kann man davon ausgehen, dass moderne Gesellschaften, also solche Gesellschaften, die die industrielle, die demokratische und die Bildungsrevolution durchlaufen haben, auch einen Rückkopplungsmechanismus aufweisen, der eine Ausrichtung des politischen Systems auf wirtschaftliche Protektion sicherstellt, ohne allerdings vernünftige Kontrollelemente für die Effizienz staatlicher Leistungen aufzuweisen. Dieser Mechanismus lässt sich grob, jenseits der parssonschen Theoriesprache, so beschreiben: Die Gesellschaftsmitglieder, die die gesellschaftliche Gemeinschaft bilden, haben immer auch starke wirtschaftliche Interessen, so lange sie ihren Lebensstandard halten oder verbessern wollen. Unter den Bedingungen eines frühmodernen Zensuswahlrechts ist dann gewährleistet, dass die wirtschaftlichen Interessen der reichen, das Steueraufkommen bestimmenden Bürger das politische System auf „entsprechende" Protektionsziele verpflichten. Erst unter den Bedingungen eines allgemeinen und gleichen Wahlrechts, wie es erst im zwanzigsten Jahrhundert international durchgesetzt wurde (vgl. Reinhardt 1999: 431), ist diese Ausrichtung nicht mehr zwangsläufig gewährleistet. Nun befinden sich die meisten Wähler in abhängigen Beschäftigungsverhältnissen bzw. werden über staatlich organisierte Transferleistungen alimentiert (für die BRD vgl. Kreckel 1992: 114). Unter diesen Bedingungen können Majoritäten für politische Richtungsentscheidungen nur dann mobilisiert werden, wenn ein Zusammenhang zwischen wirtschaftlicher Protektion und sozialem Ausgleich hergestellt wird. Für die soziale Ordnung jedes Standortes werden nun *auch* wohlfahrtsstaatliche Elemente prägend, die die Interessen der großen Mehrheit mit einbeziehen.

Mit welchem dieser beiden Konzepte man auch immer den Zusammenhang zwischen Wirtschaft und Politik modelliert, *klar ist in jedem Fall, dass die politischen Systeme wichtige Rahmenbedingungen für die wirtschaftliche Entwicklung setzen*. Bornschier gelingt es nun, diese Funktion des politischen Systems auf die Zyklen der langen Wellen zu beziehen. Dabei wird sichtbar, *dass immer bestimmte gesellschaftliche Projekte dem allgemeinen wirtschaftlichen Aufschwung vorausgehen*.

Für die *erste Welle* sind dies Projekte der *Markt- und Gewerbefreiheit* (Bornschier 1998: 144). So war eine Verbesserung der rechtlichen Rahmenbedingungen eine wesentliche Voraussetzung für den sich dann im Zusammenhang mit dem Eisenbahnbau ereignenden wirtschaftlichen Aufschwung.

Für die *zweite Welle* identifiziert Bornschier dieses gesellschaftliche Projekt vor dem allgemeinen Aufschwung in einer *Ausweitung der politischen Partizipation* (ebd.). Das Zensuswahlrecht wird nun schrittweise in allen wichtigen Zentrumsstaaten durch ein allgemeines, zunächst aber auf Männer beschränktes Wahrecht ersetzt. Eine weitere wichtige Voraussetzung für den Aufschwung ist die reale Durchsetzung einer allgemeinen Pflichtschule und eine *erste Expansion des Bildungssystems* (ebd.). Für das In-Gang-Kommen des wirtschaftlichen Aufschwungs nach der Weltwirtschaftskrise 1929 bis 1932 waren vom Keynesianismus geprägte Versuche, die Wirtschaft durch zusätzliche staatliche Nachfrage anzukurbeln, der *Ausbau wohlfahrtsstaatlicher Elemente* sowie (was Bornschier nicht erwähnt; vgl. Polanyi 1979: 94ff.) die Aufgabe des Edelmetallstandards entscheidend.

Letzterer Aspekt bildet im Grunde eine Voraussetzung für jede Form des *Staatsinterventionismus*, da nun die Geldmenge über Mechanismen der Zentralbanken an die Entwicklung des Sozialproduktes angepasst werden konnte, ohne dass dem Wirtschaftskreislauf für eine Ausweitung der Geldmenge Kaufkraft entzogen werden musste.

In der *Aufschwungphase* leistet das „Politökonomische Regime", so Bornschiers Bezeichnung für das politische System, so genannte „Gerechtigkeitsreformen", die den sozialen Frieden fördern und die Teilhabe am wirtschaftlichen Aufschwung durch Reformen verbreitern (Bonschier 1988: 130ff.).

I. In der ersten Welle sind sie relativ schwach ausgeprägt. Hier gibt es nur einige Bestrebungen zur Koalitionsfreiheit sowie zur Abschaffung der gröbsten Auswüchse des Manchesterkapitalismus (wie z.B. das Verbot der Kinderarbeit).

II. In der zweiten Welle stoßen wir in der Aufschwungsphase auf erste Ansätze für ein soziales Sicherungssystem und auf eine institutionelle Einbindung und Rahmung von Gewerkschaften und politischen Parteien der Arbeiterbewegung.

III. Für die Expansionsphase der dritten Welle sind nach Bornschier Reformprojekte wie Bildungsexpansion, Bürgerrechte, Gleichberechtigung der Geschlechter charakteristisch.

Kapitel 2: Der wirtschaftliche Aspekt

„Politökonomische Regime" haben schließlich noch einen vierten Aufgabenkomplex, nämlich die *Anpassung und Weiterentwicklung des internationalen Handelsregimes.* Diese Aufgabe kann keiner bestimmten Phase im Zyklus der langen Wellen zugeordnet werden.

Ebenso wie die Konkurrenz auf dem Markt für Protektion politische Systeme zu bestimmten *Projekten* zwingt, wenn sie nicht Gefahr laufen wollen, im Konkurrenzkampf mit anderen politischen Systemen zurückzufallen, so können auch die konkurrierenden *Wirtschaftsunternehmen* die jeweils neuen technologischen Möglichkeiten nur dann nutzen, wenn sie *entsprechend effiziente Organisationsformen* entwickeln. *Auch hier führt wiederum der Konkurrenzkampf zu einer gewissen Vereinheitlichung im Sinne eines „one best way".* Dieses Element nennt Bornschier *„technologischer Stil"* (ebd. 104ff.). Dabei geht es um die fragile Verzahnung von Elementen wie typischen Formen der Mechanisierung, Formen der Arbeitsteilung, Organisationsstruktur, Konzernstrukturen und Eigentumsrechte sowie die Anpassung des Güterangebots an Muster von Konsum, Verteilung und Freizeit. Ähnlich wie die Projekte der politökonomischen Regimes ordnet Bornschier auch die Entwicklung des technologischen Stils den Zyklen der langen Wellen zu.

> ➔ Die zweite Phase wirtschaftlicher Globalisierung ist gekennzeichnet durch die Industrialisierung. Wachstumschancen der Zentrumsstaaten hängen nunmehr direkt von deren Innovationspotential ab. Daher gewinnen Schlüsseltechnologien zentrale Bedeutung für die wirtschaftliche Entwicklung in den Zentrumsstaaten. Die effiziente Anwendung und Ausschöpfung der neuen Schlüsseltechnologien ist Gegenstand eines neu entstehenden Innovationswettbewerbs zwischen den Zentrumsstaaten.
>
> *Anregung: Welche Schlüsseltechnologien fallen Ihnen z.B. für Deutschland ein? Inwieweit ist durch diese die wirtschaftliche Stellung Deutschlands geprägt?*

Tabelle 1: Zusammenfassende Darstellung der Entwicklung des technologischen Stils

Periodisierung	Diskontinuitäten bei der technologischen Stilentwicklung				
	Strukturformel	Grundstoffe und „Schlüsselprojekt"	Mechanisierung	Arbeitsteilung	Organisation und Eigentum
Erste Welle					
ca. 1835-50	Aufschwung u. Prosperität	Kohle und Stahl „Eisenbahn"	Kraftmaschinen, primäre Mechanisierung	Handwerklich, Maschinenbedienung	Modernes Familienunternehmen
1850-56	Prosperität/ Rezession	Edelstähle tauchen auf			
1856-66	Krise	Erdölindustrie entsteht			Erste Kapitalanlagegesell.
1866-72	Zwischenerholung		Werkzeugmaschinen	Erste Fließbänder	(investment trust)
1872-83	Depression				Kartelle
Zweite Welle					
1883-92	Aufschwung	Stahl und Elektrizität „Elektrifizierung"	Flexible Maschinen: primäre Mech. (Kraft- und Werkzeugm.) durch Elektromotor	Maschinenbedienung	Beginn der Trust- und Konzernbildung
1892-1903	Prosperität				Fusionswelle
1903-13	Prosperität/ Rezession		Sekundäre Mechanis.: Fließ- u. Bandtechnologie, kontinuierliche Prozessproduktion, Chemie u. Petrochemie	Beginn der Verbreitung des Taylorismus, 1912: „Taylor-society"	
1910-20	Krise				
1920-29	Zwischenerholung	Billige Erdölderivate tauchen auf	Beginn der Verbreitung der sekundären Mechanisierung		2. Fusionswelle, mod. Konzernstr., Publikumsgesellschaft
1929-32	Depression				
Dritte Welle					
1932-45	Aufschwung	Petroleum u. Kunststoffe			
1945-58	Wiederaufschwung bzw. Prosperität	„Automobilisierung"			

Kapitel 2: Der wirtschaftliche Aspekt

1958-66	Prosperität	Chips tauchen auf	Computerisierung beginnt			
1966-74	Prosperität/ Rezession	Chips verbessern u. verbilligen sich	Beginn der tertiären Mechan., Kontrolltechnol.	Diskussion um die Humanisierung der Arbeit	Fusionswelle	
1974-82	Krise		Automatisierungswelle		Fusionswelle	
1982-87	Zwischenerholg.	Supraleiter, opt. Halbleiter, Energiealternativen	Erste vollautom. Fabriken	Abbau des Taylorismus	zwischen Weltkonzernen, Markt im Konzern	
1987-	Krise					
ab 1992?	*Aufschwung?*		*Mutmaßungen:*			
		Superchips, neue Energie: Wasserstoff, „Informationsgesellschaft"	Vollautomatische Fabriken, Eingriffe in die belebte Natur: Biotechnologie industriell	Computergestützte ganzheitlichere Arbeit neben Vollautomatisierung	Weltkonzerne, die die Welt mit neuer Informationstechn. zum Dorf machen	

(Quelle: Bornschier 1998: 152f.)

2.3 Aktuelle Formen der Globalisierung – Die dritte Globalisierungsphase

Diese historischen Rekonstruktionen wirtschaftlicher Globalisierung erklären nicht, warum Globalisierung erst *heute* und zudem *in den bisherigen Zentrumsstaaten* zu einer „Herausforderung" in vielfacher Hinsicht geworden ist. Sie erklären eher, wieso die Entwicklung in den Zentrumsstaaten auch auf Entwicklungsblockaden in der Peripherie aufgebaut war und sie erklären Entwicklungsmechanismen für Zentrumsgesellschaften mit dem Schwerpunkt im sekundären Sektor. *Die Fülle der aktuellen Literatur zu Aspekten wirtschaftlicher Globalisierung beschäftigt sich dagegen mit ganz anderen Entwicklungen, die nur schwer in den bisher dargestellten Rahmen einzuordnen sind.*

Offenbar ist es in der Mitte der 1970er Jahre nicht nur zu einer *Beschleunigung des Globalisierungstempos*, sondern eng damit zusammenhängend auch zu einer *Veränderung der Mechanismen wirtschaftlicher Globalisierung* gekommen.

Wir nähern uns diesen aktuellen Phänomenen so, dass zunächst einige Merkmale der ersten beiden Globalisierungsphasen genannt werden, die *in den letzten Jahrzehnten einen Bedeutungsverlust erlebt haben. Danach werden neu hinzukommende, die dritte Phase charakterisierende Merkmale herausgestellt.*

> Die Entwicklung einer global vernetzten Weltwirtschaft kann, wie bereits oben erwähnt wurde, in drei Phasen eingeteilt werden. In der dritten Phase verlieren einige Merkmale der ersten beiden Globalisierungsphasen an Bedeutung.
>
> *Anregung: Welche Merkmale der ersten und zweiten Globalisierungsphase könnten das Ihrer Meinung nach sein?*

(a) Wallersteins These von einer abhängigen Entwicklung der Zentrumsgesellschaften. Diese These besagte, dass die fortschrittlicheren Produktionsverhältnisse in den Zentrumsgesellschaften von einem System internationaler Arbeitsteilung ermöglicht werden, das billige Importe aus der Peripherie ins Zentrum an vormoderne Produktionsverhältnisse bindet. Diese These gilt heute eher für Teile der Industrieproduktion, die in die Dritte Welt verlagert wurden. Für den Bereich der landwirtschaftlichen Produkte und teilweise auch für die Rohstoffgewinnung gilt dagegen, dass diese Bereiche seit dem Zweiten Weltkrieg extrem hohe Produktivitätsgewinne hatten. Das führte zu starken Freisetzungswellen landwirtschaftlicher Arbeitskräfte und zu einem starken Preisverfall im primären Sektor. Landwirtschaftliche Produkte werden heute eher von reichen Ländern exportiert und bilden, da sie stark subventioniert werden, eines der Haupthindernisse für eine Liberalisierung des Welthandels. Auch wenn es sicherlich noch einige Produkte im Bereich landwirtschaftlicher Importe und Rohstoffimporte gibt, die unter vormodernen Produktionsverhältnissen gewonnen werden, so kann hierin *anders als noch im achtzehnten und neunzehnten Jahrhundert* hierin **keine fundamentale Voraussetzung für die Wirtschaft in den Zentrumsstaaten** gesehen werden.

> ad (a): Die These, dass fortschrittliche Produktionsverhältnisse in den Zentrumsstaaten durch vormoderne Produktionsmethoden in der Peripherie erkauft werden, gilt heutzutage weniger für Rohstoffe und landwirtschaftliche Produkte aus der Dritten Welt, sondern vor allem für die immer stärker in die Dritte Welt angelagerte Industrieproduktion.

Kapitel 2: Der wirtschaftliche Aspekt 47

(b) Die Protektion der nationalen Wirtschaft durch starke Zentrumsstaaten. Auch dieses Kernelement der Weltsystemanalysen wie der soziologischen Modernisierungstheorie charakterisiert den heutigen wirtschaftlichen Globalisierungsprozess nur noch am Rande. Das hängt neben den Veränderungen in Landwirtschaft und Rohstoffgewinnung noch mit einem weiteren Aspekt zusammen. Die Protektion der Wirtschaftsakteure durch starke Staaten beruhte auf der Knappheit der Kollektivgüter. Solange Warentransporte höchst risikoreich und mühsam waren und die Kommunikation über große räumliche Distanzen einen hohen infrastrukturellen Aufwand erforderte, solange Ordnung, Schutz vor Plünderern und Rivalen noch Ausnahmefälle darstellten und daher für die Erwirtschaftung von Gewinnen hohe Bedeutung hatten, waren Unternehmen von staatlicher Protektion abhängig. Diesen Zusammenhang haben zwei Tendenzen aufgelöst: die Verwandlung von Kollektivgütern in individuell nutzbare Wirtschaftsgüter und eine gewisse Globalisierung staatlicher Protektion.

In dem Maße, wie sich klassische Kollektivgüter aufgrund technischer Innovationen radikal verbilligt und vereinfacht haben, werden sie zumindest teilweise aus dem Bereich staatlicher Protektion herausgelöst, weil sie nicht mehr kollektiv genutzt werden müssen. Sie werden zu normalen Wirtschaftsgütern – wie beispielsweise das Betreiben eines Mobilfunknetzes.

Andere Kollektivgüter haben sich dagegen zunehmend globalisiert. Sie haben sich auch in viele Staaten der bisherigen Peripherie verbreitet und sind durch internationale Institutionen miteinander vernetzt worden. Daraus folgt, *dass der klassische Markt für staatliche Protektion,* sofern davon überhaupt die Rede sein konnte, *drastisch geschrumpft ist.* Zugleich haben die Wahlmöglichkeiten der Unternehmen zugenommen, was wiederum den Druck auf staatliche Tributforderungen wie Steuern erhöhte. *Wenn es einen Markt für Protektion gibt, dann ist er zu einem Markt geworden, in dem die Nachfrager aufgrund ihrer Selektionsmöglichkeiten am längeren Hebel zu sitzen scheinen.*

 ad (b): Die Unternehmen gewinnen an Handlungsfreiheit, weil sie weniger auf staatliche Protektion angewiesen sind. Gleichzeitig aber verlieren sie die Protektion durch die ehemals starken Zentrumsstaaten. Das verstärkt den internationalen Wettbewerb.

Neu hinzukommende Merkmale der dritten Globalisierungsphase sind insbesondere:

(c) Aus nationalen Unternehmen werden global players.
Auch die so genannten Multinationalen Konzerne („Multis"), die die internationale Wirtschaft in den Jahrzehnten nach dem Zweiten Weltkrieg geprägt haben, waren noch in dem Sinne nationale Unternehmen, als sie mit dem Staat kooperiert haben, in dem sie entstanden waren und wo auch ihr Unternehmenssitz lag. In diesem Sinne waren Weltkonzerne wie IBM, Coca Cola, Fiat oder Siemens nationale Unternehmen mit einem weltweiten Vertriebsnetz und einigen Produktionsanlagen im Ausland. Von dieser „nationalen Bindung" lösen sich die klassischen Multis zunehmend. *Neue Unternehmen und neue Firmenzusammenschlüsse können dagegen vielfach von vornherein gar nicht mehr einem bestimmten Land zugeordnet werden, schon weil die Eigentumsanteile ständig im Fluss sind* (vgl. Reich 1993).

➔ ad (c): International agierende Unternehmen, die so genannten „global players", gewinnen an Bedeutung für die Wirtschaft.

Anregung: Welche Merkmale machen ein Wirtschaftsunternehmen zu einem global player?

(d) Die betriebliche Fertigungstiefe verringert sich tendenziell. Sie wird zu einer Variable der Unternehmenspolitik.
Durchaus zu Recht zeichnen ältere industriesoziologische Studien von den klassischen Industriebetrieben das Bild einer Insel, auf der alle Fähigkeiten der Produktion konzentriert sind. Der Kern der Wirtschaftstätigkeit, die Kombination der Produktionsfaktoren, konzentriert sich auf einen bestimmten Ort, an dem sich ein mehr oder weniger großer Gebäudekomplex befindet. Menschen strömen in dieses Gelände, um ihre Arbeit zu tun und verlassen es, nachdem der Arbeitstag zu Ende ist. Rohstoffe, Energie, Maschinen, alles was eben zur Fertigung benötigt wird, strömt in diese Insel der Produktivität hinein, um sie in Form fertiger Produkte zu verlassen. Auch wenn dieses Bild wohl schon immer etwas stilisiert gewesen sein mag, so hat es doch über lange Phasen der Industrialisierung seinen Realitätsgehalt gehabt.

Kapitel 2: Der wirtschaftliche Aspekt

Eine heutige Automobilfabrik macht zwar auf Besucher immer noch einen überaus imposanten Eindruck, in dieser Fabrik findet aber mehr oder weniger nur noch der Zusammenbau fertiger Komponenten statt. Die Fertigungstiefe ist also drastisch gesunken. Bei vielen neuen Produkten wie beispielsweise Computern verhält es sich genauso. Das hat gute Gründe: Je geringer die Fertigungstiefe, desto größer die Möglichkeiten der Spezialisierung und desto höher das Innovationstempo. Damit ist aber aus der inselartigen Fertigung ein *Fertigungsnetzwerk* geworden, das von der räumlichen Struktur wie auch von der Eigentumsstruktur her ganz unterschiedlich aussehen kann. Damit ergeben sich auch *neue dispositive Möglichkeiten für die Unternehmen*. Bestimmte Teilkomponenten können von anderen Herstellern bezogen werden oder sie können zwar unternehmensintern, aber an anderen Standorten gefertigt werden usw. Mit dieser Entwicklung folgt das Produkt dem Unternehmen. Es verliert seinen nationalen Charakter (auch wenn Firmensymbole auf der Kühlerhaube oder dem Computer das Gegenteil suggerieren). Es wird selbst global.

In diesen Kontext gehört, wenn auch dieser Aspekt nicht direkt mit Globalisierung zu tun hat, der *Übergang von Massen- auf Qualitätsproduktion* (Piore/ Sabel 1989). Auf der Grundlage der Mikroelektronik wird eine neue Flexibilität im Verhältnis zwischen Produktionsanlagen und hergestellten Produkten möglich, die an die alte Werkstattproduktion erinnert. Auch dies ist eine Veränderung, die Mitte der 1970er Jahre einsetzt.

> ➔ ad (d): Die Fertigungstiefe von Betrieben nimmt ab, d.h. die ehemals inselartige Fertigung weicht einem räumlich unabhängigen Fertigungsnetzwerk.
>
> *Anregung: Wieso verlagern (nicht nur) deutsche Unternehmen Routinearbeit zunehmend in Billiglohnländer?*

(e) Die Unternehmen gewinnen eine neue Flexibilität gegenüber dem Arbeitmarkt.
Der Übergang von der in großen Industriekomplexen zentralisierten Produktion zu über die Fläche verteilten Produktionsnetzwerken ermöglicht eine neue Flexibilität der Unternehmen auf dem Arbeitsmarkt. Unter den Bedingungen der Zentralisierung war Arbeitskräftemangel auf dem jeweiligen regionalen Arbeitsmarkt ein großes Problem, das nur durch Zuwanderung (gegebenenfalls Einwanderung von Arbeitnehmern aus anderen Ländern) gelöst werden konnte. Mit

der Vernetzung der Produktion wird nun aber der lokale und regionale Arbeitsmarkt selbst zu einer Bedingung, die durch geeignete Standortwahl für das Unternehmen optimiert werden kann. Aus der Perspektive der politischen Systeme und der nationalen gesellschaftlichen Gemeinschaften gesehen, sind Unternehmen nun immer leichter in der Lage Arbeitsplätze zu exportieren und auf diese Weise Anpassungsdruck auf regionale Arbeitsmärkte mit vergleichsweise hohem Lohnniveau und für die Arbeitnehmer günstigen Arbeitsbedingungen auszuüben. Während in den beiden ersten Globalisierungsphasen die Arbeitnehmer der Zentrumsstaaten aufgrund günstiger Bedingungen auf dem Arbeitsmarkt mitprofitierten, nivellieren in der dritten Globalisierungsphase global agierende Unternehmen tendenziell regionale und internationale Unterschiede auf dem Arbeitsmarkt.

Die Tragweite dieser Veränderungen macht ein Exkurs in die marxistische Theorie, der zugleich ein historischer Exkurs ist, sichtbar. Marx hatte analytisch zwischen absoluter und relativer Mehrwertproduktion unterschieden (Marx 1972: 192ff.). Die absolute Mehrwertproduktion als Methode der Profitsteigerung stand am Beginn der kapitalistischen Entwicklung und war tatsächlich für den so genannten Manchesterkapitalismus charakteristisch. Hier nutzten die Arbeitgeber ein Überangebot an Arbeitskräften dazu aus, die Löhne auf das Existenzminimum zu drücken und die Arbeitszeit bis an den Rand der physischen und psychischen Erschöpfung und auch darüber hinaus auszudehnen.

Historisch wie analytisch setzt der Übergang von der absoluten zur relativen Mehrwertproduktion in dem Moment ein, wo die Grenze der menschlichen Leidensfähigkeit erreicht ist und weitere Arbeitszeitsteigerungen bzw. Absenkungen des Reallohnniveaus nur noch kontraproduktiv sind. Mit Hilfe der Technisierung wird die Methode der relativen Mehrwertproduktion möglich. Das Ziel der Profitsteigerung wird hier dadurch realisiert, dass die Arbeiter relativ mehr produzieren, also bei gegebener Arbeitszeit den Ausstoß an Produkten erhöhen. Bei der relativen Mehrwertproduktion wird das menschliche Arbeitskräftepotential nicht extensiv, sondern intensiv ausgenutzt. Das erfordert andere zivilisatorische Mindeststandards wie ausreichende Ernährung, Bildung, hohe Sorgfalt im Umgang mit teuren Maschinen usw.

Marx betont zwar, dass mit dem Übergang zur relativen Mehrwertproduktion die Methode der absoluten Mehrwertproduktion nicht abgeschafft sei, aber die historische Entwicklung zeigt, dass in dem Maße, wie qualifizierte Stammbelegschaften für das Produktionsergebnis zentrale Bedeutung gewinnen, die Löhne steigen und die Arbeitszeiten sinken. Kurz: Um ein optimales Produktionsergebnis zu erzielen, ist eine „Humanisierung des Arbeitslebens" zweckmäßig und

Kapitel 2: Der wirtschaftliche Aspekt 51

es empfiehlt sich auch für die Unternehmen, den Interessen und Bedürfnissen der Beschäftigten entgegen zu kommen (der Scheitelpunkt dieser Entwicklung wird reflektiert bei Kern/Schumann 1984).

Unter den Bedingungen von flexiblen Produktionsnetzwerken kann die *Ressource der absoluten Mehrwertproduktion* nun aber *tatsächlich reaktiviert* werden. Die Unternehmen beginnen zunehmend Produktionsanlagen dorthin zu verlagern, wo der regionale Arbeitsmarkt für sie günstiger ist, weil die Löhne niedrig, die Arbeitszeiten hoch, die Selektionsmöglichkeiten ausgeprägt sind. Unter diesen Bedingungen werden Rationalisierungsmaßnahmen, also die von Schumpeter so betonten Prozesse „kreativer Zerstörung", wieder wesentlich leichter durchsetzbar (vgl. exemplarisch Brock/Vetter 1986). Dieser Prozess setzt mit Beginn der 1970er Jahre zunächst innergesellschaftlich ein. Es etablieren sich in arbeitsintensiven Bereichen Obergrenzen für die Belegschaftsstärke an bestimmten Standorten mit der Folge von Verlagerung in strukturschwache oder weniger industrialisierte Regionen[7]. Seit dem Zerfall des konkurrierenden Systems des Realsozialismus werden diese Netzwerke immer weiter ausgedehnt, auch über nationale Grenzen hinweg, um insbesondere die Niedriglohnpotentiale zunächst für gering qualifizierte Massenarbeit auszunutzen.

   ad (e): Die Abhängigkeit der Unternehmen vom regionalen Arbeitsmarkt nimmt ab, weil sie nun die Möglichkeit haben Arbeitsplätze zu exportieren.

Anregung: Was bedeutet das für die Gewerkschaften?

(f) *Auf dem Weg zur Ideenökonomie*[8]?
Nach klassischem Verständnis wird in der Wirtschaft dann und in dem Maße Geld verdient, wenn Produkte oder Dienstleistungen zu einem Preis abgesetzt werden können, der über den Herstellungskosten liegt. *Firmen konkurrieren miteinander, indem sie ein bestimmtes Produkt möglichst kostengünstig herzustellen versuchen.* Dabei sind nur diejenigen Betriebe überlebensfähig, deren Produktionskosten unterhalb des auf dem Markt erzielbaren Preises liegen. Innovation bedeutete in diesem System, ein bestimmtes Produkt vielleicht auch in besserer

---

[7] Diese Veränderung in der Standortpolitik von Industrieunternehmen wurde in den 1980er und 1990er Jahren unter der Überschrift Nord-Süd-Gefälle diskutiert (vgl. auch Brock 1991).
[8] Zum Begriff vgl. Heuser 1996.

Qualität und längerer Lebensdauer, vor allem aber kostengünstiger herzustellen. Das gilt heute immer weniger.

So gelang es beispielsweise Henry Ford durch Einführung der damals bereits prinzipiell bekannten Fließbandfertigung bei der Autoproduktion die Herstellungskosten radikal zu senken. Dies ermöglichte es ihm, das legendäre Modell T zu einem wesentlich niedrigeren Preis anzubieten und damit millionenfach abzusetzen. Dieser Erfolg wiederum zwang die Konkurrenten dazu, nachzuziehen. Das volkswirtschaftliche Ergebnis dieser Innovation war, dass das Automobil von einem Luxusprodukt für Oberschichten zu einem Verkehrsmittel für die große Masse der Bevölkerung wurde.

Dieses Schema liegt auch der bereits dargestellten Theorie der langen Wellen zugrunde. Innovationen verbilligen die Produktion, verbessern damit die Absatzmöglichkeiten und etablieren immer neue Produkte auf dem Markt für Massengüter.

Wenn wir dieses für weite Phasen der Industrialisierung typische Beispiel mit der Brille von Schumpeter ansehen, dann gab es im Grunde nur einen „schöpferischen Zerstörer", der neue Faktorkombinationen etablierte, nämlich Henry Ford. Alles Weitere bewirkte der Konkurrenzmechanismus. Der ökonomische Prozess hat ihn insofern dafür belohnt, als er aufgrund seiner Innovation einen Zeitvorsprung vor der Konkurrenz erarbeitet hatte, der so lange besonders hohe Profite einbrachte, wie er bestand.

Wenn man nun diese Idee radikalisiert, wie beispielsweise Robert Reich (1993), dann ist die Durchsetzung von Innovationen das lohnende Geschäft und nicht die ständige Weiterentwicklung etablierter Produktionsmethoden, die allenfalls geringe Konkurrenzvorteile bei den Produktionskosten einbringt. Der bereits erwähnte Trend von der Massen- zur Qualitätsproduktion begrenzt zusätzlich den Ertrag solcher Routine-Entwicklungsarbeit. Nicht nur der Volkswirt Reich, sondern auch eine wachsende Anzahl von Unternehmensführungen haben hieraus die Folgerung gezogen, dass letztlich die Anwendung von Innovationen die Quelle ökonomischer Wertschöpfung ist. Dies führt dazu, dass gerade auch global agierende Unternehmen in diese innovativen Prozesse immer mehr Energie stecken, während die Produktion zu einem notwendigen Übel wird, das durchaus auch ausgelagert und an Subunternehmer vergeben werden könnte. Dieser Bedeutungsverlust der Produktion wird noch dadurch verstärkt, dass er im Bereich der Medien auf einen Kopiervorgang reduziert wurde. In diesem Sinne ist „Produktion" in der Filmbranche oder bei der Softwareentwicklung bedeutungslos geworden. Der Herstellungsvorgang – wenn man das so bezeichnen will – konzentriert sich auf Forschung und Entwicklung. Für klassische Produkte, die nach wie vor einen Produktionsvorgang durchlaufen, bedeutet dies dennoch, dass auch hier nur die realisierte Innovation das große Geld bringen kann, sei es das Auto, das vom Erdöl unabhängig ist, oder auch nur der Zeitvorsprung in der Realisierung einer neuen Chipgeneration.

Man kann für diese Konzentration auf das „eigentliche" Aufgabengebiet des Unternehmers den Begriff „Ideenökonomie" benutzen (Heuser 1996). Damit kann aber nicht gemeint sein, dass es in der Ökonomie nur noch auf Ideen oder geniale Einfälle ankomme. Es zählt nur, was auch auf dem Markt realisiert werden kann. Und dazu wird es immer wichtiger, Ideen, die im Bereich des theoretischen Wissens, also der Wissenschaft, entstanden sind, miteinander zu kombinieren und praktisch anzuwenden. Was also unter heutigen Bedingungen Unternehmertätigkeit bedeutet, hat beispielsweise Robert Reich (1993) in seiner Darstellung der „drei Jobs der Zukunft" zu präzisieren versucht. Danach kommen Innovationen durch Kooperation dreier Arbeitsfunktionen zustande: *„Problemidentifizierer"* bringen in diesen Prozess Vorstellungen darüber ein, was „der Markt braucht". *„Problemlöser"* können solche Vorstellungen mit dem neuen theoretischen Wissen in Verbindung bringen und *„strategische Vermittler"* sind diejenigen, die die „richtigen Leute" zusammenbringen können und den Prozess zu organisieren vermögen. Bei der Ausformulierung dieser drei Kategorien zeigt sich sehr deutlich, dass alle drei Protagonisten der Wissensgesellschaft sind, eine akademische Ausbildung haben, über theoretisches Wissen verfügen und in der Lage sind über Disziplingrenzen hinweg zu denken.

➔ ad (f): Firmen konkurrieren heute immer weniger über kostengünstige Produktion, dafür aber immer stärker über innovative Produkte und Dienstleistungen. Daher verliert die Produktionsroutine gegenüber Forschung und Entwicklung an Bedeutung. Innovationen stellen die neue Quelle ökonomischer Wertschöpfung dar.

Anregung: Welche Qualifikationen profitieren von dieser Entwicklung? Welche Qualifikationen sind weniger gefragt?

(g) Internationale Finanzmärkte – Investitionen und Spekulationen.
Dass Unternehmen nicht persönliches Eigentum eines die Unternehmerfunktion ausübenden „Kapitalisten" sein müssen, ist nichts Neues. Das war schon Karl Marx bekannt. Aber seit den Deregulierungen der siebziger und achtziger Jahre

des letzen Jahrhunderts hat ein Netzwerk von Börsenplätzen die Rolle einer Schaltzentrale der Weltwirtschaft übernommen. Dort werden bestimmte *Standards der Unternehmensführung und des Unternehmensertrags durchgesetzt*. Börsennotierte Unternehmungen unterwerfen sich bei Strafe drastischer Herabstufungen des Unternehmenswertes diesen Vorgaben. Diese Finanzplätze sind untereinander vernetzt, die Reaktionen des einen beeinflussen die Reaktionen der anderen Finanzplätze.

Die internationalen Finanzplätze dienen aber nicht nur der Finanzierung von Unternehmen. Zunächst einmal sind sie ein Ort, an dem Anleger ihre Gewinninteressen zu realisieren versuchen – sei es durch kurz- oder langfristige Anlagen, sei es durch spekulative Geschäfte. Letztere unterscheiden sich von Investitionen in Unternehmen dadurch, dass auf eine bestimmte Entwicklung von Kursen oder Preisen „gesetzt" wird. Anders als beim Glücksspiel können finanzkräftige Akteure versuchen, die Einlösung ihrer Wette durch entsprechende Finanzoperationen zu sichern. Seit der erfolgreichen Spekulation gegen das britische Pfund kann kein Zweifel mehr an der Reichweite solcher spekulativen Geschäfte bestehen.

→ ad (g): Ein globales Netzwerk an Finanzplätzen bzw. Börsen hat die Rolle einer Schaltzentrale der Weltwirtschaft übernommen.

Anregung: Wie wirkt sich das auf die Entscheidungsmöglichkeiten von Unternehmern bzw. Topmanagern börsennotierter Unternehmen aus?

Fazit:
Diese sicherlich nicht vollständige Aufzählung von Merkmalen, die die wirtschaftliche Globalisierung der letzten Jahrzehnte charakterisieren, hat deutlich gemacht, ***dass sich der Charakter wirtschaftlicher Globalisierung grundlegend verändert hat.*** Der neuere Globalisierungsprozess dementiert zwar keineswegs die langfristigen historischen Analysen der Weltsystemtheoretiker. Es ist aber deutlich geworden, dass diese Charakterisierungen nicht mehr ausreichen. Man muss wohl oder übel für den Globalisierungsprozess der letzten Jahrzehnte von einer neuen Phase der Globalisierung sprechen (Brock 1997a bis c). Aus einer differenzierungstheoretischen soziologischen Perspektive könnte man auch von deutlichen **Verselbständigungs- und Dynamisierungstendenzen des Wirtschaftssystems und einer Globalisierung auf Unternehmensebene** sprechen.

Kapitel 2: Der wirtschaftliche Aspekt

Während der beiden ersten historischen Phasen der Globalisierung hat sich das Wirtschaftssystem zwar ausdifferenziert, aber internationale Wirtschaftsinteressen konnten immer nur im Zusammenspiel zwischen Wirtschaftsakteuren und nationalen politischen Systemen verfolgt werden. *Diese funktionale Verflechtung scheint für die letzten drei Jahrzehnte immer weniger zu gelten.* Insofern kann man nun von einer Verselbständigung im wirtschaftlichen Globalisierungsprozess sprechen. Das bedeutet, **dass die Regulierung wirtschaftlicher Prozesse immer stärker von ausschließlich wirtschaftsimmanenten Gewinninteressen bestimmt wird.**

Von einer Dynamisierung kann man insofern sprechen, als (a) viele der genannten Aspekte auf eine *reflexive Steigerung der Unternehmerfunktion* verweisen. Sie besteht letztendlich im Prozess einer schöpferischen Zerstörung alter und ihrer Ersetzung durch neue Faktorkombinationen. Damit zusammenhängend haben sich (b) aber auch technische und organisatorische Bedingungen, vor allem internationale Transport- und Kommunikationsnetze so entwickelt, dass diese Unternehmerfunktion heute über neuartige operative Möglichkeiten verfügt.

> In der dritten Phase der Globalisierung ist eine Verselbständigung der Wirtschaft zu konstatieren, da die funktionale Verflechtung von Nationalstaat und nationalen wirtschaftlichen Akteuren an Geltung verliert.

2.4 Die aktuellen „Herausforderungen" wirtschaftlicher Globalisierung

2.4.1 Eingriffe in die Autonomie des Wirtschaftssystems

Diese Sichtweise der dritten, aktuellen Globalisierungsphase dürfte im Großen und Ganzen weitgehend konsensfähig sein, auch wenn sie je nach Interessenlage mit ganz unterschiedlichen Urteilen verknüpft wird. Hier wird die Darstellung aus einer differenzierungstheoretischen Perspektive heraus erfolgen. Danach werden die dargestellten Tendenzen als eine ganz typische Reaktion autonomisierter Funktionssysteme aufgefasst. Die Akteure in Funktionssystemen sind immer auf Wachstums- und Expansionskurs. Sie kennen keine Stoppregeln (vgl. Schimank 2006: 123). *Stoppregeln und damit auch operative Grenzen müssen in die Funktionssysteme immer von außen eingebaut werden*, typischerweise über Voraussetzungen, die die Funktionssysteme nicht selbst produzieren können (ebd. 145ff.).

Dass sich der Kapitalismus nicht nach den marxschen Prognosen entwickelt hat, ist auf solche von außen kommenden Eingriffe zurückzuführen. Um diese „von außen" bewirkte „Zähmung" des Kapitalismus von ihrer Logik her zu verstehen, muss man sich klarmachen, dass das Wirtschaftssystem nur so weit reicht, wie Produkte, Dienstleistungen, Rohstoffe, Arbeitskräfte handelbar sind, also einen Preis haben. Nicht die materielle Leistung, sondern die monetäre Bewertung ist entscheidend.

Um diesen Vorgang sichtbar zu machen, hatte Karl Marx den kapitalistischen Produktionsprozess auf zwei Ebenen beschrieben: Einmal als ökonomischen Prozess, als Kombination von in Geld bezifferbaren Produktionsfaktoren („konstantes und variables Kapital"). Zum anderen als einen stofflichen Herstellungsprozess, in dem nützliche Dinge erzeugt werden, die diesen Nutzen für die Menschen auch dann erfüllen, wenn sie keinen Preis haben. Wenn eine Mutter ihr krankes Kind pflegt, dann ist dies eine genauso nützliche Tätigkeit wie die Pflege durch eine Krankenschwester. Nur für das Wirtschaftssystem besteht hier ein gravierender Unterschied. Die Tätigkeit der Krankenschwester gehört zum Wirtschaftssystem, ist Teil der wirtschaftlichen Wertschöpfung. Die Pflegetätigkeit der Mutter ist wirtschaftlich irrelevant. Sie kann vom Wirtschaftssystem gar nicht beachtet werden, weil sie keinen Preis hat (vgl. auch Luhmann 1989).

Marx wollte die Probleme des Frühkapitalismus dadurch lösen, dass er ein systematisches Wirtschaften, das mit Preisen kalkuliert und Gewinne anstrebt, abschaffen wollte. Dies sollte in zwei Stufen geschehen. Zunächst sollte das privatwirtschaftliche Profitkalkül abgeschafft werden („Vergesellschaftung der Produktionsmittel"). In einer zweiten Phase (Übergang vom Sozialismus zum Kommunismus) sollten dann nach „Werten", d.h. auch nach Preisen regulierte Verteilungsmechanismen überflüssig werden. Das grundsätzliche Argument für diesen Vorschlag war, dass die Industrialisierung in eine Überflussgesellschaft führe, die das Kalkulieren mit knappen Ressourcen überflüssig mache.

Die wirtschaftlichen Probleme beim Niedergang des so genannten realen Sozialismus haben indessen demonstriert, dass „Überfluss" in komplexen Wirtschaftssystemen nur dann erzeugt werden kann, *wenn ein Kalkulationssystem zur Verfügung steht, das die Verschwendung von Ressourcen vermeidbar macht.* Auf dieses Problem haben Skeptiker – wie beispielsweise Max Weber in seiner Schrift „Der Sozialismus" aus dem Jahre 1918 – schon ziemlich früh hingewiesen (vgl. Weber 1988: 492-518).

Trotz dieser falschen Schlussfolgerungen ist ein Gesichtspunkt der marxschen Analyse für das Verständnis der „Zähmbarkeit" des Kapitalismus unverzichtbar. Ich möchte ihn in systemtheoretischer Terminologie noch etwas allge-

Kapitel 2: Der wirtschaftliche Aspekt

meiner formulieren: *Wie jedes andere Funktionssystem, so gewinnt auch das Wirtschaftssystem nur dann hinreichende Komplexität, wenn es sich auf dem Wege von Interpenetration und struktureller Kopplung Strukturen („fremde Komplexität") zunutze macht, die in seiner gesellschaftlichen Umwelt entstanden sind.* Ebenso muss aber auch im Wirtschaftssystem selbst reflektiert werden, dass das Wirtschaftssystem die außerwirtschaftlichen Funktionssysteme in ähnlicher Weise mit Strukturen, die überwiegend die Form von Ressourcen haben, „füttert". *Diese realen Verflechtungen kann das Wirtschaftssystem nur indirekt – auf zweierlei Weise – wahrnehmen.*

(a) Zunächst einmal in **Form von Stoppregeln**.
Dort, wo das Kalkül des Wirtschaftssystems negative Folgen in seiner Umwelt nach sich zieht, können mithilfe staatlicher Autorität Zuordnungen, Verbote etc. erlassen werden, die bestimmte innerwirtschaftliche Anwendungen des ökonomischen Kalküls ausschließen. Das früheste und prominenteste Beispiel ist sicherlich das Verbot der Kinderarbeit. Vom ökonomischen Kalkül her bietet sich die Kinderarbeit vielfach an. Sie wirkt sich aber auf andere gesellschaftliche Bereiche überaus zerstörerisch aus und führt zu irreparablen Schäden bei den betroffenen Kindern. Selbst aus der Perspektive eines langfristigen wirtschaftlichen Kalküls ist ein Verbot sinnvoll, da es in Verbindung mit dem Bildungssystem erst die Qualifizierung von Arbeitskräften ermöglicht.

Der Wirtschaftshistoriker Karl Polanyi hat auf einer prinzipielleren Ebene gezeigt, dass ein Funktionieren des Kapitalismus erst durch Einschränkungen des Warencharakters von Arbeit, Boden und Geld (Polanyi 1977: 94ff.) möglich wurde. In allen diesen Fällen hatte eine zunächst bestehende unbeschränkte Handelbarkeit dieser Güter zu desaströsen Folgen in der gesellschaftlichen Umwelt geführt, die auch für die auf Interpenetration und strukturelle Kopplung angewiesene Wirtschaft selbst höchst problematisch waren.

Eine genauere Betrachtung des wirtschaftlichen Kalküls zeigt, wie bereits Durkheim erkannt hatte, dass jede vertragliche Vereinbarung zwischen Wirtschaftsakteuren von Voraussetzungen abhängt, die die Wirtschaft selbst nicht zu schaffen vermag. Durkheim hatte gezeigt, dass Verträge nur deswegen geschlossen werden können, weil sie auf nichtvertraglichen, außerhalb des wirtschaftlichen Kalküls liegenden Voraussetzungen aufbauen (Junge 2002: 117f.). Klassische historische Beispiele hierfür sind so genannte Marktordnungen (vgl. Münch 1988: 115 und 478), die beispielsweise Waffengewalt oder Raub ausschließen und dafür sorgen, dass Vertragsbruch bestraft wird. Nur auf dieser Grundlage können sehr viele zwischenmenschliche Beziehungen im Rahmen des Wirtschaftssystems durch Verträge geregelt werden. Nur dadurch, dass derartige zivilisatorische Maximen durchgesetzt wurden, konnte sich das Wirtschaftssystem entfalten und immer weiter ausbreiten.

Diese *paradoxe Methode der Förderung der Wirtschaft durch Beschränkung des wirtschaftlichen Kalküls* ist wiederholt bemerkt worden. Man kann sie, wie hier vorgeschlagen, systemtheoretisch erklären durch wechselseitige strukturelle Kopplung zwischen dem Wirtschaftssystem und seiner Umwelt. Den Grundgedanken kann man aber auch umgangssprachlich formulieren: Indem bestimmte „Auswüchse" des wirtschaftlichen Kalküls ausgeschaltet werden, wird das Wirtschaftssystem davon abgehalten, seine außerwirtschaftlichen Grundlagen zu zerstören. Darüber hinaus stößt das Wirtschaftssystem so Entwicklungen in andern Bereichen an, die dann wiederum zusätzliche Geschäftsfelder eröffnen.

Hierzu ein kleines Beispiel: Burkhard Lutz (1989: 186ff.) hat die hohen wirtschaftlichen Zuwachsraten in der Nachkriegszeit damit erklärt, dass die Wirtschaft in Bereiche eingedrungen sei, die zuvor familienintern und nicht-monetär organisiert waren. Durch Ausrüstung der Haushalte mit Waschmaschinen, Kühlschränken, Fernsehern etc. wie durch Produkte, die den häuslichen Alltag teilweise erleichtert, teilweise verändert haben, wurde ein großer zusätzlicher Absatzmarkt erschlossen. Dies war aber nur dadurch möglich, dass die Realeinkommen in den Familien angestiegen sind und, anders als unter den Bedingungen der Frühindustrialisierung, Arbeitszeiten und Arbeitsbedingungen das Familienleben nicht zerstört haben.

(b) Zum Anderen **durch Eingriffe in das wirtschaftliche Kalkül.**
Die andere Möglichkeit gesellschaftlicher Eingriffe im Sinne der Abwehr negativer Folgen der Wirtschaft auf ihre Umwelt besteht in Eingriffen in das wirtschaftsinterne Medium monetärer Bewertung.

Auch hierzu folgendes Beispiel: Um die Wende vom neunzehnten zum zwanzigsten Jahrhundert herum war die deutsche Generalität in hohem Maße über schlechte Musterungsergebnisse der Rekruten in den städtischen Ballungsgebieten beunruhigt. Diese Beunruhigung hatte folgende Ursache: Mit der Industrialisierung und Verstädterung nahm der Anteil der Rekruten aus diesem Lebensumfeld immer stärker zu, so dass mit einem immer weiteren Niedergang des Anteils unbeschränkt tauglicher Rekruten zu rechnen war. Dieses Ergebnis war für die Generalität deswegen so beunruhigend, weil die Kriegsplanungen darauf hinausliefen, dass auch einberufene Rekruten in vorderster Linie kämpfen sollten. Dieser Befund wurde auf die schlechtere körperliche Entwicklung infolge stark schwankender und eben phasenweise unzureichender Ernährung der Men-

Kapitel 2: Der wirtschaftliche Aspekt

schen in den industrialisierten städtischen Gebieten zurückgeführt. Dies hing damit zusammen, dass aufgrund einer damals unzureichenden sozialen Absicherung die Familieneinkommen drastisch zurückgingen, wenn ein oder gar mehrere Einkommen in Folge von Arbeitslosigkeit oder Krankheit plötzlich ausblieben. Obwohl sozialdemokratischer Tendenzen sicherlich unverdächtig drängte die Generalität daher auf eine Versicherung derartiger einkommensloser Phasen bei Arbeitern (Brock 1991: 96).

Das Problem konnte also nur durch ein soziales Sicherungssystem gelöst werden, das *die Arbeitseinkommen durch Versicherungsleistungen auch auf jene Zeiten ausdehnte*, in *denen* infolge von Arbeitslosigkeit, Krankheit, Unfällen oder auch altersbedingt *nicht gearbeitet werden konnte*. **Die Unternehmen mussten sich damit letztlich an der *Entlohnung von Nichtarbeit* beteiligen.** Vom ökonomischen Kalkül her entstehen einmal zusätzliche Kosten, die nicht direkt mit den unternehmerischen Aktivitäten zu tun haben. Zum anderen wurden moralische Fragen nach der „Würdigkeit" von Nichtarbeit aufgeworfen. Die Folge der Lohnzusatzkosten sind, wie hinlänglich bekannt, höhere Lohn- und Lohnstückkosten, was wiederum die profitable Nutzung menschlicher Arbeit verringert und letztlich die Nachfrage nach Arbeit einschränkt. Diesen für das Wirtschaftssystem restriktiven Effekten stehen wiederum expansive Effekte entgegen in Form zusätzlicher Nachfrage und in Form besser reproduzierter Arbeitskräfte.

➔ Eine aktuelle Herausforderung der wirtschaftlichen Globalisierung liegt in der Verflechtung des Wirtschaftssystems mit seiner Umwelt. Möglichkeiten dieser Herausforderung zu begegnen, sind einerseits die Formulierung von Stoppregeln und andererseits der regulierende Eingriff in das wirtschaftsinterne Medium monetärer Bewertung.

Anregung: An dieser Stelle bietet es sich für das Verständnis des Zusammenwirkens von Wirtschaft und Umwelt an, das Kapitel „Feindliche Übernahmen: Typen intersystemischer Autonomiebedrohungen in der modernen Gesellschaft" in: Schimank, U.: Teilsystemische Autonomie und politische Gesellschaftssteuerung, S.71-83 Wiesbaden 2006 zu lesen. Wer sich genauer für die Anwendung des Systemtheorie auf das Wirtschaftssystem interessiert, sollte „Wirtschaft der Gesellschaft" von Niklas Luhmann (1989) studieren.

2.4.2 Das aktuelle Problem einer „Zähmung des Wirtschaftssystems"

I. Zirkel von wirtschaftlicher Dynamisierung und daran anknüpfender Begrenzung von Nebenfolgen

Diese Überlegungen ermöglichen es nun mit soziologischen Mitteln zu erklären, wieso die neuen Formen ökonomischer Globalisierung (dritte Globalisierungsphase) eine derartige Herausforderung vor allem für die Mehrheit der Bevölkerung in den Zentrumsgesellschaften darstellt. Die Merkmale dieser neuen Globalisierungswelle zeigen deutlich, dass sie eine *Folge gestiegener Möglichkeiten des Wirtschaftssystems und des unternehmerischen Kalküls* sind. Wie frühere Autonomisierungsschübe des Wirtschaftssystems, so führt auch dieser zu Irritationen in der gesellschaftlichen Umwelt, wobei die „Zähmung", also die Vermeidung negativer Folgen für die Umwelt des Wirtschaftssystems noch aussteht.

Möglicherweise könnte man so etwas wie eine soziologische Theorie der langen Wellen für diese Zähmung des Wirtschaftssystems entwickeln. Schließlich hat sich beginnend mit der Industrialisierung ein solcher *Zirkel von wirtschaftlicher Dynamisierung und der Begrenzung bestimmter Nebenfolgen* in den Zentrumsgesellschaften in den letzten Jahrhunderten mehrfach ereignet.

Ein solcher Zyklus beginnt mit institutionellen Liberalisierungen, im Falle der Industrialisierung mit der Durchsetzung der Gewerbefreiheit, der Niederlassungsfreiheit und anderer Freiheitsrechte. Zu diesen internationalen Veränderungen gehören aber auch die Auflösungsformen vormoderner Formen sozialer Sicherung (vgl. Polanyi 1977: 51ff.). Diese Deregulierungen ermöglichten es dem Wirtschaftssystem, eine Reihe von technischen Erfindungen für den Einstieg in die industrielle Textilherstellung und weitere Bereiche zu nutzen. Die Folgen dieser Entfaltung des unternehmerischen Kalküls für die Umwelt des Wirtschaftssystems waren desaströs, wie nicht nur Engels Darstellung der Lage der arbeitenden Klassen (Engels 1845), sondern auch die offiziellen Berichte der staatlichen Fabrikinspektoren (vgl. Marx 1972) dokumentierten. Die Etablierung dieser Fabrikinspektoren in England markiert bereits eine Wende. Die negativen Folgen der wirtschaftlichen Entwicklung werden dokumentiert, um Ansatzpunkte für staatliche Eingriffe zu gewinnen. Die endgültige Zähmung des industriellen Kapitalismus durch den Sozial- und Wohlfahrtsstaat verkleinerte zwar den unternehmerischen Dispositionsspielraum. Sie war aber zugleich Ausgangspunkt für neue Geschäftsfelder, die ebenso wie die klassischen Formen der internationalen

Kapitel 2: Der wirtschaftliche Aspekt   61

Arbeitsteilung (erste Globalisierungsphase) unter kräftiger Assistenz des Staates etabliert wurden[9]. Damit ist dieser Zyklus beendet.

> ➔ Das Wirtschaftssystem baut auf Voraussetzungen in seiner Umwelt (wie z.B. hochqualifizierte Menschen) auf und hat immer Auswirkungen auf seine Umwelt. Historisch ist in den Zentrumsgesellschaften ein Zirkel von wirtschaftlicher Innovation und daran anschließender Begrenzung der resultierenden problematischen Nebenfolgen beobachtbar. D.h., dass die Entwicklung der Wirtschaft abhängig von ihrer Umwelt ist.
>
> *Anregung: Überlegen Sie sich, ob (a) die Hartz IV „Reformen" und (b) der Streik der Eisenbahnergewerkschaft im Jahre 2007 als Beispiele für eine solche Begrenzung negativer Nebenfolgen taugen.*

II. Anknüpfungspunkte für beschränkende Eingriffe in das Wirtschaftsystem

Der Einstieg in den nächsten Zyklus entwickelt sich über die internationale Deregulierung der späten 1970er Jahre, die mit den Namen Reagan und Thatcher verbunden ist. Derzeit können wir nur die wichtigsten Herausforderungen der dritten Globalisierungsphase inspizieren. Ob und inwieweit sich daran tatsächlich beschränkende Eingriffe knüpfen werden, die bestimmte Nebenfolgen des Wirtschaftssystems für seine Umwelt ausschließt oder kompensiert, ist kontingent, also mit wissenschaftlichen Mitteln nicht prognostizierbar. Deswegen endet unsere Bestandsaufnahme wirtschaftlicher Globalisierung genau hier. Alles Weitere kann sich nur in der politischen Auseinandersetzung ereignen.

An folgende Probleme könnten sich beschränkende Eingriffe knüpfen:

(a) In der globalisierten Wirtschaft der Gegenwart und Zukunft leistet nur noch eine vergleichsweise kleine Gruppe von Wissensarbeitern produktive Arbeit. Sie sind die Globalisierungsgewinner.
Diese These wird mit variierenden Begriffen von verschiedenen Autoren vertreten. Rifkin (1996) spricht von „Wissensarbeitern", Gorz (1994) von „kreativen Gestaltern und Prozessarbeitern", Reich (1993) von „Symbolanalytikern". Hintergrund für diese These ist der behauptete Übergang von der Industrie- zur Wis-

---

[9] Zum System der Massenproduktion vgl. Piore/Sabel 1989: 28ff.

sensgesellschaft (Bell 1975). Der ökonomische Kern der These von der Wissensgesellschaft besteht in der Behauptung, dass wirtschaftliche Wertschöpfung nicht mehr über effektive Industrieproduktion, sondern über die Anwendung theoretischen Wissens erzielt wird.

Wenn man diese These mit Schumpeters Einsicht in die zentrale Bedeutung von Innovationen für die wirtschaftliche Wertschöpfung kombiniert, dann zeigt sich, dass nur die Anwendung theoretischen Wissens auf Innovationen, also Forschung und Entwicklung im weitesten Sinne, die wirtschaftliche Wertschöpfung erhöhen kann. Teilweise wird auch vor diesem Hintergrund der Begriff „Industrie" nicht mehr auf die industrielle Produktion bezogen, sondern auf solche neuen Formen der wirtschaftlichen Wertschöpfung. Daraus folgt dann, dass Filmproduktionen, neue Finanzprodukte und ähnliche Geschäftsfelder zu den „neuen Industrien" zählen (vgl. z.B. Reich 1993).

Die *Wissensarbeiter* sind nun diejenigen, die diese neue Wertschöpfung hervorbringen. Nach Reich geht es um die Synthese dreier Qualifikationen (Reich 1993: 189ff.): Die globalisierte Wirtschaft benötigt *„Problemidentifizierer"*, die neue Geschäftsfelder entlang von Kundenbedürfnissen auftun. Sie benötigt weiterhin *„Problemlöser"*, also technische Spezialisten, die in der Lage sind, neue wissenschaftliche Erkenntnisse anzuwenden. Drittens benötigt sie schließlich *„strategische Mittelsmänner"*, die Problemlöser und Identifizierer zusammenbringen und den Innovationsprozess organisieren.

Auf den Teilarbeitsmärkten für diese Qualifikationen ist das Angebot vergleichsweise rar, so dass „gute Leute" weitgehend in der Lage sind, ihre Bedingungen durchzusetzen. Die typische Arbeitsform der Wissensarbeiter ist das Projekt, also ein bestimmtes Ziel zu dessen Erreichung kooperiert wird. Hierfür ist es auch weitgehend unerheblich, ob selbstständig oder in abhängigen Beschäftigungsverhältnissen gearbeitet wird. Charakteristisch ist ein mehrfacher Wandel des Beschäftigungsstatus im Verlaufe der Berufsbiografie. Daraus ergibt sich weiterhin, dass Wissensarbeiter in der Regel nicht unter den Bedingungen eines Normalarbeitsverhältnisses arbeiten, sondern eher zyklisch und zielorientiert. Wissensarbeiter sind nicht nur Globalisierungsgewinner, sie sind auch häufig in hohem Maße international mobil, also selbst globalisierte Arbeiter.

Reich vertritt die These, dass alle weiteren Beschäftigten zwei Kategorien zuzuordnen seien, die sich beide von den Wissensarbeitern dadurch unterscheiden, dass es hier nur um *Routinetätigkeit*, um sich wiederholende Arbeitsabläufe geht (Reich 1993: 232ff.).

Die eine Kategorie sind *einfache Dienstleistungen*, also solche Dienstleistungsarbeit, die nicht in die Kategorie der Wissensarbeit fällt. Die Dienstleistungs-

Kapitel 2: Der wirtschaftliche Aspekt

merkmale schützen diese Art von Tätigkeit vor schneller Rationalisierung und vor Verlagerungen in Niedriglohnländer. Beides ist bei Dienstleistungen nur begrenzt möglich. Sie sind zwar nicht rationalisierungsresistent, wie noch Fourastié (1954) meinte, sondern im Zeitalter der Mikroelektronik ebenfalls rationalisierbar, aber in wesentlich engeren Grenzen als Tätigkeiten in der Produktion. Ein weiteres Rationalisierungshindernis ist, dass Dienstleistungen in der Fläche verfügbar sein müssen. Sie sind nur in dem Maße in Billiglohnländer transferierbar, als sie über elektronische Kommunikationsmittel und relativ sprachunabhängig angeboten werden können. Daraus folgt umgekehrt, dass insbesondere persönliche Dienstleistungen, vom Schuhputzer über den Stilberater bis zum Innenarchitekten, relativ rationalisierungsresistent sind und auch in Zukunft einigermaßen sichere Arbeitsplätze sein werden. Der Markt für solche Dienstleistungen ist allerdings durch ein Überangebot an qualifizierten Anbietern charakterisiert, so dass den Verdienstmöglichkeiten in der Regel enge Grenzen gesetzt sind.

Die andere Gruppe sind die *Routinearbeiter*, also alle auf Routineproduktion bezogenen Tätigkeiten. Deren Zukunftschancen in den klassischen Zentrums- und d.h. auch Hochlohnländern beurteilt Reich äußerst negativ. Einmal nehme die Nachfrage nach Produktionsarbeit immer stärker ab, da zum Teil keine Produktionsvorgänge im klassischen Sinne mehr anfallen und die klassischen Produktionsvorgänge ihrerseits in hohem Maße rationalisierbar sind. Da Produktion unbegrenzt zentralisierbar und unter den Bedingungen der dritten Globalisierungsphase auch relativ problemlos in die Dritte Welt transferierbar ist, wandern diese Arbeitsplätze typischerweise in Niedriglohnländer ab.

➔ ad (a): Die wirtschaftliche Wertschöpfung wird unter den Bedingungen hoher Innovationsdynamik der Wirtschaft immer stärker von den kreativen Leistungen so genannter Wissensarbeiter abhängig.

(b) Viele Menschen werden vom Wirtschaftssystem nicht mehr als Arbeitskräfte benötigt: Die These von der 20:80-Gesellschaft.
Wenn die oben entwickelte These zutrifft, dass die Vorteile globalisierter Arbeitsteilung nicht mehr nur von ganzen Volkswirtschaften, sondern von jedem einzelnen wirtschaftlichen Akteur, gewissermaßen maßgeschneidert, genutzt werden kann, dann wird dies nach klassischem liberalen Denken zu einer eminenten Verbilligung der Herstellungskosten führen. Eine Dimension dieser Verbilligung

ist die *Einsparung menschlicher Arbeit*. Die 20:80-These besagt nun, dass durch die mikroökonomische Nutzung der Vorteile internationale Arbeitsteilung aufgrund des rapiden ökonomischen Fortschritts *das Versprechen der Vollbeschäftigung nicht mehr gehalten werden kann* und nur noch circa 20 Prozent der arbeitsfähigen Bevölkerung auf eine Beschäftigung hoffen können (vgl. insbes. Martin/Schumann 1996; Rifkin 1996).

In das Spektrum der 20:80-These gehört auch die Erwartung, dass die in den klassischen Zentrumsstaaten im Laufe des zwanzigsten Jahrhunderts entstandene „neue Mittelklasse" (vgl. Geiger 1949; Hradil 1999: 85) einen drastischen Niedergang erleben wird. Im zwanzigsten Jahrhundert war entgegen der marxschen Prognose vom Niedergang aller Zwischenschichten eine neue, aus qualifizierten Arbeitnehmern bestehende Mittelschicht entstanden. Sie gerät sowohl unter den Druck der Beschäftigungspolarisierung (siehe oben) wie auch der neuen Globalisierung. Mit dem *Abschmelzen der Mittelschichten* ist zugleich eine Polarisierungstendenz in der Einkommens- und Vermögensverteilung verbunden (für Deutschland vgl. Geißler 2006: 81ff.; für die USA vgl. Wolman/Colamosca 1998: 239ff.). Sowohl die Zahl der sehr Reichen als auch noch stärker die Zahl der sehr Armen wird zunehmen.

Das Hauptproblem, das diese Rationalisierungsthese ortet, ist indessen **die mit den üblichen ökonomischen Mitteln nicht mehr abbaubare *Massenarbeitslosigkeit***. Während unter den Bedingungen der Frühindustrialisierung Arbeitslosigkeit, insbesondere das Problem der Altersarbeitslosigkeit, die davon Betroffenen in die noch rudimentär bestehenden vormodernen institutionellen Sicherungen wie das Armenhaus in der Herkunftsgemeinde getrieben hat, bleiben unter den heutigen Bedingungen nur die Sicherheiten des Sozial- und Wohlfahrtsstaates. Diese in der zweiten Hälfte des zwanzigsten Jahrhunderts entwickelten Sicherungssysteme geraten damit aber von zwei Seiten her unter Druck: Auf der einen Seite nehmen die Zahl und der Umfang der Einzahlungen mit den hoch dotierten versicherungspflichtigen Arbeitsplätzen ab. Auf der anderen Seite werden Transferzahlungen für Arbeitslosigkeit nun aber nicht mehr nur von kleinen Gruppen für kurze Zeit benötigt. Zudem können die Unternehmen durch das Ausspielen der Standortkonkurrenz versuchen, ihren Beitrag zur Finanzierung der sozialen Sicherungssysteme zu drücken.

Kapitel 2: Der wirtschaftliche Aspekt

➔ ad (b): Nach der 20:80-These werden zukünftig nur 20 Prozent der arbeitsfähigen Bevölkerung auf eine Beschäftigung hoffen können. Der Grund dafür ist die eminente Verbilligung der Herstellungskosten, deren wichtigste Dimension die Einsparung menschlicher Arbeit ist.

(c) Aus Globalisierungsgewinnern werden Verlierer: Die Differenz zwischen Erster und Dritter Welt, zwischen Zentrum und Peripherie wird schwächer.
Die Weltsystemanalyse hat gezeigt, dass die klassischen Formen der von Europa ausgehenden Globalisierung von Kollektivorganen getragen wurden: dem Staat und der gesellschaftlichen Gemeinschaft. Das hat dazu geführt, dass im Zentrum die Entwicklungs-, Wohlstands- und Wachstumschancen für die gesamte Bevölkerung zugenommen haben – sicherlich in sozialen Abstufungen. Umgekehrt sind die Entwicklungs- und Modernisierungschancen für die gesamte Bevölkerung in der Peripherie blockiert worden, auch wenn kooperierende Gruppen, insbesondere feudale Eliten, von der internationalen Arbeitsteilung ebenfalls profitiert haben.

Unter den heutigen Globalisierungsbedingungen werden globale Netzwerke dezentral, ausgehend von den wirtschaftlichen Akteuren, geknüpft, verändert und neu justiert. Sobald ein bestimmter infrastruktureller und zivilisatorischer Stand einmal erreicht ist ergeben sich daraus für die Bevölkerung in den zuvor kollektiv benachteiligen Regionen neue Teilhabemöglichkeiten an der globalen wirtschaftlichen Entwicklung. Sie hängen insbesondere mit dem *Export der Beschäftigung* zusammen und werden in den bisherigen Zentrumsstaaten mit der inselartigen Ausbreitung von Armut erkauft (vgl. Reich 1993: 316ff.).

Zudem ereignen sich zusätzlich *kollektive Aufholtrends*. So genannte Schwellenländer erreichen insgesamt das Niveau der klassischen europäisch-amerikanischen Zentrumsgesellschaften. Dieser Aufholprozess bedient sich offenbar konventioneller ökonomischer Mittel, einer Zunahme der Investitionen und einer Zunahme der abhängigen Beschäftigung. „Nach einem Kommentar Paul Krugmans verdanken die Tigerstaaten ihren Reichtum eher der Transpiration als der Inspiration. Das spektakulärste Beispiel bietet hier Singapur: Fast zwei Drittel des Reichtumszuwachses resultieren aus den ungeheuren Ersparnissen, die die Regierung im Dienst der Kapitalakkumulation mobilisiert hat. Im Fall von Korea und Taiwan gehen nahezu drei Viertel des Reichtumszuwachses auf Kapital und Arbeit zurück. Allein in Hongkong – mit einem in der Anfangszeit außergewöhnlichen Humankapital – entwickelte sich das Wachstum in ausgewogeneren Bahnen, so dass jeder Faktor etwa ein Drittel ausmacht (...) Angesichts dieser Zahlen besteht das ‚Wunder' der vier Tigerstaaten schlicht darin, dass es keines gibt. Wie man bei Adam Smith oder in der Lutherischen Bibel nachlesen kann, ist Reichtum die Belohung für Arbeit. Das ist die große Hoffnungsbotschaft für alle Länder, die den Tigerstaaten nacheifern wollen. Sparen, investieren und seine Arbeitskräfte ausbilden – diese schlichten Mittel genügen scheinbar, um die reichen Länder einzuholen" (Cohen 1998: 46f.).

Zugleich drücken die von Cohen genannten Zahlen freilich auch eine Landnahme der kapitalistischen Ökonomie aus. Arbeit wurde aus dem informellen, um die Familie gruppierten Sektor in bezahlte Arbeit umgewandelt. Die Inklusion der privaten Haushalte in den ökonomischen Kreislauf hat in den Schwellenländern offenbar drastisch zugenommen.

Diese Entwicklungen scheinen nach einigen Jahrhunderten ungleicher Entwicklung nun doch der liberalen Hoffnung auf ein allseitiges Profitieren vom internationalen Handel und der internationalen Arbeitsteilung neue Nahrung zu geben. Für diese Hoffnung spricht einiges, wenn man an tatsächliche Verteilungen denkt. Andererseits ist die Fragestellung veraltet, da sie suggeriert, dass wirtschaftliche Globalisierung als Außenhandel von Staaten beschrieben werden kann.

An dieser Stelle wird ein Exkurs zu den auf die ökonomischen Klassiker des neunzehnten Jahrhunderts zurückgehende ökonomische *Theorie internationaler Arbeitsteilung* unumgänglich. Ihr zentrales Element ist die von David Ricardo entwickelte *Theorie des komparativen Kostenvorteils*. Diese Theorie soll erklären, wieso der internationale Austausch auch zwischen Ländern von unterschiedlichem Entwicklungsniveau für beide Seiten vorteilhaft ist. „Ricardo versuchte damals zu erklären, warum der internationale Austausch auch solchen Ländern zum Vorteil gereicht, die im Vergleich mit dem Handelspartner weniger produktiv sind. Als Beispiel wählte er das Geschäft mit Wein und Tuch zwischen England und Portugal. Beide Produkte wurden in beiden Ländern hergestellt, wobei die Engländer damals dafür mehr Arbeit aufwenden mussten, also unproduktiver waren und ihre Güter daher eigentlich für den Export als zu teuer hätten gelten können. Gleichwohl konnte es sich für Portugal lohnen, Wein nach England zu verkaufen und mit dem Erlös Englisches Tuch zu kaufen. Umgekehrt hatte England einen Gewinn vom Tuchverkauf in Portugal und dem Import von portugiesischem Wein. Ursache war das Preisverhältnis der beiden Güter innerhalb der jeweiligen Landesgrenzen. Denn – so Ricardos Beispielrechnung – in England produzierte eine Arbeitsstunde in der Tuchherstellung den Gegenwert, den 1,2 Stunden Arbeit bei der Weinkelterung einbrachten. In Portugal dagegen

Kapitel 2: Der wirtschaftliche Aspekt

betrug das Verhältnis nur 1 zu 0,8, Wein war also gegenüber Tuch bei dem iberischen Handelspartner weniger wert als in England. Daraus ergab sich für beide Seiten ein relativer, *komparativer* Kostenvorteil. Es lohnte sich für Portugal, mehr Arbeitskraft in der Weinherstellung einzusetzen und kein Tuch herzustellen, England spezialisierte sich umgekehrt. Über den Handel konnten beide Völker im Ergebnis mehr Wein und mehr Tuch konsumieren, ohne mehr arbeiten zu müssen" (Martin/Schumann 1996: 155f.).

Wenn man mit der Theorie komparativer Kostenvorteile argumentiert, dann muss man sehr genau darauf achten, was sie erklärt beziehungsweise nicht erklärt und mit welchen Prämissen sie arbeitet. Man kann mit der Theorie der komparativen Kostenvorteile sowohl Wallersteins Fälle vom Edelmetallexport aus Südamerika und vom Getreidehandel mit Osteuropa ebenso als eine Arbeitsteilung zu beiderseitigem Vorteil rechtfertigen, wie beispielsweise die Deindustrialisierung Indiens durch die britische Kolonialmacht im neunzehnten Jahrhundert (Cohen 1998: 63). Das hängt damit zusammen, dass Ricardo allein in der Währung von Arbeitsaufwand für die Herstellung bestimmter Produkte argumentiert. Er berücksichtigt weder Produktionsverhältnisse noch Entwicklungsperspektiven oder Trends in der langfristigen Entwicklung der Terms of Trade.

Wenn man diese Theorie als „Mutmacher" für die Volkswirtschaften in den bisherigen Hochlohnländern benutzt, dann muss man die Randbedingungen zur Kenntnis nehmen, unter denen Ricardo dieses Theorem entwickelt hat. Cohen (1998: 66f.) beispielsweise beruft sich auf Ricardo, wenn er den klassischen Hochlohnländern rät, sich auf den Export von Hightech-Erzeugnissen zu spezialisieren. Eine solche Empfehlung macht nur dann und in dem Maße Sinn, wie man mit einer Weltwirtschaft kalkulieren kann, die sich aus relativ geschlossenen nationalen Volkswirtschaften zusammensetzt. Das bedeutet, dass Unternehmen einer bestimmten Volkswirtschaft zuzurechnen sind. Zu Zeiten Ricardos und für die gesamte Globalisierungsperiode traf das noch zu. Ricardo stellte nämlich fest: „Die Erfahrung zeigt, dass die Unsicherheit und die Abneigung jedes Menschen, das Land seiner Geburt zu verlassen und sich einer fremden Regierung anzuvertrauen, die Abwanderung von Kapital hemmen (...)" (Martin/Schumann 1996: 156; zitiert nach Altvater/Mahnkopf 1996 ohne Seitenangabe).

Unter den Bedingungen der dritten Globalisierungsphase (Ende der Unternehmensnationalität, internationale Finanzmärkte, freie Konvertibilität der Währungen) sind solche Grenzen für das Wirtschaftssystem löchrig geworden. Sie gelten, wenn überhaupt, der Tendenz nach nur noch für kleinere Wirtschaftsakteure oder unter Sonderbedingungen. Unter Mobilitätsbedingungen bieten komparative Kostenvorteile nur Anreize für global agierende Wirtschaftsakteure, sie auszunutzen und damit einzuebnen. Daher können sie allenfalls kurzfristig wirksam werden. Freihandel kennt daher unter den Bedingungen der dritten Globalisierungsphase durchaus Gewinner und Verlierer. Auch die Spezialisierung auf Hightech-Erzeugnisse kann daher keine dauerhaften Vorteile garantieren und sie kann vor allem keine nationalen Volkswirtschaften dauerhaft vor der internationalen Preiskonkurrenz schützen.

➔ ad (c): Mehrere Entwicklungen (wie z.B. kollektive Aufholtrends von Schwellenländern) weisen darauf hin, dass die Differenz zwischen Zentrum und Peripherie schwächer wird.

(d) Alles droht auf den Prüfstand des internationalen Wettbewerbs zu geraten.
Aus der bisherigen Darstellung geht bereits hervor, dass in der dritten Globalisierungsphase alle Zentrums-Volkswirtschaften in nahezu allen Branchen unter hohem Anpassungsdruck stehen. Anpassungsdruck ist in einer privatwirtschaftlich verfassten Marktwirtschaft nichts Neues. *Nur wird jetzt der Anpassungsdruck innerhalb der Volkswirtschaften durch einen internationalen ersetzt.*

Wenn beispielsweise General Motors die Herstellungskosten senken muss, dann kommen die Kosten aller Standorte auf den Prüfstand, unabhängig von den institutionellen Besonderheiten des jeweiligen Standortes. Wenn ein Unternehmen einen neuen, größeren Produktionsstandort plant, dann unternimmt es zunächst internationale Standortvergleiche, um den für das Vorhaben günstigsten Standort herauszufinden.

Dieser *internationale Wettbewerbsdruck* ist zunächst nicht mehr als eine operative Möglichkeit, die vom Prinzip her bereits jeder wirtschaftliche Akteur in der zweiten Globalisierungsphase hat. Sie wird nicht von heute auf morgen total umgesetzt, sondern auch hier entwickeln sich Verfahren, Routinen, bestimmte Aspekte, die für Börsenanalysten von besonderer Relevanz sind. Hierzu zählen zweifellos auch die Kosten traditioneller Fertigung. Damit ist aber nicht ausgeschlossen, dass für die Zukunft weitere Wettbewerbsfelder realisiert werden, auf denen internationaler Wettbewerbsdruck herbeigeführt wird. So ist es beispielsweise keineswegs ausgeschlossen, dass auch Leistungen und Gehälter von Managern auf den Prüfstand kommen, die sich allmählich zu einem beachtlichen Kostenfaktor entwickeln. Es könnte also durchaus sein, dass in Zukunft der Fleiß, die Bescheidenheit und die wesentlich niedrigeren Gehaltsvorstellungen chinesischer Manager stilbildend werden.

Kapitel 2: Der wirtschaftliche Aspekt

Ebenso wenig dürfen Zentrum-Peripherie-Effekte bei der Umsetzung des internationalen Anpassungsdrucks übersehen werden. Die zentralen Operationen der Weltwirtschaft konzentrieren sich derzeit in Metropolen (Sassen 1996), deren lokale Märkte von der Nachfrage nach hochwertigem Wohnraum, hoch qualifizierten Dienstleistungen und vielem anderen mehr bestimmt werden, so dass es hier zu einem relativ hohem Preisniveau kommt. Das kann über die Konzentration von globalisiertem Kontrollpotential erklärt werden. „Auf globaler Ebene erklärt sich die Bedeutung der für die Weltwirtschaft wichtigen Städte in erster Linie aus der Tatsache, dass sich die Dienstleistungsanbieter, die die Fähigkeit zu globaler Kontrolle produzieren, dort konzentrieren. Diese Fähigkeit ist unabdingbar, wenn die geographische Steuerung der Weltwirtschaft (…) weiterhin mit der Konzentration von Eigentum und Gewinnaneignung einhergehen soll. Die Fähigkeit zu globaler Kontrolle (…) muss produziert werden" (Sassen 1996: 102).

➔ ad (d): Es ist davon auszugehen, dass der interne Anpassungsdruck der nationalen Volkswirtschaften immer mehr einem internationalen Wettbewerbsdruck weicht.

(e) Basiert die „westliche Demokratie" auf kollektiven Globalisierungsdividenden?
Nach allgemeiner Erwartung und entsprechend der bereits dargestellten Entwicklungsszenarien (Wissensarbeiter, 20:80-Gesellschaft) wird erwartet, dass die dritte Phase der Globalisierung drastische Auswirkungen auf das Einkommensniveau und die Einkommensverteilung in den klassischen Zentrumsstaaten haben wird. Damit verbunden ist die Angst, *ob die zivilisatorischen Errungenschaften des zwanzigsten Jahrhunderts, vor allem Demokratie und Wohlfahrtsstaat, in ihrem Bestand erhalten werden können.* So lautet der Untertitel bei Martin/Schumann (1996) nicht zufällig: „Der Angriff auf Demokratie und Wohlfahrt".
Diese Befürchtungen sind zumindest teilweise alles andere als unbegründet. Während die Phase **zwischen 1947 und 1979 einen historisch beispiellosen Anstieg der Realeinkommen der breiten Massen brachte**, der wohlgemerkt auf die klassischen Zentrumsstaaten beschränkt war und besonders drastisch in Deutschland (vgl. z.B. Miegel 1983: 177) und Japan ausfiel, **hat es danach bestenfalls eine Stagnation, eher eine langsame Absenkung des Lohnniveaus gegeben.** So nahmen beispielsweise in den USA die realen Familieneinkommen im untersten Quintil seit 1979 ab. Für die Phase 1989-1995 waren bereits die vier untersten Quintile von einem Rückgang der Realeinkommen betroffen (Wolman/Colamos-

ca 1998: 239). Der Anstieg des Massenwohlstandes hatte in hohem Maße mit dem System der industriellen Massenproduktion (Brock 1991; Piore/Sabel 1989) zu tun und damit, dass sie unter den Bedingungen der zweiten Globalisierungsphase eine Domäne der Zentrumsstaaten war. Bereits seit etwa Mitte der 1960er Jahre wurde in Form eines zurückgehenden Arbeitsvolumens (für Deutschland vgl. Osterland u.a. 1973; Anhang, Tabelle 13) sichtbar, *dass die Wohlstandsgenerierung durch industrielle Massenproduktion allmählich schwächer wurde.* Deswegen sollte eine *Expansion primärer und sekundärer Dienstleistungen* (vgl. v. Rothkirch/Weidig 1986) die Wohlfahrtsentwicklung verstetigen.

Dass sich diese Hoffnung nicht erfüllt hat, hat mehrere Ursachen. Eine davon liegt sicherlich in der Dynamik der Ökonomie, deren Erfolg, hier folgen wir Ricardo, an der Einsparung menschlicher Arbeit bei der Herstellung von Gütern und Dienstleistungen zu messen ist. Ein Erfolgskriterium des Wirtschaftssystems ist seine Fähigkeit, Lohnkosten und damit auch menschliche Arbeit einzusparen. Insofern signalisiert die 20:80-These die Erwartung, dass das Wirtschaftssystem seine Leistungsfähigkeit durch die Mechanismen der dritten Globalisierungsphase eminent steigern kann.

Für einen Teil der Umwelt des Wirtschaftssystems, nämlich für diejenigen Menschen, die vom Verkauf ihrer Arbeitskraft im Bereich der Routinetätigkeiten dauerhaft leben müssen, bedeutet ein derartiger Erfolg eine Katastrophe. Folgen wir der für die zweite Phase sicherlich zutreffenden Theorie der langen Wellen, dann kann dieser Effekt nur durch neue Märkte eröffnende Produktinnovationen auf der Basis neuer Schlüsseltechnologien, also durch hohe Expansionsraten des Wirtschaftssystems vermieden und sogar in Beschäftigungswachstum umgemünzt werden. Wie wirken aber Innovationen auf die Beschäftigung und die Lohnquote in den klassischen Hochlohnländern, die entweder keine klassische Produktionsphase mehr kennen bzw. bei denen die Produktion in Niedriglohnländern erfolgt?

Damit stellt sich die Frage, **wie eines der Resultate des Wirtschaftssystems für seine Umwelt, nämlich die Wohlstandsentwicklung und die Entwicklung der Masseneinkommen zumindest in etwa auf dem erreichten Niveau gehalten werden kann.** Sie ist auch für die Dynamik des Wirtschaftssystems selbst essentiell, da seine Entwicklungsmöglichkeiten immer auch von kaufkräftiger Nachfrage abhängen, einem Faktor aus der Systemumwelt, den das Wirtschaftssystem selbst nicht generieren, aber durch eine steigende Lohnsumme stimulieren kann[10].

---

[10] Es ist schwer zu entscheiden, ob bei derartigen Problemen die systemtheoretische Analyseperspektive oder die soziale Konstruktion der Privatwirtschaft als ein autonomes Funktionssystem an seine Grenze stößt. Vieles spricht jedoch für die zweite Möglichkeit. Wie jedes autonome Funktionssystem ist die

Kapitel 2: Der wirtschaftliche Aspekt

➔ ad (e): Es stellt sich die Frage, wie die zukünftige Entwicklung von Wohlstand und Einkommen aussehen wird.

(f) Die Finanzierung sozialer Sicherungssysteme.
Eng mit der Wohlstandsentwicklung und der Entwicklung der Masseneinkommen ist das *Problem der Aufrechterhaltung sozialer Sicherungssysteme* (vgl. Esping-Andersen 1990) verknüpft. Diese Abhängigkeit besteht in höherem Maße dort, wo soziale Sicherungssysteme auf dem Generationenvertrag basieren. Sie besteht aber auch fort, wenn jede Generation ihre Versicherung gegen Krankheit, Arbeitslosigkeit und ihre spätere Rente selbst durch Ansparungsleistungen vom laufenden Einkommen erwirbt. Die erstgenannte Variante war und ist immer eine Wette auf eine positive Zukunft. Deswegen gerät sie unter besonders starken Druck, wenn die Verteilung von Reichtum und Armut, von Beschäftigung und Dauerarbeitslosigkeit nicht mehr in jeder Volkswirtschaft autonom entschieden wird. Aber auch die zweite Variante wird von dieser Entwicklung betroffen, da nur diejenigen für Zeiten der Nichterwerbstätigkeit selbst vorsorgen können, die über ein hinreichendes Einkommen verfügen. Ein ansteigender Niedriglohnsektor wie auch stabile Massenarbeitslosigkeit verwehren es immer größeren Teilen der Bevölkerung, Eigenvorsorge zu betreiben. Daher ist es eine offene Frage, ob und wie lange die klassischen Zentrumsgesellschaften noch ein Maß an innergesellschaftlicher Solidarität aufrecht erhalten können, das jedes Gesellschaftsmitglied zumindest vor dem Verhungern und vielleicht sogar vor strenger Armut und gesellschaftlicher Ausgrenzung bewahrt.

Privatwirtschaft von ihrer Umwelt, also jenen sozialen Prozessen, aus denen sie sich ausdifferenziert und gegenüber denen sie sich verselbständigt hat, abhängig. Dazu gehört, dass sich aus der privaten Lebensführung der Menschen eine möglichst hohe *kaufkräftige* Nachfrage nach Leistungen des Wirtschaftssystems entwickelt. Sie wird durch gesamtwirtschaftliche Effekte des Wirtschaftssystems, nämlich durch steigende Einkommen stimuliert und durch sinkende geschwächt. Im Kalkül des einzelnen Wirtschaftsunternehmens kann diesem Zusammenhang jedoch nicht Rechnung getragen werden, da hier Löhne als Kostenfaktor möglichst niedrig gehalten werden müssen. Wettbewerb sorgt dafür, dass sich erfolgreiche Strategien verbreiten, also gesamtwirtschaftliche Auswirkungen haben können. Für die dritte Globalisierungsphase scheint nun charakteristisch, dass für die Volkswirtschaften der Hochlohnländer das Arsenal lohnkosteneinsparender Strategien stark gewachsen ist, während umgekehrt der Effekt von Innovationen auf die Generierung zusätzlicher Beschäftigung in diesen Ländern schwächer geworden ist. Kurz- und mittelfristig kann das Wirtschaftssystem auf dieses Kaufkraftproblem durch die Erschließung neuer Märkte in der bisherigen Dritten Welt reagieren. Langfristig wird es dagegen in seiner jetzigen Form kollabieren, wenn sich diese Tendenz weiter verstetigt und durch externe Steuerung nicht gebremst werden sollte.

Die *Entwicklung westlicher Staaten zu Demokratien, die auf dem allgemeinen und gleichen Wahlrecht aller Gesellschaftsmitglieder basieren, war in hohem Maße mit der Entwicklung des Sozial- und Wohlfahrtsstaates und mit einer Steigerung der Masseneinkommen verknüpft.*
Zunächst stand Demokratie für einen Mechanismus, der die wohlhabenden und deswegen durch Steuern den Staat mitfinanzierenden Bürger an der Definition der Ziele des politischen Systems teilhaben ließ (Zensuswahlrecht). Was das bedeutete, kann man exemplarisch an der Geschichte der englischen Demokratie im achtzehnten und vor allem im neunzehnten Jahrhundert ablesen, wo sich die politischen Kontroversen insbesondere um die ökonomischen Interessen der alten Landbesitzenden und der neuen von Industrie und Handel profitierenden Elite drehten.
Erst mit der Organisation sozialer Sicherungssysteme bedient der Staat das Interesse breiter Bevölkerungsschichten, die ausschließlich von Erwerbsarbeit leben und deswegen ein existenzielles Interesse an einer Versicherung ihrer Zeiten der Nichterwerbstätigkeit haben. Wenn die demokratischen Institutionen nicht zu einer bloßen Fassade degenerieren sollen, die die breite Masse mit „Tittitainment", einer modernen Version von Brot und Spielen, ruhig stellen soll (vgl. Martin/Schumann 1996), dann hängt die Zukunft einer Demokratie, die diesen Namen noch verdient, in ganz starkem Maße an der Fortschreibung des sozial- und wohlfahrtsstaatlichen Elementes.

→ ad (f): Es stellt sich weiterhin die Frage, inwieweit die sozialen Sicherungssysteme aufrechterhalten werden.

2.4.3 Ansatzpunkte für eine Kritik an wirtschaftlicher Globalisierung

Der letzte Abschnitt hat einen deutlichen Eindruck davon vermittelt, dass die Brisanz des Globalisierungsthemas nicht damit zu tun hat, dass die wirtschaftlichen Akteure sich nun in ihrem Alltag, gewissermaßen auf einer Mikroebene, des Instrumentes der globalen wirtschaftlichen Arbeitsteilung bedienen können. Sie entzündet sich vielmehr an den Nebenfolgen dieser Veränderungen für die auf das Wirtschaftssystem angewiesene Umwelt. In den ehemaligen Zentrumsstaaten wird die Globalisierung primär als Gefährdung vertrauter Besitzstände wahrgenommen.

Kapitel 2: Der wirtschaftliche Aspekt

Man kann nun, wie viele Globalisierungskritiker dies auch tun, den antikapitalistischen Traditionen folgen und die mächtigen Wirtschaftsakteure anklagen. Man kann ihnen Unmoral, mangelndes soziales Verantwortungsgefühl, Zynismus und alles Mögliche vorwerfen. Das Problem dabei ist jedoch, dass diese Vorwürfe letztlich nichts anderes aussagen, als dass die Akteure im Wirtschaftssystem ihre systemspezifischen Aufgaben sehr gut machen. Denn die Aufgabe der Wirtschaftsakteure ist es ja, durch immer neue Kombination der Produktionsfaktoren immer effizienter Güter und Dienstleistungen zu produzieren und damit Gewinne zu erzielen. Selbst eine moralische Kritik an den Akteuren auf den internationalen Finanzmärkten überzeugt nicht. Denn auch sie haben nichts anderes getan, als die Möglichkeiten, die ihnen durch staatliche Deregulierung eröffnet wurden, konsequent zu nutzen.

Zu diesen Erkenntnissen ist bereits, trotz seiner antikapitalistischen Polemik, Karl Marx gelangt. Er hat daraus bekanntlich die Folgerung gezogen, dass es nicht um eine moralische Besserung der Kapitalisten, sondern um eine Abschaffung des Kapitalismus gehen müsse. Diese Alternative hat aber nach dem Niedergang des real exstierenden Sozialismus alle Überzeugungskraft eingebüßt. Deswegen kann man nur in systemtheoretischer Manier auf eine „Zähmung" des Kapitalismus setzen, die sich in der Vergangenheit über Stoppregeln und Umverteilungsmechanismen als durchaus erfolgreich erwiesen hat und aus dem viel geschmähten Manchesterkapitalismus eine soziale Marktwirtschaft hervorgebracht hat, deren Effekte für die gesamte Bevölkerung der Zentrumsgesellschaften zumindest in den ersten drei Jahrzehnten nach dem Zweiten Weltkrieg durchaus ansehnlich waren.

Anregung: Wie denken Sie über die oben besprochenen Thesen? Gibt es empirische Daten, die diese Ausblicke stützen oder widerlegen?

Kapitel 3
Der politische Aspekt: Reaktionen von Staat und Zivilgesellschaft auf die aktuelle Phase wirtschaftlicher Globalisierung

3	Einleitung	75
3.1	Zur Ausdifferenzierung von und zum Verhältnis zwischen Wirtschaft und Politik	77
3.2	Die Reaktionen der nationalen politischen Systeme auf die „Herausforderungen" der Globalisierung	86
3.3	Reaktionen der Zivilgesellschaft auf die „Herausforderungen" wirtschaftlicher Globalisierung jenseits konventioneller staatlicher Politik	92
3.3.1	Fairer Handel mit der Dritten Welt – globale Angleichung von Arbeits- und Lebensbedingungen	94
3.3.2	Arbeit jenseits der globalisierten Ökonomie – lokale Wirtschaftskreisläufe	95
3.3.3	„Bürgerarbeit" – Arbeit für die gesellschaftliche Gemeinschaft	97
3.4	Nichtregierungsorganisationen und globalisierungskritische soziale Bewegungen	103
3.4.1	Das Spektrum globalisierungskritischer sozialer Bewegungen	103
3.4.2	Nichtregierungsorganisationen als globalisierte politische Akteure	111
3.5	Fazit	116

3 Einleitung

Globalisierung weist in den neueren Darstellungen zum politischen System, zu Staat und Zivilgesellschaft überwiegend wirtschaftliche Konturen auf. Wenn man diese Darstellungen zu einem ganz knappen Fazit verdichten möchte, dann könnte es folgendermaßen lauten: Die rasch vorankommende Globalisierung der Wirtschaft stellt die Politik heutzutage vor große Probleme, weil sie nationalstaatlich verfasst ist. Die politischen Systeme sind daher Getriebene im Prozess der Globalisierung, die um ihren Platz in einer sich immer weiter globalisierenden Welt kämpfen müssen.

Als Momentaufnahme kann man das so stehen lassen. Wer aber tiefer schürfen will, der wird schnell erkennen, dass politische Systeme immer wieder auch eine *aktive Rolle* im Prozess wirtschaftlicher Globalisierung gespielt haben (vgl. insbes. Kap. 2.1 und 2.2). Aus einer noch etwas weiter ausgreifenden Perspektive ist zusätzlich zu beachten, dass insbesondere Krieg führende Staaten Vorreiter auch der kulturellen Globalisierung waren. Lediglich die Globalisierung von Staaten und politischen Systemen ist – jenseits der Bildung von Imperien (vgl. 2.1) – kein Thema.

Wenn man dies alles in einem Kapitel darstellen möchte, so ist die Gefahr allzu groß, dass daraus entweder ein eigenes Buch entsteht oder eine zusammenhanglose Sammlung von Aspekten. Um dem Leser eine einigermaßen übersichtliche und gedanklich gut nachvollziehbare Darstellung bieten zu können, knüpft dieses Kapitel sehr direkt an das vorangegangene an. Es greift die dort offen gebliebene Frage nach der „Zähmung des Turbokapitalismus" auf und sondiert aus einem analytischen Blickwinkel heraus strukturelle Möglichkeiten polischer Einflussnahme. Es geht hier also nicht um inhaltliche bzw. normative politische Empfehlungen, sondern um strukturelle Möglichkeiten. Ein tieferes Verständnis dieser Möglichkeiten gewinnt man, wenn man zunächst im Anschluss an die soziologische Modernisierungstheorie die historischen Ausdifferenzierungsschritte untersucht, über die sich *unterschiedliche Konstellationen zwischen Wirtschaft und Politik* bis hin zu der für heutige moderne Gesellschaften charakteristischen ergeben haben (Abschnitt 3.1).

Auf dieser Grundlage können dann wesentliche Elemente der aktuellen Debatte um *„global governance"* vorgestellt werden (Abschnitt 3.2).

Wie die gesamte Debatte, so muss auch diese Darstellung letztlich unbefriedigend bleiben, weil sie nur die unzulänglich bleibenden Möglichkeiten politischer Gestaltung politischer Systeme in ihrer derzeit gegebenen Struktur ausbuchstabieren kann. Daher macht es Sinn, auf die soziale Grundlage demokratisch verfasster politischer Systeme, *die Zivilgesellschaft*, zurück zu gehen und von dort aus ein breiteres Spektrum politischer Interessenartikulation ausfindig zu machen (Abschnitt 3.3).

Im vierten und letzten Abschnitt über *Nichtregierungsorganisationen und globalisierungskritische soziale Bewegungen* wird ein aktueller Aspekt dieser zivilgesellschaftlichen Möglichkeiten etwas detaillierter entfaltet (Abschnitt 3.4).

Kapitel 3: Der politische Aspekt

Weitere Aspekte des Themas Politik und Globalisierung wurden aus Darstellungsgründen in andere Kapitel dort eingebunden, wo sie in den Argumentationskontext besser hineinpassen. Daher wird die aktive Rolle von Staaten bei dem Vorantreiben kultureller Globalisierung im vierten Kapitel behandelt. Mit dem „Unthema" Weltstaat und Weltpolitik wird das fünfte und letzte Kapitel enden. Dort, so viel kann an dieser Stelle verraten werden, wird der Frage nach einem Weltstaat eine vielleicht überraschende, sicherlich aber unkonventionelle Richtung gegeben.

> ➔ Die in den Nationalstaaten verankerten politischen Systeme stehen einer durch die wirtschaftliche Globalisierung hervorgerufenen Herausforderung gegenüber, auf die sie immer wieder auch aktiv reagieren können.
>
> *Anregung: Welche politischen Begriffe oder politischen Institutionen fallen Ihnen ein, die in einem Zusammenhang mit der wirtschaftlichen Globalisierung stehen? Überlegen Sie sich, welche Möglichkeiten die Politik hat, in die Wirtschaft einzugreifen.*

3.1 Zur Ausdifferenzierung von und zum Verhältnis zwischen Wirtschaft und Politik

Im zweiten Kapitel hatte sich als genereller Befund ergeben, dass die Probleme oder „Herausforderungen" wirtschaftlicher Globalisierung nicht im Wirtschaftssystem selbst, sondern *in den Problemen liegen, die ein erfolgreiches Funktionieren des Wirtschaftsystems seiner Umwelt aufbürdet.* Deswegen können auch nur von dort Problemlösungen kommen. So plausibel eine solche These auch klingen mag – zunächst einmal ist festzuhalten, dass sie auf ungeklärten Voraussetzungen aufbaut. Wo nämlich die Grenze zwischen dem Wirtschaftssystem und seiner Umwelt liegt, ist historisch durchaus variabel. Ebenso klärungsbedürftig ist, aufgrund welcher Bedingungen man eine Autonomie des Wirtschaftssystems unterstellen kann.

Diese Punkte werden erst an dieser Stelle nachgearbeitet, weil nahezu parallel zu historischen Ausdifferenzierungsprozessen des Wirtschaftssystems auch das politische System spezifische Konturen bis hin zu den heutigen Gegebenheiten gewinnt. Für die Ausdifferenzierung von Wirtschaft und Politik aus der Gesellschaft und voneinander sind vor allem zwei begriffliche Unterscheidungen zu beachten, die zugleich historische Entwicklungsetappen markieren:

(a) Die Unterscheidung zwischen Hauswirtschaft und Erwerbswirtschaft.
Bei der Hauswirtschaft wird für den Bedarf der Haushaltsmitglieder produziert. Die Bedürfnisse und der sich daraus ergebende Bedarf der Haushaltsmitglieder bilden das Rationalitätskriterium für jede Hauswirtschaft (vgl. Tschajanov 1987; Weber 1972: 212ff.). Max Weber spricht hier von materialer Rationalität (vgl. hierzu Israel 1972: 127ff.). Beschreibungen und Analysen der Arbeit von „Hausfrauen" (Ostner 1978) beispielsweise machen klar, worum es hier geht. Jeder Bedarf tritt situativ auf und muss relativ schnell befriedigt werden. Zudem ist für Haushaltsarbeit charakteristisch, dass es hier um sehr unterschiedliche Arbeiten geht, weil ja der Gesamtbedarf der Haushaltsmitglieder abgedeckt werden muss. Das setzt der Systematisierung der Hausarbeit enge Grenzen und führt zu einer Verschränkung unterschiedlichster Arbeitsabläufe.

Sobald für den Markt oder auch für staatlichen Bedarf gearbeitet wird, also Erwerbsarbeit betrieben wird, ist Spezialisierung möglich und sie wird aus Effizienzgründen auch erforderlich. Erst die Erwerbsarbeit eröffnet systematische Möglichkeiten der Produktivitätssteigerung und damit der Einsparung menschlicher Arbeitszeit. Die Erwerbsarbeit bahnt, wie viele Analytiker festgestellt haben (beispielsweise Marx und Durkheim), den Weg in eine arbeitsteilige Gesellschaft, in der selbständige Produzenten ihre Produkte austauschen und so mit weniger Arbeit einen höheren Lebensstandard hervorbringen (z.B. Adam Smith).

Aus einer differenzierungstheoretischen Sicht bleibt allerdings festzuhalten, dass in einer solchen arbeitsteiligen Gesellschaft *keineswegs alle Tätigkeiten* als Erwerbsarbeit verrichtet werden. Real werden immer nur ganz bestimmte Tätigkeiten „vergesellschaftet", also aus der Hauswirtschaft ausgelagert und erwerbswirtschaftlich betrieben. Das bedeutet aber auch, dass nun, und das gilt bis heute, zwei unterschiedliche Logiken des Wirtschaftens und der Bedarfsdeckung nebeneinander bestehen (vgl. Webers Unterscheidung zwischen formaler und materialer Rationalität; Israel 1972: 127ff.). Sie lassen sich auch als Systeme beschreiben, die füreinander Umwelten darstellen.

Was damit gemeint ist, machen beliebig viele Beispiele aus dem heutigen Alltag deutlich. Wenn jemand ein Essen kocht, die Wohnung putzt oder das kranke Kind pflegt, dann leistet er Hausarbeit. Das bedeutet, dass er der bereits skizzierten Logik materialer Rationalität folgt. Das Kind wird dann gepflegt, wenn es krank ist. In diesem Fall hat, je nach Schwere der Erkrankung, die Kinderpflege sicherlich absoluten Vorrang. Auch wenn man bei der Kinderpflege Qualifikationen entwickelt hat, wird man sie nicht beruflich nutzen und von nun an „fremde Kinder" zu pflegen. Vielmehr wird es, sobald der Bedarf an der Pflege des eigenen Kindes gedeckt ist, um andere Dinge gehen, die nun aus der Pers-

Kapitel 3: Der politische Aspekt

pektive des Haushalts und der Haushaltsmitglieder im Vordergrund stehen (wie z.B. Staubsaugen, Abspülen, Wäschewaschen oder auch Reparaturen). Bei all diesen Dingen werden Produkte aus dem Erwerbssystem benutzt: Medikamente, Staubsauger, Werkzeug usw. Von den Aufgabenstellungen her bleibt das Erwerbssystem als nicht zugehörig ausgegrenzt. Zugleich machen wir uns aber die Produkte aus dem Erwerbssystem zunutze, um häusliche Arbeiten besser und effektiver erledigen zu können.

In eine sozialtheoretische Sprache übersetzt, bedeutet dieser Gedankengang, dass wir uns Strukturen des Erwerbssystems zunutze machen, sie in unsere haushaltsinternen Abläufe mit einbauen (Interpenetration; strukturelle Kopplung). In ähnlicher Weise kann man aus der Perspektive des Erwerbssystems die Haushalte als Umwelt betrachten, auf deren Leistungen (etwa häusliche Pflege; Reproduktion und Sozialisation von Arbeitskräften) das Erwerbssystem zurückgreift (vgl. beispielsweise Parsons/Smelser 1956). Aus dieser Analyse folgt, *dass die Erwerbsarbeit nicht einfach die Hausarbeit ersetzt hat, sondern dass wir es hier mit einem Differenzierungsvorgang zu tun haben*, einer Ausdifferenzierung eines eigenständigen Systems oder einer eigenständigen Sphäre der Erwerbsarbeit aus der Hausarbeit.

Um einen Zusammenhang zwischen beiden Sphären herzustellen, sind Normierungen erforderlich, die z.B. für alle haus- und alle erwerbswirtschaftlichen Einheiten gelten, die einer bestimmten Gesellschaft zugerechnet werden. *Damit ist ein Ansatzpunkt für eine im weitesten Sinne politische Sphäre gegeben.* Denn diese Differenzierung funktioniert nicht ohne Ordnungsleistungen. Unter diesen kann ein Konsens über „Werte" und Leistungen, Austauschmodalitäten oder Tauschmittel verstanden werden.

➜ Hauswirtschaft und Erwerbswirtschaft bestehen als zwei Logiken der Bedarfsdeckung nebeneinander. Um einen Zusammenhang dieser beiden wirtschaftlichen Sphären zu ermöglichen, ist ein politisches System notwendig, welches die Möglichkeit eines Wertekonsenses bereitstellen kann.

Anregung: Führen Sie sich den Unterschied von Haus- und Erwerbswirtschaft anhand eigener alltäglicher Tätigkeiten vor Augen.

(b) Die Unterscheidung zwischen Staatswirtschaft und Privatwirtschaft
Um die Konturen des heutigen Wirtschaftssystems, in systemtheoretischer Sprache seine Systemgrenzen, besser lokalisieren zu können, ist noch eine zweite Unterscheidung wichtig, die ebenfalls auf einen realen historischen Differenzierungsvorgang hinweist. Es geht hier um die Unterscheidung zwischen staatlichen bzw. kollektiven und privaten Wirtschaftsaktivitäten.

Auch wenn Sozialtheoretiker des neunzehnten Jahrhunderts (wie z.B. Karl Marx) die Entwicklung eines Systems der Erwerbsarbeit nur als eine Aktivität privater Wirtschaftssubjekte analysiert haben (vgl. Marx 1972; insbesondere den ersten Abschnitt), muss historisch eher umgekehrt davon ausgegangen werden, *dass Erwerbsarbeit zunächst Arbeit für staatlichen Bedarf war* und erst sehr viel später an kaufkräftiger Nachfrage privater Wirtschaftssubjekte orientiert wurde, die in lokalen oder überlokalen Märkten auftrat (vgl. zusammenfassend Brock 2006; Kapitel 7). Gleiches gilt auch für die Angebotsseite. Denn zunächst trat der Staat auch als Arbeitgeber auf, der die Deckung seines Bedarfs selbst organisierte.

Die Logik reiner Staatsökonomien hat insbesondere der Wirtschaftshistoriker Karl Polanyi (1966; 1979) analysiert. Wie auch Webers Begriff des Patrimonialstaats (Weber 1972: 643ff.) festhält, kann man sich eine Staatswirtschaft als eine Hauswirtschaft in großem Maßstab vorstellen. Während es bei der Hauswirtschaft um die Deckung des situativ auftretenden familialen Bedarfs geht, zielen Staatswirtschaften auf die Deckung eines *gesellschaftlichen* Bedarfs, der durch den Herrscher bzw. das politische System explizit fixiert wird. Das Ziel des Wirtschaftens ist also auch hier die Bedarfsdeckung. Nur erfordert und ermöglicht der gegenüber der Familie wesentlich höhere Umfang des Bedarfs gesellschaftliche Arbeitsteilung, die durch den Staat organisiert wird (vgl. die Fallstudie von Polanyi 1966).

Polanyi charakterisiert solche Staatswirtschaften als redistributive Wirtschaftssysteme. Das heißt, ein dezentral erwirtschaftetes Surplus (Überschuss) wird in Form von Tributen oder Abgaben im Zentrum gesammelt und von dort aus rückverteilt, um damit bestimmte Aufgaben durchführen zu lassen. Eine Privatwirtschaft funktioniert dagegen dezentral. Auch hier wird für einen gesellschaftlichen Bedarf produziert, der indessen von keiner Instanz festgelegt wird, sondern in der Form kaufkräftiger Nachfrage auf mehr oder weniger spezialisierten Märkten existiert (vgl. Hayek 1969). Anders als in der Staatswirtschaft produzieren die Wirtschaftsakteure hier nicht, um einen Plan zu erfüllen, sondern um Gewinne zu erwirtschaften. *Dieses je individuelle Gewinnmotiv macht die Privatwirtschaft flexibler, anpassungsfähiger und innovativer* (ebd.).

Kapitel 3: Der politische Aspekt 81

Die Entwicklung einer Privatwirtschaft kann man sich als einen zweifachen Ausdifferenzierungsprozess sowohl gegenüber den Haushalten als Wirtschaftseinheiten wie auch gegenüber der Staatswirtschaft vorstellen. Die Ausdifferenzierung gegenüber den Haushalten ergibt sich, wie im vorangegangenen Beispiel bereits dargestellt, über Entscheidungen der Haushalte, Güter und Dienstleistungen auf den Märkten nachzufragen und sie nicht selbst zu produzieren. Die Ausdifferenzierung zwischen Staatswirtschaft und Privatwirtschaft gehört zu den Gestaltungsaufgaben des Staates. Je nach dem, wie staatliche Interessen definiert werden, leiten sich daraus mehr oder weniger ausgedehnte Bereiche ab, die der Staat selbst wirtschaftlich organisiert. Bereiche, die der Staat nicht direkt zu gestalten, sondern nur über bestimmte Vorgaben zu ordnen beansprucht, können dagegen zu Geschäftsfeldern der Privatwirtschaft werden. D.h., *die Ausdifferenzierung einer privatwirtschaftlichen Sphäre ist nur über eine grundsätzliche Veränderung im Selbstverständnis des Staates und seiner Leistungen für die Gesellschaft möglich.*

An Beispielen wie den im neunzehnten Jahrhundert neu entstehenden Eisenbahnen kann man im Einzelnen studieren, zu welchen Varianten es bei der Unterscheidung zwischen Staatsaufgaben und Geschäftsfeldern der Privatwirtschaft kommen kann. Etwas vereinfacht kann man zwischen einer französisch-kontinentaleuropäischen und einer angloamerikanischen Tradition unterscheiden (Richta u.a. 1968). Nach der angloamerikanischen „Philosophie" gestaltet der Staat die Marktordnung und gibt gegebenenfalls bestimmte Standards, etwa Sicherheitsstandards, vor. Nach der kontinentaleuropäischen Tradition wird ein Allgemeininteresse begründet, das ganze Bereiche – wie zum Beispiel die Eisenbahnen oder die Energieversorgung – als Staatsmonopol organisiert und durch Staatsunternehmen systematisch betreibt.

Der kleinste gemeinsame Nenner beider Varianten besteht darin, *dass der Staat Rahmenbedingungen und Standards setzt und die nationale Privatwirtschaft protegiert.* Dieses Zusammenspiel der ausdifferenzierten Bereiche von Wirtschaft und Staat ist in der soziologischen Modernisierungstheorie ein wesentliches Merkmal der modernen Gesellschaft. Es charakterisiert zudem die so genannten Zentrumsgesellschaften für die erste und zweite Globalisierungsphase. Aus der Perspektive des privaten Wirtschaftssystems liefern sowohl die privaten Haushalte wie auch der Staat Strukturen, die in die Funktionsabläufe des Wirtschaftssystems integriert werden[1]. Aus der Perspektive der Haushalte be-

---

[1] Wie man diesen Sachverhalt in systemtheoretischer Terminologie beschreibt, ist sekundär. Ich ziehe an dieser Stelle den Begriff der strukturellen Kopplung vor, da es sich hier um Strukturen handelt, die das Wirtschaftssystem nicht selbst produzieren kann, auf die es aber angewiesen ist. Die Konstellation ähnelt

steht die Existenzberechtigung des Wirtschaftssystems dagegen in seinen Leistungen. Das Wirtschaftssystem ist in der Lage, Güter und Dienstleistungen effizienter, kostengünstiger zu produzieren und technischen Entwicklungsaufwand und dergleichen zu leisten. Neben dem Gesichtspunkt effizienterer, Arbeitskraft einsparender Produktion erwirtschaftet die Privatwirtschaft auch Gewinne und Löhne. Darüber können die Haushalte die Leistungen des privaten Wirtschaftssystems nutzen.

Für das Wirtschaftssystem ergibt sich daraus wiederum die kaufkräftige Nachfrage auf den Märkten für Konsumgüter bestimmter Dienstleistungen. Dieser Zirkel kann als Wirtschaftskreislauf oder auch als selbstreferentielles System beschrieben werden. Er ist aber immer von Kaufentscheidungen abhängig, die im Kontext von Haushalt und privater Lebensführung getroffen werden. Im Hinblick auf Kaufkraft ist es zunächst einmal unerheblich, ob es sich um Gewinn- oder Lohneinkommen handelt (die sicherlich wirtschaftswissenschaftlich relevanten Unterschiede etwa hinsichtlich der Sparquote können hier ausgeklammert bleiben). Für die Privatwirtschaft besteht jedoch ein gravierender Unterschied zwischen einem gesamtwirtschaftlichen und einem unternehmensbezogenen Blickwinkel. Unternehmensintern sind Gewinne Resultate erfolgreich realisierter Unternehmensziele; Löhne dagegen sind Kostenfaktoren, die es aus einzelwirtschaftlicher Logik zu minimieren gilt. Für den Wirtschaftskreislauf, also aus gesamtwirtschaftlicher Perspektive, sind Gewinne wie Löhne gleichermaßen Faktoren, die die weiteren wirtschaftlichen Aktivitäten stimulieren.

> → Die Differenzierung zwischen Staatswirtschaft und Privatwirtschaft ist ein zentrales Merkmal moderner Gesellschaften. Sie ist auch die Grundlage für die Aufgabenteilung wie auch für das Zusammenwirken zwischen Privatwirtschaft und Staat.
>
> *Anregung: Inwieweit ist (nach Hayek) Privatwirtschaft flexibler, anpassungsfähiger und innovativer als Staatswirtschaft?*

---

der prinzipielleren zwischen psychischen und sozialen Systemen. Alternativ dazu kann man sicherlich auch von Programmen sprechen.

Kapitel 3: Der politische Aspekt 83

(c) Veränderungen des modernen Staates: Von wirtschaftlicher Protektion zum modernen Wohlfahrtstaat.
Auf der Grundlage dieser beiden Unterscheidungen und der damit erfassten realen Differenzierungsvorgänge zwischen Haushalten, Staat und Privatwirtschaft gewinnt der moderne Staat grundlegende Konturen. Sie sind die Grundlage für weitere Veränderungen im Verhältnis zwischen Wirtschaft und Staat.

Im Anschluss an das Protektionsrententheorem oder auch an modernisierungstheoretische Überlegungen (vgl. die Darstellung im Kap. 2.2) kann man die *Beziehung des Staates zur Privatwirtschaft* als Zusammenhang zwischen staatlichen Ordnungs- und Protektionsleistungen auf der einen und dem Steueraufkommen auf der anderen Seite erfassen. Daher konnte für die erste und die zweite Globalisierungsphase, in denen die Zurechnung der einzelnen Wirtschaftsakteure zu nationalen Volkswirtschaften noch unproblematisch war, ein positiver Zusammenhang zwischen staatlichen und privaten Wirtschaftsaktivitäten angenommen werden. Staatliche Leistungen schaffen günstige Rahmenbedingungen für die Privatwirtschaft. Deren Erfolg kommt wiederum dem Staat in Form wachsender Steuereinnahmen zu gute. Dadurch können staatliche Protektionsleistungen verbessert werden.

Dieses Verhältnis verändert sich mit der *Ausweitung des Wahlrechts* auf immer größere Gruppen der Bevölkerung. Während das Zensuswahlrecht wirtschaftlich erfolgreichen Kaufleuten, Unternehmern und Großgrundbesitzern politischen Einfluss sicherte, bedeutete der Übergang zum allgemeinen und gleichen Wahlrecht, dass nun abhängig Beschäftigte die Mehrheit der Wähler stellen. Mit der *Entwicklung zum Wohlfahrtsstaat* (vgl. Esping-Andersen 1990) bietet der Staat auch für diese Wählergruppe wichtige Leistungen an. Für das politische System bedeutet das wiederum, dass es nun nicht nur ein Interesse an der Wirtschaftsförderung als Basis der Besteuerung entwickelt, sondern auch an einer Steigerung der Lohneinkommen interessiert ist. Sie sind eine wesentliche Säule sozialer Sicherungssysteme und eine Grundlage für die Besteuerung der Masseneinkommen. Weiterhin kann der Staat erst auf der Grundlage eines allgemeinen und gleichen Wahlrechtes eine breite, alle Bevölkerungsschichten einbeziehende Legitimationsgrundlage entwickeln. Dies geschieht aber um den Preis, dass er sich in Fragen der sozialen Daseinsvorsorge verstrickt und ein Interesse an einer beiden Seiten gerecht werdenden Beilegung von Verteilungskonflikten entwickelt (vgl. Kreckel 1992: 107ff.).

Da die Zurechnung der Wirtschaftsakteure zu nationalen Volkswirtschaften in der dritten Globalisierungsphase problematisch wird, verkompliziert sich auch der klassische Zusammenhang zwischen Ordnungs- und Protektionsleistungen auf der einen und den Steueraufkommen auf der anderen Seite. Die steuerliche Zurechnung eines global agierenden Unternehmens wird hier zu einer Variable des einzelunternehmerischen Wirtschaftens und kann aus der Sicht des Unternehmens auf eine Weise optimiert werden, die den Genuss staatlicher Leistungen maximiert und die Kostenfaktoren, Steuern und Abgaben minimiert (vgl. Martin/Schumann 1996: 271ff.).

Wenn man also das alte Thema „Wirtschaft und Gesellschaft" aus einer differenzierungstheoretischen Perspektive reformuliert, dann zeigt sich sehr deutlich, dass sich mit dem Übergang zur dritten Globalisierungsphase das Verhältnis zwischen Wirtschaft und Staat deutlich verkompliziert hat, wobei auch neue Interessengegensätze aufbrechen. Solange die Wirtschaftsakteure einer nationalen Volkswirtschaft zugerechnet werden können, kann dieses Verhältnis zumindest für die klassischen Zentrumsgesellschaften als eine wechselseitige Win-Win-Situation beschrieben werden. Mit dem Sozial- und Wohlfahrtsstaat entstehen zwar vom Prinzip her neue Konfliktpotentiale. Unter den Bedingungen der industriellen Massenproduktion und des Keynesianismus werden sie jedoch noch nicht wirksam. Dagegen können mit dem Übergang zur dritten Globalisierungsphase die Wirtschaftsakteure Steuern und Abgaben ähnlich wie Löhne zum Gegenstand ihres unternehmerischen Kalküls machen und sie als Kostenfaktoren zu minimieren versuchen. Die klassische soziale Frage nach der Rolle der Arbeitnehmer in einem privatwirtschaftlich verfassten Wirtschaftssystem erweitert sich damit um die Frage nach der Rolle des Staates.

Formuliert man die klassische soziale Frage differenzierungs- und systemtheoretisch, dann handelt es sich hier um eine Frage des Verhältnisses des privaten Wirtschaftssystems zu seiner gesellschaftlichen Umwelt. Das Dilemma ist hinreichend bekannt. Lohneinkommen sind für das einzelne Unternehmen zunächst Kostenfaktoren, die es zu minimieren gilt. Das ist deswegen für die Umwelt des Wirtschaftssystems problematisch, weil (und nur insoweit als) sich Menschen darauf eingestellt haben (bzw. alternativlos nur über die Perspektive verfügen), über ein lebenslanges Arbeitseinkommen zu überleben. Die Alternative einer autarken Hauswirtschaft ist historisch zerstört worden und die andere Alternative eines Lebens von Unternehmensgewinnen ist für die übergroße Mehrheit nicht realisierbar.

Wenn man modellartig kleine Wirtschaftseinheiten untersucht (bis hin zu geschlossenen nationalen Volkswirtschaften), dann schlägt dieses Problem auf das private Wirtschaftssystem zurück. Mit der Einsparung von Lohnkosten beschneiden sich die privaten Unternehmen auch der Nachfrage nach ihren Produkten. Sie sägen, wie schon Karl Marx bemerkt hat, den Ast ab, auf dem sie

Kapitel 3: Der politische Aspekt 85

selbst sitzen. In der Phase der Frühindustrialisierung war dieses Problem in Form des Krisenzyklus immer wieder real aufgetreten. Unter den Bedingungen der Nachkriegsprosperität mit hohen Wachstumsraten einer arbeitsintensiven industriellen Massenproduktion und gestützt auf eine expandierende staatliche Nachfrage konnte es dagegen mit Hilfe des Wohlfahrtsstaates und seiner antizyklischen Konjunkturpolitik weitgehend überspielt werden (Lutz 1989; Piore/Sabel 1989).

Unter den Bedingungen der dritten Globalisierungsphase in Verbindung mit einer Ausschöpfung des Rationalisierungspotentials der Mikroelektronik und weiterer Schlüsseltechnologien ist das Problem jedoch zurückgekehrt, insofern man den Fokus auf die nationalen Volkswirtschaften der bisherigen Zentrumsstaaten richtet. Hier zeigen *stagnierende Masseneinkommen seit Ende der siebziger Jahre* seine Rückkehr an (vgl. Kapitel 2.3). In dem Maße aber, wie die Unternehmen in der dritten Globalisierungsphase für einen internationalen Markt produzieren und Dienstleistungen anbieten, kann diese Rückwirkung auf das Wirtschaftssystem zunächst durch territoriale Expansion vermieden werden. Dabei handelt es sich jedoch, solange dieser Planet als feste Grenze angenommen werden muss, um eine Art Davonlaufen, eine Politik der verbrannten Erde (= Systemumwelt), deren Ende absehbar ist.

Diese Inspektion der Umwelt des privaten Wirtschaftssystems mit system- und differenzierungstheoretischen Mitteln hat bereits ergeben, dass die „Umwelt" nicht nur auf die Misserfolge, sondern gerade auf die Erfolge des privaten Wirtschaftssystems reagieren muss, insoweit sie selbst von Löhnen oder Steuereinkommen abhängig ist. *Die alte „soziale Frage" des 19. Jahrhunderts ist Ende des 20. zurückgekehrt in Form eines Interessengegensatzes zwischen Staat und abhängig Beschäftigten auf der einen Seite, die an Steuereinkünften und hohen Lohnsummen interessiert sind, und den Unternehmen auf der anderen Seite, die diese Kosten zu minimieren versuchen.*

> In der dritten Globalisierungsphase ist das Verhältnis zwischen Staat und Wirtschaft deutlich komplizierter geworden, da durch die Ausweitung des Wahlrechts dem Staat die Rolle des Wohlfahrtsstifters zukommt. Gegensätzliche Interessen bestehen nunmehr zwischen dem Staat, der auf Steuereinkünfte angewiesen ist, den Beschäftigten, die auf Löhne angewiesen sind und der Wirtschaft, die versucht ihre Kostenfaktoren zu minimieren.
>
> *Anregung: Was ist die „klassische soziale Frage" und inwieweit hat sie sich unter den Bedingungen der dritten Globalisierungsphase verändert?*

3.2 Die Reaktionen der nationalen politischen Systeme auf die „Herausforderungen" der Globalisierung

Welche Probleme wirtschaftliche, aber auch andere Globalisierungsprozesse für politische Systeme darstellen, hat insbesondere Michael Zürn herausgearbeitet. Im Wesentlichen wird hier seiner Argumentation gefolgt (Zürn 1996; 1998; 1998a; Brozus/Zürn 2003). Trotz der hier wie in der gesamten Politikwissenschaft vorgenommenen Fokussierung auf wirtschaftliche Aspekte der Globalisierung darf allerdings nicht übersehen werden, dass auch viele andere, zumindest nicht direkt der Wirtschaft zurechenbare Politikfelder wie Umwelt oder Sicherheitspolitik sich aufgrund immer stärker werdender transnationaler Verflechtungen so verändert haben, dass auch hier die Möglichkeit der Problemlösung durch Einzelstaaten immer weiter beschnitten wird.

Zürn geht vom *Begriff des Regierens* (1998: 37ff.) aus, das man sich etwa am Beispiel des Straßenverkehrs als die *autoritative Formulierung und Durchsetzung allgemein verbindlicher Regelungen* vorstellen kann, die geeignet sind, *zwischen Akteuren bestehende Konflikte zu regeln und allgemein anerkannte Ziele zu verwirklichen.* Unter den Bedingungen der Demokratie sind politische Systeme dazu gezwungen, sich für ihre Ziele die Legitimation durch die Bürger zu besorgen. *Regierungsziele sollen also immer auch die Interessen der Bürger auf eine von ihnen anerkannte Art und Weise aufnehmen und die als besonders wichtig angesehenen Probleme lösen.* Diese Verbindung zwischen Bürgern und politischem System *kann durch die Elemente der Territorialität und der Souveränität gewährleistet werden.* Unter Territorialität ist zu verstehen, dass eine Regierung für ein bestimmtes Territori-

Kapitel 3: Der politische Aspekt

um Regeln erlassen kann, die die auf diesem Territorium lebenden Staatsbürger betreffen. Damit kann auch das Problem der Souveränität gelöst werden. Gesellschaftliche Gemeinschaften umfassen alle auf dem Staatsgebiet lebenden Bürger, die ihre Souveränität an eine von ihnen gewählte Regierung delegieren.

Für die *Bewertung des Regierens* sind insbesondere zwei Gesichtspunkte wichtig: *Legitimität* und *Effektivität*. Die Legitimität kann dadurch gesichert werden, dass Regierungen nach den verfassungsgemäßen Regeln zustande kommen und ihre Aktivitäten demokratischen Partizipationsansprüchen genügen müssen. Legitimität ist eine notwendige, aber keine hinreichende Bedingung für die Effektivität des politischen Handelns. Effektivität bedeutet darüber hinaus immer auch, dass Konflikte und Probleme wirksam gelöst werden und dass diese Wirksamkeit von den Bürgern auch anerkannt wird.

Ergänzend sollte noch erwähnt werden, dass politische Systeme über ein *Steuer- und Gewaltmonopol* verfügen müssen, das ebenfalls territorial definiert ist und sich vom Prinzip her auf alle auf einem Staatsgebiet lebenden Menschen erstreckt, seien sie nun Staatsbürger oder nicht. Das Gewaltmonopol bildet gewissermaßen die Grundlage aller autoritativen Konfliktregelungen. Das Steuermonopol dient der Finanzierung staatlicher Aktivitäten. Die Entwicklung und Höhe des Steueraufkommens ist, wie wir bereits gesehen haben, neben der Zustimmung der Bevölkerung ein wichtiger Maßstab für die Effektivität des Regierens. Unter den Bedingungen der ersten Globalisierungsphase kommt es zu einer Konkurrenz zwischen Staaten, die als Synthese zwischen staatlicher Gewalt und Protektion und dem Profitieren der nationalen Volkswirtschaft von dem System internationaler Arbeitsteilung verstanden werden kann.

Obwohl bereits in der ersten Globalisierungsphase die Aktivitäten von Staat und Wirtschaft über das Territorium hinausgehen, wird hier das Zusammenspiel von Territorialität und Souveränität noch nicht in Frage gestellt. Wo die grenzüberschreitende Ausübung staatlicher Autorität nicht zu Abmachungen mit anderen, ebenfalls als souverän betrachteten Staaten führt, kommt es zur Bildung von Kolonien oder Einflusszonen, in denen es vorrangig darum geht, die Wirtschaftsinteressen der eigenen nationalen Volkswirtschaft zu sichern.

Wieso haben derartige grenzüberschreitende Aktivitäten nur zur Stärkung der politischen Systeme und nicht zu ihrer Unterhöhlung geführt? Die Antwort ist relativ einfach: Die Effektivität staatlicher Maßnahmen konnte an den Effekten für die eigenen Staatsbürger abgelesen und die Legitimität durch die eigenen Staatsbürger beglaubigt werden. Probleme der Durchsetzung des Steuer- und Gewaltmonopols konnten durch die Bildung von wiederum territorial definierten Kolonialgebieten gelöst werden. *Probleme ergeben sich erst bei Wirtschaftsaktivitäten, die die Grenzen zwischen zwei souveränen Nationalstaaten und Volkswirtschaften überschreiten.* Dies erfordert transnationale Arrangements zwischen den betroffenen Staaten, die beispielsweise den Austausch der Währungen oder das Problem der Doppelbesteuerung regeln. Aus solchen zunächst bilateralen Regelungen haben sich nach dem Zweiten Weltkrieg *internationale Institutionen entwickelt, die einen freien Welthandel garantieren sollten.* Hierzu gehören insbesondere die Weltbank, der Weltwährungsfond (IMF) sowie die Welthandelsorganisation (WTO). Durch die Deregulierungs- und Zollsenkungsrunden der 1970er und 1980er Jahre in Verbindung mit der Aufhebung des Systems fester Wechselkurse ist hieraus ein tendenziell ***globaler Wirtschaftsraum entstanden, in dem die Wirtschaftsakteure nun nicht mehr als feste Mitglieder einer nationalen Volkswirtschaft agieren, sondern als globale Akteure, welche die Nutzung nationaler Wirtschaftsräume kalkulieren können.***

Die hohe Mobilität der Unternehmen erklärt sich nicht zuletzt daraus, dass es sich hierbei nicht um natürliche, sondern um juristische Personen handelt (vgl. Coleman 1995, Bd. 2: 278ff.). Juristische Personen sind nichts anderes als Konstrukte, um die Allokation von Rechten und Ressourcen besser bündeln zu können. Unter den Bedingungen eines freien Kapitalverkehrs, eines Netzwerks internationaler Börsenplätze mit sich angleichenden Standards internationalisiert sich nicht nur das Eigentum der Unternehmen, auch ihre Organisationsformen globalisieren sich entsprechend der jeweiligen Unternehmensstrategie (vgl. Kap. 2.3). Selbst wenn Ricardos Annahme begrenzter menschlicher Mobilität zuträfe, haben wir es bei globalen Akteuren typischerweise mit juristischen Personen zu tun, die im Zuge der Liberalisierung der Kapitalmärkte eher zufällig Eigentümern aus einer bestimmten nationalen Volkswirtschaft zugerechnet werden können.

Durch diese erst für die heutige dritte Globalisierungsphase charakteristische Ausweitung des unternehmerischen Kalküls ***schaffen sich global agierende Unternehmen – insbesondere durch den transnationalen Transfer von Kapital – einen Markt für staatliche Leistungen.***

„Seit den sechziger Jahren haben sich Volumen und Geschwindigkeit des grenzüberschreitenden Kapitaltransfers stark erhöht. Die Logik dieses Prozesses basiert auf einem zentralen Mechanismus: Kapital fließt bevorzugt dahin, wo die Renditechancen am höchsten und die Kapitalverkehrskontrollen am geringsten ausgeprägt sind. Aus diesem Mechanismus lassen sich einige Erwartungen über die Entwicklung in diesem Politikfeld ableiten. Zum einen werden sich nationale Kapitalverkehrskontrollen einander angleichen, und zwar eher auf niedrigem Niveau. Das bedeutet, dass die Nationalstaaten weniger Möglichkeiten haben, auf Kapital zuzugreifen, das in oder über ihr Territorium transferiert wird. Versuchen sie dies, sinkt die Attraktivität des Kapi-

Kapitel 3: Der politische Aspekt 89

talstandortes und das Kapital fließt zu anderen, weniger regulierten Standorten. Zum anderen führt die Konkurrenz der Volkswirtschaften um Kapital dazu, dass dessen Renditechancen überall möglichst hoch sein müssen (...) Um als Standort attraktiv zu bleiben, sind gegenüber investitionswilligen Unternehmen, die Arbeitsplätze schaffen, immer mehr Vorleistungen zu erbringen (...)" (Brozus/Zürn 2003: 59).

Die Frage ist nun: Wie können politische Systeme auf diese Art der Problemlage reagieren? Sie können ja nicht ohne weiteres auf ihre Grundlage, die ungeteilte Souveränität über ein definiertes Territorium, verzichten. Da die logische Lösung, eine einheitliche Weltregierung, realpolitisch illusorisch ist, entwickelt Zürn (1998: 294ff.) ein *Konzept transnationalen Weltregierens (global governance). Im Kern besagt es, dass effektives Regieren gegenüber derartigen Problemlagen nur in Kooperation zwischen Staaten möglich ist.* Problemlösungen erfordern perspektivisch, dass Staaten nach dem Muster der EU durch Harmonisierung ihrer Interessen und durch aufeinander abgestimmtes Regieren einen *gemeinsamen Wirtschaftsraum bilden*. Mit der gegenseitigen Abstimmung staatlicher Maßnahmen soll – durchaus vergleichbar mit dem Zusammenschluss einzelner Arbeitnehmer zu Gewerkschaften – innerhalb dieses gemeinsamen Wirtschaftsraumes *eine Konkurrenz der Staaten um Investoren und Unternehmensstandorte gemeinsamen Regeln unterworfen werden, die ein Dumping bei staatlichen Ordnungs- und Protektionsleistungen verhindern.* Wenn sich schon nicht verhindern lässt, dass global agierende große wie zunehmend auch mittlere Unternehmen Standortvorteile zu maximieren suchen, so soll wenigstens die Schaffung größerer einheitlicher Wirtschaftsräume wie die EU oder ansatzweise auch ASEAN die Konkurrenz der Standorte durch Kooperation der Staaten untereinander begrenzen. Zudem können große Märkte mit einheitlichen Standortbedingungen die Unternehmen durchaus auf kostenträchtige Steuer- und Sozialstandards verpflichten, solange andere Alternativen für die Unternehmen ungünstiger sind. Die Grundidee ist also, die Standortkonkurrenz im Rahmen eines sich herausbildenden Marktes für staatliche Protektion durch zwischenstaatliche Kooperation zu bremsen.

Das zentrale Problem bei derartigen Kooperationen und Abstimmungen besteht darin, dass die nationalen Regierungen immer nur gegenüber ihren nationalen Wählern verantwortlich sind. *Daher besteht bei der Aushandlung gemeinsamer Regelungen ein prinzipielles Demokratieproblem* (Zürn 1998: 233ff.). Denn die Effektivität transnationaler Kooperation kann nicht aus der nationalen Perspektive beurteilt werden. Sie muss vielmehr an einem durch die transnationale Kooperation entwickelten gemeinsamen Interesse gemessen werden. Hierfür gibt es von der Konstruktion nationalstaatlicher Demokratien her aber kein politisches Mandat. Dieses könnte erst über gemeinsame Wahlen mit gemeinsamen Listen, wie Zürn auch als Weiterentwicklung der jetzigen EU-Wahlen vorschlägt (ebd. 352ff.), geschaffen werden.

Dies ist aber nur *ein* Element in einem komplexeren *Modell der Staatlichkeit in einer globalisierten Welt*. Ein weiteres Element ist das Subsidiaritätsprinzip. Es ergibt sich aus der Forderung nach Effektivität. Unter Subsidiarität ist zu verstehen, dass Regierungsleistungen vom Grundsatz her auf der Ebene erbracht werden sollen, die für den Zuschnitt der zu lösenden Probleme am besten geeignet ist. *Das Subsidiaritätsprinzip führt zu einem Mehrebenen-Modell des politischen Handelns* (ebd. 329ff.), *dessen kleinste Ebene die einzelne Kommune und dessen größte Ebene globale Problemlösungen sind.*

Bei einem derartigen Mehrebenen-Modell des Regierens stellen sich sofort *Fragen der inneren Konsistenz des Regierens*, die in engem Zusammenhang mit der Ausgestaltung von Souveränitätsrechten stehen. Ein solches Modell kann nur dann effizient arbeiten, wenn die auf den unterschiedlichen Ebenen verfolgten Ziele zumindest miteinander kompatibel sind, nach Möglichkeit aber übereinstimmen. Prinzipiell wären zwei Modelle möglich. Einmal wäre ein *dezentrales Modell* denkbar, bei dem ausgehend von der untersten Ebene eine dezentrale Verständigung über übergeordnete Politikziele erfolgen könnte. Dies setzt jedoch einen *allgemeinen Dialog über kulturelle und staatliche Grenzen hinweg* voraus. Realistischer ist dagegen ein *hierarchisches Modell*, von dem auch Zürn ausgeht. Bei diesem Modell müssen *global anerkannte Zielsetzungen und Verhaltensmaßstäbe entwickelt werden, an denen die Verhaltensweisen aller Regierungsinstanzen beurteilt werden können*. Die Konformität mit diesen allgemeinen Maßstäben würde dann auch die Anerkennung der Souveränität der einzelnen Ebenen und Instanzen begründen. Im Abweichungsfall können andere Instanzen daraus das Recht auf legitime Eingriffe entwickeln. Eine Plattform für die Entwicklung solcher allgemein anerkannter Verhaltensmaßstäbe könnten „grundlegend demokratisch reformierte, handlungsfähige vereinte Nationen" (Brozus/Zürn 2003: 62) sein.

Wie auch immer eine derartige *Verständigungsplattform* beschaffen sein mag, in jedem Falle ist, wenn man sich an der klassischen soziologischen Modernisierungstheorie orientiert, eine gewisse Ähnlichkeit gesellschaftlicher Gemeinschaften und ihres Politikverständnisses erforderlich, die letztlich auf *gemeinsame universelle Werte* zurückgeht. „So etwas wie eine auf allgemein geteilten ethischen Werten beruhende Erfahrungsgemeinschaft auf globaler Ebene herzustellen, ist angesichts der Vielfalt der Kulturen und Zivilisationen sicherlich die schwierigste Aufgabe, die sich einem anspruchsvollen Verständnis von global governance stellt. Dennoch gibt es bereits Versuche, einen Kernbestand interkul-

Kapitel 3: Der politische Aspekt   91

turell gültiger Normen wie beispielsweise Gerechtigkeit, Solidarität und Ehrfurcht vor dem Leben herauszuarbeiten" (ebd. 62).

Dieser Optimismus wird jedoch nicht von allen geteilt. Die international einflussreichste Gegenargumentation hat *Samuel P. Huntington* (1998) vorgelegt. Huntington hat untersucht, wie sich die weltpolitische Agenda nach dem Niedergang der Sowjetunion und des Realsozialismus entwickeln wird. Er kommt zu dem Ergebnis, dass an die Stelle des Ost-West-Gegensatzes und der dabei agierenden ideologischen Blöcke ein System von acht *Kulturkreisen* treten wird, die überwiegend auf einem *religiösen Fundament* beruhen (vgl. Huntington 1998: 30; Karte 1.3). *Die Konfliktherde der Zukunft würden daher entlang der Bruchlinien der Kulturkreise verlaufen, ähnlich wie die Kontinentalplatten an ihren Rändern gegeneinander stoßen und dabei Vulkanausbrüche und Erdbeben verursachen.*

Huntington untersucht dieses Szenario aus einem durchaus parteilichen Blickwinkel, dem des christlich-westlichen Kulturkreises mit dem Kernstaat USA (ebd. 117ff.). Aufgrund der Wirtschafts- und der Bevölkerungsentwicklung sieht Huntington die westliche Vormacht in erster Linie durch den islamischen und den sinischen (chinesischen) Kulturkreis bedroht. Es interessieren an dieser Stelle nicht die Einzelheiten seiner Argumentation, sondern nur die *Konsequenzen seiner Analyse für die Frage eines globalen zivilgesellschaftlichen Konsenses für allgemein anerkannte politische Verhaltensmaßstäbe.* Unter diesem Gesichtspunkt macht Huntington sowohl grundlegende Differenzen des islamischen wie des chinesischen Kulturkreises gegenüber westlichen kulturellen Grundwerten aus.

Islamischen Ländern ist insbesondere die für moderne westliche Gesellschaften fundamentale Trennung zwischen Kirche und Staat nicht eigen. Der Koran kennt neben religiösen Aussagen im engeren Sinne auch Regeln für die Rechts- und Staatsordnung. Auch wenn Huntingtons Kritiker an dieser Stelle zu Recht betonen, dass der Koran, wie jede andere Schrift auch, in unterschiedlicher Weise ausgelegt werden kann, so ist ein letztlich auf die Autorität des Koran gegründeter Staat durchaus denkbar.

Die chinesische Kultur hat über Jahrtausende ganz eigene Akzente gesetzt, die wenig Raum lassen für westliche Vorstellungen eines autonomen Individuums. Die ethisch-philosophischen Systeme des Konfuzianismus und des Taoismus – von Religion im westlichen Sinne kann man hier kaum sprechen – sind kosmologische Systeme, die auf eine Harmonie jedes Einzelnen mit seiner Umwelt abzielen.

Wenn es aber nicht ein, sondern mehrere grundlegende Konzepte der gesellschaftlichen Gemeinschaft und der sie letztlich „tragenden" kulturellen Grundwerte gibt, dann *tendieren auch noch so flexible und offene Konzepte einer global governance zur Entwicklung kultureller Blöcke.* Auch wenn Huntingtons Argumentation in vielen Punkten keineswegs überzeugend ist und der Kritik in vielen Punkten nicht standhält, so müssen seine Einwände gegen einen allzu selbstverständlichen kulturellen Grundkonsens sehr ernst genommen werden.

→ Es gibt verschiedenartige Instrumente, mit denen nationale politische Systeme auf die neuen Herausforderungen der Globalisierung reagieren können. Dazu zählen u.a.:

global governance (transnationale politische Kooperation),
Schaffung eines gemeinsamen Wirtschaftsraumes,
Anwendung des Subsidiaritätsprinzips,
Formulierung universeller Werte.

Anregung: Nach Samuel P. Huntington gibt es acht verschiedene Kulturkreise, die auf unterschiedlichen kulturellen (insbesondere religiösen) Fundamenten beruhen. Welche Auswirkungen hat die Analyse Huntingtons auf die genannten Reaktionen politischer Systeme?

3.3 Reaktionen der Zivilgesellschaft auf die „Herausforderungen" wirtschaftlicher Globalisierung jenseits konventioneller staatlicher Politik

Wenn man die Frage politischer Reaktionen auf problematische Effekte wirtschaftlicher Globalisierung nicht von vornherein auf das konventionelle politische Gleis schieben möchte, sondern an gedanklichen Alternativen interessiert ist, dann bietet es sich an dieser Stelle an, über das *Verhältnis von Politik und Zivilgesellschaft* bzw. gesellschaftlicher Gemeinschaft grundsätzlicher nachzudenken. Mit der so genannten demokratischen Revolution (Parsons) hat sich nach Aussage der klassischen soziologischen Modernisierungstheorie eine Differenzierung zwischen gesellschaftlicher Gemeinschaft und dem politischen System ergeben, die eine Modifizierung politischer Zielsetzungen erlaubt.

In der vormodernen Ständegesellschaft war Politik die standesgemäße Betätigung einer kleinen adligen Schicht und deswegen auch an deren Standesinteressen gebunden. Mit der Ausdifferenzierung eines politischen Systems werden mithilfe einiger rechtlicher Regeln, wie aktives und passives Wahlrecht, Staats-

Kapitel 3: Der politische Aspekt

bürgerschaft etc., politische Willensbildungsprozesse innerhalb der gesellschaftlichen Gemeinschaften möglich, die dann qua Wahlrecht dem politischen System zumindest allgemeine Ziele vorgeben können. Damit ist aber nicht ausgeschlossen, dass die gesellschaftliche Gemeinschaft weitere Instrumente entwickelt, mit denen sie zum Beispiel gegenüber dem Wirtschaftssystem Einfluss ausüben kann (vgl. auch Kreckel 1992: 149ff. und 164; Abb. 7). In historisch vergleichender Perspektive kann man hier insbesondere an die Gewerkschaften denken, aber auch an weitere Verbände und Institutionen, die Teil des politischen Willensbildungsprozesses sind und zugleich auch gestaltend auf das Wirtschaftssystem einwirken können[2]. Hierzu zählen nicht zuletzt Formen des Genossenschaftswesens, dessen Überbleibsel die Sparkassen und Raiffeisenbanken sind.

Solche Zusammenschlüsse verfolgten das Ziel, wirtschaftlich Schwache und Benachteiligte überhaupt erst zu relevanten Wirtschaftsakteuren zu machen (Brock 1991: 127f.). So schlossen sich z.B. im 19. Jh. Arbeiter zu Konsumvereinen zusammen, weil sie aufgrund ihrer Armut und periodisch wiederkehrender Zahlungsschwierigkeiten Waren aus den „normalen" Geschäften nur zu überhöhten Preisen bekamen. Im Zuge der weiteren Entwicklung wurde aus solchen Vereinen eine deutschlandweite Ladenkette, „der Konsum". Auch die größte deutsche Bausparkasse, die GdF Wüstenrot, geht auf einen Zusammenschluss armer schwäbischer „Häuslebauer" zurück. Sie hatten sich Ende der 1920er Jahre als „Gemeinschaft der Freunde" (abgekürzt GdF) zusammengeschlossen und ein solidarisches Bausparmodell entwickelt.

Solche zivilgesellschaftlichen Reaktionen ökonomisch Benachteiligter führten, wie auch diese beiden Beispiele demonstrieren, typischerweise in die kapitalistische Ökonomie hinein. Sie können aber auch, ohne staatliche Steuerungsinstrumente in Anspruch zu nehmen, gestaltenden Einfluss auf das Wirtschaftssystem nehmen. In diesem Abschnitt werden drei Reaktionsformen der Zivilgesellschaft etwas näher beleuchtet, die einen aktiv verändernden Einfluss auf das Wirtschaftssystem nehmen können.

---

[2] Grundlegend für das Verständnis derartiger Zusammenschlüsse ist Webers Begriff der „Partei". Damit werden beliebige Gruppierungen von Menschen erfasst, die sich zusammentun, um Einfluss zu nehmen. „Parteien sollen heißen (...) Vergesellschaftungen mit dem Zweck, ihren Leitern innerhalb eines Verbandes Macht und ihren aktiven Teilnehmern dadurch (ideelle oder materielle) Chancen (der Durchsetzung von sachlichen Zielen oder der Erlangung von persönlichen Vorteilen oder beides) zuzuwenden" (Weber 1972: 167).

> Unabhängig vom politischen System kann auch die gesellschaftliche Gemeinschaft (Zivilgesellschaft) Instrumente entwickeln, die Einfluss auf das Wirtschaftssystem nehmen können.
>
> *Anregung: Welche solcher Instrumente fallen Ihnen ein?*

3.3.1 Fairer Handel mit der Dritten Welt – globale Angleichung von Arbeits- und Lebensbedingungen

Insbesondere im Umkreis der Kirchen sind eine Reihe von Initiativen entstanden, die es sich zum Ziel gesetzt haben, einen fairen Handel mit zumeist landwirtschaftlichen und handwerklichen Kleinproduzenten in der Dritten Welt voranzubringen. Fair bedeutet in diesem Zusammenhang ein gegenüber der globalisierten kapitalistischen Wirtschaft alternatives Verständnis von Handelsbeziehungen. Kriterium für die Preisbildung für Importwaren soll nicht der durch Konkurrenz erreichbare Minimalpreis sein, sondern ein Preis, der den Herstellern noch menschenwürdige Lebensbedingungen erlaubt und sie nicht dazu zwingt, Produktionsmethoden anzuwenden, die die natürlichen Lebensbedingungen schädigen.

Die „GEPA – The Fair Trade Company" ist der größte europäische Importeur für fair gehandelte Lebensmittel und Handwerksprodukte aus den „südlichen Ländern der Welt". Zwar kann sich dieses 1975 gegründete Unternehmen hinsichtlich seiner Größe (momentan ca. 49 Mio. Euro Umsatz; 160 Mitarbeiter) noch nicht mit klassischen Importeuren messen. Das Unternehmen hat sich aber als (über-)lebensfähig erwiesen und versorgt nicht nur „Weltläden", sondern auch den normalen Einzelhandel. Der Name „GEPA" ist ein Kürzel für „Gesellschaft zur Förderung der Partnerschaft mit der Dritten Welt". Derzeit gibt es sogar verstärkte Anstrengungen über ein kleines TV-Portal größere Interessentenkreise zu erreichen. Auch andere Beispiele, wie etwa handgestrickte Pullover aus den Anden für den Pariser Markt, demonstrieren, dass solche Initiativen durchaus geeignet sind, internationale Kooperation und Arbeitsteilung ohne die Peitsche des Hungers voranzubringen. In die Welt der Ökonomie könnte man die Fair-Trade-Bewegung als eine besondere Form der Herstellung von Markenartikeln übersetzen. Das „Markenimage" vermittelt hier den Kunden ein gutes Gewissen gegenüber den Herstellern in der Dritten Welt und ermöglicht ihnen, einen Beitrag zu fairem Handel zu leisten.

Während solche Initiativen eher ein Nischendasein führen, sind über die Medien lancierte Attacken gegen die Herstellungsbedingungen von konventionellen Markenprodukten von einer breiteren Öffentlichkeit zur Kenntnis genommen worden. Worum es hierbei geht, wird insbesondere in Naomi Kleins internationalem Bestseller „No Logo!" (Klein 2000) erläutert.

Zielscheibe der Kritik sind die Hersteller großer Markenartikel wie beispielsweise Nike. Wie andere namhafte Hersteller, so hat auch dieses Unternehmen erfolgreich versucht, über so genannte Markenartikel die Mechanismen der reinen Preiskonkurrenz zu umgehen. Marken werden in aufwändigen Werbebotschaften inszeniert, von Prominenten vorgeführt usw. Dieses glanzvolle Markenimage wird von Klein mit den Bedingungen konfrontiert, unter denen diese Markenartikel in Billiglohnländern wie China oder Indonesien, Vietnam oder den Philippinen hergestellt werden. Produktionsorte sind typischerweise ghettoähnlich abgeschirmte Freihandelszonen, in denen weitgehend frei von Steuern, Umweltauflagen und Sozialabgaben zu minimalen Kosten produziert werden kann (Klein 200: 205ff.). Das Ziel dieser Kritik ist moralische Aufklärung. Letztlich geht es aber darum, durch die Drohung derartige Globalisierungsstrategien der einzelnen Unternehmen publik zu machen, einen Druck auf sie auszuüben, um bestimmte Minimalstandards an Löhnen, Sozialabgaben und Umweltauflagen durchzusetzen.

→ In der dritten Globalisierungsphase haben sich Initiativen entwickelt, die durch internationalen Warenaustausch globale Standards an Arbeits- und Lebensbedingungen durchsetzen wollen.

Anregung: Informieren Sie sich über die Herstellungsbedingungen einer beliebigen Kaffeesorte.

3.3.2 Arbeit jenseits der globalisierten Ökonomie – lokale Wirtschaftskreisläufe

Schon die Protektionsleistungen der Zentrumsstaaten in der ersten Globalisierungsphase basierten auf Arbeit für die Gemeinschaft, die nicht direkt von Profitinteressen abhing. Die Arbeit von Soldaten, Seeleuten, Polizei und Beamten diente hier dazu, möglichst optimale Voraussetzungen für die Entfaltung der Privatwirtschaft im Rahmen der nationalstaatlichen Ordnung und unterstützt durch die staatliche Protektion zu schaffen. Für diese Tätigkeiten konnten zwar Effizienzkriterien entwickelt werden, diese Art der Beschäftigung war aber nicht profitabhängig. Voraussetzung war nur eine staatliche Bezahlung beziehungsweise bei Heeresfolge die Alimentierung.

Unter den Bedingungen der heutigen dritten Globalisierungsphase entsteht auch ein Druck auf die staatliche Beschäftigung. Das schließt aber nicht aus, dass die gesellschaftliche Gemeinschaft ehrenamtliche und auch bezahlte Beschäftigung jenseits von Profitinteressen schaffen kann.

Solche Beschäftigung kann einmal im Rahmen der Nachbarschaftshilfe auf Gegenseitigkeit erfolgen. Sie führt dann zu keinem Erwerbseinkommen, aber sie kann durchaus die materielle Lebensqualität steigern. Nachbarschaftshilfe verlängert gewissermaßen die Familienökonomie über die enge Grenze des Haushalts hinaus auf größere Verwandtschafts- bzw. Nachbarschaftszusammenhänge. Bei der Nachbarschaftshilfe kann es sowohl um Beistand in Notfällen wie auch um wechselseitige professionelle Hilfe gehen. Sobald die professionelle Hilfe nicht mehr auf verbindliche Reziprozitätsstandards gegründet ist – A hilft seinem Nachbarn beim Hausbau, weil B ihm im nächsten Jahr ebenfalls beim Hausbau helfen wird – werden Leistungen mit Geld entgolten. Es entstehen also Formen der Schwarzarbeit, die kriminalistisiert werden, weil dem Staat Steuereinnahmen und der Privatwirtschaft Aufträge entgehen. Schwarzarbeit ist solange attraktiv, wie auf diesem Wege Leistungen billiger als über den Markt erworben werden können.

Sobald eigene Zahlungsmittel eingeführt werden, die den Austausch von Leistungen vermitteln, kann sich aus Formen der Nachbarschafshilfe jedoch auch eine alternative, meist lokale Ökonomie entwickeln. Auf diesem Wege können sich zum Beispiel Arbeitslose zu einem Verein zusammenschließen und berufliche Leistungen gegeneinander austauschen. Der Einstieg in solche Formen einer alternativen Ökonomie wird vor allem dann attraktiv, wenn wachsende Teile der Bevölkerung nicht mehr am wirtschaftlichen Wachstum teilhaben, weil sie entweder in Dauerarbeitslosigkeitsverhältnisse abgerutscht sind oder Reallohnverluste hinnehmen müssen, die den Einkauf vieler Leistungen über den Markt unerschwinglich machen.

> Auch unter den Bedingungen der dritten Globalisierungsphase entstehen Nischen in der Zivilgesellschaft, die u.a. durch ehrenamtliche Tätigkeiten ausgefüllt werden. Auf dieser Grundlage können sich lokale Ergänzungen bzw. Alternativen zum herkömmlichen Wirtschaftssystem entwickeln, nämlich dann, wenn Leistungen über eigene Zahlungsmittel ausgetauscht werden.
>
> *Anregung: Gibt es eine der im Text beschriebenen Formen von Nachbarschaftshilfe in Ihrem sozialen Umfeld?*

Sobald solche Zahlungsmittel Eigenschaften haben, die sie von herkömmlichen Zahlungsmitteln unterscheiden, werden alternative Wirtschaftskreisläufe möglich (vgl. Gesell 1991; Elstermann 1994). Die wichtigste solcher Eigenschaften ist ein „negativer Zins". Während unser übliches Geld sich durch Zinsen vermehrt, wenn es gespart wird, funktioniert ein negativer Zins genau umgekehrt. Sobald das Geld beispielsweise innerhalb eines Monats nicht wieder ausgegeben wird und damit die Arbeitsteilung am Laufen hält, verliert es an Wert. Das in Deutschland bekannteste „Lokalgeld" ist der „Chiemgauer".

3.3.3 „Bürgerarbeit" – Arbeit für die gesellschaftliche Gemeinschaft

Aus der Zivilgesellschaft können sich aber auch Initiativen entwickeln, deren Ziel darin besteht, durch Schaffung *gemeinnütziger Unternehmen* bestimmte gesellschaftliche Missstände abzuschaffen. In diesem Fall wird nicht aus unternehmerischem Gewinnkalkül, sondern aus altruistischen Motiven heraus Erwerbsarbeit geschaffen. Traditionell haben die Kirchen eine Reihe von derartigen Initiativen entwickelt, wie z.B. Pflegeheime für Behinderte oder zusätzliche Leistungen für bestimmte gesellschaftliche Gruppen (z.B. Müttergenesungswerk). Solche Initiativen schaffen zusätzliche Beschäftigung, die nicht von Gewinninteressen abhängig ist, aber davon, dass ein bestimmter Bedarf auf irgendeine Weise – beispielsweise durch Mitgliedsbeiträge oder Spenden – finanziert werden kann. In diesen Bereichen kann selbstverständlich auch ehrenamtliche Arbeit geleistet werden. Auch hierdurch wird die Lebensqualität verbessert. In diesem Fall entstehen jedoch keine zusätzlichen Einkommen.

Eine weitere Möglichkeit, sowohl bezahlte Beschäftigung und damit auch das Volkseinkommen zu steigern als auch die gesellschaftliche Wohlfahrt zu mehren, besteht darin, etwa im Rahmen sozialer Sicherungssysteme Ansprüche auf bestimmte Leistungen gegen Abgaben zu definieren. Solche gesellschaftsweit geschaffenen Ansprüche schaffen entlohnte Beschäftigung zum Beispiel im Gesundheitswesen. Diese Beschäftigung kann im Rahmen erwerbswirtschaftlich ausgerichteter Unternehmen (z.b. privatwirtschaftliche Kliniken) erfolgen. Sie kann aber genauso gut jenseits von Profitinteressen organisiert werden (z.b. Krankenhäuser in kommunaler Trägerschaft).

Auch *Nichtregierungsorganisationen*, deren politische Funktion Thema des nächsten Abschnitts sein wird, spielen eine Rolle bei der Schaffung von profitunabhängiger Beschäftigung auf der Grundlage zivilgesellschaftlichen Engagements. Für welche Themen und Aufgabenbereiche auch immer Spenden und Mitgliedsbeiträge mobilisiert werden können, sie sind eine Quelle nicht nur von ehrenamtlicher, sondern auch von entlohnter Beschäftigung. Dasselbe gilt prinzipiell auch für die Bereiche von Sport und Kultur.

Mit dem Konzept der *Bürgerarbeit* wird aus diesen vielfältigen Ansätzen *ein politisches Programm* (Rifkin 1996; Beck 2000). In durchaus vergleichbarer Weise mit dem Begriff der Dienstleistungen, wo sehr unterschiedliche Kategorien der Berufs- und Erwerbsstatistik zu einer politisch relevanten Formel zusammengefasst wurden (Fourastié 1954), bündelt auch das Konzept der Bürgerarbeit sehr unterschiedliche Formen und Aspekte eines *dritten Sektors von Arbeit jenseits von Markt und Staat*. Diese politische Programmatik formuliert Rifkin folgendermaßen: „Die Globalisierung der Wirtschaft und der Rückzug des Staates werden die Menschen dazu bringen, sich zu Selbsthilfeorganisationen zusammenzuschließen. Um den Übergang in das postmarktwirtschaftliche Zeitalter zu bewältigen, wird es politischer Bewegungen und Zusammenschlüsse bedürfen. Sie müssen darauf drängen, dass ein möglichst großer Anteil des Produktivitätszuwachses vom marktwirtschaftlichen Sektor in den dritten Sektor übertragen wird und auf diese Weise soziale Gemeinschaften und lokale Infrastrukturen gestärkt werden. Nur wenn dies gelingt, werden die Menschen überall auf der Welt mit der Globalisierung der Märkte und mit den Massenentlassungen fertig werden können, die ihnen die Lebensgrundlage zu rauben drohen" (Rifkin 1996: 189f.).

Der letzte Satz in diesem Programm ist vermutlich unzutreffend, denn ein derartiger dritter Sektor wird nur in den bisherigen Zentrumsländern mit hohem Lohnniveau möglicherweise eine solche Funktion übernehmen können. Für alle Länder mit vergleichsweise niedrigen Löhnen und einem geringeren Entwicklungsniveau sind Zuwächse an Erwerbsarbeit, die vom privatwirtschaftlichen

Kapitel 3: Der politische Aspekt

wie vom staatlichen Sektor getragen werden, durchaus wahrscheinlich. Der dritte Sektor wird also nur für jene nationalen Volkswirtschaften attraktiv sein, deren Staatsquote unter Anpassungsdruck steht und deren Privatwirtschaft Routineproduktionsarbeit und einfache Dienstleistungen in andere Länder exportiert.

Gerade wenn man diese Einschränkung vornimmt, wird die ökonomische Begründung für das Konzept der Bürgerarbeit transparenter. Ein wichtiges Motiv, weshalb Dienstleistungen vor gut 50 Jahren als „die große Hoffnung des zwanzigsten Jahrhunderts" (Fourastié) bezeichnet wurden, war ja die Vorstellung, dass, anders als die Industrieproduktion, die Dienstleistungsarbeit nicht rationalisiert werden könne, weil sie sich im zwischenmenschlichen Bereich abspielt. Mit der Sättigung der Bedürfnisse nach klassischen Industrieprodukten würde sich die Nachfrage nach solchen rationalisierungsresistenten Dienstleistungen entwickeln und so zu einer humaneren Gesellschaft führen.

Das Dienstleistungskonzept war zwar nicht explizit antikapitalistisch, aber eben implizit. Es wurde von der damals durchaus plausiblen Vorstellung genährt, dass Arbeit zwischen Menschen nicht nach kapitalistischem Kalkül rationalisiert werden könne. In der Zwischenzeit hat sich gezeigt, dass diese Hoffnung insbesondere für den Bereich einfacher Dienstleistungen unzutreffend war. Nur für hoch qualifizierte Dienstleistungen, die in das Konzept der Wissensarbeit integriert wurden, trifft die These der mangelnden Rationalisierbarkeit noch zu. Damit ist aber eine konzeptionelle Leerstelle entstanden, die nun von dem Konzept der Bürgerarbeit besetzt wird.

Bei genauerem Hinsehen zeigt sich, dass das Konzept der Bürgerarbeit (vgl. Beck 2000) aus mehreren Elementen zusammengesetzt ist. Ein Grundelement ist das Konzept eines *Sozialeinkommens*. Es wird einmal *normativ begründet*. Aus Gründen der wirtschaftlichen Gerechtigkeit habe jedes Gesellschaftsmitglied Anrecht auf einen Anteil am Sozialprodukt, das innerhalb einer Volkswirtschaft erwirtschaftet wird. Nach welchen Kriterien sich dieser Anteil bemessen soll, ist nicht absolut klar. Eine eher defensive Variante, die beispielsweise der deutschen Sozialhilfe zugrunde liegt, lautet: Jedes Gesellschaftsmitglied hat Anrecht auf ein Einkommen, das ihm ein Überleben in relativer Armut ermöglicht. Die offensivste Version reklamiert ein Anrecht jedes Gesellschaftsmitglieds auf einen Anteil am wirtschaftlichen Wachstum (Rifkin 1996: 197). Ebenso variiert die Erwartung an das Verhalten der Empfänger eines solchen Sozialeinkommens. Aus der Logik eines gemeinsamen Haushaltes, die (siehe oben) auch dem vormodernen Staat zugrunde liegt, reicht es aus die Bedürftigkeit festzustellen. Für weiter als auf eine minimale Versorgung gehende Ansprüche wird typischerweise erwartet, dass die Gesellschaftsmitglieder, sofern nicht objektivierbare Gründe wie Alter und Krankheit dagegen sprechen, bereit sind Arbeitsleistungen zu erbringen. Wer diese Bereitschaft glaubhaft dokumentieren kann, hat nach dieser Auffassung Anrecht darauf, im Falle nicht selbstverschuldeter Arbeitslosigkeit ein Transfereinkommen zu beziehen.

Das Konzept eines Sozialeinkommens setzt gesellschaftlichen Zusammenhalt voraus, also einen Konsens *darüber*, dass man eine gesellschaftliche Gemeinschaft bildet und gemeinsam eine nationale Volkswirtschaft betreibt. Unter den Bedingungen der dritten Globalisierungsphase ist diese Form des gesellschaftlichen Zusammenhalts aber nicht mehr selbstverständlich. Zumindest nicht für die erfolgreichen wirtschaftlichen Akteure, die in globalisierten und nicht mehr einer nationalen Volkswirtschaft unmittelbar zurechenbaren Zusammenhängen agieren. Eine nationale Volkswirtschaft, die aber nur noch aus den Verlierern der Globalisierung besteht, wird schwer im Stande sein solche Transferleistungen zu erbringen.

Neben dieser normativen Begründung eines Anrechts aller Gesellschaftsmitglieder auf ein Sozialeinkommen gibt es auch noch ein *staatskritisches Argument für ein Sozialeinkommen*. Da der Wohlfahrtsstaat äußerst ineffektiv arbeite und nur der Finanzierung staatlicher Bürokratie und zweifelhafter Sozialprogramme diene, sei es effektiver, wenn der Staat seinen Bürgern ein Mindesteinkommen garantiere (Friedman 1987; nach Rifkin 1996: 195).

Das zweite Grundelement im Konzept der Bürgerarbeit ist die Idee, dass *Menschen freiwillig nützliche Arbeit für die Gemeinschaft leisten sollten*. Eine lebendige und lebensfähige Zivilgesellschaft könne nur dann zustande kommen, wenn Menschen sich freiwillig für andere engagieren. Menschen, die in gesicherten gesellschaftlichen Verhältnissen leben oder sogar wohlhabend sind, sollten nach dieser Auffassung ehrenamtliches Engagement zeigen, um die Zivilgesellschaft zu stärken. Ehepartner von Spitzenpolitikern demonstrieren ein derartiges Engagement, wenn sie zum Beispiel gemeinnützige Vereine auf die Beine stellen und zu Spenden aufrufen. Prominente spenden und werben ebenfalls vielfach für solche gemeinnützigen Zwecke. Diese Formen eines zivilgesellschaftlichen Engagements werden im Konzept der Bürgerarbeit nun gewissermaßen demokratisiert. Auch die Mitglieder einer Zivilgesellschaft, die nicht in sehr auskömmlichen Verhältnissen leben, sollen für andere Gesellschaftsmitglieder und für einen gesellschaftlichen Bedarf tätig sein. Damit demonstrieren sie zugleich Arbeitsbereitschaft und können deswegen von der gesellschaftlichen Gemeinschaft beziehungsweise den Mitgliedern der nationalen Volkswirtschaft unterstützt werden.

Auch diesem zweiten Element einer am Gemeinwohl orientierten Arbeit unterstellt Rifkin ein staatskritisches Motiv. So führt er das rapide Wachstum des dritten Sek-

Kapitel 3: Der politische Aspekt 101

tors unter anderem auch darauf zurück, „dass das politische Vakuum gefüllt werden muss, welches der Rückzug des marktwirtschaftlichen und des staatlichen Sektors in den lokalen Gemeinden hinterlässt" (Rifkin 1996: 209).

Die politische Zugkraft des Konzepts der Bürgerarbeit macht genau die Synthese dieser zwei Grundelemente aus. Seine Prämisse lautet, dass die dritte Phase der Globalisierung unweigerlich zu einer stabilen Massenarbeitslosigkeit führen werde und damit zwangsläufig das Problem aufwerfe, was mit diesen vom globalisierten Wirtschaftssystem als überflüssig (vgl. Bude/Willisch 2006) aussortierten Menschen geschehen solle. Die Alternative bestehe daher darin, entweder diese Menschen über „Brot und Spiele" („Tittitainment", vgl. Martin/Schumann 1996: 12ff.) ruhig zu stellen und die Gewalttätigen wegzusperren, oder aber man müsse eben versuchen, aus der Not eine Tugend zu machen und zugleich die gefährdete zivilgesellschaftliche Grundlage der Demokratie zu retten, vielleicht sogar weiterzuentwickeln. Genau diese Alternative eröffne das Konzept der Bürgerarbeit. So überzeugend eine derartige Argumentation auf den ersten Blick klingt, so zeigen sich doch bei genauerem Hinsehen *eine ganze Reihe von Problemen*:

Erstens ergeben sich soziologische Fragen bezüglich der Realisierbarkeit von Bürgerarbeit. Um nennenswerte Effekte entfalten zu können, muss Bürgerarbeit zu einem Massenphänomen werden. Zivilgesellschaftliches Engagement darf sich dann nicht auf jene beschränken, die entweder einen hohen sozialen Status haben oder Menschen mit vielfältigen Sozialkontakten und ausgeprägten sozialen Aktivitäten sind. Das Sozialprofil von Menschen mit hohem Arbeitslosigkeitsrisiko weist solche Merkmale typischerweise nicht auf. Eine Kardinalfrage ist also, wie der Einstieg in eine Expansion dieses Sektors geschafft werden soll. Auf die Selbstheilungskräfte der Zivilgesellschaft zu setzen, wird hier nicht ausreichen.

Der zweite Einwand ist ökonomischer Art. Ein grundlegendes Ergebnis aller Untersuchungen über gesellschaftliche Tertiärisierungsprozesse war ja, dass der Vorzug der Dienstleistungen, ihre mangelnde Rationalisierbarkeit, auch das Haupthindernis bei der Expansion des Dienstleistungssektors ist. Dienstleistungen sind, solange sie relativ arbeitsintensiv sind, in Hochlohnländern vergleichsweise teuer. Eine Expansion von Dienstleistungen gelingt also möglicherweise durch drastische Absenkungen der Einkommen. In den USA sind sehr viele derartige Dienstleistungsjobs entstanden, die eine neue Schicht der „Labouring Poor" hervorgebracht haben. Labouring Poor sind Menschen, die mit einem regulären Job und normaler Arbeitszeit kein existenzsicherndes Einkommen erreichen und deswegen gezwungen sind, weitere Jobs anzunehmen, wenn sie nicht unter äußerst prekären Bedingungen ums Überleben kämpfen wollen. In ökonomischer

Hinsicht erbt Bürgerarbeit genau diese Problematik. Mischfinanzierungen aus einer sozialstaatlichen Grundsicherung und zusätzlichen Arbeitseinkommen können in beiden Fällen hilfreich sein, sie setzen aber eine Staatsquote voraus, die hoch genug ist, um derartige Aktivitäten finanzieren zu können. Gegenüber anderen Versuchen einen so genannten zweiten Arbeitsmarkt zu schaffen, hat Bürgerarbeit nur den Vorteil, dass hier die Konkurrenz zum ersten Arbeitsmarkt weniger problematisch ist. Um jedoch nennenswerte Beschäftigungs- und Einkommenseffekte über Bürgerarbeit zu schaffen, müsste dieser Bereich geradezu explodieren, da er im bisherigen Beschäftigungssystem eher eine Nischenrolle hat (vgl. die internationalen Zahlenangaben bei Rifkin 1996: 199f.; weiterhin Wex 1999). Dieser Expansion steht jedoch die soziologische Problematik entgegen (siehe oben).

Der dritte Einwand gegenüber dem Projekt der Bürgerarbeit ist, dass es sich hier um ein politisch-resignatives Projekt handelt. Wirtschaftliche Globalisierung in den Erscheinungsformen der dritten Globalisierungsphase wird als quasi naturgegeben und unveränderbar verstanden. Nur wenn man dies tut, dann greift die Alternative Massenarbeitslosigkeit, Kriminalität und Zerstörung der Demokratie oder Bürgerarbeit. Unsere Analyse der dritten Phase der Globalisierung im vorangegangenen Kapitel hat jedoch gezeigt, dass es sich hierbei um eine aus der immanenten Logik des Wirtschaftssystems nur allzu verständliche Strategie handelt, gesellschaftliche Voraussetzungen des Wirtschaftens, wie alle anderen Kostenfaktoren auch, zu möglichst billigen Preisen benutzen zu wollen. Dem müssen die zivilgesellschaftlichen Akteure nicht tatenlos zusehen. Eine klassische Möglichkeit, um aus der wachsenden ökonomischen Transaktionsdichte Nutzen zu ziehen, zeigt der Vorschlag einer Besteuerung finanzieller Transaktionen (die so genannte Tobin-Steuer; vgl. Zürn 1998: 346) auf. Sie würde die Kostensenkungsstrategien gegenüber dem gesellschaftlichen Umfeld mit Kosten belegen, die derartige Strategien abbremsen würden.

An dieser Stelle kann man als Fazit festhalten, dass das Projekt der Bürgerarbeit ein sicherlich interessanter und diskussionswürdiger Vorschlag darstellt, der aber in jedem Falle ergänzungsbedürftig ist und erhebliche praktische Realisierungsprobleme aufwirft.

> → Die Bürgerarbeit stellt ein weiteres zivilgesellschaftliches Instrument dar. Dabei ist unter Bürgerarbeit ein politisches Programm zu verstehen, welches unterschiedliche Formen und Aspekte eines dritten Sektors von Arbeit jenseits von Markt und Staat bündelt und organisiert.
>
> *Anregung: Kennen Sie Ansätze zur Bürgerarbeit? Wo liegen die Probleme bei der Realisierung von Bürgerarbeit?*

3.4 Nichtregierungsorganisationen und globalisierungskritische soziale Bewegungen

Jeder Versuch, auf die Herausforderungen der dritten Globalisierungsphase mit veränderten Regeln und Einschränkungen für die private Wirtschaft zu reagieren, kann sich in einzelnen oder miteinander kooperierenden demokratischen Gesellschaften immer nur auf die Einstellungen und Meinungen der Zivilgesellschaft stützen. Dem Konzept der Bürgerarbeit liegt letztlich eine Art Erpressungsszenario zugrunde: Eine autonomisierte privatkapitalistische Weltwirtschaft produziert aufgrund ihres wirtschaftlichen Erfolges gesellschaftliche Probleme, die notdürftig repariert werden müssen.

3.4.1 Das Spektrum globalisierungskritischer sozialer Bewegungen

Möglicherweise wird aber die Herausforderung der gegenwärtigen Globalisierungsphase ganz anders wahrgenommen. In diesem Abschnitt wird es darum gehen, mehr oder weniger stark verbreitete Positionen der Globalisierungskritik zu sichten. Diese Sichtung nimmt in wesentlichen Punkten den „Systematisierungsversuch" (Leggewie 2003: 52) auf, den der Politikwissenschaftler Claus Leggewie vor einigen Jahren vorgelegt hat. Er geht davon aus, dass *Globalisierung durchgängig unpopulär* geworden sei (ebd. 50) und, wenn man eine vorläufige Bilanz zieht, **national wie international mehr Verlierer als Gewinner** produziert hat. Leggewie unterscheidet fünf Arten der Globalisierungskritik:

(a) Anti-Globalisierer von rechts – das rechtspopulistische Programm.
   Diese Art der Globalisierungskritik findet sich international. Sie propagiert nicht nur in wirtschaftlicher Hinsicht, sondern auch politisch und kulturell

einen *neuen Nationalismus* als Reaktion auf das Schleifen der Nationalstaaten durch globale Wirtschaftsakteure in der zweiten Globalisierungsphase. Teilweise anknüpfend an nationalsozialistische, faschistische und ständestaatliche Bewegungen aus den dreißiger Jahren des letzten Jahrhunderts wird hier eine Rückbesinnung auf die kulturell, sprachlich und ethnisch homogene gesellschaftliche Gemeinschaft propagiert, die gegen den neuen Internationalismus in Stellung gebracht wird. Die Anhänger der Antiglobalisierer von rechts sind typischerweise die Opfer der zweiten Globalisierungsphase. So weiß beispielsweise Le Pen, dass „das Frankreich der Fabriken, der Handwerker, des Einzelhandels und der Bauernschaft" (Leggewie 2003: 52) hinter ihm stünde. Diese Art der Globalisierungskritik spielt mit Heimatgefühlen, die schon von den Realitäten des zwanzigsten Jahrhunderts dementiert wurden. Die Protagonisten dieser Art der Globalisierungskritik propagieren politisch einen *Rückzug aus transnationalen Zusammenhängen*, der allerdings, würde er tatsächlich realisiert, die wirtschaftlichen Probleme der entsprechenden Länder extrem verschärfen würde. Diese Art der Globalisierungskritik von rechts ist derzeit in keinem der klassischen Zentrumsländer mehrheitsfähig. Sie ist aber deswegen keineswegs zu vernachlässigen, wie beispielsweise die Ablehnung der EU-Verfassung in Frankreich und den Niederlanden demonstriert hat. Obwohl die Kritiker von rechts außen also eine Rückkehr in den Nationalismus des neunzehnten Jahrhunderts propagieren, sind sie selbst transnational vernetzt (Leggewie 2003: 57).

→ ad (a): Die Globalisierungskritik von rechts äußert sich in einer defensiven Einstellung gegenüber der Globalisierung. Sie propagiert unter der Flagge des neuen Nationalismus den Rückzug von Wirtschaft, Politik und Kultur aus transnationalen Zusammenhängen.

(b) Globalisierungskritik von links.
Die Globalisierungskritik von links artikuliert sich weniger im Parteienspektrum. Ihre Foren sind Protestkundgebungen gegen Repräsentanten der internationalen Ordnung wie die WTO oder die G8-Gipfel (zum Beispiel Tagung der WTO in Seattle im November 1999 und der G8-Gipfel um Genua im Juli 2001) sowie Gegenveranstaltungen mit großem Medienecho wie beispielsweise das *Fórum Social Mundial* in Porto Alegre, das gegen die in Davos veranstalteten so genannten Weltwirtschaftsgipfel gerichtet ist. Diese

Veranstaltungen fungieren als ein Sammelbecken ganz unterschiedlicher globalisierungskritischer Bewegungen, deren gemeinsamer Nenner nicht in einer Ablehnung transnationaler Zusammenarbeit besteht, sondern in einer *Ablehnung des Neoliberalismus und seiner Utopien* zu sehen ist. Die derzeit vorherrschenden Formen der Globalisierung erscheinen „unter fünf Gesichtspunkten problematisch: im Hinblick auf ihre soziale Exklusivität, das Fehlen ökologischer Nachhaltigkeit, die Missachtung der kulturellen Diversität, die Missachtung der Menschenrechte und dem Mangel an demokratischer Partizipation. Dabei wird der ökonomistische Diskurs der Privatisierung und Deregulierung um wesentlichere Aspekte der sozialen Gerechtigkeit, des Umweltschutzes, der Förderung von Minderheiten und der kulturellen Vielfalt und vor allem der Legitimität ergänzt, und zwar jeweils in globaler Hinsicht und Reichweite" (Leggewie 2003: 59).

„Unter diesem Banner hat sich die erste wirklich transnationale Bewegung konstituiert, und diese sieht sich überwiegend nicht als Gegner von Globalisierung, sondern möchte eher eine *alternative Variante* entwickeln" (ebd.; Hervorhebung D.B.).

Die linken Globalisierungskritiker kritisieren nicht den Tatbestand der Überwindung nationalstaatlicher Grenzen, wohl aber die Konsequenzen der ökonomischen Globalisierung. Sie formulieren eine Herrschafts- und Kapitalismuskritik von links, die letztlich auf einen ökologisch und sozial verantwortlichen Umgang mit diesem Planeten und seiner menschlichen Bevölkerung zielt. In diesem Sinne geht es auch um „weltbürgerliche und postkoloniale Formen des Engagements" (ebd.).

> → ad (b): Die Globalisierungskritik von links ist antikapitalistisch und richtet sich vor allem gegen den Neoliberalismus und seine Utopien.

(c) Insider-Kritik: Die Globalisierungskritik ökonomischer Experten.
Globalisierungskritiker müssen nicht unbedingt Menschen sein, die zu den Verlierern in der gegenwärtigen Globalisierungsphase gehören. Kritik üben auch Autoren, die an wichtigen Schaltstellen der neuen Ökonomie saßen und zum Teil auch noch sitzen. Die wichtigsten internationalen Kritiker mit Insiderkenntnissen sind zweifellos George Soros und Joseph Stiglitz. Soros hat Milliarden durch erfolgreiche Spekulationen auf den Finanzmärkten

(unter anderem durch Spekulation gegen das britische Pfund) verdient. Stiglitz war Vizepräsident der Weltbank und wurde mit dem Nobelpreis für Wirtschaftswissenschaften ausgezeichnet. Der gemeinsame Nenner ihrer Kritik lässt sich auf zwei Punkte bringen: Einmal halten beide die neoliberale Devise, der Staat müsse sich aus dem Wirtschaftsleben zurückziehen und die Steuern senken, dann werde durch die Entfaltung der Marktkräfte Wohlstand für alle geschaffen, für naiven Unsinn. Beide halten einige Ergebnisse der Weltwirtschaft der letzten Jahre für *Fehlentwicklungen*, auf die *mit institutionellen Korrekturen* reagiert werden müsse, die nur wiederum von Seiten der *Staatengemeinschaft* kommen können. Ähnlich wie auch John Kenneth Galbraith üben sie als Anhänger der Marktwirtschaft Kritik an der Entwicklung der Weltwirtschaft, die zusätzlicher Regeln und damit auch der Beschränkung bedürfe.

Soros sieht drei Reformfelder: Erstens müssten die internationalen Institutionen IWF, Weltbank und WTO so reformiert werden, dass nicht die armen Länder des Südens weiter benachteiligt würden. Zweitens sei eine Reform der Entwicklungshilfe erforderlich. Drittens seien Eingriffe in den freien Kapitalverkehr erforderlich, da die völlige Liberalisierung nur zu Stabilitätsrisiken und nicht zu ökonomischem Wachstum geführt habe (Soros 2000; 2001).

Auch Stiglitz plädiert für eine Reform der internationalen Institutionen, die durch politische Übereinkünfte der wichtigsten Staaten (global governance) ergänzt werden müsse. Es gelte Auswüchse und Fehlentwicklungen der Globalisierung ernsthaft gemeinsam zu bekämpfen. Ein weiterer Aspekt, der von Soros wie Stiglitz übereinstimmend genannt wird, ist, *dass die jetzigen internationalen Institutionen und informellen Absprachen* (Washingtonkonsensus) *zu stark amerikanischen Interessen dienen.* Das derzeitige liberalisierte System erlaubt es den Vereinigten Staaten seit Jahrzehnten über ihre Verhältnisse zu leben und Handels- wie auch Zahlungsbilanzdefizite über den Zustrom internationalen Kapitals auszugleichen. Hinzu kommt noch, dass die USA auch in der internationalen Konkurrenz um Wissenschaftler und berufliche Spezialisten höchst erfolgreich sind, so dass sie Entwicklungs- und Wachstumsimpulse aus anderen Ländern abziehen und der eigenen Volkswirtschaft zuführen. Wenn man für einen Zentrums- und Hegemonialstatus unter den Bedingungen der zweiten Globalisierungsphase positive Wanderungsbilanzen bei den wichtigsten Ressourcen zum Kriterium macht, dann sind die USA mit Abstand die Zentrums- und Hegemonialvolkswirtschaft (vgl. Stiglitz 2002).

Kapitel 3: Der politische Aspekt

➔ ad (c): Die Globalisierungskritik ökonomischer Experten (Insider) richtet sich gegen die Fehlentwicklungen des globalen Wirtschaftssystems und schlägt Reformen internationaler Wirtschaftsinstitutionen vor. Ein Kernproblem, so die Insider, besteht u.a. in der zu starken Interessenvertretung der USA.

(d) Eine Renaissance der klassischen Kapitalismuskritik.
Auch wenn die marxistische Alternative gegenüber einer marktwirtschaftlichen Ordnung in den 1980er Jahren wohl endgültig ökonomisch wie auch politisch gescheitert ist, hat eine linke Kapitalismuskritik durch die Entwicklungen nach 1989 erheblichen Aufwind bekommen. Man kann sich auch fragen, ob nicht der Ost-West-Gegensatz nach dem Ende des Zweiten Weltkrieges eine wichtige globale Voraussetzung für die erfolgreiche Zähmung des Kapitalismus in den 1950er bis 1970er Jahren gewesen ist. Möglicherweise hat der Ost-West-Gegensatz und die *Existenz eines alternativen Wirtschaftssystems* eine Verständigung über die Sozialbindung des Eigentums und der Resultate kapitalistischen Wirtschaftens erheblich erleichtert, eventuell sogar erst möglich gemacht. Zu welcher Einschätzung man auch kommt, jedenfalls bietet die Entwicklung des Kapitalismus seit den 1980er Jahren wieder zunehmend Zündstoff und zunehmende Anhaltspunkte für eine ökonomische Fundamentalkritik.

Bilanziert man die öffentlich wirksame **antikapitalistische Fundamentalkritik** der letzten Jahre, dann fällt auf, dass sie anders als Karl Marx nicht ökonomische Gesetzmäßigkeiten als die Wurzel allen Übels herauspräpariert, sondern dass sie eher *mit politischen und moralischen Argumentationsfiguren* arbeitet. Dies hängt möglicherweise auch mit der Kontinuität und den Wurzeln dieser Kritik in den 1960er und 1970er Jahren zusammen. Die Kritik am Vietnamkrieg und die kritiklose Parteinahme für Befreiungsbewegungen in der Dritten Welt, die eher gegen die NATO als gegen den Warschauer Pakt argumentierende Antinachrüstungsbewegung, der Kampf gegen die kulturelle Übermacht der USA (von Hollywood bis McDonalds), alles das sind Motive und Argumentationsfiguren, die auch in der heutigen Antiglobalisierungskritik eine wichtige Rolle spielen. Diese Rolle wird insbesondere dann deutlich sichtbar, wenn man die „Stars" der radikalen Linken wie Noam Chomsky, Pierre Bourdieu, Jean Ziegler und auch Arundhati Roy Revue passieren lässt. Das Problem derartiger Kritiken ist das ständige

Überziehen an sich berechtigter kritischer Einwände. Das ist aber erforderlich, wenn man klare Freund-Feind-Unterscheidungen moralisch und politisch unterfüttern möchte.

Als Beispiel für eine derartige politisch-moralische Fundamentalkritik wird hier nur einer der Bestseller der letzten Jahre, „Empire" von Hardt und Negri (2002), kurz vorgestellt. Seine zentrale Botschaft ist recht einfach. Die heutige Globalisierung hat den klassischen Imperialismus, also eine von nationalen Interessen ausgehende Strukturierung der gesamten Welt überwunden. Das heutige Empire bilden auch nicht die Vereinigten Staaten, sondern eine ohne räumliche und zeitliche Grenzen existierende und die gesamte Welt strukturierende *Disziplinargesellschaft*. Ganz ähnlich wie „das Kapital" die vormodernen Produktionsverhältnisse universalisiert hat, so hat die heutige Globalisierung die Herrschaft universalisiert. Weil das Empire aber total und universal geworden ist, kann es auch in sich zusammenfallen. Schließlich hat es sich von sozialstrukturell identifizierbaren Personengruppen emanzipiert und ist zu einer universellen Ordnung geworden. Genau dieser Universalismus macht aber auch eine Selbsterfindung des universellen Menschen möglich. Die gesellschaftlichen Verhältnisse sind so universell, dass sie gewissermaßen durch eine andere Semantik von den Köpfen her umgestürzt werden können.

Man kann sich mit „Empire" auf höchst unterschiedliche Weise auseinandersetzen. Man kann seine Machart durchschauen und die Verbindung unterschiedlicher Theorieelemente nachzeichnen. Das alles ändert aber nichts daran, dass die Botschaft dieses Buches offenbar gut angekommen ist. Abschließend sei Claus Leggewie zitiert, der die Botschaft für romantisch und kitschig hält: „Ähnlich kitschig ist die messianische Schlussfolgerung des Buches, dessen Säulenheiliger nicht der Revolutionstheoretiker Frantz Fanon sondern der Heilige Franz von Assisi ist. In seinem Geiste postulieren die Verfasser, offenbar schon eins geworden mit der Menge: ‚Wir setzen dem Elend der Macht die Freude am Sein entgegen', womit sich ‚Rebellion in ein Projekt der Liebe' verwandle. Die katholische Kirche als erste globale Bewegung wird mit solchen Worten glänzend rehabilitiert; ohnehin erinnern die Adressaten und Liebhaber dieses Kultbuches an jene Märkte der Möglichkeiten, die Kirchentage und Religionsdialoge zu bieten haben. Die Neomarxistische Theorie, aus der das Buch extensiv schöpft, hat sich existenzialistisch ausstaffiert und versucht damit (...) aus der Defensive herauszutreten. Derart in Aufbruchstimmung versetzt, ist der Bewegung offenbar auch wieder jedes Erbe und jeder Bündnispartner recht" (Leggewie 2003: 78).

Kapitel 3: Der politische Aspekt 109

> → ad (d): Die heutige Kapitalismuskritik knüpft an die klassisch marxsche Argumentationsweise an. Sie erweitert bzw. verwässert sie jedoch um die moralische Dimension. Wie sie zu bewerten ist, ist Ansichtssache.

(e) Die Globalisierungskritik der Kirchen, insbesondere der katholischen Kirche.

Die kirchliche Globalisierungskritik wird von dem Bemühen getragen, *die Bedeutung kapitalistischen Wirtschaftens zu relativieren*. So gilt nicht nur für die katholische Kirche die Position: „Es müsse Bereiche der menschlichen Existenz geben, die nicht dem Markt untergeordnet werden" (Leggewie 2003: 81). Auf der anderen Seite wird ein sozialpflichtiger und politisch geordneter Kapitalismus gefordert. Die Verselbstständigung des Wirtschaftssystems müsse immer ihre Grenzen in den Leistungen der Wirtschaft für die Gesellschaft finden.

Von diesen Positionen aus haben die Kirchen den gewaltfreien Protest gegen die dritte Phase wirtschaftlicher Globalisierung unterstützt. „Als die G8 nach Genua kamen, schien sich ganz Italien wieder in einen Kirchenstaat zu verwandeln. Der ortsansässige Kardinal Dionigi Tettamanzi erklärte seine volle Sympathie mit den Globalisierungskritikern, der Papst versicherte den rund hundert katholischen Gruppen im Genoveser Sozialforum uneingeschränkte Unterstützung. Das beschränkte sich nicht nur auf moralischen Zuspruch: Im ‚Manifest von Genua' wurden Schuldenerlass für die armen Länder, gerechte Preise für deren Agrarausfuhren, der Schutz von Arbeitnehmern vor Ausbeutung, die Ratifizierung des Klimaprotokolls und die Bereitstellung preisgünstiger Medikamente für Afrika gefordert, also die ganze Palette der Globalisierungskritik. Vor dem Treffen der Weltenlenker auf dem Kreuzfahrtschiff ‚European Vision' unterzeichneten auch die Vertreter der beiden größten Weltreligionen, Kardinal Francis Arinze für die katholische Kirche und Kamel Al-Sharif für die islamische Weltorganisation, eine Erklärung gegen die G8, die eine grundsätzliche Neuverteilung des Reichtums anmahnte" (Leggewie 2003: 82). Auch ein Grundsatzpapier der katholischen Kirche unter dem Titel „Die vielen Gesichter der Globalisierung. Perspektiven einer menschengerechten Weltordnung" formuliert sozialethische Einwände und Gesichtspunkte sozialer Gerechtigkeit als Anspruch an die kapitalistische Wirtschaftsordnung. Man könnte diese Beispiele noch vermehren. Bereits die erwähnten zeigen jedoch hinreichend, dass die christlichen Kirchen wie auch der Islam nicht nur eine erhebliche Distanz gegenüber der neoliberalen Wirtschaftsideologie aufweisen, sondern dass sie auch Kritiker vieler Auswüchse der gegenwärtigen Globalisierungsphase sind.

→ ad (e): Die Globalisierungskritik der Kirche zeichnet sich durch das Bemühen aus, die menschliche Existenz nicht nur auf den wirtschaftlichen Aspekt zu reduzieren. Sie weist auf die soziale Verantwortung aller an der Globalisierung Beteiligter hin.

Fasst man diese fünf bei Leggewie unterschiedenen Kristallisationszentren der Globalisierungskritik zusammen, dann fällt zunächst einmal auf, *dass die Globalisierungskritik das gesamte politische Rechts-Links-Spektrum umfasst*. Man hat fast den Eindruck, dass Globalisierungsbefürworter sich auf die Anhänger des Liberalismus und diejenigen Gruppen beschränken, die direkt von der gegenwärtigen Globalisierungsphase profitieren. Aus einer größeren theoretischen Distanz kann man erkennen, dass sich die Globalisierungskritiker ziemlich einig darin sind, *vom Wirtschaftssystem Leistungen zu erwarten, auf die privatwirtschaftliche Wirtschaftsaktivitäten nicht ausgerichtet sind*. Dass privatwirtschaftliche Aktivitäten unendlich viele Haushalte über Lohneinkommen ernähren, für eine „gerechte" Einkommensverteilung oder auch nur für kostengünstige Produkte und Dienstleistungen sorgen, ist ja keineswegs das direkte Ziel einer profitorientierten Privatwirtschaft. Es kann ihr nur als unintendierte Nebenfolge zugeschrieben werden.

Weiterhin kann man aus der Breite der Globalisierungskritik folgern, dass die Popularität der kapitalistischen Wirtschaft im Sinkflug begriffen ist. Aber das ist kein historisch einmaliges Ereignis. Nach 1945 waren auch in vielen NATO-Ländern große Teile der Bevölkerung antikapitalistisch eingestellt; und sogar prominente Wirtschaftstheoretiker wie Joseph Schumpeter hielten das Ende des Kapitalismus für unausweichlich (vgl. z.B. Schumpeter 1993: 482). Moderne Gesellschaften verfügen indessen über Mechanismen, die solche Meinungsbilder ins Leere laufen lassen, solange sie nicht in konkrete Politik und in konkrete gesellschaftliche Veränderungen umgemünzt werden. Daher treffen bestimmte praktische Verhaltensweisen die Wirtschaft in der dritten Globalisierungsphase wesentlich härter als bloßes politisches Ressentiment.

Kapitel 3: Der politische Aspekt

Wenn Verbraucher Produkte nicht wegen ihres günstigen Preises oder der ansprechenden Werbung kaufen, sondern beispielsweise aus moralischen Gründen oder weil umweltschonende Produktionsverfahren angewandt wurden, dann muss *diese* praktische Kritik auch im Wirtschaftssystem reflektiert werden. Eine andere Möglichkeit, antikapitalistisches Ressentiment in politischen Einfluss umzusetzen, besteht darin, dass Globalisierungskritiker Regeln beeinflussen, die der Privatwirtschaft über staatliche Instanzen vorgegeben werden. Über diese beiden Wege kann sowohl eine Selbstreflexion im Wirtschaftssystem vorangetrieben wie auch ein Einfluss von außen auf das Wirtschaftssystem entwickelt werden.

Bisher haben wir als Beispiele für eine innere Veränderung des Wirtschaftssystems die Propaganda gegenüber unmenschlichen Produktionsbedingungen von Markenartikeln und Initiativen für fairen Handel mit der Dritten Welt kennen gelernt. Das klassische Instrument für externe Eingriffe ist dagegen der Staat, der der Wirtschaft bestimmte Regeln auferlegen kann. Durch Ansätze in Richtung „global governance" können Staaten versuchen, diese Möglichkeiten auch unter den Bedingungen der dritten Globalisierungsphase zu erhalten. Im nächsten Abschnitt werden wir nun neue Akteure kennen lernen, die über beide Einflusskanäle den Kapitalismus verändern wollen. Die Rede ist von so genannten Nichtregierungsorganisationen.

3.4.2 Nichtregierungsorganisationen als globalisierte politische Akteure

Verglichen mit staatlichen Instanzen geben Nichtregierungsorganisationen (NGO bzw. NRO) zwar die klassischen staatlichen Machtmittel auf der Grundlage des Steuer- und des Gewaltmonopols und die demokratische Legitimation ab. Sie verfügen aber auch über Vorteile. *Ihr Hauptvorteil ist, dass sie global Kritik betreiben können.* Damit soll ausgedrückt werden, dass ihr Einflussbereich nicht auf ein bestimmtes Territorium und dessen Staatsbürger beschränkt bleibt.

Im historischen Vergleich zeigt sich, dass Nichtregierungsorganisationen eine Geschichte aufweisen, die bis in vormoderne Gesellschaften zurückreicht. Kirchen, Mönchsorden, aber auch Zünfte und Bruderschaften waren Organisationen, die überwiegend unabhängig vom Staat operierten und ohne Merkmale von Staatlichkeit auskamen (vgl. Borst 1982: 255ff.). Ähnlich wie heutige Nichtregierungsorganisationen waren sie Zusammenschlüsse, die sich um die Unterstützung Hilfsbedürftiger bemühten und keine direkt kommerziellen Ziele verfolgten. Aufgrund ihrer Unabhängigkeit von staatlichen Instanzen waren auch sie schon vielfach grenzüberschreitend tätig.

Zu den historischen Beispielen von Nichtregierungsorganisationen kann auch das im neunzehnten Jahrhundert entstandene Rote Kreuz gerechnet werden. Diese Organisation weist bereits alle typischen Merkmale heutiger Nichtregierungsorganisationen auf. Maßgeblich für seine Entstehung waren traumatische Eindrücke über menschliches Leiden, die der Gründer des Roten Kreuzes, Henry Dunant, Mitte des 19. Jahrhunderts auf dem Schlachtfeld von Solferino gewann. Bis dahin war es allgemein üblich, dass sich niemand außer vielleicht einigen barmherzigen Anwohnern um die Schwerverwundeten und Toten kümmerte, die aus eigener Kraft das Schlachtfeld nicht mehr verlassen konnten. Militärische Instanzen kümmerten sich allenfalls um die „eigenen" Verletzten, aber eben nicht um die „feindlichen". Für Dunant war dagegen ausgemacht, dass Humanität weder teilbar ist noch bestimmten Gruppen verwehrt werden kann.

Dieses Motiv, nämlich dass bestimmte humane und zivilisatorische Standards nicht auf die Bürger bestimmter Staaten beschränkt werden können, teilt das Rote Kreuz mit mindestens 6000 international anerkannten Nichtregierungsorganisationen. Ihnen ist gemeinsam, dass sie zivilgesellschaftliches Engagement für humanitäre, soziale und Umweltfragen zu mobilisieren suchen und unabhängig von staatlichen Instanzen und auf eigene Rechnung agieren. Anstelle staatlicher Macht verfügen sie „nur" über moralische Autorität, die sie aber auch dazu benutzen, um Einfluss auf Regierungen und Staaten und deren Handlungsregeln zu gewinnen. Auch hier ist das Rote Kreuz ein instruktives Beispiel. Seiner Aktivität ist es zu verdanken, dass die Staatengemeinschaft sich auf gemeinsame Regeln der Kriegsführung verständigte, die das Ziel verfolgen, auch im Extremfall des Krieges zumindest ein Minimum an Humanität und Menschenwürde zu garantieren (Genfer Konvention). Weiterhin macht das Beispiel des Roten Kreuzes deutlich, dass Nichtregierungsorganisationen auch am staatlichen, insbesondere aber am zwischenstaatlichen Handeln beteiligt werden können. In vielen aktuellen Konflikten vermitteln beispielsweise Repräsentanten des Roten Kreuzes bzw. des Roten Halbmonds dort einen Gefangenenaustausch und andere humanitäre Aktivitäten, wo zwischenstaatliches Handeln nicht mehr funktioniert oder abgebrochen wurde.

Aus soziologischer Sicht repräsentieren Nichtregierungsorganisationen insofern ein „moderneres" Politikmodell, als sie an funktionale Differenzierung und Spezialisierung anknüpfen. Nichtregierungsorganisationen zielen auf die umfassende und systematische Lösung der Probleme *eines* begrenzten Politikfeldes. Während Staaten immer gezwungen sind eine ganze Palette höchst unterschied-

Kapitel 3: Der politische Aspekt

licher Probleme zu bewältigen, ist hier eine systematische Spezialisierung und die Entwicklung einer entsprechenden Beratungs- und Hilfskompetenz möglich. Daher können Nichtregierungsorganisationen in der Regel auch sehr viel überzeugender für eine in sich stimmige und konsistente Aufgabenstellung werben als politische Parteien, die auf den verschiedensten und immer weniger insgesamt überschaubaren Politikfeldern eher pragmatische und von nationalen Interessen getragene Lösungen anbieten müssen. *An Beispielen wie Amnesty International, Greenpeace und World Wildlife Fund kann man nachvollziehen, dass Nichtregierungsorganisationen spezialisierte Beratungs- und Hilfskompetenz anbieten, die auf globale Problemlösungen gerichtet ist.* Das erklärt zu einem großen Teil auch die wachsende Popularität von Nichtregierungsorganisationen, während klassische politische Parteien mit zunehmender „Politikverdrossenheit" zu kämpfen haben. Anders als Staaten und deren politische Systeme sind Nichtregierungsorganisationen eher ein zivilgesellschaftliches Pendant zur wirtschaftlichen und kulturellen Globalisierung als hilflose Objekte des Globalisierungsprozesses.

Insofern ist Leggewie zuzustimmen, wenn er in ihnen „Keime transnationalen Regierens" (Leggewie 2003: 95) ausmacht. Er hält sechs Merkmale fest, über die sich die *„politischen Leistungen" der Nichtregierungsorganisationen* beschreiben lassen:

(a) Bereitstellung globaler Kollektivgüter. Der Anspruch der Nichtregierungsorganisationen besteht darin, „von Staat und Markt vernachlässigte oder ignorierte globale Kollektivgüter zu reklamieren oder selbst für ihre Bereitstellung oder Bewahrung zu sorgen (...) In dem ‚Goldenen Sechseck' zwischen globaler Entwicklung und Umweltschutz, Menschenrechten und Gleichstellung der Geschlechter, sozialer Gerechtigkeit und Demokratie berücksichtigen Nichtregierungsorganisationen jene Aspekte und Dimensionen, (...) die der real existierenden Globalisierung fehlen oder von ihr bedroht werden" (ebd. 95).

(b) Nichtregierungsorganisationen entwickeln transnationale Netzwerke. Schon aufgrund ihrer grenzüberschreitenden Thematik müssen Nichtregierungsorganisationen global operieren und entwickeln typischerweise transnationale Netzwerke. Das bedeutet nicht zuletzt, dass die Beratungs- und Hilfskompetenz, die Nichtregierungsorganisationen bereitstellen, transnationalen Charakter hat. Das ermöglicht es bei Naturkatastrophen oder kriegerischen Konflikten vielfach schneller und effektiver zu helfen als nationalstaatliche Instanzen.

(c) Fernstensolidarität. Auf diesen Begriff bringt Leggewie das Solidaritätsverständnis typischer Nichtregierungsorganisationen. „Die besondere Leistung der meisten Nichtregierungsorganisationen besteht, anders als bei klassischen Interessengruppen, in der Herstellung mittel- und langfristiger Solidarität, insbesondere von ‚Fernstenliebe', einer *grenzüberschreitenden Anteilnahme am Schicksal anderer Menschen*, die nicht der eigenen (ethnischen, religiösen, nationalen) Gruppe angehören und die eigene Betroffenheit überschreiten" (ebd. 96; Hervorhebung D.B.).

(d) Zusammenspiel zwischen Aktionsrepertoire und globaler Medienaufmerksamkeit. Es ist kein Zufall, dass NGO's der Weltpresse häufig die spektakulärsten Bilder zu international wichtigen Ereignissen liefern. Jüngstes Beispiel sind die gekaperten Greenpeace-Schlauchboote zum G8-Gipfel 2007 in Heiligendamm. Da sie nur dann aktiv werden können, wenn sie – insbesondere finanzielle – Unterstützung für ihre Ziele mobilisieren können, sind Nichtregierungsorganisationen auf eine gute Medienresonanz angewiesen. Allerdings bestehen in dieser Hinsicht erhebliche Unterschiede zwischen den einzelnen Nichtregierungsorganisationen. Während die Aktivitäten von Greenpeace hauptsächlich auf Medienresonanz hin kalkuliert sind, steht bei anderen NGO's doch eher die praktische Hilfe im Vordergrund.

(e) Teilnehmer an Prozessen transnationalen Regierens. Bei vielen internationalen Konferenzen sitzen Nichtregierungsorganisationen mit am Verhandlungstisch. Das hat mit ihrer Sachkompetenz, aber auch ihrer moralischen Kompetenz zu tun. „Mit der Übernahme solcher Rollen, die sich in der Praxis häufig überschneiden, befinden sich NRO in einem echten Konkurrenzverhältnis zu etablierten politischen und wirtschaftlichen Akteuren (…) Sie setzen neue kommunikative Relevanzen und Entscheidungspräferenzen und begründen damit auch einen anti-elitären Führungsanspruch" (ebd. 98).

(f) Zwischen politisch-moralischem Unternehmertum und Ehrenamt. Nichtgierungsorganisationen unterscheiden sich schließlich „nach dem Grad ihrer Professionalisierung und Ressourcenausstattung" (ebd. 97). Während beispielsweise Amnesty International sich in hohem Maße auf ehrenamtliche Tätigkeit aktiver Mitglieder stützt, kann Greenpeace eher als moralisch-politisches Unternehmen charakterisiert werden, das von hoch professioneller Arbeit einer „Kernmannschaft" geführt wird.

Möglicherweise lässt sich die soziologische Grundlage, auf der Nichtregierungsorganisationen agieren, mit Rosenaus Konzept der „spheres of authority" (Rosenau 1997) beschreiben. Solche Einflussbereiche der Autorität entstehen, wenn

Kapitel 3: Der politische Aspekt

Akteure durch Einsatz ihrer Autorität Gefolgschaft und Unterstützung mobilisieren können. Auch wenn in Deutschland das Begriffspaar Führer-Gefolgschaft ungute Erinnerungen an die jüngere politische Geschichte weckt, so darf darüber nicht vergessen werden, dass in derartigen Mechanismen vorstaatliche Grundlagen der Institutionenbildung liegen. Nach dem Untergang Roms entstand auf dieser Grundlage in Europa allmählich die mittelalterliche Feudalordnung. Auch die Ausbreitung der großen Weltreligionen beruht im Kern auf diesem Mechanismus. Für Nichtregierungsorganisationen scheint es nun evident zu sein, dass sie nur in dem Maße Erfolg haben können, wie ihre Aktivitäten Unterstützung und Gefolgschaft mobilisieren können. Dabei wird nicht nur moralische, sondern auch professionell-wissenschaftliche Autorität in die Waagschale gelegt. Nur wenn der Eindruck entsteht, dass eine bestimmte NGO nicht nur „moralisch recht hat", sondern auch professioneller und effektiver agiert als staatliche Instanzen, dann kann sie dauerhaft Erfolg haben.

Diese Aspekte machen es schwer NGO's trennscharf gegen Wirtschaftsunternehmen vom Typ Rating-Agenturen abzugrenzen, die ihre Expertise verkaufen und beispielsweise die Kreditwürdigkeit von Staaten oder Unternehmen einstufen. Sie unterscheiden sich letztlich nur durch das Profitinteresse. Es ist in längerfristiger Perspektive zumindest denkbar, dass sich NGO's wie etwa Greenpeace von Non-Profit-Organisationen zu Wirtschaftsunternehmen wandeln könnten.

 Nichtregierungsorganisationen (NGO's) spielen eine zunehmend wichtigere Rolle im Prozess der Globalisierung. Ihre räumliche und staatliche Unabhängigkeit ermöglicht es ihnen global Kritik zu üben. Daher sind sie in besonderer Weise in der Lage, Lösungsvorschläge vor einem globalen Hintergrund zu liefern.

Anregung: Welche Nichtregierungsorganisationen fallen Ihnen neben Amnesty International und Greenpeace noch ein? Und welche politischen Leistungen erbringen sie?

3.5 Fazit

Diese Darstellung ausgewählter Aspekte der politischen Auseinandersetzung mit wirtschaftlicher Globalisierung hat gezeigt, dass es nicht mehr um eine Ja-Nein-Frage geht. Staaten können sich nur noch um den Preis eminenter wirtschaftlicher Probleme von der wirtschaftlichen Globalisierung abkoppeln. Die Frage ist vielmehr, *wie* können negative Folgen des globalisierten Wirtschaftssystems für Staaten und Gesellschaften eingedämmt, vielleicht auch ganz ausgeschaltet werden. Aus sozialtechnischer Perspektive ist dies nur möglich, wenn das Wirtschaftssystem restriktiveren staatlichen Rahmenbedingungen unterworfen wird. Dies ist nur noch durch transnationale Kooperation der Territorialstaaten erreichbar. Die Grundlage für solche Korrekturen kann aber allein aus der Zivilgesellschaft kommen, wobei auch hier transnationale Verständigungsprozesse erforderlich sein werden. Ansätze in diese Richtung gehen vom Wirken der Nichtregierungsorganisationen aus, das aber immer nur punktuell wirksam sein kann.

Daher wird es zwingend erforderlich werden, Globalisierung nicht nur als ein wirtschaftliches Phänomen zu betrachten, dessen Auswirkungen auf Staaten und Gesellschaften über die politische Sphäre korrigiert werden können, sondern als einen wesentlich umfassenderen Vorgang, der wiederum Rückwirkungen auf die kulturellen und gesellschaftlichen Grundlagen der Menschheit hat. Deswegen wenden wir uns nun der kulturellen Dimension von Globalisierung zu.

Kapitel 4
Kulturelle Globalisierung

4	Einleitung: Ist kulturelle Globalisierung ein aktueller Trend?.................. 118
4.1	Kulturelle Globalisierung – eine ziemlich alte Menschheitserfahrung.. 119
4.2	Sprachliche Abschlussgrenzen von Kulturen: Sprachgemeinschaften.. 122
4.3	Soziale Abschlussgrenzen von Kulturen: Gesellschaften und Funktionssysteme 125
4.4	Grenzüberschreitende Kommunikation und grenzüberschreitende Sozialkontakte – die Überwindung sprachlicher und gesellschaftlicher Abschlussgrenzen 133
4.4.1	Kultureller Diffusionismus 134
4.4.2	Bastelreligionen 136
4.4.3	Schaffen Weltreligionen einheitliche Kulturkreise? 138
4.4.4	Kampf und militärische Vergesellschaftung 143
4.4.5	Unterwerfung und Kolonialisierung.. 147
4.4.6	Folgen von „Entdeckungen" 149
4.4.7	Radikale Abschließung 151
4.4.8	Verständigung auf gemeinsame Standards................................. 152
4.4.9	Interkulturelle Kommunikation über Verbreitungsmedien...... 155
4.5	Individuen als bewegliche Kulturträger – Interkulturalität als Begegnung 157
4.5.1	Der Fremde 158
4.5.2	Arbeitsmigranten 160
4.5.3	Pilger und ihre modernen Nachfolger 164
4.5.4	Kosmopoliten 168
4.6	Fazit des vierten Kapitels.. 170

4 Einleitung: Ist kulturelle Globalisierung ein aktueller Trend?

Neben der Stadtsoziologie ist die angelsächsische Kulturtheorie der zentrale Impulsgeber für den Anfang der 1990er Jahre in der Soziologie einsetzenden Globalisierungsdiskurs gewesen[1]. An Themen wie „Religionen, Konsumerismus, neuen Lebensstilen" (Korff 1996: 311) wurde Globalisierung als eine aktuelle Tendenz analysiert (vgl. z.B. Featherstone 1990).

Dieser Fährte wird dieses Kapitel aus einem wichtigen Einwand nicht folgen. Er liegt in dem Missverständnis kultureller Globalisierung als einem äußerst modernen Phänomen. Gerade auf diesem Feld sind bedauerlicherweise die Ignoranz des Zeitgeistes und die historische Kurzatmigkeit der Soziologie eine besonders intensive Allianz eingegangen. Die gemeinsame Botschaft lautet: *Jetzt* leben wir im Zeitalter der Globalisierung, die wir nicht vordergründig als ein ökonomisches, sondern vorrangig als kulturelles Phänomen betrachten sollten. Dabei gehe es aber nicht nur einfach um die zunehmende wechselseitige kulturelle Durchdringung, sondern um das Bewusstsein, in einer gemeinsamen Welt zu leben (vgl. z.B. Robertson 1992).

Gibt es dieses Globalitätsbewusstsein tatsächlich heute zum ersten Mal? Wenn wir uns nur mit uns selbst beschäftigen, dann trifft das zweifellos zu – aber auch nur dann. Andernfalls sollten uns solche nassforschen Behauptungen daran erinnern, wie schnell ein solches Globalisierungsbewusstsein der Vergessenheit anheim fällt. Globalisierungsbewusstsein hat es nämlich immer wieder in ganz unterschiedlicher Form gegeben. Schon die Herrscher der ersten Großreiche legten sich vor mehr als 4000 Jahren Titel wie „Herrscher der vier Weltränder" zu[2], um damit auszudrücken, dass ihre Herrschaft alle bekannten und zivilisierten Gesellschaften umfasste, also globalen Umfang angenommen habe.

---

[1] So berichtet Rüdiger Korff auf dem 27. Soziologentag über zwei Hauptstränge der „aktuellen Diskussion der Globalisierung (...) einerseits Analysen globaler Kultur, wie sie unter anderem im Umfeld des Journals ‚Theory, Culture and Society' vorangetrieben werden, und andererseits die Analysen der Globalisierung von Kapital-, Migrations- und Informationsflüssen, die aus den Diskussionen der neuen Stadtsoziologie im Umkreis des ‚International Journal of Urban and Regional Research' hervorgegangen sind (...)" (Korff 1996: 310).

[2] Diesen Titel benutzte erstmals der akkadische Herrscher Naramsuen (2334-2297 v.u.Z.). Vermutlich sind damit die Küsten des persischen Golfs und des Mittelmeeres und die Hochgebirge Armeniens und das Zagrosgebirge (Iran) gemeint (vgl. v. Soden 1961: 549f.).

Kapitel 4: Kulturelle Globalisierung 119

4.1 *Kulturelle Globalisierung – eine ziemlich alte Menschheitserfahrung*

Die Menschen im akkadischen Großreich Sargons und Naramsuens (Mesopotamien vor mehr als 4000 Jahren) waren – um ein Modewort der aktuellen kulturellen Globalisierungsdebatte aufzunehmen – *Kosmopoliten*, vor allem in religiöser Hinsicht. Der mesopotamische Götterkosmos setzte sich aus den Stadtgöttern der wichtigsten Städte (Ur, Uruk, Kisch und Lagasch) zusammen und wurde laufend den politischen Gegebenheiten angepasst (vgl. Nissen 1990: 157ff.). So wurde nach dem Aufstieg Babylons dessen Stadtgott Marduk zum wichtigsten Gott. Auch die Geschichte Abrahams im Alten Testament handelt vor dem Hintergrund einer damals offenbar selbstverständlichen Praxis, auch die Götter kleinerer semitischer Stämme in diesen Götterkosmos aufzunehmen, sobald diese sich in den mesopotamischen Schmelztiegel hineinbegaben.

Das Besondere an Abrahams Geschichte ergibt sich erst vor dem Hintergrund dieses damals offenbar schon selbstverständlich gewordenen Multikulturalismus (zum Begriff vgl. Mintzel 1997: 22ff.). Es bestand darin, dass sein Gott ihm befahl auszuwandern „in ein Land, das ich dir zeigen werde" (Gen. 12,1). Ob es dabei um eine direkte Verweigerung der religiösen Integration ging, lässt der Text offen. Nach dem Auszug aus Ägypten, der anderen großen Zivilisation des Altertums, hat Moses allerdings in dieser Hinsicht eindeutige Mitteilungen seines Gottes bekommen. Sie beginnen folgendermaßen: „Ich bin der Herr, dein Gott, der dich aus dem Lande Ägypten, dem Hause der Knechtschaft geführt hat. **Du sollst keine anderen Götter neben mir haben!**" (Exodus 20, 2,3; Hervorhebung D.B.).

Moses, Propheten wie Amos, Hosea oder auch Ezechiel waren, in der Sprache des heutigen Globalisierungsdiskurses, *religiöse Globalisierungsgegner*, Protagonisten einer radikalen Konzentration auf den eigenen Stammesgott bei gleichzeitiger Abwertung anderer religiöser Überzeugungen und insofern auch Vorläufer des islamischen Fundamentalismus. Die religionsgeschichtliche Besonderheit des Judentums, Schriftreligion und zugleich Stammesreligion zu sein, erklärt sich aus genau dieser fundamentalistischen Regression *in einem bereits globalisierten Umfeld*. In einem durch politische und kulturelle Globalisierung geprägten Umfeld konnte die Stammesidentität über die rein narrative Weitergabe traditioneller Überlieferungen schon nicht mehr wieder hergestellt werden, sondern nur noch mit dem damals modernen Mittel der Schrift. Es diente dazu, die Tradition als religiöses Bekenntnis zu Jahwe zu fixieren und dieses nahezu durchgängig gegen das Gift der kulturellen Assimilierung an die umgebenden Kulte, wie etwa den Baalkult, zu verteidigen.

Das *Alte Testament* ist durchaus als eine *Anti-Globalisierungsschrift* aus unterschiedlichsten Texten zusammengestellt worden. Von nichts anderem berichten Ereignisse wie der Tanz um das goldene Kalb oder der Turmbau zu Babel. Die letztgenannte Geschichte handelt von der Vermessenheit einer ursprünglich einsprachigen Weltgesellschaft, den Himmel, also die göttliche Sphäre erreichen zu wollen. Ob dieser Vermessenheit bestraft Gott die Menschen mit Mehrsprachigkeit, die mit dem Schmelztiegel Mesopotamien identifiziert wird: „Der Herr sprach: ‚Siehe, sie sind ein Volk, und nur eine Sprache haben sie alle; das ist aber erst der Anfang ihres Tuns. Nichts von dem, was sie vorhaben, wird ihnen unmöglich sein'." Könnte ein Neoliberaler heute die Effekte der Globalisierung anders sehen? *Gott ist aber in dieser Geschichte ein* ob dieser Vermessenheit erzürnter *Globalisierungsgegner*: „Wohlan, lasst uns hinabsteigen! Wir wollen dort ihre Sprache verwirren, dass keiner mehr die Rede des anderen versteht! Und der Herr zerstreute sie von da aus über die ganze Erde hin; sie hörten mit dem Städtebau auf. Darum heißt die Stadt ‚Babel'; denn *dort* hat der Herr die Sprache der ganzen Welt verwirrt, und von da aus hat er sie über die ganze Erde zerstreut" (Genesis 11, 6-9; Hervorh. D.B.).

Wenn wir hier das Alte Testament als Anti-Globalisierungsschrift interpretieren, dann dürfen wir dabei allerdings die sich auch hier schon entfaltende „Dialektik der Globalisierung" (Beck 1998) nicht übersehen. Auch wenn das Judentum in der uns bekannten Form als ein Produkt kultureller Anti-Globalisierung verstanden werden kann, so ist es aber zugleich auch der kulturelle Nährboden[3] für die Weltreligionen des Christentums und des Islam, die lange vor der kapitalistischen Ökonomie Vorreiter einer allerdings geographisch begrenzten kulturellen Globalisierung waren.

Es kann nicht Aufgabe dieser Einleitung sein, die weit verzweigte und lange Geschichte kultureller Globalisierung aufzuzeichnen. Es reicht aus, an dieser Stelle noch einige instruktive Beispiele gegen die Legende einer heute erst stattfindenden kulturellen Globalisierung zu setzen.

Metropolen des 20. Jahrhunderts (über die des 21. soll hier nicht spekuliert werden) wie New York, London, Tokio, Los Angeles, die als Knotenpunkte eines weit gespannten Netzwerks ökonomischer, politischer und kultureller Kontakte zentrale Bedeutung haben (vgl. auch Sassen 1996), hatten zahllose Vorläufer mit nahezu identischer Funktion. Eines der interessanteren Beispiele ist Karakorum,

---

[3] Für Parsons ist das Judentum ebenso wie die griechische Zivilisation eine „Saatbeet-Gesellschaft", also eine Gesellschaft, deren Bedeutung in der Verbreitung kultureller Ideen liegt – hier insbesondere in der „Konzeption einer die menschlichen Angelegenheiten regierenden moralischen Ordnung" (Parsons 1975: 159).

Kapitel 4: Kulturelle Globalisierung 121

Zentrum des mongolischen Weltreichs zwischen 1220 und 1264, in dem bereits Spezialisten aus den unterschiedlichsten Kulturen versammelt waren. Man könnte weiterhin an Metropolen wie Rom, Bagdad im 10. und 11. Jh. oder Persepolis während der Glanzzeit der jeweiligen Reiche erinnern.

Selbst die großflächige Vermischung der Bevölkerung unterschiedlicher Sprachen und Kulturen ist kein neues Phänomen. Als politische Strategie wurde sie im Assyrischen Reich vermutlich bis heute am weitesten vorangetrieben. Ein expliziter Multikulturalismus charakterisierte das Persische Weltreich und die Hellenistischen Staaten. Nordchina erlebte entlang des Gelben Flusses über gut 2000 Jahre lang Prozesse des Eindringens von diversen Völkern aus dem nördlich gelegenen Steppengürtel – ganz ähnlich wie Jahrtausende zuvor die sumerische Zivilisation. In beiden Fällen kam es zur wechselseitigen kulturellen Durchdringung und als deren Folge zur Entwicklung vielschichtiger kultureller Welten. Es gibt also genügend Beispiele, die es verbieten, die aktuelle, knapp 400jährige nordamerikanische Einwanderungsgeschichte wie auch derzeitige Migrationsströme als singuläre Vorgänge zu betrachten.

Ebenfalls problematisch und historisch allzu kurzatmig ist die Vorstellung, dass die Welt der Nationalstaaten des 19. Jahrhunderts gegenwärtig durch Prozesse ökonomischer wie kultureller Globalisierung untergraben und langfristig abgelöst werde. Dabei wird ausgeblendet, dass der Typus des modernen Nationalstaates seinerseits als ein Begleitmoment der ökonomischen Globalisierung (vgl. Kap. 2.1) entstanden ist. Braudel (1985: 561) sieht zu Recht in den Bürgern sich selbst verwaltender mittelalterlicher Städte die Keimzelle des Nationalismus, dessen Funktion eben darin bestand, jenen festen sozialen Zusammenhalt zu organisieren, ohne den geographisch weit gespannte Wirtschaftsinteressen nicht realisiert werden konnten.

➔ Kulturelle Globalisierung ist nicht ausschließlich ein modernes Phänomen. Sie ist vielmehr aus einer historischen Perspektive zu verstehen.

Anregung: Erinnern Sie sich daran, dass Austausch, Handel und Verbreitungsmedien wichtige Formen zwischengesellschaftlicher Sozialkontakte sind. Überlegen Sie sich, ob es diese Phänomene erst seit „gestern" gibt.

Daher macht es wenig Sinn, in diesem Kapitel die vorliegenden zahllosen Beschreibungen von aktuellen Prozessen kultureller Globalisierung zu rezipieren, die vor allem deren Einmaligkeit herausstellen. Viel wesentlicher wird es sein, eine *systematische Annäherung* an das Feld kultureller Globalisierung vorzunehmen. *Wieso spielen Grenzen eine so bedeutsame Rolle in Kulturen und Gesellschaften? Worin liegt das Problem der Grenzüberschreitung?*

4.2 Sprachliche Abschlussgrenzen von Kulturen: Sprachgemeinschaften

Für eine systematische Annäherung an das Feld kultureller Globalisierung ist es wichtig, sich zunächst einmal darüber klar zu werden, warum und in welcher Form sich Kulturen überhaupt voneinander abgrenzen. Das kann zunächst damit erklärt werden, dass keine Sprache ohne Abgrenzung etabliert werden kann. Das hat mit ihrer Machart zu tun.

Alle Sprachen gleichen sich in ihrem grundsätzlichen Aufbau (Sapir 1921; de Saussure 1967). Sie weisen einen bestimmten Wortschatz sowie Regeln auf, nach denen operiert, also auf eine Weise gesprochen werden kann, so dass die Möglichkeit besteht, dass alle anderen Mitglieder der jeweiligen Sprachgemeinschaft den Wortschatz verstehen und die Regeln beherrschen. Jede Sprache operiert mit der Fiktion, dass mit ihrer Hilfe buchstäblich alles artikuliert werden kann. Sie offeriert den Sprechern damit einen unhintergehbaren und zugleich grenzenlosen Horizont an sprachlichen Artikulationsmöglichkeiten. Genau dieser Universalismus macht extreme Grenzen nach dem Muster von Abschlussgrenzen[4] erforder-

---

[4] „In der Wissenschaft werden Grenzbegriffe meist in der Konnotation von Abschlussgrenzen verwendet. Das wird exemplarisch an den Grundlagendisziplinen Mathematik und Philosophie sichtbar. In der Mathematik stellte sich z.B. das Problem, eine als unendlich denkbare Zahlenreihe (wie 1/3 = 0,3333... oder 1,2,3...) zu beenden. Das war nur durch die Einführung eines expliziten Grenzbegriffs möglich (vgl. z.B. Du Bois-Reymond 1882; Kerry 1890).
In derselben Weise wurden auch in der Philosophie Grenzbegriffe eingeführt (vgl. Jaspers 1956, Bd. 2: 201-254: Grenzsituation). Kant operiert mit dem Begriff des Noumenon (KrV, B 311), um erfahrungsbestimmte Begriffe von nicht-erfahrungsbestimmten Erweiterungen abzugrenzen. Daran anknüpfend nehmen im Neukantianismus und in der Wissenschaftstheorie Grenzbegriffe die Bedeutung idealer begrifflicher Konstruktionen im Rahmen von Wissenschaftskonstruktionen an (Kerry 1890; Kleinschmidt 1913; Mittelstraß 1995), deren Veränderung (Kuhn 1970: Paradigmenwechsel) neue Erkenntnisse ermöglicht. Auch in weiteren Disziplinen (z.B. Illy 1948: Grenznutzenlehre in den Wirtschaftswissenschaften) finden sich ähnlich gelagerte Grenzbegriffe. Daran knüpft hier der soziologische Begriff Abschlussgrenze an" (Brock u.a. 2006: 2).
Abschlussgrenzen markieren also zunächst „Vollständigkeit" als eine grundlegende Voraussetzung sozialer Ordnung. Nur wenn beispielsweise ein Stamm „vollständig" ist, kann ein Verwandtschaftssystem, können Heiratsregeln usw. als allgemein verbindliche Regeln implementiert werden. Aus einer Außenperspektive kann der *„Aspekt der Begrenztheit von Möglichkeiten betont werden.* Aber auch wenn definitive Grenzen als Restriktion für weitere Kommunikation erfahrbar werden, können sie durch Neuschöpfungen weiter herausgeschoben werden (‚das Unsagbare sagen'; Übernahme von Begriffen aus

lich: Jenseits der operativen Möglichkeiten beginnt das Unsagbare, das man paradoxerweise aber auch nur mit den Mitteln dieser Sprache umreißen kann, also eine vermutbare terra incognita fehlender sprachlicher Ausdrucksmittel.

Die Grenze des Unsagbaren kann durch einzelne Begriffe aus „fremden" **Sprachen** nicht weiter hinausgeschoben werden, da Begriffe immer nur im Rahmen einer zugehörigen Sprache fixiert und verstanden werden können. Das wird daran deutlich, dass jeder Begriff als Unterscheidung im Rahmen einer Sprache rekonstruiert werden kann (vgl. Spencer Brown 1972). Nach diesem Muster kann man auch den Wortschatz einer Sprache erlernen. Jeder neue Begriff wird mit Hilfe der bereits erlernten Begriffe umschrieben und damit als Unterscheidung in den Wortschatz integriert. In dem Maße, wie man den Wortschatz auf diese Weise erweitert, steigert und verfeinert man die sprachlichen Artikulationsmöglichkeiten. Der individuelle Horizont sprachlicher Variationsmöglichkeiten nähert sich so allmählich dem Kollektivhorizont einer Sprachgemeinschaft an.

Sprache ist insofern immer ein Gemeinschaftsunternehmen, als der Wortschatz und die Regeln intersubjektiv angewendet werden müssen. Nur so kann eine Sprache erhalten bleiben. Die Grenze dieser Sprachpraxis wird immer durch die Sprachkundigen, also diejenigen, die eine bestimmte Sprache verstehen und sie sprechen, gezogen. Darauf hebt der Begriff Sprachgemeinschaft ab.

Sprachgemeinschaften sind nur dann autochthon, wenn **alle** Sprecher, die diese Sprache aktuell sprechen oder gesprochen haben, keine weitere Sprache beherrschen. Dagegen kann jeder Sprecher/Hörer, der mindestens zwei Sprachen beherrscht, den Wortschatz um Fremd- oder Lehnworte erweitern. Dazu ist jeder bereits dann in der Lage, wenn er eine zweite Sprache nur ansatzweise beherrscht. Fremdworte erweitern den Wortschatz und damit die Artikulationsmöglichkeiten einer Sprache dadurch, dass sie eine neuartige Unterscheidungsstrategie in eine Sprache einführen. Vielfach sind solche Fremdworte mit dem Import von kulturellen Praktiken oder neuen Technologien und Herstellungsverfahren direkt verknüpft. Mit der Veralltäglichung der Verwendung solcher Sprachimporte in der Sprachpraxis einer Sprachgemeinschaft geht das Wissen um den Importcharakter von Begriffen (und ganzen Semantiken) rasch verloren. Hier ist immer nur die Unterscheidung zwischen Sprachkundigen und Sprachunkundigen relevant. Daher verwundert es keineswegs, dass Sprachgemeinschaften wie z.B. die Japaner, deren Wortschatz hohe Fremdwortanteile hat, ein ausgeprägtes Bewusstsein ihrer Einzigartigkeit kultivieren (Coulmas 1993: 20ff.).

Spezialsprachen in Umgangssprache usw.). Definitive Grenzen in einem Medium können aber auch zur Übersetzung in ein anderes Medium anregen" (ebd.).

Aufgrund langer und intensiver Kontakte zur chinesischen Kultur (z.B. Pohl 1997) weist das Japanische vor allem sehr viele Lehnworte aus dem Chinesischen auf (zur Assimilation fremder Kulturen in Japan vgl. Singer 1996: 246ff.).

An dieser Stelle soll festgehalten werden, dass nur in einer Symbolwelt operiert werden kann, indem eine Sprache verwendet wird, die von anderen Sprachen abgegrenzt sein muss. Da Sprache nur intersubjektiv funktioniert, hat diese Abgrenzung immer auch sozialen Charakter. Die wechselseitige Durchdringung der Sprachen über Fremdworte ändert daran nichts.

→ Sprachen grenzen sich voneinander ab und konstituieren so ganz unterschiedliche, in jedem Fall aber in sich geschlossene Sprachgemeinschaften. In dieser Abgrenzung liegt insofern eine Paradoxie, als uns jede Sprache einen unendlichen Horizont an Artikulationsmöglichkeiten bietet, eine scheinbar grenzenlose Symbolwelt. Das gelingt aber nur durch Abgrenzung von anderen Sprachen, die uns ebenso unendliche symbolische Welten anbieten.

Anregung: Stellen Sie sich vor, Sie begeben sich in ein fremdes Land. Sie gehen in ein Restaurant und wollen eine Bratwurst bestellen. Sie haben dabei zwei Probleme: Einmal das Problem, dass Sie die Sprache nicht sprechen. Zum anderen können Sie sich nicht sicher sein, dass es in der fremden Sprache eine genaue Entsprechung zu Bratwurst gibt. Welche Möglichkeiten bieten sich Ihnen, letztendlich doch eine Bratwurst zu bekommen?

Vor diesem Hintergrund lohnt ein kurzer Blick auf Fachsprachen, Hochsprachen und international gesprochene Sprachen.

Fachsprachen werden nach einem Muster gebildet, wie wir es auch bei der Veredelung von Obstbäumen praktizieren. Wurzel und Stamm werden von einer gut wachsenden Wildpflanze genommen. Darauf wird ein Zweig der gewünschten Obstsorte aufgepfropft. In ähnlicher Weise wird bei Fachsprachen auf die Umgangssprache ein System von Fachbegriffen gestülpt. Jeder, der einmal versucht hat eine Steuererklärung auszufüllen, wird vermutlich die Erfahrung gemacht haben, dass man eine Fachsprache nur dann verstehen kann, wenn man nicht nur die Umgangssprache beherrscht, sondern zugleich auch die fachbegrifflichen Unterscheidungen nachvollziehen kann. Die Grundmechanismen sprachlicher Verständigung entsprechen also denen der Umgangssprache, nur wird die

Kapitel 4: Kulturelle Globalisierung 125

Unterscheidung zwischen Sprachkundigen und Sprachunkundigen enger gezogen und weist in der Praxis erhebliche Grauzonen auf. Der interessierte Laie, im obigen Beispiel der pflichtbewusste Steuerzahler, versucht die Fachterminologie ausgehend von der Umgangssprache zu verstehen und gewinnt bei seinen Versuchen allmählich ein intuitives Verständnis davon, wo seine Verstehensgrenzen in etwa liegen.

Anregung: Warum ist der Beruf des Steuerberaters in Deutschland ein florierender Job mit glänzenden Zukunftsperspektiven – in vielen anderen Ländern aber nicht?

Anders als Fachsprachen, die auf den Zweck der Kommunikation unter Spezialisten zugeschnitten sind, wurden Hochsprachen entwickelt, um Verständigungsgrenzen zwischen lokalen „Dialekten" zu überwinden und einen größeren „Sprachraum" zu schaffen. Unabhängig davon, wer zusätzlich noch welchen Dialekt beherrscht, wird so eine einheitliche Alltagssprache z.B. als Grundlage für die Entwicklung und Durchsetzung von Medien etabliert. Ähnliche Zwecke verfolgen auch international gesprochene Sprachen. Sie können reine Kunstsprachen, also ausschließlich neben der Alltagssprache benutzte Zweitsprachen sein, mit denen die Kommunikation einer „internationalen" Elite abgewickelt wird (z.B. das mittelalterliche Latein und Griechisch oder Mandarin im mittelalterlichen China). Ebenso kann die Sprache kulturell bzw. politisch oder wirtschaftlich führender Sprachgemeinschaften zur internationalen Verständigung genutzt werden. Beispiele sind für die Antike Aramäisch, für das 18. Jahrhundert Französisch und heute Englisch.

Anregung: Welche englischen Begriffe benutzen Sie in Zusammenhang mit Computern, für die es keine deutsche Entsprechung gibt?

4.3 *Soziale Abschlussgrenzen von Kulturen: Gesellschaften und Funktionssysteme*

Die für die Verwendung von Symbolsprachen unvermeidliche Abschließung von Sprachgemeinschaften wird auf einer unmittelbar sozialen Ebene ergänzt um eine von Gesellschaften ausgehende Abschließung. Dieses zweite, auf der Sprachgemeinschaft aufbauende Abschließungsmuster[5] lässt sich am einfachsten anhand der vermutlich frühesten Form der Gesellschaftsbildung, der Kultgemeinschaft, erklären.

Die Sprache bildet so etwas wie einen Baukasten zur Realitätskonstruktion. Ihre einzelnen Bausteine sind symbolische Bedeutungen. Anders als bei einem aus Holzklötzen oder Metallteilen bestehenden Baukasten sind die sprachlichen Elemente ständig vom Zerfall bedroht. Daher müssen sie von den Mitgliedern der Sprachgemeinschaft benutzt werden, um der Auflösung zu entgehen. Gesellschaften sind nun dadurch charakterisiert, dass sie jeweils eine *bestimmte* Realitätskonstruktion, also eine bestimmte Verknüpfungsmöglichkeit dieses Baukastens realisieren. Es ist möglich sich diese zunächst als Weltverständnis, als fixiertes Wissen vorzustellen, das in Stammesgesellschaften über eine mythische Erzählung oder in der heutigen Wissensgesellschaft (Bell 1975) über festliegende Modalitäten der Wissensproduktion hervorgebracht wird. Solche festliegenden Realitätskonstruktionen werden üblicherweise als Kultur bezeichnet. Wie alle Produkte der Sprache zerfallen sie nur solange nicht, als sie Bestandteil der Sprachpraxis bleiben.

Für das Weltverständnis ist damit nur eine notwendige, aber keine hinreichende Bedingung benannt. Da hier *eine* Möglichkeit der Realitätskonstruktion für verbindlich erklärt wird, in der Sprache der Systemtheorie also eine feste Kopplung realisiert wird, muss sie sich darüber hinaus immer auch praktisch bewähren. Dies ist nur in der logisch fragwürdigen, weil paradoxen Form eines reentry[6] möglich: Die Sprachgemeinschaft muss sich in das eigene Weltverständnis hineinbegeben, ihre Mitglieder dort positionieren und die behaupteten Zusammenhänge praktizieren. **Aus der konstruierten Realität wird so eine praktizierte Realität**, deren Verbindlichkeit von allen Beteiligten praktisch erfahren werden kann. Wenn man eine klare Unterscheidung zwischen Kultur und Gesellschaft treffen möchte, dann ***beginnt Gesellschaft dort, wo Kultur*** (ein *bestimmtes* Weltverständnis) in dieser Weise (reentry) ***praktiziert wird***.

---

[5] In systemtheoretischer Terminologie liegt hier eine strukturelle Kopplung vor. Gesellschaftliche Schließungsmuster setzen eine gemeinsame Sprache, eine Sprachgemeinschaft voraus. Dieser Zusammenhang wird z.B. bei Integrationsproblemen von Ausländern deutlich, welche die Sprache ihres Aufnahmelandes weder verstehen noch sprechen.

[6] Reentry ist ein Begriff aus der Kybernetik, den Luhmann in soziologischen Analysen verwendet. Dabei geht es um den Wiedereintritt des Beobachters in das Beobachtete (Luhmann 2002: 166) bzw. ein durch ein soziales System produzierter Unterschied kann zugleich im System beobachtet werden (Luhmann 1997: 45). Hier wird allerdings die gedankliche Reihenfolge umgedreht: Kognitive Unterscheidungen gewinnen dadurch soziale Verbindlichkeit, dass sich die Akteure in ihre Symbolwelt hineinbegeben und dort als Verkörperung einer Seite dieser Unterscheidung handeln. Kognitive Unterscheidungen, wie z.B. die zwischen Männern und Frauen, gewinnen in dem Moment soziale Verbindlichkeit, als wir als Männer bzw. Frauen gemäß dieser Unterscheidung handeln.

Kapitel 4: Kulturelle Globalisierung

Hierzu ist anzumerken, dass diese Unterscheidung an Parsons' Unterscheidung zwischen Kultur und Gesellschaft anknüpft (vgl. die Erläuterung bei Münch 2004: 97ff.), Gesellschaft jedoch vom kollektiven Reproduktionsaspekt her begreift (vgl. hierzu ausführlich Brock 2006). Nach Parsons umfasst Kultur „Systeme symbolischer Konstruktionen, die auf kognitiven, expressiven, normativen und sinnvermittelnden Elementen aufbauen" (Münch 2004: 97), mit denen Ansprüche auf soziale Geltung verbunden werden. Darauf hebt auch der Begriff Weltverständnis ab. Bei sozialen Systemen geht es dagegen nach Parsons darum, wie „Individuen zu gemeinsamen vorhersagbaren Interpretationen von Symbolen kommen, wie sie zu sozial bindenden und gemeinsamen Konstruktionen von Symbolen gelangen" (ebd. 99). Man spricht dann von Gesellschaft als einer Sonderform des sozialen Miteinanders, wenn sich die Menschen in ihr eigenes Weltverständnis hineinbegeben und es zur Grundlage ihrer eigenen Praxis machen. Damit werden symbolische Konstruktionen mit Leben gefüllt, zu erfahrbarer Realität.

Vorherrschend in der Soziologie und in den Nachbardisziplinen ist dagegen eine Ausweitung des Kulturbegriffs auf den Gesellschaftsaspekt, die letzteren entbehrlich macht. Vorreiter dieser Entwicklung war die angelsächsische Kulturtheorie, die wiederum entscheidende Anstöße aus der Ethnologie bekam. Dort wurde Kultur, anders als in der deutschen Tradition, nicht von Zivilisation unterschieden, also immer als Zusammenspiel zwischen materiellen und nichtmateriellen Aspekten aufgefasst, sowie auch von der gesellschaftlichen Praxis der Individuen her zu identifizieren gesucht. So definierte Edward B. Tylor bereits 1871 Kultur als „jenes komplexe Ganze, welches Wissen, Glaube, Kunst, Moral, Recht, Sitte und Brauch und alle anderen Fähigkeiten und Gewohnheiten einschließt, welche der Mensch als Mitglied der Gesellschaft erworben hat" (Kohl 1993: 130). Wenn sich dann noch das Erkenntnisinteresse auf das Ermitteln interkultureller Differenzen konzentriert (vgl. z.B. de Waal 1991: 258; Kohl 1993: 25ff.), dann erscheint Gesellschaft nur noch als uninteressantes, weil selbstverständliches Anhängsel der unendlich komplexen und differenzierten Kultur.

 Kultur umfasst die Symbolwelt und deren verbindliche Auslegung. Gesellschaft hat dagegen mit der Praktizierung verbindlicher Auslegungen der Symbolwelt zu tun. Unter dem Einfluss der angelsächsischen Kulturtheorie verwischt diese Unterscheidung, weil auch die Praxis als Ausdruck der Kultur verstanden wird.

Eine archaische, aber bis heute lebendige Form dieser gesellschaftlichen Praxis stellt die Kultgemeinschaft dar. Sie teilt allerdings ihre sozialen Grundlagen auch noch mit der heutigen Wissensgesellschaft. In beiden Fällen müssen autorisierte Gesellschaftsmitglieder, die ihre Autorisierung aus einer Position innerhalb der Sozialstruktur beziehen, vorgeschriebene Praktiken ausführen (und damit zugleich auch für Beobachter aufführen). Während es in Stammesgesellschaften um die Ausführung vorgegebener Rituale (z.B. Orakel) durch Sippenoberhäupter oder religiöse Spezialisten geht, wenden in der Wissensgesellschaft z.B. Ingenieure die neuesten wissenschaftlichen Erkenntnisse an. In beiden Fällen gelingt die Reproduktion der konstruierten Realität als Praxis dann, wenn die Beobachter durch keine unerwarteten Ereignisse bzw. Handlungsfolgen irritiert werden, ein Gelingen der Praktiken feststellen und gegebenenfalls sie für erfolgreicher als alternative Praktiken ansehen.

Dieses *Verfahren der Realitätsreproduktion* setzt soziale Schließungsmechanismen voraus. Bei Stammesgesellschaften (wie im obigen Beispiel) erfolgt sie auf zwei Ebenen zugleich: Nur wer Teil der Sozialstruktur ist, kann legitimer Beobachter oder Akteur sein. Zum anderen erfolgt die soziale Schließung in Form eines Kanons legitimer Praktiken (z.B. Ritualordnung) – Abweichungen oder Variationen sind nicht zugelassen. Durch diese sozialen Schließungsmechanismen werden die in einer Sprachgemeinschaft enthaltenen Möglichkeiten der Realitätskonstruktion extrem reduziert. Für das Beispiel der Wissensgesellschaft gelten andere Schließungsmechanismen. Hier begrenzt die Zuschreibung von Kompetenz bzw. Inkompetenz die Beteiligung an der Reproduktion relevanten Wissens. Nur wer als kompetent angesehen wird, ist relevanter Akteur bzw. Beobachter. Diese Zuschreibung ist prinzipiell nicht an die Zugehörigkeit zu einer bestimmten Sprachgemeinschaft gebunden, allerdings wird üblicherweise die Beherrschung einer bestimmten Fachterminologie vorausgesetzt.

> → In jeder Festlegung legitimer Praktiken und legitimer Gesellschaftsmitglieder werden die Möglichkeiten der Realitätskonstruktion drastisch reduziert.

Noch offener ist vom Konstruktionsprinzip her die Mitwirkung an Funktionssystemen wie Wirtschaft, Sport oder Recht gehalten. Jeder, der über Geld verfügt, nimmt am Wirtschaftsprozess teil, unabhängig von Sprache, Staatsangehörigkeit oder sozialstruktureller Verortung. Ebenso kann nahezu jeder am Sportsystem

Kapitel 4: Kulturelle Globalisierung

teilhaben, selbst körperliche Behinderung ist kein Hindernis mehr. Das Rechtssystem schließlich soll „ohne Ansehen der Person", insbesondere unabhängig vom Sozialstatus eines Menschen, Verhalten normieren und Regelverletzungen sanktionieren. Dennoch wird auch bei diesen Funktionssystemen soziale Selektivität wirksam. **Selegiert wird jedoch nicht über die Zugehörigkeit bzw. Nichtzugehörigkeit eines Menschen, sondern über die Zurechenbarkeit von Verhaltensweisen.** In der Einschlägigkeit oder eben Nichteinschlägigkeit von Verhaltensweisen, teilweise auch in sich darin ausdrückenden körperlichen Zuständen (z.B. krank oder gesund) oder Handlungsmotiven liegt die soziale Abschlussgrenze der meisten Funktionssysteme. Das schließt keineswegs aus, dass sie in einem nationalen Rahmen organisiert werden – im Falle des Wirtschaftssystems durch nationale Währungen, im Falle des Rechtssystems durch eine nationale Rechtsordnung, im Falle des Sportsystems durch nationale Sportverbände. In allen diesen Fällen hat die nationale Ebene jedoch lediglich eine rein pragmatische Bedeutung – jedes der Funktionssysteme könnte auch globaler oder lokaler angelegt werden. Im Falle des Wirtschaftssystems z.B. können nationale Währungen durch übernationale Währungen wie den Euro oder zumindest teilweise auch durch lokales Geld wie den Chiemgauer ersetzt werden.

Bei prinzipieller Betrachtungsweise aus dem Blickwinkel der Globalisierung können wir daher zwei unterschiedliche soziale Selektionsstrategien festhalten, die entsprechend unterschiedliche soziale Abschlussgrenzen fixieren. Dem Modell der Sprachgemeinschaft folgen Stammesgesellschaften, aber auch Nationalstaaten oder die Zurechnung von Kompetenz. Sie rechnen Menschen nach der Unterscheidung Ja/Nein sozialen Einheiten zu, *unterscheiden also zwischen Zugehörigen und Nichtzugehörigen. Auf diese Weise können jeweils sozial geschlossene Welten gebildet werden.* Je nachdem, ob Zurechnungsmerkmale erworben werden können (z.B. Bildungszertifikate, aber auch die Staatsbürgerschaft) oder ob sie fest zugeschrieben werden (Verwandtschaft, Geschlecht), können sie mehr oder weniger hermetisch abgeschlossen sein. In jedem Falle aber können Gesellschaften innerhalb der Abschlussgrenzen *Vollständigkeit beanspruchen*[7].

Aus dem Blickwinkel einer *globalisierten Betrachtungsweise* stellen sie *segmentäre Parallelwelten* dar. So steht die in sich geschlossene Welt einer Sprachgemeinschaft neben den ebenso geschlossenen Welten vieler anderer Sprachgemeinschaften. Global kann für die derzeit gesprochenen „lebenden" Sprachen eine Vielfalt nebeneinander existierender, prinzipiell gleichrangiger und gleich-

---

[7] Fälle von Mehrsprachigkeit oder doppelter Staatsbürgerschaft widerlegen diese Feststellung nicht, denn jede Teilwelt organisiert sich für sich selbst, setzt ihre eigenen Abschlussgrenzen. Ein übergreifender Masterplan existiert nicht.

wertiger Sprachgemeinschaften und damit korrespondierender Symbolwelten festgehalten werden. Was für Sprachgemeinschaften gilt, trifft auch für Stammesgesellschaften und Nationalstaaten zu, die für ihre Mitglieder jeweils geschlossene Realitäten konstruieren und sie über Sozialstruktur und festgelegte Praktiken zu einer gelebten Realität werden lassen.

Dagegen folgen die **Funktionssysteme** einem anderen Selektions- und Abschließungsmuster. Sie **legen spezifische Kriterien an Verhaltensweisen an, um sie als einschlägig oder nicht einschlägig zu klassifizieren.** Der grundlegende soziale Schließungsmechanismus wird auf der Ebene binärer Codierung etabliert (vgl. Luhmann 1997; Schimank 1996). Das hat zur Folge, dass wir uns heute in mehreren Funktionssystemen *zugleich* bewegen können, unser Verhalten mehreren Funktionssystemen zuordnen können und auch mit deren Schließungsmechanismen operieren („das gehört nicht hierher..."). Zugehörigkeit hat *hier* nichts mit Personen zu tun, sie *ist zu einer Frage inhaltlicher Anschlussfähigkeit und Konsistenz geworden.* Auch aus einer globalisierten Betrachtungsweise lassen sich einmal etablierte Standards funktionaler Differenzierung gedanklich *nicht* reduzieren.

→ Während Gesellschaften auf den ganzen Menschen zugreifen – jeder kann entweder Mitglied oder Nicht-Mitglied sein –, werden den Funktionssystemen nur „einschlägige" Verhaltensweisen zugeordnet.

Anregung: Warum ist es für jeden Menschen leichter von einem Funktionssystem in ein anderes zu wechseln als die Gesellschaftszugehörigkeit zu wechseln?

Haben diese beiden so unterschiedlichen Abschließungsmuster von Stammesgesellschaften und Nationalstaaten auf der einen und von Funktionssystemen auf der anderen Seite überhaupt einen gemeinsamen Nenner? Durchaus! Er besteht darin, dass beide Ausprägungen und Organisationsformen von „Gesellschaft" sind, wenn wir unter Gesellschaft ganz abstrakt und allgemein eine **Methode der Realitätsreproduktion** verstehen. Unter diesem Gesichtspunkt zeigt sich, was beiden Mustern gemeinsam ist, nämlich dass sie die in jeder Symbolsprache enthaltenen vielfältigen Möglichkeiten der Realitätskonstruktion auf *eine* Variante festschreiben. Einmal erfolgt die Festschreibung dadurch, dass sich die zugehörigen Personen in einer bestimmten, als wirksam oder gültig verstandenen, universell angelegten Realitätskonstruktion verorten. Bei der anderen Variante werden dagegen Verhaltensweisen in funktionsspezifischen Realitätskonstruktionen

Kapitel 4: Kulturelle Globalisierung 131

verortet. In beiden Fällen werden sie mit den jeweils konform gehenden sozialen Praktiken verkoppelt. Es wird also immer ein – in logischer Hinsicht tautologischer – Zirkel zwischen Realitätskonstruktion, Positionierung der Akteure bzw. von Verhaltensweisen in dieser Realitätskonstruktion und entsprechenden sozialen Praktiken hergestellt. Auf diese Weise kann diese Realitätskonstruktion zu einer als real (und zugleich auch als wirksam und legitim) erfahrbaren Wirklichkeit werden. Dieser Zirkel kann über beide Methoden sozialer Schließung und Bildung sozialer Abschlussgrenzen hergestellt werden[8]. Jede der beiden Methoden führt zur Differenzierung. Wo die Methode am „ganzen Menschen" ansetzt, entstehen subjektiv geschlossene und verbindliche Welten, die aber aus einer Beobachterperspektive als segmentäre Parallelwelten identifiziert werden können. Wo sie an Verhaltensweisen ansetzt, kommt es zu einer für die Beteiligten durchsichtigen Differenzierung in funktionsspezifische Teilwelten.

Verbindet man beide Abschließungsmuster miteinander, dann liegt der gedankliche Fluchtpunkt in einer *einheitlichen Weltgesellschaft mit ausgeprägter Funktionsdifferenzierung*. Segmentäre sprachliche wie staatlich-institutionelle Parallelwelten könnten in einer Weltgesellschaft mit einheitlicher Sprache, Staatsangehörigkeit, einheitlichem Bildungssystem etc. aufgehen, die jedoch in funktional differenzierte Teilwelten der Wirtschaft, Politik, Kunst, Wissenschaft etc. unterschieden. Wohlgemerkt: Mit dieser Aussage wird nur eine gedankliche Möglichkeit benannt, die in dem Nebeneinander dieser beiden Methoden der Realitätsreproduktion implizit angelegt ist. Ob ein solcher Zustand irgendwann einmal real erreicht werden kann bzw. wird oder gar, ob er angestrebt werden sollte, bleibt hier offen. Diese Frage wird am Ende des fünften Kapitels wieder aufgenommen werden.

Für Aspekte kultureller Globalisierung ist zunächst bedeutsamer zu untersuchen, auf welche Weise und mit welchen Folgen Abschlussgrenzen von Gesellschaften durch Sozialkontakte durchbrochen werden können. In solchen zwischengesellschaftlichen Sozialkontakten findet in jedem Fall ein **Austausch von kulturellen Ideen und Leistungen** statt, dessen Resultate in einem breiten Spektrum zwischen Vereinheitlichung, kultureller Innovation und der Segmentierung spezifischer lokaler Welten lokalisiert werden können.

Schließlich darf nicht außer Acht gelassen werden, dass die kultursoziologische Perspektive ganz selbstverständlich vom **Individuum** als Träger kultureller

---

[8] Zu dieser Methode gehören zwangsläufig auch Abschlussgrenzen. Nur darüber ist überhaupt identifizierbar, was zu reproduzieren ist. Abschlussgrenzen haben eine ähnliche Funktion wie das Symbol „unendlich" in der Mathematik: Sie definieren Grenzen und erlauben damit durchgängige Ordnungsleistungen und Operationen innerhalb dieser Grenzen.

Inhalte ausgeht. Kontakte zwischen segmentären Parallelwelten können auf Formen der Mobilität solcher „Kulturträger" zurückgeführt werden, insofern man eine feste Bindung jedes Individuums an eine bestimmte Kultur annimmt. Sobald sich Individuen in mehreren segmentären Parallelwelten bewegen und mit ihren jeweiligen Werten vertraut werden, können sie als Weltbürger (Kosmopoliten) über unterschiedliche kulturelle Varianten verfügen und mögliche interkulturelle Widersprüche und Konflikte in sich austragen.

Diese vom Individuum ausgehende Perspektive ist blind für den zweiten grundlegenden Trend soziokultureller Globalisierung, die Globalisierung von Funktionssystemen, weil sie die klassische Vorstellung vom Individuum als kleinster Einheit unterläuft. Wie bereits erwähnt, setzen Funktionssysteme an Verhaltensweisen an, behandeln also den Menschen als **Dividuum**. Diese Besonderheit muss beachtet werden.

Vom Standpunkt des einzelnen Menschen aus, der an mehreren, unterschiedlich strukturierten Ordnungen Teil hat, **ist Vergesellschaftung daher höchst komplex geworden**. Wir leben und überleben, indem wir uns an der Reproduktion ganz unterschiedlich strukturierter Verfahren der Realitätsreproduktion beteiligen. Staaten, Familien oder Kirchen fordern, dass wir uns als Person entscheiden, in welchem Staat wir Staatsbürger sein wollen, wen wir heiraten, welcher Glaubensgemeinschaft wir angehören wollen. Funktionssysteme fordern von uns dagegen, dass wir uns „einschlägig" verhalten. Als Sportler beispielsweise sollen wir in den Kategorien von Sieg und Niederlage denken und handeln. Als Konsumenten und Erwerbspersonen sollen wir uns um unsere Zahlungsfähigkeit kümmern usw.

Als **Fazit** kann an dieser Stelle festgehalten werden, dass Sprachen wie Gesellschaften und Funktionssysteme nur dann reproduziert werden können, wenn sie sich gegen andere Sprachen bzw. Gesellschaften oder Funktionssysteme abschließen. Diese Abschließung hat ihren Preis: Autochthone Sprachen wie autarke Gesellschaften kapseln sich von ihrer Konstruktion her von Innovationen aller Art ab, die in anderen Sprachen und Gesellschaften gemacht werden. Spezialisierte Funktionssysteme werden dagegen betriebsblind, wenn sie hermetisch gegen alle anderen Funktionsbereiche abgeschottet würden. Deswegen sind Mechanismen von großer Bedeutung, die den interkulturellen und intergesellschaftlichen Austausch sichern.

Vor diesem Hintergrund wird sich zunächst mit solchen **Mechanismen des interkulturellen Austauschs beschäftigt, die sich auf der Ebene des kulturellen Weltverständnisses ausmachen lassen** (Abschnitt 4.4). Die Darstellung bleibt

Kapitel 4: Kulturelle Globalisierung 133

zunächst deskriptiv und konzentriert sich auf wesentliche Felder, auf denen typischerweise kulturelle Abschlussgrenzen überschritten werden.

Im fünften Abschnitt dieses vierten Kapitels wird die übliche Perspektive eingenommen und der interkulturelle Austausch in Form der **räumlichen Bewegung von Personen über territoriale gesellschaftliche Grenzen hinweg** behandelt. Hier geht es also um Mobilität, Migration, Kosmopoliten und den Umgang mit Fremden.

Dagegen wird der Prozess der Globalisierung der Funktionssysteme über staatliche Grenzen hinweg erst im fünften Kapitel behandelt werden. Da die analytische Trennung zwischen Kultur und Gesellschaft unscharf ist, weil beide Aspekte prozessual aufeinander bezogen sind, kann diese Verlagerung in Kauf genommen werden. Daher wird auch die nur im Zusammenspiel zwischen der Reduzierung segmentärer Parallelwelten und der Globalisierung von Funktionssystemen behandelbare Frage nach einer zukünftigen Weltgesellschaft erst am Ende des fünften Kapitels wieder aufgenommen.

➔ Aus dem Blickwinkel der kulturellen Globalisierung können zwei soziale Selektionsmechanismen unterschieden werden: Gesellschaften (segmentäre Parallelwelten) und Funktionssysteme. Beide haben jeweils eigene soziale Abschlussgrenzen, die über den Code Zugehörigkeit und Nicht-Zugehörigkeit gebildet werden.

Anregung: Überlegen Sie sich (mit Hilfe des Textes), wie die Zugehörigkeit in den jeweiligen sozialen Selektionsmechanismen hergestellt wird.

4.4 *Grenzüberschreitende Kommunikation und grenzüberschreitende Sozialkontakte – die Überwindung sprachlicher und gesellschaftlicher Abschlussgrenzen*

Es geht hier nur um solche grenzüberschreitenden Einflüsse, die folgenreich sind, also Sprachräume bzw. Gesellschaften verändern, demnach genau um solche Fälle, die bei der Konstruktion von Sprachgemeinschaften und von Gesellschaften „eigentlich" nicht vorgesehen sind, insofern sie eindeutig zwischen zugehörigen und nichtzugehörigen Personen unterscheiden. Besonders interessant sind solche grenzüberschreitenden Einflüsse, die *intergesellschaftliche Kulturelemente* hervorbringen.

4.4.1 Kultureller Diffusionismus

In der Ethnologie wie auch in den Sprachwissenschaften ist die Verbreitung bestimmter Worte ebenso wie auch ganzer Kulturkomplexe wiederholt untersucht worden[9]. Solche Untersuchungen dienten dazu, eine Art Ursprungskultur zu identifizieren, aus der alle anderen Kulturen hervorgegangen seien. Die Vermutung einer Urkultur findet sich bereits in Platons Atlantislegende. Im 20. Jahrhundert vermuteten G. E. Smith (1928) und W. J. Perry (1923), dass das alte Ägypten die Grundlagen der menschlichen Zivilisation geschaffen hätte. Dagegen versuchten die deutschen Religionshistoriker Hugo Winckler und Alfred Jeremias zu beweisen, dass die alten Sumerer diese Urkultur entwickelt hätten.

Interessanter als solche inzwischen eindeutig widerlegten Thesen über eine allen Kulturen gemeinsame Urkultur ist die deutsche Kulturkreislehre. (L. Frobenius, F. Graebner, B. Ankermann, W. Schmidt, H. Baumann, A. E. Jensen). Diese wohl eher etwas vorsichtigere Variante geht von mehreren kulturellen Kristalisationspunkten aus. Die Kulturkreislehre folgert aus der Verbreitung gleichartiger „Formen", die sowohl der materiellen wie der immateriellen Kultur angehören können, dass sich hier ein bestimmtes kulturelles Muster über eine ganze Reihe von Gesellschaften und Kulturen geografisch ausgebreitet habe.

Das Problem derartiger Theorien besteht darin, dass sie empirisch zu belegen sind nicht, sobald man die Verbreitung einer Gesamtkultur bzw. eines einheitlichen Weltbildes postuliert. Denn diese Verbreitung ist in allen schriftlosen Kulturen kaum zeitlich einzuordnen. Daher ist man auf aktuelles ethnologisches Material angewiesen, das aber eine derartige Einheitlichkeit explizit nicht zeigt. Ob man daraus, wie in der Ethnologie durchaus üblich, schließen kann, dass derartige Theorien empirisch widerlegt seien, ist höchst fraglich, denn dann müsste man unterstellen, dass sich diese Kulturen seit dem Import des kulturellen Musters überhaupt nicht mehr verändert hätten.

Für das Thema kulturelle Globalisierung ist dieses Feld jedoch insofern immer noch interessant, als man hier tatsächlich die Verbreitung bestimmter kultureller „Formen" nachvollziehen kann. Auch wenn beispielsweise Wilhelm Schmidts These eines ursprünglichen Monotheismus (1926-1949) vermutlich unhaltbar ist, zeigen dennoch seine vielfältigen Belege, dass monotheistisches Denken eine sehr lange Tradition hat und gerade auch bei vermutlich archaischen Kulturen bedeutsam war. Gleiches gilt beispielsweise auch für das Konzept so

---

[9] Die nachfolgende Kurzdarstellung folgt zunächst Kohl 1993: 132ff. Dort findet sich auch weitere Literatur zur Thematik.

Kapitel 4: Kulturelle Globalisierung   135

genannter Dema-Gottheiten bei Jensen (1991). Allerdings müssen solche Übereinstimmungen nicht auf dem Wege der Verbreitung einer bestimmten religiösen Idee entstanden sein. Sie könnten auch mehrfach getrennt voneinander entwickelt worden sein, weil sie von der Logik magischen Denkens her relativ nahe liegend sind. Diese Vermutung würde allerdings auf eine fundamentalere Gemeinsamkeit in der Art der Weltauslegung verweisen.

Angesichts solcher Unklarheiten macht es eher Sinn nach den Methoden zu fragen, über die bereits in archaischen Kulturen die Ausbreitung bestimmter Denkweisen über gesellschaftliche Abschlussgrenzen hinweg erfolgen kann. Zumindest eine Methode ist klar erkennbar. Wie vor allem anhand der Besiedlung pazifischer Inseln sichtbar wurde, können Siedlungen segmentär differenzierter und zudem relativ egalitärer Stammesgesellschaften eine bestimmte Größenordnung nicht überschreiten. Das Größenproblem kann sowohl durch Probleme bei der Nahrungsversorgung wie auch durch innergesellschaftliche Konflikte akut werden. Dann können derartige Gesellschaften mit einer Art „Zellteilung" reagieren. Eine bestimmte Gruppe wandert aus – in Polynesien muss sie den gefahrvollen Weg über das Meer suchen (Stöhr 1991: 165ff.), auf dem Festland reicht es dagegen vielfach aus, einfach ein Stück weiter zu ziehen und dabei nicht nur wichtige Geräte, gegebenenfalls Saatgut und domestizierte Tiere, sondern auch Kultur und Religion mitzuführen.

Instruktiver als solche ethnologischen Analysen sind aber Ergebnisse der Sprachforschung, die insbesondere bei den Indoeuropäern wichtige Aufschlüsse über eine bereits vor den indoeuropäischen Wanderungen existierende gemeinsame Sprache und Kultur hervor gebracht und zugleich Belege für die indoeuropäische Herkunft vieler Völker geliefert haben. Weiterhin konnten aus dem gemeinsamen Vokabular für bestimmte Tiere Rückschlüsse auf die Herkunftsregion gezogen werden. Diese Untersuchungen haben aber auch ergeben, dass die Wörter für Kupfer und Beil bereits vor der Spaltung der europäischen Sprachgruppen aus dem Sumerischen entlehnt worden sind (Eliade 1978, Bd. 1: 177f.). Das deutet darauf hin, dass bereits die Ur-Indoeuropäer diese Technologien, wahrscheinlich durch eine anatolische Kultur vermittelt, aus dem Zweistromland übernommen haben.

Aus den Forschungen Dumézils kann man folgern, dass die Indoeuropäer bereits vor Beginn der Wanderungen ein in drei Funktionsgruppen unterteiltes Weltbild entwickelt hatten, auf dessen Grundlage dann in den meisten von indoeuropäischen Gruppen gegründeten Staaten im einzelnen höchst unterschiedliche Feudalordnungen entstanden sind (Dumézil 1958).

Die Frage der Ausbreitung ist bei den Indoeuropäern einigermaßen geklärt, da sich ihre Expansion schwerpunktmäßig in einem bereits mit Schriftkulturen durchsetzten Raum ereignete. Anders als beispielsweise die Expansion der Polynesier vollzogen sich die indoeuropäischen Wanderungen in Form einer Eroberungsgeschichte, über die zahllose Zeugnisse vorliegen.

→ Wenn man zeigen könnte, dass sich alle Kulturen auf eine einzige Ursprungskultur zurückführen ließen, dann bestünde totale kulturelle Globalisierung. Dieser Nachweis konnte trotz zahlreicher Versuche nicht erbracht werden. Allerdings gibt es Nachweise für eine Ausbreitung bestimmter Kulturelemente.

4.4.2 Bastelreligionen

Analog zum Begriff der Bastelidentität (Hitzler/Honer 1994) gehört auch der Begriff der Bastelreligion (Barz 1992) zum soziologischen Begriffsapparat, mit dem der postmoderne Charakter der Gegenwartsgesellschaften fixiert werden soll. Von einer Bastelreligion kann immer dann gesprochen werden, wenn Gläubige kein schriftlich fixiertes und als Kirche organisiertes Glaubensbekenntnis übernehmen, sondern sich ihr Glaubensbekenntnis nach eigenem Geschmack aus der Fülle der verfügbaren religiösen Mythen selbst zusammenstellen.

Ähnliches kann aber auch von den schriftlich fixierten Glaubensbekenntnissen behauptet werden. Auch sie sind Bastelprodukte eines transkulturellen Austauschs. Als Beispiel für diese Praxis mag der Anfangsteil des Alten Testaments, die Genesis, genügen. Nahezu sämtliche Begebenheiten, die dort geschildert werden und die nicht direkt mit dem Schicksal des Volkes Israel zu tun haben, sind als Mythen zuvor in anderen Religionen verwendet worden. Mit anderen Worten: Bereits das Alte Testament ist ein charakteristisches Produkt kultureller Globalisierung, das auf den Fundus diverser Religionen zurückgreift und daraus selegiert. Die spezifische Leistung der Autoren besteht in der Umdeutung und im Neuarrangement der Erzählungen.

Genesis 1 und 2 behandeln die Schöpfungsgeschichte, wobei 2 älter als 1 ist (Eliade 1978, Bd. 1: 157). Genesis 1 weist Parallelen zur ägyptischen Theologie wie zu Polynesien auf (ebd. 156). Genesis 2 hat, insbesondere hinsichtlich der Erschaffung des Menschen aus Staub, als Vorläufer ältere sumerische Texte (ebd. 157).

Kapitel 4: Kulturelle Globalisierung

Auch der Garten Eden (Gen. 2, 10-15) „erinnert an die mesopotamische Bilderwelt" (ebd. 158). Genesis 3 – die Versuchung Adams und die Vertreibung aus dem Paradies – variiert ein aus dem Gilgamesch-Epos bekanntes Thema (ebd. 159). Genesis 4 und 5 behandeln den alten Konflikt zwischen Ackerbauern und Hirten, wobei möglicherweise Opferpraktiken der alten Ackerbaugesellschaften umgedeutet werden (vgl. Brock 2006; Kap. 6). Genesis 6-9 handelt von der Sintflut, einem nahezu universell berichteten Ereignis, für das es in jedem Fall ältere mesopotamische Vorbilder gab (Eliade 1978, Bd. 1: 67ff.). Genesis 11 und 12 (Turmbau zu Babel und die Auserwählung Abrahams) behandeln die Absetzung von der multikulturellen Zivilisation des Zweistromlands, darauf folgen dann Erzählungen (Genesis 13-50), die direkt auf die Geschichte des jüdischen Volkes Bezug nehmen. „Das soll aber natürlich nicht heißen, dass die Kapitel 11-50 der Genesis historische Dokumente seien" (ebd. 163).

Dieses kleine Beispiel zeigt, dass ein ca. 2500-3000 Jahre alter Text (vgl. Eliade 1978, Bd. 1: 155) offenbar auf Erzählungen sowohl aus dem ägyptischen wie dem mesopotamischen Kulturraum zurückgegriffen und daraus, ganz ähnlich wie heutige Jugendliche, eine eigene Welterklärung „gebastelt" hat. Dieses „Basteln" erfolgt in zwei Stufen: Zunächst einmal deuten uns unbekannte Autoren in den jeweiligen Kulturräumen bekannte mythische Ereignisse in eine Leistung des eigenen Stammesgottes um. In einem zweiten Schritt wählt ein ebenso unbekannter Redakteur aus einem entsprechenden Fundus aus und stellt daraus eine mythologische Geschichte der Entstehung der Welt und der eigenen Stammesgesellschaft zusammen. Anders als beim Diffusionismus unterstellt, wird hier nicht einfach Kultur als Fertigprodukt übernommen, sondern eine eigene, innovative Fassung aus einem aus mehreren Kulturen stammenden Fundus an Möglichkeiten selegiert und uminterpretiert.

Ob und wieweit die Autoren auf schriftliche Aufzeichnungen, also das Medium Schrift, zurückgreifen konnten bzw. inwieweit sie sich auf mündliche Überlieferung stützten, kann hier nicht geklärt werden. *Bemerkenswert ist in jedem Fall, dass ein Aspekt kultureller Globalisierung, nämlich die Nutzung und der Rückgriff auf mehrere Kulturen*, der nicht zu kultureller Vereinheitlichung, sondern zur Entwicklung neuer Varianten genutzt wird, *derart alte Vorläufer hat*.

> Auf dem Feld der Religion finden sich zahlreiche Belege dafür, dass religiöse Deutungsmuster durch Rückgriff auf Mythen verschiedener Kulturen entwickelt wurden. Insofern sind viele Religionen ein Produkt des interkulturellen Ideenaustauschs.

4.4.3 Schaffen Weltreligionen einheitliche Kulturkreise?

Autoren wie Anthony Giddens, denen bewusst ist, dass Globalisierung nicht erst kürzlich begonnen hat, machen auf die staatliche und gesellschaftliche Abschlussgrenzen überwindende Rolle der Weltreligionen aufmerksam (vgl. u.a. Giddens 1988: 220). Diese, so wird argumentiert, haben bereits lange vor dem global vernetzten Kapitalismus über eine Vereinheitlichung religiöser Praktiken größere Kulturräume geschaffen, die im Erfolgsfall eine Vielzahl von Staaten und Sprachgemeinschaften umfassten. Für Giddens stellen sie lediglich eine Struktur neben anderen dar.

Die Einschätzung, dass Weltreligionen die Abschlussgrenzen einzelner Gesellschaften überschreiten, ist im Kern unbestritten. Sie spielt nicht zuletzt seit Huntingtons These vom Kampf der Kulturen (Huntington 1996) für das Verständnis politischer Konflikte in einer globalisierten Welt eine nicht zu unterschätzende Rolle. Huntington unterteilt die Welt in acht Kulturkreise, die überwiegend durch eine gemeinsame Religion definiert werden. Die Frage ist aber, *wie einheitlich und wie verbindlich derartige Kulturkreise überhaupt sind.*

Diese Frage kann an dieser Stelle nicht erschöpfend behandelt werden. Es soll hier nur um einen – für das Verständnis kultureller Globalisierung allerdings zentralen – Aspekt gehen, nämlich um die kulturelle Durchsetzung von Weltreligionen.

Ein besonders interessanter Fall ist die **Verbreitung des Buddhismus**. Hier zeigt sich vor allem, dass es einen *Zusammenhang zwischen einer Veränderung der religiösen Inhalte und der Verbreitung gibt. Das zeigt, dass der Erfolg einer Weltreligion auch damit zusammenhängt, dass sie Elemente lokaler Kulte und Glaubensvorstellungen zu integrieren vermag.* Dieses Beispiel wird demonstrieren, dass Weltreligionen keineswegs als hermetische Gebilde zu verstehen sind, die andere religiöse Überzeugungen ausradieren und so kulturelle Einheitlichkeit herstellen.

Kapitel 4: Kulturelle Globalisierung

Der Religionsgründer Gautama Buddha lebte vermutlich von 558 (oder 567) bis 478 (oder 487) v.u.Z. in Nordindien. Seine Lehre entwickelte er im religiösen Milieu der Wanderasketen und in der Kontinuität der grundlegenden Fragestellungen indischer Religionen. Die Grundmaximen seiner Lehre sind die „vier edlen Wahrheiten" (vgl. Eliade 1978, Bd. 2: 87):

1. Jede Lebensaktivität impliziert letztlich Leiden (dukkha).
2. Der Ursprung des Leidens liegt in der Begierde und dem Verlangen (tanha).
3. Daher bestehe die Erlösung vom Leiden in der Zerstörung des Verlangens. Diese Zerstörung kann jedoch nicht intentional, etwa in Form eines Selbstmords erfolgen, da dies ein Verlangen wäre. Ein Aspekt des Nirvana ist das Vernichten des Durstes (tanhakkhaya).
4. „Die vierte edle Wahrheit offenbart die Wege, die zum Aufhören des Leidens führen" (ebd). Diese Wege stellen, grob gesagt, eine Weiterentwicklung von Yoga-Techniken dar. Sie werden in drei Kategorien unterteilt: die Meditationen (jhana), die Sammlungen (samapatti) und die Konzentrationen (samadhi).

Die vier Wahrheiten sind nach dem Vorbild des Vorgehens indischer Mediziner formuliert: Zunächst wird die Krankheit bestimmt, dann deren Ursache. Auf dieser Grundlage können dann das Therapieziel fixiert und die geeigneten Mittel bestimmt werden (vgl. ebd. 87f.).

Schon auf den ersten Blick wird klar, dass Buddha eine Lehre vorgelegt hat, die nur für religiöse Spezialisten praktikabel ist, die diverse Meditationstechniken beherrschen und sie permanent praktizieren. Denn nur auf diesem Wege kann man das Nirvana erfahren. Es lässt sich nämlich nicht allein mit den Mitteln der Logik bestimmen. Dieser Aspekt kommt auch in der folgenden Einschätzung zum Ausdruck: „Wahrscheinlich lag der genialste Beitrag des Buddha in der Formulierung einer Meditationsmethode, bei der es ihm gelang, asketische Praktiken und yogische Techniken mit einer besonderen Art des begrifflichen Verstehens zu verbinden (...) Alle von Buddha geoffenbarten Wahrheiten mussten in der yogischen Art ‚realisiert', das heißt durch Meditation und Erfahrung erreicht werden" (ebd. 95).

Eine Religion für die breiten Massen wird der Buddhismus erst im Jahrhundert vor der Zeitenwende mit der Entwicklung des Mahayana („großes Fahrzeug"), einer explizit auf Laien bezogenen Lehre. „Das Ideal stellt nicht mehr der einsame Arhat (Heilige; Wanderasket) auf der Suche nach seinem Nirvana dar, sondern der **Boddhisattva**" (ebd. 190; Hervorhebung D.B.), d.h. der zukünftige

Buddha, wörtlich „das zum Erwachen bestimmte Wesen" (vgl. ebd. 69f.). Er ist „ein Laie, ein Vorbild an Menschenfreundlichkeit und Mitleid, der seine Erlösung zurückstellt, um das Heil der anderen zu erleichtern. Dieses religiöse Vorbild (...) verlangt nicht mehr den strengen Weg des Mönches von den Gläubigen, sondern die persönliche Hingabe (...)" (ebd. 190).

Es handelt sich hier nicht um einen Bruch mit Buddhas Lehre, sondern um eine starke Akzentverschiebung. Anknüpfungspunkte bieten Aussagen Buddhas, wie jene: Jeder der „ein einfaches Gefühl des Glaubens oder der Zuneigung" habe, werde „ins Paradies kommen" (ebd.). Der Begriff Paradies ist selbstverständlich nicht mit dem Nirvana gleichzusetzen, sondern wird als eine Art Vorstufe zur Erreichung des Nirvana verstanden.

Ähnliche Vorgänge, über die große Weltreligionen unter Beibehaltung der Glaubenstradition ihr Gesicht völlig verändert haben, könnte man auch für das Christentum, den Islam, den Hinduismus wie auch den Konfuzianismus (wenn man ihn als Religion versteht) aufzeigen. Hinzu kommt noch, dass die Weltreligionen auch dann ihr Gesicht verändern, wenn sie sich *in neue Gebiete mit je ganz eigenen kulturellen Traditionen hinein begeben*. Auch dies soll am Beispiel des Buddhismus für Tibet gezeigt werden.

Obwohl Tibet heute neben Sri Lanka als das buddhistische Land par excellence gilt und auch der oberste Repräsentant, der Dalai Lama, aus Tibet kommt, ist das Land erst relativ spät buddhistisch geworden.

Beim tibetischen Buddhismus/Lamaismus fällt die besondere Bedeutung des Lichts auf. Sie wird insbesondere bei der Interpretation des Todes deutlich. Das Bardo Thödol, das tibetanische Totenbuch, bereitet den Sterbenden darauf vor, im Zeitpunkt des Todes Lichtstrahlen unterschiedlicher Farbe zu sehen. Der Gläubige muss dann das helle Licht wählen, um dem Kreislauf der Wiedergeburt zu entkommen (vgl. Eliade 1983, Bd. 3: 266). Dieses Konzept hat sicherlich Grundlagen im Buddhismus, es erinnert aber auch an Vorstellungen aus dem ursprünglichen religiösen Denken der Tibeter. Danach hatten die ersten legendären Könige am Vorderhaupt (wo auch noch nach lamaistischer Vorstellung die Seele lokalisierbar ist) eine so genannte Mu-Schnur, die sich im Zeitpunkt des Todes in einen Regenbogen auflöste, der sich wiederum im Himmel auflöste. Auf diese Weise gelangten diese Könige in den Himmel (vgl. ebd. 251).

Zwei weitere Besonderheiten des tibetischen Buddhismus sind zudem eng mit der politischen Geschichte des Landes verknüpft: die Rolle der Klöster und der Lamas. Ganz ähnlich wie die christlichen Klöster wurden auch die tibetischen Klöster, die mit der zweiten Verbreitungswelle des Buddhismus in Tibet ab etwa 1040 entstanden, mit großen Besitzungen bedacht, die die Ernährung einer gro-

Kapitel 4: Kulturelle Globalisierung

ßen Zahl von Mönchen erlaubten und ihnen großen politischen Einfluss sicherte. Eliade spricht von einer Theokratie (ebd. 260). Sie wurde noch durch die besondere Rolle der Lamas gesteigert. Lama (bla-ma) ist eine tibetische Bezeichnung für den erleuchteten Meister, den Guru. „Der tibetische Buddhismus erhob den Guru zu einer fast göttlichen Stellung" (ebd. 262). Der Dalai Lama, der Titel existiert seit 1578, ist der Nachfolger des Gründers der dominierenden Richtung der „Tugendhaften" (gelugpa). „Seit dieser Zeit und bis in unsere Tage wird der Dalai Lama als der einzige religiöse und politische Leiter des Landes angesehen" (ebd. 259).

Einen besonders deutlichen Kontrast zum tibetischen bietet der japanische Buddhismus. Dessen originäre Leistungen zielen auf eine diesseitige Arbeits- und Sozialethik (Dumulin 1990: 342ff.). Mit der politischen Macht hat Japans Buddhismus dagegen kaum Berührungspunkte.

Ähnliche Unterschiede können wir auch für das Christentum feststellen. So ist die gesellschaftliche Bedeutung des Katholizismus in Frankreich eine ganz andere als in Polen, was vor allem auf Unterschiede im Verhältnis von Kirche und Staat wie in der politischen Geschichte zurück zu führen ist. Ebenso hat es der Katholizismus verstanden, vorchristliche Glaubensvorstellungen (über Marienkult und Schutzheilige) wie Glaubenspraktiken (z.B. nimmt die Fronleichnamsprozession das alte vorchristliche Ritual des Feldumgangs auf) zu integrieren.

Diese Beispiele demonstrieren, dass die etwa mit der Zeitenwende einsetzende und bis heute anhaltende Landnahme der großen Weltreligionen keinesfalls zu einer rigorosen religiösen Vereinheitlichung geführt hat. Elemente älterer Glaubenvorstellungen leben in anderem Gewande fort. Ebenso darf die Innovationsfähigkeit der Weltreligionen und die gegenseitige Durchdringung der religiösen Ideen nicht unterschätzt werden. Alle diese Faktoren verbieten es, *die Landnahme durch die großen Weltreligionen mit religiöser Uniformierung gleich zu setzen*. Der Beitrag der Weltreligionen zur kulturellen Globalisierung besteht daher eher darin, dass sie auf dem Feld der Religion sprach- und gesellschaftsübergreifende Diskursarenen mit punktuellem Einigungszwang darstellen. Auf dem politischen Feld hat genau diese Eigenschaft zu einer verstärkten Beachtung der EU als einem Modellfall für die Gestaltung der Globalisierung geführt.

Nachdem am Prozess der Landname die kulturelle Brückenfunktion der Weltreligionen deutlich geworden ist, wird im Folgenden noch kurz auf die Hauptthemen der Religionssoziologie, die Prozesse der Säkularisierung und der Privatisierung, eingegangen. Beide Stichworte strukturieren üblicherweise Bestandsaufnahmen heutiger Religiosität. Mit **Säkularisierung** wird ein Bedeutungsverlust religiösen Denkens verbunden, der letztlich auf den Einfluss der

Aufklärung zurück zu führen sei. So zeigen beispielsweise heutige Bestandsaufnahmen für Deutschland, dass nicht nur die Mitgliedschaft bei den beiden großen Konfessionen, sondern dass viel stärker noch die Beteiligung an religiösen Aktivitäten wie auch das Einverständnis mit dem zentralen Glaubenskanon zurückgeht. Unterschiede zwischen den alten und den neuen Bundesländern bestehen dabei nur in der Kirchenmitgliedschaft, die, aufgrund der antireligiösen Propaganda zu DDR-Zeiten, in den neuen Bundesländern deutlich niedriger ist. Dagegen sind die Unterschiede bei der Beteiligung an religiösen Aktivitäten und der Akzeptanz der Glaubensbekenntnisse allenfalls gering (vgl. Pollack/Pickel 2003).

Diese Säkularisierungstendenz ist in Europa verbreitet, wobei allerdings starke Unterschiede zwischen den europäischen Staaten bestehen. So ist diese Tendenz beispielsweise in Irland wie in Polen wenig ausgeprägt, in Deutschland und Tschechien dagegen sehr stark. International kann von einer durchgängigen Säkularisierung nicht die Rede sein. Das gilt auch für den westlichen Kulturkreis, wo die USA das beste Beispiel für ungebrochene Religiosität abgeben (Casanova 1994; zur Kritik der Säkularisierungsthese vgl. Stark/Iannaccone 1994). Auch für Europa ist von einem gewissen Stillstand auszugehen, was sich damit erklären lässt, dass die weltlichen Erben der Religion, insbesondere der Marxismus, aber auch der Liberalismus wie der Glaube an die Wissenschaft, im Zuge der Anwendung kritischen Denkens auf diese Produkte der Aufklärung an Orientierungskraft deutlich eingebüßt haben.

Die These einer **Privatisierung** der Religiosität besagt keinen Rückgang, sondern die Erklärung der Religion zu einer Art Privatsache, die ähnlich wie die Identifizierung der eigenen Identität jeder mit sich selbst auszumachen habe (zur Kritik vgl. Casanova 1994). Auch diese Tendenz lässt sich nicht durchgängig belegen. Sie ist überwiegend für Europa, aber auch für Japan plausibel, wohingegen in anderen Ländern die Gemeindereligiosität (z.B. USA) ungebrochen ist bzw. die Kirche den öffentlichen Raum zurück zu erobern scheint (Casanova 1994). Eine gewisse Steigerung erfährt die Beobachtung der Privatisierung mit der Diagnose einer Zunahme von „Bastelreligiosität", also selbst entwickelter Glaubensbekenntnisse, die von der standardisierten Glaubensdogmatik der Kirchen mehr oder weniger stark abweichen (vgl. auch Kaufmann 1989).[10]

Neben diesen beiden klassischen Themen zeigt sich als neue Tendenz ein internationaler **Geländegewinn** so genannter **protestantischer Sekten**. Es handelt sich dabei genau um jene religiösen Richtungen, deren religiöses Denken nach

---

[10] Diese Tendenz ist aber nur für Deutschland belegt. Zu internationalen Gegentendenzen vgl. Casanova 1994. Zu neuen religiösen Bewegungen vgl. Barker 1989 und Pollack 2000.

Kapitel 4: Kulturelle Globalisierung 143

Max Weber den „Geist des Kapitalismus" umreißt, also einen kulturellen Vorlauf, der zur Etablierung des modernen Kapitalismus erforderlich war (vgl. Weber 1988, Bd. 1: 17-206). Wie die Religionsstatistik zeigt, rekrutiert sich in den USA die protestantische Mehrheit nicht aus Lutheranern, sondern aus einer Vielzahl protestantischer Sekten. Da zumindest bei einigen dieser Sekten ein Missionszwang besteht, ist es kein Wunder, dass von ihnen starke weltweite Missionierungsbestrebungen ausgehen. Heute zeigt sich bereits ganz deutlich, dass diese Missionierungsbestrebungen in Ländern erfolgreich sind, wo sich entweder, wie in Südkorea, der Kapitalismus gerade etabliert oder wo die kapitalistische Landnahme gerade begonnen hat (z.B. Kenia und Nigeria) bzw. sich in vollem Gange befindet (z.B. Brasilien). Diese Missionierungserfolge scheinen in starkem Maße damit zusammen zu hängen, dass die von diesen Sekten propagierte Disziplinierung der Lebensführung und ihre Ausrichtung auf wirtschaftlichen Erfolg von vielen Gläubigen als eine wichtige kulturelle und moralische Unterstützung im eigenen Überlebenskampf angesehen werden[11].

Interessant ist, dass diese Geländegewinne protestantischer Sekten sowohl zu Lasten nichtchristlicher Bekenntnisse wie auch im Falle Brasiliens zu Lasten des Katholizismus gehen.

 Religionen werden erst dann zu Weltreligionen, wenn sie ein hohes Integrations- und Anpassungspotential entwickeln. Nur auf diese Weise können sie verschiedene Sozialschichten und Gesellschaften prägen wie auch diverse lokale Kulte und Glaubensvorstellungen überlagern. Dass Weltreligionen nicht umstandslos „kulturellen Imperialismus" betreiben können, ist für das Verständnis kultureller Globalisierung aufschlussreich.

4.4.4 Kampf und militärische Vergesellschaftung

Kampf und Krieg sind in zweifacher Hinsicht nicht nur kulturelle Tatsachen, sondern auch ein weiteres Einfallstor für die wechselseitige Durchdringung von Kulturen. Simmel fasst den **Kampf** selbst als **eine grundlegende Form der Ver-**

---

[11] Für diese These gibt es eher journalistische als wissenschaftliche Belege (vgl. allgemein dazu Riesebrodt 2000).

gesellschaftung auf (Simmel 1992: 284-382) – insofern sind kriegerische Auseinandersetzungen vor allem zwischen Angehörigen unterschiedlicher Kulturen ein Einfallstor für den interkulturellen Austausch. Bekannte Beispiele sind die Kreuzzüge, durch die Europa nicht nur mit der islamischen Zivilisation in Berührung gekommen ist, sondern darüber hinaus auch von seinen griechischen Wurzeln erfahren hat. Wenn man so will, kann man auch hier eine „Dialektik" ausmachen: Ohne die Kreuzzüge hätte es vielleicht keine Renaissance und damit auch keine kulturelle Moderne gegeben.

Der zweite kulturelle Brückeneffekt kriegerischer Auseinandersetzung besteht darin, dass **Krieg und Kriegsführung selbst Zivilisationsprodukte** sind. So betont der britische Militärhistoriker John Keegan, dass systematische Kriegsführung mit der Folge der systematischen Tötung von „Feinden" ein Zivilisationsprodukt sei (vgl. Keegan 1995: insbes. 197ff.). Sie setzt mit der Gründung von Staaten ein und eskaliert, mit der logistischen Möglichkeit, Heere über größere Entfernungen zu versorgen (ebd.). Die archäologischen Belege für diese These sind erdrückend. Eine Konsequenz dieser kulturellen Grundlagen der Kriegsführung ist, dass die „Kriegskultur" der überlegenen Heere bei Strafe des Untergangs von den Unterlegenen übernommen bzw. durch noch effektivere Kampfweisen gekontert werden muss. Daher sind Krieg und Kriegsführung von jeher ein starkes transgesellschaftliches und transstaatliches Element.

In diesem Sinne war das atomare Wettrüsten zwischen Ost und West zwischen 1947 und 1989 kein singuläres Ereignis. Giddens sieht in der „militärischen Weltordnung" eine von vier „Dimensionen der Globalisierung" (Giddens 1995: 93), die durch drei grundlegende Merkmale charakterisiert sei:

I. Erstes Merkmal sei die „*Industrialisierung des Kriegs*" (ebd. 97), die durch den „von einigen Teilen der Welt in andere Gebiete fließenden Strom von Waffen und Techniken der Militärorganisation" (ebd.) illustriert werde.
II. Das zweite Merkmal bestehe in *Bündnissen* zwischen Staaten, die auch deren Souveränität beeinträchtigen könnten (ebd.).
III. Drittes Merkmal sei, dass *lokale Konflikte zu großen internationalen Kriegen* führen. „Zwei Weltkriege bezeugen die Art und Weise, in der lokale Konflikte Anlässe zu globaler Beteiligung wurden. In beiden Kriegen wurden Teilnehmer aus beinahe allen Gegenden in die Kämpfe verwickelt" (ebd. 98).

So plausibel diese Merkmale auch sein mögen, auch hier müssen wir zunächst um mehr als drei Jahrtausende zurückdatieren. Das *Merkmal der Industrialisierung des Krieges* erfüllt als erste Kriegswaffe der Streitwagen. Er wird in seiner militä-

Kapitel 4: Kulturelle Globalisierung 145

risch wirksamen Form um 1700 v.u.Z. eingeführt und ist selbst ein Produkt des interkulturellen Austauschs. Die Fähigkeiten zur Waffenentwicklung und zum Bau eines leichten und zugleich haltbaren zweirädrigen Wagens kommen aus dem Zweistromland, während die ausschlaggebende Züchtung des Pferdes die Leistung eines unbekannten Steppenvolkes war (vgl. hierzu Keegan 1995: 236ff.). Bemerkenswert ist weiterhin, dass zur Kriegsführung über die eigentliche Besatzung des Streitwagens hinaus, einen Wagenlenker und einen Bogenschützen, der einen Kompositbogen benutzte, ein „Stab untergeordneter Spezialisten – Stallknechte, Sattler, Stellmacher, Tischler und Bogenmacher (...) unerlässlich war" (ebd. 241). Dieser Streitwagen verbreitete sich rasend schnell in allen Staaten zwischen Zweistromland, Kleinasien und Ägypten, also der damaligen „zivilisierten Welt". Dies deswegen, weil er die Kriegsführung noch stärker revolutionierte als die Einführung des Panzers gegen Ende des Ersten Weltkrieges, Heere ohne Streitwagen also auf verlorenem Posten gekämpft hätten.

Die Merkmale II und III – Bündnissysteme und aus lokalen Anlässen entstehende Weltkriege – wurden nur wenige Jahrhunderte nach Einführung des Streitwagens erfüllt, als Streitwagenarmeen zweier Bündnissysteme einen ersten Weltkrieg mit dramatischen Folgen austrugen. Eberhard Zangger (1994) datiert ihn um das Jahr 1190 v.u.Z. Aus den schriftlichen Quellen der damals wichtigsten Kulturen im östlichen Mittelmeerraum (Ägypten, Griechenland, Anatolien, Hethiterreich, Ugarit usw.) entwickelt er folgendes Szenario: Zwei Bündnissysteme stehen einander gegenüber. Auf der einen Seite kämpfen Ägypten, die Hethiter, die von beiden Mächten abhängigen Vasallen sowie ein lockerer Zusammenschluss griechischer Kleinkönige mit dem Zentrum Mykene. Auf der anderen Seite stehen die Feinde der Hethiter: einmal ein Bündnis westanatolischer Städte mit dem Zentrum Troja, sowie östlich des Hethiterreiches die Kaskäer und das Assyrische Reich.

Zu dieser großen kriegerischen Auseinandersetzung kommt es nach Zangger aus wirtschaftlichen Gründen. Der ungehinderte Kupferimport spielte damals eine wichtige Rolle, die mit dem Zugang zu Öl und Erdgas in unserer Zeit durchaus vergleichbar ist. Zentren des Kupferabbaus waren Zypern und Lagerstätten in Nordostanatolien. Hinzu kamen Importe über das schwarze Meer, die die um 1200 v.u.Z. immer deutlicher werdende *Kupferknappheit* ausgleichen sollten. Nicht nur wegen des Kupferbedarfs waren alle beteiligten Mächte von funktionierenden Handelsverbindungen abhängig.

Kleine Konflikte und die damit verbundenen Sanktionen führten nun dazu, dass die Kontrahenten sich gegenseitig die Handelsrouten blockierten. Troja sperrte seine Häfen für griechische Schiffe und blockierte den Schwarzmeerhandel. Die Hethiter ihrerseits schlossen die syrischen Häfen für trojanische Schiffe. „Als Assyrien schließlich Hatti große Erzlagerstätten in Ostanatolien entwinden konnte, war Tuthlijas (Hethiterkönig) Land von sämtlichen Rohstoffquellen abgeschnitten (...) Darum entschloss sich der König zu einem Überfall auf Zypern, dem nahegelegensten Rohkupferproduzenten und schwächsten Gegner" (Zangger 1994: 256). In dieser aufs Äußerste angespannten Lage kommt es in Ägypten zu einer Führungskrise (ebd. 214ff.) und zu inneren Wirren. Diese Schwäche nutzten die westanatolischen Gegner der Hethiter zu einem Gegenschlag gegen Zypern und die syrischen Küstenstädte, der (in vielen Quellen berichteten) so genannten Seevölker-Invasion, welche die militärischen Kräfte der Hethiter band. Diesen Umstand nutzten die Kaskäer, nordanatolische Gegner der Hethiter, zu einem großen Schlag, der zur Zerstörung der hethitischen Metropole Hattusa und zur Vernichtung der Oberschicht und der Regierungs- und Verwaltungszentren führte. Damit war das Großreich der Hethiter am Ende und die westanatolische Koalition im Besitz weiter Teile Anatoliens. Dies rief wiederum die mykenischen Könige auf den Plan. Sie nutzten die Abwesenheit der westanatolischen Truppen zur Zerstörung westanatolischer Städte und schließlich gelang ihnen die (von Homer behandelte) Eroberung Trojas.

Dieser bronzezeitliche Weltkrieg weist viele Parallelen zum Ersten Weltkrieg auf. Wir wollen hier nur einem Punkt nachgehen, den *Kriegsfolgen*. Abgesehen von den USA und Japan gab es nach dem Ersten Weltkrieg in Europa aufgrund der gestörten internationalen Wirtschaftsbeziehungen im Grunde nur Verlierer. Erst nach dem Zweiten Weltkrieg konnten geeignete Rahmenbedingungen für den internationalen wirtschaftlichen Austausch geschaffen werden. Nach dem Weltkrieg in der Bronzezeit waren die Folgen noch dramatischer. Außer dem nicht direkt betroffenen Ägypten werden die anderen Beteiligten entweder vernichtet (Hethiter, Ugarit, Troja) oder sie gehen wie die Griechen in eine längere Phase des gesellschaftlichen Niedergangs. „Für viele Überlebende, egal ob sie auf mykenischer oder westanatolischer Seite gekämpft hatten, gab es keinen Grund, in ihre verkohlten Häuser zurückzukehren. Sie zogen es vor, in fernen Ländern, die sie aus der Zeit des florierenden Fernhandels kannten, eine neue Bleibe zu finden. So landeten versprengte Truppen in Zypern, in Syrien und Palästina, in Ägypten, Sizilien und Italien, wo sie sich fortan mit einem bäuerlichen Dasein begnügten. Die aristokratische Gesellschaftsordnung war dahin; es gab keine Höfe mehr, an denen das Kunsthandwerk hätte gefördert werden können, die Kenntnisse der Schrift und der Verwaltung gingen verloren, der Fernhandel war schon lange zusammengebrochen und die Passage in das Schwarze Meer ohne

Kapitel 4: Kulturelle Globalisierung

die Ortskenntnis trojanischer Lotsen unmöglich geworden. Das so genannte dunkle Zeitalter brach an" (ebd. 259).

Im Zusammenhang mit der Argumentationskette dieses Buches ist bemerkenswert, dass bereits in der Bronzezeit dieses „dunkle Zeitalter" nicht auf eine Gesellschaft beschränkt blieb und auf einen internationalen Konflikt zurückzuführen. *Gerade die organisierte Kriegsführung erweist sich immer wieder als ein Feld des – eher unfreiwilligen – interkulturellen Austauschs und als ein seit langem wirksamer Faktor kultureller, politischer und wirtschaftlicher Globalisierung.* Hinzu kommen Abhängigkeitsbeziehungen und Kooperationsformen zwischen Staaten (vgl. Kap. 3).

→ Kriegerische Auseinandersetzungen sind seit Jahrtausenden ein Feld des eher unfreiwilligen interkulturellen Austauschs. Sie sind Vorreiter im Prozess kultureller Globalisierung.

4.4.5 Unterwerfung und Kolonialisierung

Eine Folge militärischer Überlegenheit ist die Unterwerfung und Kolonialisierung fremder Kulturen und Staaten. Diese Phänomene erweisen sich als ein weiteres, eigenes Feld grenzüberschreitender Sozial- und Kulturkontakte. Dauerhafte Unterwerfung wie Formen der Kolonialisierung bedeuten ein dauerhaftes Nebeneinander zweier Kulturen, manchmal auch zweier Gesellschaftssysteme unter dem gemeinsamen Dach eines Staatsverbands. Dieses Folgeproblem militärischer Auseinandersetzungen entsteht nur dann nicht, wenn ein militärischer Sieg nicht von Dauer ist, wenn der siegreiche Teil sich mit Plünderungen begnügt oder den Gewinn an Ressourcen in Form von Tributzahlungen, Reparationen etc. verstetigt. *In allen anderen Fällen muss sich der Sieger näher auf Kultur und Gesellschaft des besiegten Staatsverbands einlassen.* Obwohl die Machtverhältnisse klar sind, können die Ergebnisse dieser Konstellation höchst unterschiedlich ausfallen.

Die rigoroseste Form des Umgangs der Sieger mit den Besiegten ist die *Deportation*, meist in Verbindung mit kollektiver Versklavung. Das Alte Testament erzählt davon, dass dem kleinen israelischen Staatsverband dieses Schicksal gleich zwei Mal widerfuhr. Bei den Assyrern wurde die Deportation planmäßig betrieben mit dem Ziel nicht nur Arbeitssklaven zu gewinnen, sondern die Sozialstruktur besiegter Staaten systematisch zu zerstören, um spätere Aufstände und dergleichen auszuschließen. Die schonendste Umgangsform mit den Besiegten strebt dagegen nur eine Form der *Oberhoheit* an ohne in die Sozialstruktur der besiegten Staaten einzugreifen (Perserreich, Reich Alexanders des Großen, das zaristische Russland).

Zahlreiche Feudalgesellschaften sind als Synthesen zwischen Siegern und Besiegten entstanden, wobei sich die Grund und Boden besitzende Aristokratie ganz oder überwiegend aus der Bevölkerung der Sieger rekrutiert (England nach 1066; Sparta; Indien nach der Landnahme durch die Indoeuropäer), während die Besiegten typischerweise auf handfeste Arbeit, auf Landwirtschaft, auf Handwerk, aber auch auf den Handel festgelegt werden und meist auch die Sprache der Sieger übernehmen müssen.

Besonders interessant ist der historisch gar nicht so seltene Fall, das zivilisatorisch weniger hoch entwickelte Nomadenvölker sesshafte Hochkulturen besiegen und sich nicht mit Beute und Tributleistungen begnügen, sondern die eroberten Gesellschaften dauerhaft zu beherrschen suchen. Die spektakulärsten Fälle sind: Eroberung der sumerischen Zivilisation durch semitische Nomaden im dritten vorchristlichen Jahrtausend; die Eroberung Nordindiens durch die Hunnen um 500 und durch den mongolischen Herrscher Babur 1526; die mehrfache Eroberung Nordchinas durch verschiedene Nomadenvölker, die in der Eroberung ganz Chinas durch die Mongolen (1280-1386) und die Mandschuren (Qingdynastie 1644-1911) gipfelte.

Sieht man einmal vom Mogulreich ab, das seine Herrschaft in Indien auf der Grundlage der persischen Kultur mit Persisch als Verwaltungssprache organisierte (Rothermund 2006: 154), dann **erwies sich in allen anderen Fällen die Kultur der *eroberten* Zivilisation als siegreich.** Da die Eroberer selbst weder über die Techniken und Praktiken noch über die Spezialisten verfügten, die zur kontinuierlichen Herrschaftsausübung erforderlich waren, waren sie auf die eroberte Kultur angewiesen. Sie konnten daher nur zwischen weitgehender Assimilierung oder dem Rückzug in das Herkunftsgebiet wählen. Wie weitgehend diese Assimilierung gehen konnte, zeigen die Mandschukaiser des 18. Jahrhunderts in China. Sie gelten bis heute als die konfuzianischen Musterkaiser par excellence (vgl. z.B. Seitz 2006: 67f.).

Kolonialisierung war dagegen typischerweise mit einer ganz anderen Konstellation interkultureller Kontakte verknüpft. Ein nicht nur militärisch, sondern auch zivilisatorisch überlegener Staat verleibt sich das Territorium eines militärisch wie zivilisatorisch unterlegenen Stammes oder Staates ein, um dort wirtschaftliche Interessen ohne Hindernisse verfolgen zu können. Anders als bei den

Kapitel 4: Kulturelle Globalisierung

großen Imperien, die für das gesamte Staatsgebiet eine einheitliche Infrastruktur zu etablieren versuchten, bilden die Kolonien einen Teil des Staatsgebiets von minderem Recht. Staatliche Eingriffe sollten ökonomische Interessen bedienen und nicht Rechte der eingeborenen Bevölkerung stützen. Wo dieses Verfahren, wie im Falle Indiens, nicht durch ein zivilisatorisches Gefälle legitimiert werden konnte, musste es gewaltsam hergestellt werden (z.b. Zerschlagung der indischen Textilherstellung). Wo die Bevölkerung überwiegend aus dem Mutterland stammte, wie in Australien (zunächst Sträflingskolonie) oder Nordamerika, blieb der Kolonialstatus problematisch (symptomatisch hierfür war die Boston Tea Party als Auslöser des amerikanischen Unabhängigkeitskriegs). In allen anderen Fällen bleibt der interkulturelle Kontakt auf Seiten der Kolonialmacht strategisch und punktuell, Fragen der Assimilierung stellen sich von dieser Seite nur ganz punktuell (vgl. v. Throtha 1994: 79ff.). Häufig wird auch die kulturelle Eigenständigkeit der Eingeborenen betont. Den Kolonialisierten dagegen bietet die individuelle Übernahme der Kultur der Kolonialherren eine wichtige Aufstiegschance – es findet ein individueller Seitenwechsel statt (vgl. Rothermund 2006: 155).

→ Die Unterwerfung und die Kolonialisierung anderer Kulturen ist ein weiteres Feld grenzüberschreitender Kulturkontakte. Dabei ist es keineswegs ausgemacht, dass sich die Kultur der militärischen Sieger durchsetzt. Die Folgen für die miteinander in Kontakt stehenden Kulturen sind durchaus variabel. Es kann entweder zur Vermischung der Kulturformen, zur Stärkung einer der Kulturen und/oder zu ihrer Auslöschung kommen.

4.4.6 Folgen von „Entdeckungen"

Auf ein wiederum anderes Muster interkultureller Kontakte trifft man bei den großen „Entdeckungen". Diese setzen einen Vorgang fort, auf den bereits beim Thema Fremd- oder Lehnworte hingewiesen wurde: Neues wird integriert, jedoch nicht auf einer rein symbolsprachlichen Ebene, sondern auf der Ebene des fixierten kulturellen Selbst- und Weltverständnisses einer Gesellschaft.

Entdeckungen ergänzen, erweitern und revolutionieren mitunter das Weltverständnis einer Kultur. In jedem Fall aber wird ein neues Wissenselement in eine bereits bestehende kognitive Landkarte *eingefügt*. Was im Einzelnen eingefügt wird, ergibt sich daher keineswegs nur aus der Entdeckung selbst, sondern aus der Konfrontation des Neuen mit dem vorgängigen Wissen. So war Kolumbus, als er am 12. Oktober 1492 erstmalig amerikanischen Boden betrat, der festen Überzeugung eine Indien vorgelagerte Insel entdeckt zu haben. Da er einen neuen Seeweg nach Asien suchte, bestärkte ihn die Entdeckung in seinem Entschluss „zum Festland vorzudringen und die (chinesische) Stadt Quisai zu erreichen" (Gründer 2006: 133). Erst Jahre später sprach dann Amerigo Vespucci von einer Neuen Welt, die entdeckt worden war.

Für Entdeckungen ist auch charakteristisch, dass sie *mehrfach* erfolgen und immer wieder in *andere Kontexte* eingefügt werden. So wurde Amerika (Labrador und Neufundland) um 986 von Wikingern entdeckt und von Leif Eriksson um 1000 zu besiedeln versucht (Ehrhardt 2006: 15). Für die Wikinger handelte es sich um die Entdeckung neuer landwirtschaftlich nutzbarer Weidegründe, die in der Kontinuität vorangegangener Entdeckungen stand: nach den Färoer-Inseln, Island, Grönland wurde nun eben „Vinland" entdeckt. Die beiden letzten Namen wurden aus propagandistischen Gründen gewählt (Grönland = Grünland; Vinland = Weinland), um potentielle Siedler anzulocken.

Auch grundlegende naturwissenschaftliche Entdeckungen wie die Kugelform der Erde wurden mehrfach in unterschiedlichen kulturellen Kontexten gemacht – in diesem Fall sowohl von den Babyloniern wie auch von den Griechen sowie schließlich im mittelalterlichen Europa.

Erst im Kontext globalisierter Funktionssysteme können Entdeckungen universelle Bedeutung gewinnen.

Resümiert lässt sich also sagen: Gesellschaften müssen zwar ihr Weltverständnis gegen alternative Möglichkeiten, und dass heißt auch gegen das Weltverständnis anderer Kulturen abschließen, anders könnte verbindliche Realität gar nicht entstehen. Das schließt aber keineswegs aus, dass Elemente aus anderen Kulturen aus unterschiedlichsten Anlässen und auch keineswegs immer freiwillig integriert und dann gegen „andere" Kulturen erbittert verteidigt werden, wie insbesondere religiöse Auseinandersetzungen hinreichend demonstrieren. *Es spricht einiges für die These, dass die Fähigkeit, wichtige Gedanken wie nützliche Artefakte aus anderen Kulturen zu integrieren, ein Garant für die Kreativität und die Überlebensfähigkeit einer Gesellschaft ist.* Zugleich scheinen solche Gesellschaften wiederum in besonderem Maße als Anregungsgeber eine Rolle zu spielen – instruktive Beispiele sind das Judentum, Griechenland und die chinesische Zivilisation. Während auf dem Feld des religiösen Denkens eher zwanglose Anleihen bei anderen Kulturen gemacht werden, steigt der Zwang zur – schnellen – Übernahme neuer Methoden und effektiver Techniken auf dem Feld militärischer

Kapitel 4: Kulturelle Globalisierung

Auseinandersetzungen. Zugleich ist damit, wie die Themen Unterwerfung und Kolonialisierung gezeigt haben, auch das Ausscheiden von Varianten aus dem Pool kultureller und zivilisatorischer Ideen verknüpft. Das Tempo des interkulturellen Austauschs wie auch dessen Selektivität steigen an. Insofern kann man in der durchgängigen Militarisierung der Gesellschaften, die etwa im vierten Jahrtausend vor unserer Zeitrechnung im damals fortschrittlichsten Zivilisationsraum, im Dreieck zwischen Ägypten, dem Zweistromland und Kleinasien einsetzt, eine erste Phase der Beschleunigung des interkulturellen Austauschs sehen. *An diesem Punkt setzt die eigentliche Geschichte kultureller Globalisierung ein.*

> ➔ Entdeckungen ergänzen, erweitern und revolutionieren mitunter das Weltverständnis *einer* Kultur. Sie sind zugleich aber eine wichtige Form des „Kulturimperialismus".

4.4.7 Radikale Abschließung

Es bleibt nur noch die Frage zu klären, ob sich Gesellschaften gegen den interkulturellen Austausch, gegen den Einbau „fremder" Begriffe, Semantiken und Ideen in die eigene abgeschlossene kulturelle Welt abkapseln können. Zuverlässig gelingt das nur autochthonen Gesellschaften und Kulturen. Zwar wird auch innerhalb der entdeckten Staatenwelt immer wieder eine radikale Abschottung gegen fremde Einflüsse gesucht. Diese Strategie ist aber zumindest auf Dauer erfolglos und sie ist im heutigen Medienzeitalter (vgl. 4.4.9) immer schwieriger durchzuhalten.

Die klassischen Beispiele zeigen, dass in der Regel politische Gründe, Machtabsicherung und ein Interesse an der Eindämmung unkontrollierter Einflüsse solche expliziten Abschließungsstrategien motivieren. So hat sich beispielsweise Japan unter dem Tokugawa-Shogunat für ca. 250 Jahre (1603-1854) gegen „westliche Einflüsse" auf Kultur (christliche Missionare) und Gesellschaft (Einfluss des Außenhandels auf die Sozialstruktur, insbesondere auf das Machtpotential der Daimyos) weitgehend abgeschottet. Die Abschottungsstrategie konnte nicht zuletzt aufgrund der Insellage Japans so lange durchgehalten werden. Sie war allerdings keineswegs absolut. Neben dem Kontakt mit China war auch eine Niederlassung niederländischer Kaufleute ausgenommen. Die Abschottung war nur Teil eines ganzen Pakets von Maßnahmen, mit denen die neu ans Ruder gekommene Tokugawa-Dynastie eine Phase permanenter Kriege um das Shogunat definitiv beenden wollte und die japanische Feudalgesellschaft restrukturierte. Obwohl die Tokugawa-Periode keineswegs eine Phase des Stillstands war (vgl. z.B. Müller 2006), konnte sich Japan danach nur durch eine forcierte Öffnung und Übernahme westlicher Institutionen und Technologien vor einer Kolonialisierung retten. Ganz ähnlich sind Motivlage und Folgen der jüngsten Beispiele – Nordkorea und Myanmar (Burma) – gesellschaftlicher Abschottung einzuschätzen.

→ Nur in autochthonen Kulturen existiert eine radikale Abschließung. Als Strategie, interkulturelle Kontakte zu unterbinden, erweist sich radikale Abschließung zumindest auf längere Sicht als undurchführbar.

Anregung: Warum ist der DDR die kulturelle Abschließung gegenüber dem „Westen" nicht gelungen?

4.4.8 Verständigung auf gemeinsame Standards

Neben dem wechselseitigen interkulturellen Austausch von Ideen, Interpretationen und Artefakten und den davon ausgehenden Innovationen ist noch ein weiteres Ergebnis des interkulturellen Austauschs festzuhalten: die Herausbildung interkultureller Standards. Was damit gemeint ist, wird wiederum an einigen Beispielen erläutert.

Schon eine systematische Kriegsführung zwischen Gesellschaften ist ohne solche Standards nicht denkbar. Auch wenn es hier darum geht, Interessen mit Gewalt durchzusetzen, bedarf es gewisser gemeinsamer Standards. So legt z.B. die Genfer Konvention Krieg führende Parteien auf Standards der Kriegsführung und des Umgangs mit Gefangenen fest. Kriege werden üblicherweise der gegnerischen Partei erklärt und formell (durch Kapitulation, Waffenstillstand, Friedensverhandlungen) beendet. Über Sieg und Niederlage muss vielfach Einverständnis zwischen Angehörigen unterschiedlicher Kulturen erzielt werden, wenn das militärische Ergebnis nicht völlig klar ist. Auch unilaterale Standards sind vom Prinzip her interkulturell, denn sie zielen auf Verhaltensweisen beliebiger militärischer Gegner. So kannte beispielsweise die Kriegsführung Roms feste Regeln, nach denen auf bestimmte Formen des Widerstands zu reagieren war.

Kapitel 4: Kulturelle Globalisierung 153

Die zivilisatorische Rolle solcher Standards wird gerade an „neuen Kriegen" (vgl. Kaldor 1999), an Guerillakriegen wie beim internationalen Terrorismus deutlich. Sie gelten gerade deshalb als besonders gefährlich, weil eine Partei gewohnte Regeln der Kriegsführung bewusst missachtet.

Neben dem *Krieg* hat vor allem die *Welt des Fernhandels* immer wieder *gemeinsame interkulturelle Standards etabliert, die den Austausch erleichtern sollten*. In erster Linie ist hier natürlich an Münzen aus Edelmetall zu denken, die zwar immer von einer Stadt oder einen Staat hergestellt wurden, die sich aber aufgrund der Standardisierung des Gewichtes und der Zusammensetzung zu internationalen Tauschmitteln eigneten. Aber auch andere normierte Produkte wie z.b. mesopotamische Glockentöpfe, die eine Tagesration fassten (vgl. Nissen 1990: 92f.), oder zypriotische Kupferbarren (Zangger 1994) erleichterten den internationalen Austausch. Neuere Beispiele sind die normierte Spurbreite von Eisenbahnschienen, die Normierung des Straßenverkehrs, der Stromstärke oder auch des Bildformats von Fernsehern. In allen diesen Fällen kann man als Grundlage solcher Normierungen eine allgemeine, kulturübergreifende Nachfrage nach bestimmten Produkten oder Leistungen ausmachen.

Welche Bedeutung haben solche interkulturell etablierten Standards für eine Soziologie der Globalisierung? Zunächst ist festzuhalten, dass anders als beim Kulturimport in segmentäre Parallelwelten hier *Interkulturalität explizit und bewusst hergestellt* wird. Weitere Anhaltspunkte für diese Frage nach der soziologischen Bedeutung kann die soziologische Medientheorie liefern, die an vergleichbaren Phänomenen ansetzt. Insbesondere die Entlastungsthese von Habermas (I), Luhmanns Hinweis auf die Erhöhung der Akzeptanz (II) und Giddens' Überlegungen zur quasi institutionellen Qualität technischer Artefakte (III) geben wichtige Hinweise.

I. Habermas, der allerdings nur die Medien Macht und Geld kennt, betont, dass Medien „von Kommunikationsaufwand und Dissensrisiken" (Habermas 1981, Bd. 2: 271) entlasten, aber eben auch nicht kommunikativ „verantwortet werden müssten" (ebd. 275). Sie entstehen in Zusammenhang mit der Herausbildung einer Sphäre erfolgsorientierten Handelns (ebd. 269) jenseits lebensweltlicher Verständigung, müssen jedoch in der Lebenswelt institutionell verankert werden (ebd. 249ff.). *Das Argument „kommunikativer Entlastung" gewinnt in interkulturellen Kontexten, wo Kommunikation an die Beherrschung mehrerer Sprachen bzw. den aufwändigen Vorgang der Übersetzung gebunden ist, noch an Schubkraft. Kommunikative Entlastung gewähren nicht nur Medien, sondern auch interkulturell etablierte Regeln und Standards sowie standardisierte Handelsgüter.*

II. Zweitens sind Luhmanns Überlegungen zu symbolisch generalisierten Kommunikationsmedien wichtig. In modernen Gesellschaften wirken sie dem Ablehnungsrisiko entgegen, entwickeln also eine mit Institutionen vergleichbare integrative Leistung. „Wichtige Beispiele sind Wahrheit, Liebe, Eigentum/Geld, Macht/Recht; in Ansätzen auch religiöser Glaube, Kunst und heute vielleicht standardisierte Grundwerte (...) In allen diesen Fällen (geht es) darum, die Selektion der Kommunikation so zu konditionieren, dass sie zugleich als Motivationsmittel" (Luhmann 1984: 222) wirkt. Sobald Standards etwa der Kriegsführung oder des Austauschs einmal international etabliert sind, *erhöhen sie die Annahmewahrscheinlichkeit* sprach- und kulturübergreifender Kommunikationen, die darauf zurückgreifen. Dies allerdings eher deswegen, weil sie erprobte und gangbare Wege bereitstellen, um Interessen wahrzunehmen.

III. Hinzu kommt noch ein dritter Aspekt, der bei Giddens' Theorie der Strukturierung eine Rolle spielt (vgl. Giddens 1988: 228ff.). Er zeigt, dass an die Stelle von kultureller Normierung auch die materielle Kultur treten kann, indem sie es ermöglicht, Interessen nur auf bestimmte Art und Weise zu realisieren. Während Normierungen im Zweifelsfall argumentativ gerechtfertigt werden können bzw. müssen, trifft das für die materielle Kultur nicht zu. Sie legt bestimmte Wege der Interessenrealisierung objektiv fest, etwa in Form des Streckennetzes der Bahn oder durch Schulgebäude, in denen nur Frontalunterricht möglich ist (ebd. 201). Ermöglichung, zum Teil auch Erleichterung der Zielerreichung ist hier immer gepaart mit der faktischen Ausschaltung von Alternativen. Wenn man diesem Gedanken folgt, dann *erweisen sich insbesondere international anerkannte Produktnormierungen, aber auch gemeinsame Regeln als eine Art Vorgriff auf eine globalisierte Zivilisation.*

In diesen Kontext gehören auch aktuelle Versuche, bestimmte *Standards an Menschenrechten* internatonal zu etablieren und bestimmte Formen des zwischenmenschlichen Umgangs wie *Sklaverei oder Todesstrafe international zu ächten*. Ebenso könnten auch Standards des *internationalen Handels* („fair trade"), des *Zugangs zu elementaren Ressourcen* (vom Trinkwasser bis zum Internetzugang), des *Energieverbrauchs*, eine gewisse Verkehrsinfrastruktur etc. transnational normiert werden.

Kapitel 4: Kulturelle Globalisierung 155

→ Interkulturelle Standards, wie zum Beispiel Edelmetall-Münzen, bilden eine Art Vorgriff auf eine gemeinsame Gestaltung der Welt über kulturelle Abschlussgrenzen hinweg. Zudem erleichtern sie die Praxis des interkulturellen Austauschs im Sinne „kommunikativer Entlastung".

Anregung: Wenn Sie in einem fernen Land, dessen Sprache Sie nicht sprechen und dessen Kultur Sie nicht kennen, Urlaub machen, auf welche interkulturellen Standards können Sie dort üblicherweise vertrauen?

4.4.9 Interkulturelle Kommunikation über Verbreitungsmedien

Den bisherigen Überlegungen zu den typischen Formen und Effekten grenzüberschreitender Kommunikation lag implizit eine basale Form der Kommunikation, face-to-face-Kommunikation, zugrunde. Es wurde nämlich stillschweigend unterstellt, dass der Umgang mit fremden Kulturen in direkter Kommunikation von Angesicht zu Angesicht erfolgt. Das erlaubt es jetzt gesondert auf die Rolle von Verbreitungsmedien (Luhmann) für den Prozess kultureller Globalisierung einzugehen.

Wie bereits die Bezeichnung ausdrückt, erlauben es Verbreitungsmedien Kommunikationen in räumlicher Hinsicht über an einem Ort Anwesende und über die Grenze der Rufweite hinaus auszudehnen. Hierin kann man auch den Anlass sehen, der zur Entwicklung des ersten Verbreitungsmediums, der *Schrift* ,führte (zur Entwicklung der Schrift vgl. Kuckenburg 2004). Mit wachsender Ausdehnung staatlicher Territorien mussten nämlich Informationen zunehmend über räumliche Distanzen transportiert werden können. Anders als das gesprochene Wort, das nur in dem Moment gehört werden kann, wo es ausgesprochen wird, gewinnt das geschriebene Wort zudem auch eine zeitliche Dauer. Es kann solange gelesen werden, solange die schriftliche Fixierung erkennbar und zugänglich ist. Aus diesen beiden Eigenschaften ergibt sich noch eine dritte: Die Beziehung zwischen Sender und Empfänger, zwischen Schreiber und Leser ist räumlich wie zeitlich entkoppelt. Der Schreiber muss auf die Wirkung seiner schriftlichen Aufzeichnung vertrauen. Er kann nicht wie in direkter Kommunikation unter Anwesenden seine Aussagen durch Gestik und Mimik unterstützen. Er kann auch nicht direkt auf Gestik, Mimik, Fragen, Kommentare oder sonstige Reaktionen des Lesers reagieren und beispielsweise seine Aussagen abwandeln. *Anders als ver-*

bale Kommunikation sind schriftliche Aufzeichnungen umfangreicher und in sich vollständig. Ihr Mitteilungscharakter muss in der Regel explizit fixiert werden.

„Erst die Schrift erzwingt eine eindeutige Differenz von Mitteilung und Information, und der Buchdruck verstärkt dann nochmals den Verdacht, der sich aus der Sonderanfertigung der Mitteilung ergibt: dass sie eigenen Motiven folgt und nicht nur Dienerin der Information ist. Erst Schrift und Buchdruck legen es nahe, Kommunikationsprozesse anzuschließen, die nicht auf die Einheit von Mitteilung und Information, sondern gerade auf ihre Differenz reagieren: Prozesse der Wahrheitskontrolle, Prozesse der Artikulation eines Verdachts (…)" (Luhmann 1984: 223). Kurz: Anders als der Hörer mit einer mündlichen Mitteilung setzt sich der Leser kritischer mit einem Text auseinander, weil klar ist, dass er eine spezifische Mitteilungsabsicht gegenüber einem bestimmten Adressatenkreis verfolgt, die die Struktur der Aufzeichnung prägt.

Für das Thema kulturelle Globalisierung ist eine weitere, sich aus diesen Merkmalen ergebende Eigenschaft schriftlicher Aufzeichnungen entscheidend. Zwar richtet sich jeder Text an ein vom Autor *bestimmtes* Publikum, *der Autor ist jedoch in der Regel nicht in der Lage andere potentielle Leser auszuschließen.* Texte können in andere Sprachen übersetzt werden. Ebenso können sie Jahrhunderte überdauern. Schon deswegen können sie auf Seiten der Leser vom Autor nie beabsichtigte Reaktionen hervorrufen oder Erkenntnisse auslösen. Dieses Anregungspotential hatte nicht nur für die zivilisatorische Entwicklung Europas seit der Renaissance entscheidende Bedeutung.

Bei der Schrift liegt die Schwelle des Kultur- wie des Zeittransfers wesentlich niedriger als bei dem Vorgängermedium, den mündlich weiter gegebenen Erzählungen.

Ein kurzer Blick auf neuere Medien, Film, Radio, Fernsehen, Telefon, digitalisierte Informationsverarbeitung (Castells 2003) bis hin zum Internet, zeigt, dass *globale Echtzeitkommunikation* zur Realität geworden ist. So löste eine Rede von Pabst Benedikt XVI. in Regensburg nur wenige Tage danach eine Welle von Protesten in muslimischen Ländern aus, weil darüber in den internationalen Medien berichtet wurde. Dieses Beispiel zeigt aber auch, dass Verbreitungsmedien nicht einfach der Verbreitung von Information dienen, sondern dass sie bereits durch ihre Selektionen und noch mehr durch Interpretation und durch Kommentare *selbst „Meinung machen".*

Darüber hinaus hat sich durch die Möglichkeiten der **Übermittlung von Bildmaterial** und gesprochener Sprache das Spektrum an Mitteilungs- und damit verbunden auch an *Selektions- und Manipulationsmöglichkeiten unendlich erweitert.* Mitteilungsabsichten können mit elektronischen Medien bis in fiktive

Spielwelten hinein nahezu beliebig variiert werden. In dem Maße wie sie sich bildlicher Mittel bedienen, fällt auch die Schwelle sprachlicher Übersetzung, die tatsächliche und sofortige Kommunikation in globalem Umfang noch immer behindert. *Möglicherweise entwickelt sich derzeit von bildlichen Zeichen aus eine reduzierte Globalsprache*, die das Esperanto nie geworden ist. Vorreiter dieser Entwicklung sind beispielsweise rein bildsprachliche Montage- und Bedienungsanleitungen, das international immer stärker standardisierte Zeichenrepertoire an Flughäfen und anderen Knotenpunkten, aber auch relativ sprachunabhängige Symbole wie das Smiley, das Dollar-Zeichen oder das Copyright-Zeichen.

> → Verbreitungsmedien machen interkulturelle Kommunikation wahrscheinlicher und erleichtern somit den Prozess der kulturellen Globalisierung.

4.5   Individuen als bewegliche Kulturträger – Interkulturalität als Begegnung

In diesem Abschnitt wird nun endlich die übliche Fragestellung zum interkulturellen Austausch aufgenommen. Sie entspricht dem gängigen Kulturverständnis, das immer eindeutig akkulturierte Individuen unterstellt, also Menschen zugrunde legt, die eine bestimmte Sprache und Kultur internalisiert haben und nun auf soziale Zusammenhänge treffen, deren Akteure alle eine andere Sprache sprechen und in einer anderen Kultur zu Hause sind.

Die klassische soziologische Konstellation wird durch den **Fremden** repräsentiert, der weder Freund noch Feind ist, der ebenso bleiben wie auch wieder gehen kann. Anders als alle Gesellschaftsmitglieder ist er in keiner Weise festgelegt. Eine Figur mit anderen Akzenten ist der **Migrant**, der Einwanderer, der, der Not gehorchend, sich in eine ihm zunächst fremde Welt integrieren muss, obwohl er nicht in ihr aufgewachsen ist, sondern zunächst eine andere Sprache spricht, vielleicht auch nicht die religiösen Überzeugungen der Mehrheit teilt. Ein dritter analytischer Fixpunkt bildet der **Kosmopolit**, der Weltbürger, der mit vielen Kulturen vertraut ist und in vielen Städten dieser Welt mehr oder weniger zu Hause ist.

4.5.1 Fremde

In den direkten Sozialbeziehungen ist zweifellos *der Fremde* der Protagonist zwischengesellschaftlicher Sozialkontakte[12]. Aus der Perspektive der voll in den gesellschaftlichen Reproduktionskreislauf integrierten Gesellschaftsmitglieder sind Fremde Menschen, die einer unbekannten (oder doch nicht genau bekannten), eben fremden Gesellschaft angehören, dort sozialisiert wurden, dort Positionen einnehmen, mit bestimmten Aufgaben betraut sind etc. Mit anderen Worten: Sie sind einerseits Menschen „genau wie wir", andererseits aber ist ihr Platz in der Gesellschaft, mit deren Mitgliedern sie in Kontakt kommen, in jeder Hinsicht unbestimmt. „Simmel folgend können wir sagen, dass Freundschaft und Feindschaft, und nur sie, Formen der *Vergesellschaftung* sind; ja sie sind die archetypischen Formen aller Vergesellschaftung. Sie bilden den Rahmen, innerhalb dessen Vergesellschaftung möglich ist; sie erschöpfen die *Möglichkeit* des ‚Seins *mit* Anderen'. (...) Ohne die Möglichkeit, die Verpflichtung zur Verantwortung zu brechen, würde sich keine Verantwortung als Pflicht erweisen. Gäbe es keine Feinde, gäbe es auch keine Freunde (...) Gegen diesen behaglichen Antagonismus (...) rebelliert der Fremde (...) Der Fremde bedroht die Vergesellschaftung selbst, die *Möglichkeit* der Vergesellschaftung" (Bauman 1995: 75; Hervorhebung im Original). Fremde sind auf zweifache Weise beunruhigend. Sie sind zunächst nach den Maßstäben der Gesellschaft der „Anderen" unberechenbare und immer auch „unsichere Kantonisten". Alle Erwartungen gegenüber ihnen müssen ausgehandelt werden und können sich nur mit wachsender Aufenthaltsdauer verfestigen. Da für sie nicht dieselben Regeln wie für alle fest eingebundenen Gesellschaftsmitglieder gelten, dementieren sie darüber hinaus die Konstruktion der gesellschaftlichen Verhältnisse. Insofern sind sie prinzipielle Außenseiter.

Genau diese beiden miteinander verschränkten Eigenschaften *prädestinieren Fremde für die Übernahme von solchen Aufgaben und Funktionen in den Aufnahmegesellschaften, die sich dort aufgrund innergesellschaftlicher Entwicklungsmechanismen herausbilden und notwendig werden, die aber durch das herrschende Weltverständnis nicht oder noch nicht gedeckt sind.* Simmel analysiert in der „Philosophie des Geldes" (Simmel 1991: 285ff.) einen in dieser Hinsicht exemplarischen Fall: Mittelalterliche Gesellschaften kannten aufgrund christlicher Wertüberzeugungen das Zinsverbot. Zugleich bestand aber ein erheblicher Bedarf an Krediten (beispielsweise zur Finanzierung von Kriegen). Wer sollte aber solche

---

[12] Deswegen haben sich bereits die soziologischen Klassiker mit diesem Thema beschäftigt (vgl. Simmel 1992: 764-771; 1991: 285ff.; Schütz 1944: 499-507; 1972: 53-69).

Kapitel 4: Kulturelle Globalisierung 159

Kredite zinslos, also auch ohne irgendeine Kompensation für das Rückzahlungsrisiko, geben? In diese Lücke stießen die Juden, die als Fremde kaum eine Chance auf „normale" Arbeit hatten, da diese in der Regel Zunftangehörigen vorbehalten war. Sie durften als Nichtchristen Zins nehmen und konnten, wenn sie als Geldverleiher erfolgreich waren und einen gewissen Wohlstand erreicht hatten, sich in einer Stadt fest niederlassen.

Dieses Beispiel ist auch im Hinblick auf Motive und Ursachen zwischengesellschaftlichen Sozialverhaltens aussagekräftig. Es *ergänzt die Möglichkeiten oder Ressourcen der Aufnahmegesellschaft in irgendeiner Hinsicht* und bietet zugleich dem Fremden individuelle Möglichkeiten. *Der Zusammenhang beider Vorteile wird typischerweise über Geld oder auch Naturaltausch vermittelt.*

Zwischengesellschaftliche Sozialkontakte werden daher vor allem durch *Händler* hergestellt. Sie verlassen ihre Herkunftsgesellschaft, weil Orte außerhalb dieser Gesellschaft bessere wirtschaftliche Chancen bieten. Diese Vermutung trifft schon für den jungsteinzeitlichen Handel mit Bernstein oder Obsidian, später dann auch für den Handel mit Metallen zu. Dinge, die an einem Ort relativ zahlreich vorhanden sind, können vorteilhaft dort getauscht werden, wo sie nicht vorkommen, aber gebraucht werden. Diese alte Wahrheit wurde im 18. Jh. vom Liberalismus in eine konkrete Utopie eines durch Handel und internationalen Austausch erreichbaren allgemeinen Wohlstands übersetzt (vgl. Smith 1980). Güter sollten dort produziert werden, wo dies zu den günstigsten Bedingungen und geringsten Kosten möglich sei. Sie sollten dann durch nationalen wie internationalen Handel gegen die ebenso effizient hergestellten Produkte anderer Spezialisten zu beidseitigem Gewinn getauscht werden.

Die *soziale* Konsequenz globaler wirtschaftlicher Vernetzung sind daher zwischengesellschaftliche Sozialkontakte. Trotz aller Probleme muss der Umgang mit Fremden praktiziert werden, wenn er materielle Vorteile bringt.

Welche Praktiken hier zu gelten haben, kann nicht mehr aus den jeweiligen gesellschaftlich etablierten Mechanismen der Verhaltensbestimmung hergeleitet werden. *Dagegen kann beim Handel aber der gemeinsame „transgesellschaftliche" Sinnhorizont des Geldes und des damit verbundenen Denkens in materiellem Kosten-Nutzen-Kalkül zur punktuellen Überbrückung der jeweils unterschiedlichen Gesellschaftsbezüge genutzt werden.* So können Handelsbeziehungen zwischen Menschen aus unterschiedlichen kulturellen und sozialen Traditionen gelingen, auch wenn in der einen vielleicht das Rind gegessen wird, während es in der anderen heilig ist. Dazu ist oft nicht einmal eine gemeinsame sprachliche Verständigungsgrundlage erforderlich. Bereits Simmel hat auf diese *soziale Qualität des Geldes* hingewiesen. „Das Geld hat den *Zweck*verband zu seinen reinen

Formen entwickelt, jene Organisationsart, die sozusagen das Unpersönliche an den Individuen zu einer Aktion vereinigt und uns die Möglichkeit gelehrt hat, wie sich Personen unter absoluter Reserve alles Persönlichen und Spezifischen vereinigen können" (Simmel 1991: 721; Hervorhebung im Original). Diese Sprache des Geldes ersetzt gewissermaßen das Verständigungsrepertoire einer bis heute immer noch fehlenden gemeinsamen Weltsprache – allerdings nur in bestimmten Handlungskontexten.

→ Der Umgang mit Fremden erweitert typischerweise die materiellen wie die kulturellen und sozialen Ressourcen der Aufnahmegesellschaft.

Anregung: Finden Sie für Deutschland Beispiele dafür, dass Gruppen von fremden Zuwanderern die Ressourcen erweitert haben.

4.5.2 Arbeitsmigranten

Bei anderen Formen zwischengesellschaftlicher Sozialkontakte kann die transnationale Sprache des Geldes nur bedingt hilfreich sein. Beispiele dafür sind *Gastarbeiter* und *Auswanderer*. Sie teilen mit den Händlern das Wanderungsmotiv. Weil der Arbeitsmarkt eines kulturell, sprachlich und sozial fremden Landes erheblich bessere Erwerbschancen bzw. weil der Arbeitsmarkt des Herkunftslandes aus der Sicht des Migranten eben keine akzeptablen Erwerbschancen bietet, suchten in der Vergangenheit und suchen heute viele Menschen in einer fremden Gesellschaft bessere Chancen materieller Existenzsicherung durch Arbeit[13].

Das ist ein erheblicher Unterschied gegenüber dem Händler, der nur bestimmte Waren zu vorteilhaften Konditionen verkaufen möchte. Während der Händler Vorteile aus seiner permanenten Mobilität[14] zieht, *muss der Gastarbeiter in*

---

[13] Genau genommen ist der wirtschaftliche Vorteil nur ein Motiv, das allerdings bei weitem dominiert. Siu nennt mehrere Motivbündel: „(E)ine religiöse Mission, ein Handelsinteresse, ein wirtschaftliches Unternehmen, ein militärischer Feldzug, ein akademischer Grad, ein journalistischer Auftrag, ein politisches Asyl" (Siu 1952, zitiert nach Merz-Benz/Wagner 2002: 113). Nach der Logik des Argumentationsstranges dieses Buches sprengen sowohl die religiösen wie auch die politischen Motive den Begriff des Gastarbeiters. Bei Militär, Journalismus wie Ausbildung fehlt meist das charakteristische Dilemma einer immer weiteren Ausdehnung der Bleibezeit. Sie ist in diesen Fällen überwiegend fremdbestimmt.

[14] Zu den sozialen Möglichkeiten, die sich durch permanentes Wandern ergeben vgl. Simmel (1995: 748ff.).

Kapitel 4: Kulturelle Globalisierung

der Aufnahmegesellschaft bleiben, um die Vorteile bei der Vermarktung seiner Arbeitskraft auf Dauer zu stellen. Eine Rückkehr bedeutet – solange das Gefälle wirtschaftlicher Möglichkeiten zwischen Herkunfts- und Aufnahmegesellschaft fortbesteht – immer einen Verlust an wirtschaftlichen Möglichkeiten, der aber unter Umständen durch andere Vorteile, wie die Reintegration in vertraute Sozialbeziehungen, Praktiken und kulturelle Kontexte, aufgewogen werden könnte. Die ideale Verknüpfung beider Aspekte würde dann gelingen, wenn der Gastarbeiter „als gemachter Mann", wohlhabend und angesehen, einen hohen sozialen Status in seiner Herkunftsgesellschaft erreicht[15].

Anders als beim – mobil bleibenden – Händler wird dieses „bleiben müssen" in der Aufnahmegesellschaft nur sehr partiell durch die transnationale Sprache des Geldes erleichtert. Sie wird für den Typus des Gastarbeiters eher zu einem Integrationshindernis. Das Problem der Gastarbeiter – welches sie, wie sich noch zeigen wird, von den Auswanderern unterscheidet – ist, *dass sie sich nie von ihrer Heimat verabschiedet haben, sondern nur der Logik wirtschaftlicher Vorteile gefolgt sind.* Deren Konsequenz ist aber, dass sie de facto in einer fremden Gesellschaft leben, an der sie sich nicht orientieren. Damit ihr wirtschaftliches Kalkül aufgeht, müssen sie ihre Bleibezeit immer weiter verlängern, obwohl sie doch in der Herkunfts- und nicht in der Aufnahmegesellschaft „jemand sein" wollen. Ein extremes „deferred gratification pattern"[16]!

Dieses Spannungsverhältnis dünnt die face-to-face Sozialkontakte des Gastarbeiters typischerweise aus und konzentriert sie auf den beruflichen Bereich. „(S)eine Aktivitäten sind tendenziell auf seine Interessen beschränkt, nämlich auf seinen Job. Er hat die Neigung sich selbst als Außenseiter vorzustellen, und begnügt sich mit der Rolle eines Zuschauers bei vielen Angelegenheiten der Gemeinschaft. Wenn er an irgendwelchen Aktivitäten teilnimmt, stehen diese entweder unmittelbar in Verbindung mit seinem Job oder mit den Angelegenheiten seines Heimatlandes (...) Die Öffentlichkeit nimmt ihn selten anders als in Verbindung mit seinem Job wahr. Er ist deshalb ein Individuum, das eine Funktion erfüllt, und weniger eine Person mit einem sozialen Status. Er ist nur für die Angehörigen seiner eigenen ethnischen Gruppe oder des sozialen Kreises unmittelbar um seinen Job eine Person" (Siu 1952, zitiert nach Merz-Benz/Wagner 2002: 115).

---

[15] „Der Gastarbeiter muss seinen Job nicht notwendigerweise mögen oder Gefallen daran finden. Es geht ihm eher darum, einen sozialen Status für zu Hause zu erkämpfen" (Siu 1952, zitiert nach Merz-Benz/Wagner 2002: 114).

[16] D.h. Wertmuster, das mit aufgeschobener Belohnung operiert. Augenblickliche hedonistische Wünsche sollen zugunsten einer konsequenten Verfolgung langfristiger Ziele aufgeschoben werden (vgl. z.B. Cohen 1955).

Das erklärt, warum Gastarbeiter ein starkes Interesse haben mit Menschen aus derselben Herkunftsgesellschaft zu verkehren. Dieses Interesse führt zur Herausbildung so genannter örtlicher „Kolonien". „Im Wesentlichen ist die Kolonie ein Instrument dafür, Primärgruppenbeziehungen im Rahmen der Heimatkultur zu knüpfen (...) ein Versuch, eine Heimat fern der Heimat zu schaffen" (ebd. 118), die, so muss man hinzufügen, der alten Heimat ähnelt und die Abgrenzung gegen die Aufnahmegesellschaft perpetuiert.

Diese fast sechzig Jahre alte soziologische Beschreibung amerikanischer Gastarbeiter von Paul Siu ist in ihren Grundzügen noch heute gültig. Obwohl die klassische Arbeitsmigration in die industriellen Zentren der wohlhabenden Industriestaaten weitgehend der Vergangenheit angehört. Vor allem die gering qualifizierte, körperlich schwere und monotone Arbeit kommt in der dritten Globalisierungsphase zu den Menschen in der Peripherie. Gastarbeiter werden in der dritten Globalisierungsphase einmal im oberen Qualifikationssegment angeworben: Wissenschaftler, hoch qualifizierte Dienstleister und kreative Wissensarbeiter. Daneben strömen aber auch Arbeitsmigranten in die Knotenpunkte der global vernetzten Wirtschaft, die, wenn überhaupt, meist im unteren Dienstleistungssegment oder auch in der Schattenwirtschaft Arbeit und Einkommen finden (vgl. Sassen 1996). Anders als die klassischen Gastarbeiter sind sie unwillkommene Gäste, die in ihrer Heimat keine Zukunft für sich sehen und die über die Medien ein Bild vom Reichtum Europas oder der USA gewonnen haben, an dem sie partizipieren möchten. Migrationsströme, wie die von Schwarzafrika in die EU oder aus Lateinamerika in die USA, gehen in erheblichem Maße auf Entbettungseffekte (Giddens) des Medienkonsums in den Herkunftsländern zurück.

Von den Gastarbeitern sind die *Auswanderer* zu unterscheiden. *Sie verlassen ihre Heimat ebenfalls aus wirtschaftlichen Gründen, aber ohne Hoffnung auf Rückkehr.* Damit stellt sich für sie das Problem der Integration in die Gesellschaft des Einwanderungslandes. Erfolgt die Auswanderung in geschlossenen Sozialverbänden als kollektive Auswanderung, was insbesondere bei bäuerlicher Auswanderung häufig der Fall war, dann kann die Herkunftsgesellschaft gewissermaßen mitwandern. Es entstehen so Dörfer oder ganze Siedlungsgebiete, in denen die Sprache, die Sozialstruktur, die Praktiken des Herkunftslandes buchstäblich konserviert werden (z.B. deutsche Siedlungsgebiete im Banat oder an der Wolga). Denn in der räumlichen Isolation sind die Möglichkeiten der Weiterentwicklung extrem begrenzt. Veränderung kann so eigentlich nur eine zunehmende Synthese mit der Gesellschaft des Einwanderungslandes bedeuten.

Individuelle oder familiale Auswanderung stellt dagegen erheblich *höhere Anforderungen an die Integration in das Einwanderungsland,* auch wenn man ebenso

Kapitel 4: Kulturelle Globalisierung

wie die Gastarbeiter versuchen kann, insbesondere in größeren Städten, Sozialkontakte zu Einwanderern aus demselben Herkunftsland aufzubauen. In solchen Fällen wird die Sozialintegration typischerweise zu einem Mehrgenerationenprojekt (vgl. Gans 1962).

Aus der Perspektive der Aufnahmegesellschaft kann der Zuwanderer als „marginal man" (Park 1928), als – so die deutsche Übersetzung – „Randseiter" (Merz-Benz/Wagner 2002: 17) *charakterisiert werden.* Anders als der Gastarbeiter muss er sich mit Kultur und Gesellschaft des Aufnahmelandes auseinandersetzen. In der Assimilierungsphase wird er so zum „kulturellen Hybriden", einem Menschen, „der intensiv am Leben und an den Traditionen der zwei unterschiedlichen Völker teilhat; er war niemals willens, mit seiner Vergangenheit und seinen Traditionen zu brechen (...) und er wurde (...) nicht wirklich akzeptiert von der neuen Gesellschaft, in der er einen Platz zu finden hoffte" (Park 1928, zitiert nach Merz-Benz/Wagner 2002: 68).

Wenn man wie Park von der Orientierung an zwei verbindlichen Gesellschaften ausgeht, dann kann der „marginal man" als Typus einer aufgrund seiner Migration gespaltenen Persönlichkeit angesehen werden. Der „marginal man" trägt die Inkonsistenzen zwischen seiner Herkunfts- und seiner Einwanderergesellschaft in sich und mit sich selbst aus. „Etwas von diesem Bewusstsein des moralischen Gespaltenseins und der Konflikthaftigkeit ist wahrscheinlich charakteristisch für jeden Immigranten während der Periode des Übergangs, wenn alte Gewohnheiten abgelegt werden, sich aber noch keine neuen ausgebildet haben. Es ist unvermeidlich eine Periode des inneren Aufgewühltseins und tiefer Selbsterkenntnis (...) Im Fall des Randseiters wird die Krisenzeit nahezu permanent, mit dem Ergebnis, dass er dazu neigt, ein Persönlichkeitstypus zu werden (...) Der christliche Konvertit in Asien oder Afrika weist viele, wenn nicht alle Charakteristika des Randseiters auf – die gleiche geistige Instabilität, tiefe Selbsterkenntnis, Rastlosigkeit und *malaise"* (ebd. 70; Hervorhebung im Original).

Diese Unterscheidung zwischen Gastarbeitern und Auswanderern ist auf die Vergangenheit bezogen plausibel und auch einigermaßen trennscharf. In den Zeiten der elektronischen Medien wird sie immer unschärfer, da nun günstige Möglichkeiten bestehen, Sozialkontakte zum Herkunftsland über das Internet aufrecht zu erhalten. *Damit wird eine zentrale Prämisse im klassischen Verständnis von Migration in Frage gestellt*[17]: *die Verbindung zwischen räumlicher Situierung und der Orientierung an einer bestimmten Gesellschaft.* Diese Prämis-

---

[17] Ein Beleg mag an dieser Stelle genügen: „Migration ist nicht gleichzusetzen mit bloßer Bewegung. Sie beinhaltet *mindestens* einen Wechsel des Wohnorts *und* einen Bruch mit den Verbindungen zur Heimat" (Park 1928, zitiert nach Merz-Benz/Wagner 2002: 61).

se ist nur solange plausibel, als man davon ausgeht, dass Sozialverhalten überwiegend in face-to-face-Kontakten besteht. Sobald Verbreitungsmedien ins Spiel kommen, können sie die menschliche Wanderungsbewegung in ihren sozialen Konsequenzen ersetzen und überflüssig machen[18]. Umgekehrt gehört es zu den sozialen Eigenschaften von Verbreitungsmedien, dass sie Migration ohne den Begleiteffekt sozialer Trennung ermöglichen. So können heute Migranten via Internet und Webcam am Leben in ihrem Heimatort teilhaben. Sie können auf diesem Weg sogar versuchen, gewissermaßen nach alter Sitte, einen Ehepartner aus dem Heimatdorf zu finden (zur Heiratskettenmigration vgl. Nauck 2001).

Diesen Aspekt konnte Park (1928) bei seiner Charakterisierung noch nicht hinreichend beachten. Die Nichtbeachtung wird vor allem daran deutlich, dass er Konvertiten, die in der Regel keine Migranten sind, als besonders charakteristisches Beispiel für den Persönlichkeitstypus des „marginal man" anführt.

→ Das Problem der Arbeitsmigranten ist, dass sie sich nicht definitiv von ihrer Heimat lossagen und dass der materielle Erfolg ihrer Migration in der Regel mit der Aufenthaltsdauer zunimmt.

Anregung: Inwiefern können gerade Arbeitsmigranten vom Internet profitieren?

4.5.3 Pilger und ihre modernen Nachfolger

Auf die gesellschaftliche Realitäten relativierende Bedeutung der christlichen Religion hat insbesondere Zygmunt Bauman aufmerksam gemacht (vgl. insbes. Bauman 1997). In Anlehnung an Weber (vgl. zur Systematik der Weltablehnungsmotive insbes. Weber 1988: 536ff.) argumentiert er folgendermaßen: In der **Figur des Pilgers** werden die Weltablehnungsmotive des Christentums praktisch. Der Pilger sucht Orte auf, die nicht sein eigentliches Ziel darstellen. Sein eigentliches Ziel liegt außerhalb dieser Welt, in dem ihm von den Kündern der Religion verheißenen jenseitigen Paradies. Die Nähe zur göttlichen, jenseitigen Welt kann

---

[18] Auf diesen Aspekt hat bereits Simmel aufmerksam gemacht. Er benutzt dafür das Beispiel frühmittelalterlicher Eliten, die nur über persönliche Mobilität soziale Prozesse in bestimmten Territorien organisieren konnten. Die Wanderung von Pfalz zu Pfalz wird bald durch Verbreitungsmedien überflüssig (vgl. Simmel 1992: 757f.).

Kapitel 4: Kulturelle Globalisierung

im Diesseits aber am ehesten an Orten erfahren werden, wo die Zwänge des gesellschaftlichen Alltags zurücktreten. „Die Wüste ist Archetyp und Treibhaus der rohen, bloßen, ursprünglichen und uranfänglichen Freiheit, die nichts als das Fehlen von Grenzen darstellt. Was die mittelalterlichen Eremiten in der Wüste Gottes Nähe spüren ließ, war das Gefühl, selbst gottähnlich zu sein: losgelöst von Gewohnheit und Konvention, von Bedürfnissen des eigenen Körpers und anderer Leute Seelen, von früheren Taten und gegenwärtigen Handlungen. Aus heutiger Sicht würde man sagen, die Eremiten waren die ersten, die die Erfahrung eines ‚entbetteten' und ‚entlasteten' Selbst durchlebten. (...) Die Protestanten vollbrachten, wie uns Weber erklärte, eine Leistung, die für die einsamen Eremiten einst undenkbar gewesen wäre: Sie wurden zu *innerweltlichen* Pilgern. (...) ‚Anonymität', ‚Kälte' und ‚Leere' sind zentrale Wörter im protestantischen Umwelt-Vokabular, in ihnen bekundet sich der Wunsch, das Außen als nichtig und wertlos anzusehen" (Bauman 1997, zitiert nach Merz-Benz/Wagner 2002: 165f.; Hervorhebung im Original).

Bauman entdeckt in den **Spaziergängern, Vagabunden und Touristen** moderne Nachfolger jener Pilger. Er erklärt die (post-)moderne Gesellschaft zu „einem Land ohne Bestimmung" (ebd.). Diese veralltäglichte, ihrer religiösen Gehalte beraubte Gesellschaftsdistanz[19] zwinge uns dazu, irgendwohin zu wandern, um durch diese *Aktivität* für uns Sinn und Identität auf Zeit zu gewinnen.

Diese Argumentation ist alles andere als unproblematisch. Die Suche nach dem verheißenen Jenseits führte im Mittelalter keineswegs nur in das Eremitendasein. Den Mainstream bildeten jene Massen von Gläubigen, die in die Kathedralen (vgl. Gimpel 1996) strömten, um in der Pracht dieser Bauwerke einen Vorgriff auf das Paradies zu erfahren (ähnliches gilt für den Islam). Die klassischen Pilgerrouten führten typischerweise zu Kathedralen, in denen Reliquien gezeigt wurden, die ebenfalls die religiöse Botschaft veranschaulichten und erfahrbar machten (vgl. z.B. Santiago de Compostela, den Zielort des Jakobswegs). Aus diesem *Bedürfnis nach gemeinsamer religiöser Erfahrung* speisten sich die Antriebe

---

[19] Hier bemüht Bauman offensichtlich eine Analogie zu Webers Charakterisierung der Moderne als einer umfassend durchrationalisierten Welt. Diese umfassende Durchrationalisierungstendenz wird durch das Verblassen der Religion und eine Veralltäglichung der als religiöse Dogmatisierung eingeübten Praxis gedanklicher Systematisierung in Form einer „Differenzierung" und Durchrationalisierung der „Wertsphären" möglich (vgl. zusammenfassend Habermas 1981, Bd. 1: 335ff.). Schon Weber hat als Konsequenz einer über Funktionsdifferenzierung sich entfaltenden umfassenden Rationalisierung der Welt *das Problem des Sinn- und Freiheitsverlustes* ausgemacht, das zu einem der Ankerpunkte gegenwärtiger Gesellschaftskritik geworden ist (vgl. ebd.). Bauman fährt allerdings ein eher grobes Geschütz auf, wenn er damit in der Gegenwart unverbindliche, aber auch periphere Formen von Mobilität wie den Tourismus identifiziert.

für ungeheure gesellschaftliche Bauanstrengungen im Zeitalter des Kathedralenbaus (1050-1350), die auch vom Volumen her den ägyptischen Pyramidenbau in den Schatten stellten (vgl. Gimpel 1996: 5). Gimpel zeigt auch, dass im Hinblick auf technisches Wissen und gesellschaftliche Arbeitsteilung hier bereits Vorgriffe auf die moderne Industriegesellschaft erfolgten. Wahrscheinlich könnte man auch für die Blütezeit des Islam zeigen, *wie der Hunger nach gemeinsamer religiöser Erfahrung zu gewaltigen gesellschaftlichen Anstrengungen antrieb.*

Wenn Bauman die Gegenwartsgesellschaft zu einem „Land ohne Bestimmung" erklärt, dann bedarf diese Lesart zumindest der Ausdeutung. Gemeint ist vermutlich Land ohne *feste, definitive* Bestimmung. Das Problem unserer Gegenwart ist doch nicht das Fehlen von Bestimmungsmöglichkeiten, dann müsste ja jede Sinn- und Identitätssuche vergeblich bleiben, sondern die Vielfalt von Bestimmungsmöglichkeiten. Es fehlt also jene für archaische Gesellschaften so typische Verbindlichkeit des reentry des einzelnen Gesellschaftsmitglieds in die gemeinsame Symbolwelt, die eine eindeutige Verhaltensbestimmung für alle Gesellschaftsmitglieder zur Folge hatte.

Neben der Migration ist auch die *Kultivierung einer inneren Distanz gegenüber der eigenen Gesellschaft* eine wesentliche Entwicklung, die genau dies bewirkt. Deswegen ist Baumans Hinweis auf den Pilger und die Weltablehnungsprogrammatik des Christentums wesentlich für das Verständnis der soziologischen Grundlagen der Moderne. Das Christentum, aber auch andere Weltreligionen wie Islam und Judentum verbinden mit ihrer religiösen Botschaft eine *Ablehnung bzw. Abwertung der Lebenswelt als bloßes Diesseits,* das gegenüber dem verheißenen Leben im Jenseits in mehrfacher Weise als inferior anzusehen sei. Der Buddhismus macht einen noch prinzipielleren Unterschied zwischen dem Kreislauf von Wiedergeburt und Tod und dem Nirvana auf, der ebenfalls auf eine Distanzierung gegenüber der diesseitigen Welt abzielt.

Die Distanzierung und Abwertung der diesseitigen Welt erleichtert nicht nur den sozialen Wandel. Sie relativiert die auf wechselseitige Bestätigung von Weltverständnis, Sozialstruktur und gesellschaftlich fixierten Praktiken hinauslaufenden Resultate jedes gesellschaftlichen Reproduktionsprozesses. Alle auf Basis dieser Distanzierung erreichten gesellschaftlichen Veränderungsprozesse *schaffen keine verbindliche* **gesellschaftliche** *Realität mehr.* Sie bestimmen das Verhalten der Gesellschaftsmitglieder nicht mehr definitiv, sondern nur noch vorübergehend und sie erreichen keine wechselseitige Bestätigung mehr – weder der Identitäten durch Praktiken und Weltverständnis, noch des Weltverständnisses durch Praktiken und Sozialstruktur und auch nicht der Praktiken durch Weltverständnis und Sozialstruktur.

Kapitel 4: Kulturelle Globalisierung

Die Weltreligionen errichteten auf diese Weise *religiös fundierte Parallelgesellschaften*, die in einer Art Symbiose zur diesseitigen Welt existierten. Mit dem Verblassen der religiösen Bindungen entsteht auf dieser Grundlage aber, wie bereits Weber analysiert hat, ein Polytheismus der gegeneinander verselbständigten Wertsphären. Die Wertsphären, in heutiger soziologischer Terminologie die gegeneinander verselbständigten Funktionssysteme, tendieren zu in sich systematisierten semantischen Möglichkeitsräumen, die nicht mehr menschliches Denken und Verhalten in toto festlegen, sondern nur noch „einschlägige", zurechenbare Verhaltensweisen. Wie Bauman im Hinblick auf die menschliche Sinn- und Identitätssuche diagnostiziert und beklagt, entstehen auf diese Weise Möglichkeitsräume, die nur noch durch *Aktivitäten* das eigene Verhalten und das eigene Selbst auf Zeit bzw. nur noch teilweise festlegen können[20]. Das gilt aber keineswegs nur für Freizeit und Tourismus, sondern auch für andere Felder wie z.B. Beruf und Arbeit, aktuelle Trends in Kunst und Kultur oder Praktiken der Rechtssprechung.

Für diese Darstellung kultureller und sozialer Aspekte der Globalisierung kann man diese auf Weber zurückgehende modernisierungstheoretische Argumentation für eine zweite Erklärungsebene nutzen, die den Aspekt der Migration ergänzt. Sie macht darauf aufmerksam, **dass über die Weltreligionen eine** *Distanzierung* **von den klassischen geschlossenen Gesellschaften und eine** *Relativierung* **der darauf zurückgehenden verbindlichen Verhaltensbestimmung eingesetzt hat**. Damit bereiten die Weltreligionen den Boden für funktional differenzierte Funktionssysteme. Sie treffen, wie bereits erwähnt wurde, nur noch auf einschlägige Verhaltensweisen, aber nicht mehr auf den „ganzen Menschen" zu.

Man kann diesen zweiten Aspekt auch so formulieren: *Der heutige Mensch muss sich keineswegs aus seiner Herkunftsgesellschaft heraus in andere gesellschaftliche Kontexte begeben, um eine distanzierte Haltung gegenüber den Verhaltensanforderungen seiner Herkunftsgesellschaft zu entwickeln.* Das kann genauso gut in dieser Herkunftsgesellschaft kulturell, insbesondere über die Anbindung an tendenziell global vernetzte Funktionssysteme bewirkt werden. Hierauf wird im fünften Kapitel näher eingegangen werden.

---

[20] In der soziologischen Diagnose, keineswegs in den Folgerungen, kommt Bauman hier Arnold Gehlen und anderen konservativen Sozialtheoretikern (vgl. Brock 2008) erstaunlich nahe.

> Es gibt Formen der Mobilität, die – zu Recht oder zu Unrecht – für eine Distanzierung von der eigenen Gesellschaft stehen. Viel systematischer wird eine solche Distanz jedoch durch Weltreligionen und heute vor allem durch globalisierte Funktionssysteme erzeugt.
>
> *Anregung: Finden Sie Beispiele für diese Aussage.*

4.5.4 Kosmopoliten

Die Frage, ob man nur durch räumliche Mobilität zwischen zwei oder mehrere jeweils in sich geschlossene Kulturen gerät, stellt sich auch für eine Umgangsform mit „fremden" Kulturen, die als Kosmopolitismus, als Weltbürgertum bezeichnet werden kann. In dieser Hinsicht verdient insbesondere eine Arbeit von Ulf Hannerz über Kosmopoliten Aufmerksamkeit.

Hannerz ist der Auffassung, dass wir uns heute in einer Weltkultur befänden. Darunter versteht er keine global vereinheitlichte Weltkultur, sondern „die zunehmende Verflechtung verschiedener lokaler Kulturen" und „die Entwicklung von Kulturen, die nicht eindeutig in einem bestimmten lokalen Raum verankert sind" (Hannerz 2002: 139).

„Zu dieser global vernetzten Vielfalt können Menschen in unterschiedlicher Weise in Beziehung treten. So gibt es einerseits Kosmopoliten, andererseits Sesshafte" (ebd.). Diese auf räumlich Mobilität abhebende Unterscheidung knüpft an eine Arbeit von Robert K. Merton aus den späten 1940er Jahren an[21]. Der Grundgedanke ist folgender: Man kann sich auf eine nicht mehr lokal fassbare Weltkultur im obigen Sinne aus einer lokalen wie aus einer nicht-lokalen Perspektive beziehen. Der **Typus des Sesshaften** wird vom Autor folglich als *„kaum mobil"* definiert: „Diese Annahme genügt uns vollkommen, wenn wir die Sesshaften idealtypisch beschreiben wollen" (ebd. 142). Ob das tatsächlich genügt, ist fraglich. Man muss schon zusätzliche Annahmen treffen, wenn man entscheiden möchte, in welchen Fällen Touristen zu den Sesshaften zählen und in welchen Fällen nicht. *Der Idealtyp des Kosmopoliten kann* dagegen von Hannerz *nicht hinreichend über Mobilität identifiziert werden.* Im Kern sei Kosmopolitismus vielmehr eine „Methode, mit Bedeutung umzugehen" (ebd. 140). Sie kann dann entwickelt werden, wenn „intellektuelle und ästhetische Offenheit" wie auch hin-

---

[21] Vgl. R. K. Merton 1948 bzw. 1949. Siehe auch die deutsche Übersetzung: 1995: S. 367ff.

Kapitel 4: Kulturelle Globalisierung

reichende „Kompetenz" (ebd. 143) im Umgang mit anderen Kulturen besteht und das „Selbst" in einem interkulturellen Raum entwickelt wird. Weiterhin charakterisiert den Kosmopoliten eine gewisse Distanz gegenüber definitiver Bindung an eine Kultur: „Er mag zwar ganz in ihr aufgehen, bedingungslos verpflichtet wird er ihr nie sein. Er wird immer wissen, wo er den Ausgang findet" (ebd. 144). Daneben dürfen aber auch die in der sozio-kulturellen Situierung liegenden unterschiedlichen Gelegenheitsstrukturen nicht vergessen werden. Wer in der westlichen Kultur und den daran angeschlossenen Expertensystemen zu Hause ist, kann hochmobil sein ohne kulturelle Differenzerfahrungen zu machen. Wer dagegen in einem kleinen Drittweltland aufwächst, wird dagegen sehr viel eher, direkter und häufiger Gelegenheit haben, solche Erfahrungen zu machen.

Hannerz' Überlegungen bewegen sich in den Fußstapfen von Mannheims „frei schwebenden Intellektuellen". Sie teilen mit diesem Typus das Bemühen, Hegels „Weltgeist" soziologisch dingfest zu machen. Das speist letztlich die Anstrengungen um eine einigermaßen klare begriffliche Fixierung. Denn: „Gäbe es auf dieser Welt nur Sesshafte, wäre diese Weltkultur nicht mehr als die Summe ihrer einzelnen Elemente" (ebd. 160).

Man kann aber in diesen Überlegungen auch ein instruktives Beispiel für die Grenzen einer „subjektorientierten" Betrachtungsweise kultureller Globalisierung sehen. Für die Frage interkultureller Grenzüberschreitung ist es unwesentlich, ob sie sich in irgendeinem „Selbst" spiegelt oder ob „interkulturelle Kompetenz" entwickelt wird. Solche Aspekte sind wichtig, um in Zukunft zu einem verständnisvollen Umgang zwischen Menschen mit unterschiedlichem kulturellen Hintergrund auf einer internationalen Bühne zu gelangen. Sie haben aber einen eher geringen Einfluss auf die wechselseitige Durchdringung von Kulturen.

Wenn man Fragen interkultureller Kompetenz klären möchte, dann müsste man in Betracht ziehen, dass Menschen heute meist aus beruflichen Gründen (vgl. Kap. 2.3) in interkulturelle Felder verstrickt sind, ohne dass sie deswegen unbedingt Eingang in fremde Kulturen gefunden haben müssen. Daher wäre ein anderes Kontrastbild als „der Sesshafte" möglicherweise instruktiver gewesen.

Am Rande ist noch anzumerken, dass Hannerz' Kosmopolit eine eher altertümliche Figur ist und insofern einen eigentümlichen Kontrast zu dem Verständnis einer gegenwärtigen Weltkultur abgibt. Immanuel Kant wäre ein modernerer Kosmopolit gewesen. Er hat bekanntlich Königsberg nie verlassen, war also absolut sesshaft, aber dennoch hat er eine Philosophie aus weltbürgerlicher Perspektive vorgelegt, weil er sich über das Medium des gedruckten Buches mit dem zeitgenössischen wie dem überlieferten philosophischen Denken auseinander gesetzt hat.

> Weltbürgertum (Kosmopolitismus), die Kenntnis und der „gekonnte" Umgang mit unterschiedlichen Kulturen, ist ein wichtiges Element interkultureller Verständigung.
>
> *Anregung: Warum kann der Idealtyp des Kosmopoliten nicht hinreichend über Mobilität definiert werden?*

4.6 Fazit des vierten Kapitels

Kulturen müssen sich sowohl über ihr symbolsprachliches wie auch über ihr gesellschaftliches Fundament gegeneinander abschließen. Nur so kann gesellschaftliches Leben organisiert werden und im Alltag funktionieren. Nicht aus einer Teilnehmer-, wohl aber aus einer externen Beobachterperspektive kann man den gleichartigen Aufbau von Symbolsprachen, Kulturen und Gesellschaften bemerken und so jede einzelne Kultur als Segment der Weltkultur auffassen. Diese Sichtweise wurde bereits in der frühen Aufklärung entwickelt.

Aus der Teilnehmerperspektive erscheint dagegen die Geschlossenheit jeder Kultur als unüberwindbar und der Fremde, wie in dem längeren Bauman- Zitat in Abschnitt 4.5.1 geradezu dramatisch formuliert wurde, als eine Bedrohung der Grundlage jeglicher Vergesellschaftung.

Damit kontrastieren die im vierten Abschnitt dieses vierten Kapitels angeführten Formen grenzüberschreitenden Denkens und grenzüberschreitenden Sozialverhaltens. Sie erwiesen sich zudem keineswegs als ein typisches Produkt einer fortgeschrittenen Moderne (Zweite Moderne oder Postmoderne), sondern lassen sich durchweg über Jahrtausende zurückverfolgen. Dieses Merkmal einer „longue durée" (vgl. Burke 1991) deutet darauf hin, dass schon sehr früh systematische Wege für die Überschreitung kultureller und gesellschaftlicher Abschlussgrenzen etabliert wurden. Anders als eine vom Individuum als Grenzüberschreiter ausgehende Betrachtungsweise verweisen die Beispiele des vierten Abschnitts darauf, dass es durchaus feste Formen kultureller und sozialer Grenzüberschreitung gab, die in irgendeiner Form auch zu Kultur und Gesellschaft gehörten.

Wie lässt sich dieser Widerspruch auflösen? In dem Moment, wo Kulturen und Gesellschaften in räumlicher, vor allem aber in sozialer Hinsicht an andere Kulturen und Gesellschaften angrenzen, werden diese Grenzen bei Gelegenheit

Kapitel 4: Kulturelle Globalisierung 171

überschritten. Anders als Bauman uns glauben machen will, gibt es Freunde und Feinde nicht nur innerhalb einer Gesellschaft, sondern jede Gesellschaft findet sie auch in anderen Gesellschaften. Sie können aber jeweils nur im Verständnis der eigenen Kultur als solche beschrieben werden. Auf diese Weise entstehen *punktuelle Überlappungszonen*: ein kulturspezifisches Verständnis von Freundschaft bzw. Feindschaft trifft auf ein anderes. Um in solchen Überlappungszonen zu Recht zu kommen, waren von jeher distanzierende und vermittelnde Qualifikationen gefragt wie Diplomatie, Fingerspitzengefühl, die Fähigkeit, etwas aus einen kulturellen Kontext in einen anderen zu übersetzen (vgl. auch Shimada 1994: 226ff.).

Interessanterweise hat sich auf diesem Feld immer wieder herausgestellt, dass Verständigung und inhaltlicher Austausch nicht durch Macht und Herrschaft ersetzt werden können. So hat die chinesische Kultur viele Eroberungen nicht bloß überstanden, sondern sie zu ihrer Ausbreitung genutzt. In der durch militärische Machtansprüche herbeigeführten Überlappungszone zu den Kulturen diverser Eroberervölker hat sich erwiesen, dass die chinesische Kultur die überzeugenderen Antworten auf viele Probleme gefunden hat. Gerade an diesem Fall kann demonstriert werden, dass sowohl militärische Eroberungen wie das Unterwerfen gleichermaßen zur Ausbreitung einer Zivilisation geführt haben.

Für das Globalisierungsthema noch wichtiger ist die Frage, ob in solchen Überlappungszonen nicht auch „Neues" entstehen kann, also eine gemeinsame, gesellschaftliche und kulturelle Abschlussgrenzen beseitigende Zivilisation durch interkulturellen Austausch. Auf dem Feld der Religion haben wir hier vielfältige Beispiele dafür gefunden, dass nicht nur einzelne Geschichten, sondern auch religiöse Konzeptionen zum gemeinsamen Erbe vieler Kulturen und Gesellschaften gehören. Noch wichtiger sind die Belege dafür, dass sich religiöse Ideen gegenseitig durchdringen und erst aufgrund des interkulturellen Austauschs möglich werden. Das trifft für die gewählten Beispiele des Judentums wie des tibetischen Buddhismus zu.

Zivilisation hat (zumindest außerhalb der deutschen Bildungstradition) auch eine materielle Komponente. Hier wurden Ansätze in Richtung auf eine gemeinsame Weltzivilisation auf dem Feld der Normierungen kennengelernt. Eine zusätzliche These soll diese Möglichkeit beleuchten: Es spricht einiges dafür, dass eine ganz zentrale Erfindung im Zuge der Entwicklung der Schrift, nämlich der Übergang von der Bilder- zur Silbenschrift erst in einem interkulturellen Umfeld gemacht werden konnte.

Die wohl älteste Schrift, die Keilschrift, wurde von den Sumerern als Bilderschrift entwickelt. Jedes Zeichen war zunächst ein stilisiertes Bild für ein bestimmtes Wort. Allerdings „war die Möglichkeit zu Silbenschreibungen durchaus schon angelegt. (...) Als nun (wegen der Übernahme der sumerischen Zivilisation durch ein Eroberervolk mit anderer Sprache) die Notwendigkeit eintrat, eine wiederum neue Sprache umsetzen zu müssen, konnte dieser Teil des Systems rasch ausgebaut werden, so dass die von der Wortbedeutung gelöste Verwendung von Silbenzeichen nun einen entscheidenden Anteil des Schriftsystems bildete. Es fällt nicht schwer, diese Entwicklung (...) als Folge davon anzusehen, dass die Schrift für die Wiedergabe einer anderen Sprache einsetzbar gemacht werden musste, als für die sie ursprünglich entwickelt worden war" (Nissen 1990: 152).

Wenn man in Rechnung stellt, dass aufgrund der Entwicklung insbesondere der elektronischen Verbreitungsmedien, aber auch der immer engeren Verflechtung kulturübergreifender wirtschaftlicher Prozesse (Kap. 2) und den zunehmenden Anstößen für transnationale politische Kommunikation (vgl. Kap. 3) solche Überlappungszonen zwischen den Kulturen immer weiter anwachsen, dann hält die Zukunft zumindest wachsende Möglichkeiten in dieser Richtung für die Menschheit bereit.[22]

---

[22] Für Theorieinteressierte sei noch angemerkt, dass die Begriffe „Interpenetration" und „strukturelle Kopplung" (vgl. Baraldi et al. 1997) interessante konzeptionelle Ansatzpunkte für die Entwicklung einer auf die Analyse derartiger Prozesse ausgerichteten Soziologie bieten.

Kapitel 5: Der gesellschaftliche Aspekt. Auf dem Wege zur Weltgesellschaft?

5	Einleitung	174
5.1	Der empirisch-deskriptive Zugang	175
5.2	Der modernisierungstheoretische Zugang	178
5.3	Globalisierung – eine abhängige Variable?	181
5.4	Überwindung sozialer Grenzen	184
5.5	Gesellschaftliche Abschließung und funktionale Differenzierung in historischer Perspektive	190
5.6	Drei Arten von Grenzen – Drei Arten der Grenzüberwindung?	197
5.7	Entgrenzung als Fusion segmentärer Parallelwelten	198
5.8	Die Globalisierung von Funktionssystemen	200
5.9	Globalisierung des Sportsystems	202
5.9.1	Globalisierung des Sports aus systemtheoretischer Sicht	203
5.9.2	Ein Beispiel für die Internationalisierung des Sports: Die Bosman-Entscheidung und deren Auswirkungen	207
5.9.3	Globalisierung des Sports aus sportökonomischer Sicht	209
5.9.4	Ein Beispiel: Das IOC als Instanz globaler Sportvermarktung	212
5.9.5	Zusammenfassung: Sechs Thesen zur Globalisierung des Sports	214
5.10	Die Entstehung eines globalen Wissenschaftssystems	215
5.10.1	Nationalisierung – der Einstieg in die Globalisierung des Wissenschaftssystems	215
5.10.2	Globalisierte Scientific Communities	216
5.10.3	Globale Diffusion	217
5.10.4	Zusammenfassung in vier Thesen	218
5.11	Globalisierung des Kunstsystems	218
5.11.1	Zur Ausdifferenzierung des Kunstsystems	218
5.11.2	Internationaler Kunstmarkt	220
5.11.3	Fazit	223
5.12	Wege in Richtung Weltgesellschaft?	223
5.13	Grenzen der Globalisierung	236

5 Einleitung

Von sozialen Folgen der Globalisierung war bereits in den vorangegangen Kapiteln die Rede. Die Entwicklung eines immer feinmaschiger weltweit vernetzten Wirtschaftssystems, die wachsende Zusammenarbeit der nationalen politischen Systeme, die auf eine transnationale Zivilgesellschaft setzenden Nichtregierungsorganisationen, die immer weiter vorankommende wechselseitige Durchdringung der Kulturen – all das hat selbstverständlich Konsequenzen für das gesellschaftliche Zusammenleben. Dieses Kapitel verfolgt jedoch nicht das Ziel, alle diese Tendenzen einfach zusammenzufassen. Es hat vielmehr eine eigenständige Bedeutung, weil es diese ganzen Einflüsse auf einer allgemeinen sozialtheoretischen Ebene bilanzieren will.

Solche Bilanzen sind in den letzten Jahren wiederholt versucht worden. Um einen kurzen Überblick über den Forschungsstand zu gewinnen, bietet es sich an zu fragen, in welcher Weise das Phänomen Globalisierung bisher sozialtheoretisch verbucht wurde. Hierbei kann man drei unterschiedliche analytische Herangehensweisen unterscheiden:

Eine erste Variante kann als empirisch-deskriptiver Zugang bezeichnet werden. Globalisierung wird hier als *Veränderung in der räumlichen Organisation sozialer Beziehungen* operationalisiert. Daraus ergibt sich dann eine breite Palette an registrier- und bilanzierbaren Veränderungen.

Davon kann zweitens ein stärker begrifflich vorstrukturierter Zugang aus dem *Blickwinkel der Modernisierungstheorie* unterschieden werden. Hier wird Globalisierung als Modernisierungsphänomen betrachtet, das auch konzeptionelle Folgen für das Verständnis des Prozesses der Entwicklung moderner Gesellschaften, etwa im Rahmen einer Theorie der zweiten Moderne, haben kann.

Andere Akzente wiederum ergeben sich drittens, wenn man Globalisierung als eine *Folge anderer Prozesse, insbesondere des Kapitalismus und der Wissensentwicklung* versteht.

> Man kann drei Analyseverfahren unterscheiden, mit denen man die sozialen Folgen der Globalisierung untersuchen kann: das empirisch-deskriptive, das modernisierungstheoretische Analyseverfahren und als abhängige Variable aufgefasste Globalisierungsprozesse.

Kapitel 5: Der gesellschaftliche Aspekt

5.1 Der empirisch-deskriptive Zugang

Der besondere Charme dieses Zugangs besteht in seiner Voraussetzungslosigkeit. Anhänger dieses Zugangs identifizieren Globalisierung mit empirischen Phänomenen, die evidenterweise etwas mit Globalisierung zu tun haben. Globalisierung ist aus dieser Perspektive ein räumliches Phänomen. Dies ist ja schließlich die Implikation des Begriffs. Die Vertreter dieser Zugangsweise kommen in etwa zu folgendem Ergebnis: Das Soziale ist immer das zwischenmenschliche Miteinander. Im Zeitalter der Globalisierung werden aufgrund der rasanten technologischen Entwicklung, des sich immer weiter ausdehnenden Flugverkehrs, des Internet und anderer Errungenschaften der elektronischen Kommunikations- und Nachrichtentechnik die Chancen immer größer, dass immer mehr Menschen immer häufiger auf immer mehr Menschen treffen, die in „anderen" Regionen, unter „anderen" kulturellen, wirtschaftlichen und sozialen Bedingungen leben. Warum? Weil die räumlichen Grenzen immer leichter überwunden werden können!

Eine wesentlich elaboriertere Definition finden wir bei Held et al. (1999: 16): „Globalization can be thought of as a process (or set of processes) which embodies a transformation in the spatial organization of social relations and transactions – assessed in terms of their extensity, intensity, velocity and impact-generating transcontinental flows and networks of activity, interaction, and the exercise of power"[1]. Wenn man diese Definition noch, wie die Autoren, mit einem thematischen Raster kombiniert, dann hat man so etwas wie ein Fischernetz, das man durch nahezu sämtliche Themengebiete der Soziologie ziehen kann. Dabei ist so gut wie sicher, dass der Fang, anders als bei den Fischereiflotten, durchaus üppig sein wird. Die Autoren selbst schlagen acht Themenfelder vor: (1) Territorialstaat und Politik, (2) organisierte Gewalt und Krieg, (3) Handel, (4) Finanzmärkte, (5) Unternehmens- und Produktorganisation, (6) Migration, (7) Kultur und (8) Ökologie. Hier sind sicherlich noch Erweiterungen denkbar wie Familie, Freizeit/Tourismus oder Religion.

Es ist sicherlich nützlich, den Globalisierungsbegriff in dieser Weise durchzubuchstabieren. Anthony Giddens, einer der fundiertesten unter den derzeit lebenden Sozialtheoretikern, hat schon vor längerer Zeit darauf aufmerksam gemacht, dass die Soziologie die Bedeutung materieller Zwänge, die „aus den Gegebenheiten der materiellen Welt und des Körpers" (Giddens 1988: 230) her-

---

[1] Zitiert nach einem Dissertationsmanuskript von Jörg Hess. Ihm verdanke ich den Hinweis auf Held et al. (1999).

rühren, sträflich vernachlässigt. Bedeutet denn Globalisierung nicht gerade die Überwindung der aus den Distanzen der materiellen Welt herrührenden räumlichen Trennung?

Sobald man sich aber für die *sozialen Effekte und Folgen* der Überbrückung räumlicher Distanzen interessiert, wird die Begrenztheit einer solchen Betrachtungsweise allerdings schnell sichtbar. Was bedeutet es beispielsweise, wenn deutsche Touristen nicht mehr wie vor 50 Jahren in Oberbayern oder am Gardasee Urlaub machen, sondern nach Thailand oder Jamaika jetten? „Es kommt darauf an", würden wohl die Meisten sagen und damit meinen: Es kommt auf die Einstellung an; wichtig ist, was man im Urlaub sucht und dann eventuell auch findet. Jedenfalls gibt es keine Garantie dafür, dass der Urlauber in „den schönsten Wochen des Jahres" irgendetwas über „andere" oder „fremde" Mentalitäten mitbekommt. Schon gar nicht, wenn er erwartet, das es im Urlaub so schön wie zu Hause sein solle, nur etwas wärmer oder „Zuhause plus Meer" und dergleichen. Vor diesem Hintergrund werden die kultursoziologischen Bemühungen um den Idealtyp des Kosmopoliten (vgl. Kap. 4) verständlicher. Die Resultate der Globalisierung hängen eben nicht nur von Fähigkeiten ab räumliche Distanzen zu überwinden, sondern auch von der Verarbeitung solcher Möglichkeiten in den Köpfen.

Das betrifft nicht nur die Bewegung von Menschen im Raum, sondern auch den Bezug der Medien auf globale Ereignisse. Bei den TV-Nachrichten erleben wir inzwischen tagtäglich, dass nicht das Andersartige, die Vielfalt der Kulturen und Gesellschaften, sondern lediglich das „Anstößige" an den „Anderen" Nachrichtenwert hat. Die Regensburger Rede des Papstes wurde nicht zuletzt deshalb zur Topnachricht in den islamischen Ländern. Filmaufnahmen von darauf folgenden Ausschreitungen und Massenprotesten in einigen islamischen Ländern trugen dagegen wiederum zu unserer Abendunterhaltung bei. Merkwürdigerweise haftet trotz solcher allerorts wahrnehmbaren Tendenzen den zeitdiagnostischen Etiketten wie „die Welt ist kleiner geworden" oder „globale Echtzeitkommunikation" immer noch die diffuse Vermutung an, dass die immer geringere Bedeutung räumlicher Distanzen als natürlichem Kommunikationshindernis „irgendwie" die Verständigung zwischen den Kulturen und den Umgang mit „Anderen" oder „Fremden" fördern und „auf lange Sicht" gar zu weltweiter Verständigung, Vernetzung, zu Weltbürgertum und dergleichen führen werde.

Eine der Schlüsselfragen ist somit die nach der *Beziehung zwischen „Verständigung" mit „Anderen" auf der einen und der Überbrückung räumlicher Distanzen auf der anderen Seite.* Gibt es hier überhaupt irgendeinen Zusammenhang? In einer Untersuchung über „Kosmopoliten" findet sich dazu folgende

Kapitel 5: Der gesellschaftliche Aspekt

Feststellung: „Unterwegs zu sein (...) ist allerdings **keine hinreichende** Bedingung dafür, ein Kosmopolit zu werden. Der Kosmopolit darf nicht mit anderen Arten von Reisenden verwechselt werden. Handelt es sich bei Touristen, Exilanten und in der Fremde lebenden Menschen um Kosmopoliten, und wenn nicht, warum" (Hannerz 2002: 145; Hervorh. D.B.)?

Prinzipiell muss man aber fragen: Ist Reisen, jede Form von räumlicher Mobilität überhaupt eine **notwendige** Bedingung für die Entwicklung von Kosmopolitismus? Wenn das so wäre, dann hätte sich beispielsweise Kant nie zum Weltbürger entwickeln können, da er Königsberg Zeit seines Lebens nie verlassen hat. Wie konnte er dann seine Moralphilosophie aus einer weltbürgerlichen Perspektive verfassen? Derselbe Einwand betrifft generell den Umgang mit „Anderen" bzw. „Fremden". Auch hier ist Verständigung ohne Mobilitätserfahrung prinzipiell möglich.

Diese Möglichkeit hängt mit zwei Aspekten zusammen, die in Hannerz' Formulierung nicht hinreichend bedacht werden. Zunächst einmal können Erfahrungen mit „Anderen", kann die Beschäftigung mit „fremden" Gesellschaften, Kulturen, Sozialschichten usw. nicht nur durch eigene Anschauung und direkte Kommunikation, sondern auch durch **Medien** erfolgen. Mancher Ferntourist hat vermutlich mehr durch Lektüre über sein Reiseziel erfahren als durch eigene Anschauung. Das bedeutet auch, dass der Einstieg in diese Form sozialer Globalisierung mit der „Erfindung" der Schrift und der Übersetzung von einer Sprache in eine andere beginnt, also einige tausend Jahre früher als üblicherweise angenommen.

Der zweite Aspekt ist von grundlegender Bedeutung. Die Verständigung mit „Anderen" oder „Fremden" beginnt dort, wo die Fähigkeit entwickelt wird, nicht räumliche, sondern vielmehr **soziale Grenzen** gedanklich zu überwinden. Solche Fähigkeiten haben offenbar bereits die Mitglieder von absolut immobilen Stammesgesellschaften archaischen Zuschnitts entwickelt, wie beispielsweise die Ka! (Buschmänner) gegenüber Ethnologen und Wissenschaftlern anderer Disziplinen. Offenbar handelt es sich hierbei um eine generelle menschliche Fähigkeit, der Kant nur prinzipiellen Ausdruck gegeben hat[2]. Das ändert aber nichts daran, dass sich, um auf das Beispiel zurückzukommen, zumindest ein Teil der Kundschaft von TUI, Neckermann und Thomas Cook damit schwer tut.

Diese Überlegungen zeigen, dass sich Globalisierung nur unter Ausblendung wichtiger Aspekte als Veränderung der räumlichen Organisation sozialer

---

[2] Beispielsweise in folgender Formulierung: „Handle so, dass Du die Menschheit sowohl in deiner Person als in der Person eines jeden anderen zugleich als Zweck, niemals bloß als Mittel brauchst" (zitiert nach Hirschberger 1991, Bd. 2: 346).

Beziehungen operationalisieren lässt. Zusätzlich kommt es immer darauf an, inwieweit der Globalisierungsaspekt in den subjektiven Sinn, den Menschen mit ihrem Handeln verbinden, hineinspielt und welche Veränderungen sich hierbei registrieren lassen.

> → Der empirisch-deskriptive Zugang analysiert globale Phänomene aus einer ahistorischen Perspektive heraus und definiert Globalisierung lediglich als räumliche Ausdehnung sozialer Beziehungen. In der Konsequenz werden soziale Folgen und Effekte ausgespart.
>
> *Anregung: Machen Sie sich mit den Begriffen „Deskription" und „Gesetz" vertraut (Tipp: Hierfür ist u.a. ein Wörterbuch bzw. Lexikon der Soziologie hilfreich).*

5.2 Der modernisierungstheoretische Zugang

Solche Fallstricke eines in der Tradition des Positivismus stehenden Verständnisses von Globalisierung machen Zugänge verständlicher, die das Phänomen Globalisierung von vornherein durch die theoretische Brille der soziologischen Modernisierungstheorie beäugen.

Durch sie betrachtet, ist Globalisierung zunächst einmal eine Herausforderung, die sich mit dem vorhandenen Begriffsinstrumentarium schwer umreisen lässt, da der Nationalstaat von Spencer bis Parsons eine nahezu unverrückbare Grundlage der Modernisierungstheorie ist. Das liegt daran, dass Gesellschaften in der Konkretisierung moderner Nationalstaaten eine scheinbar unhintergehbare Vergleichsebene bilden, auf der Unterschiede im Differenzierungsmuster und Differenzierungsgrad, bei Leistungs- und Integrationsfähigkeit, im Wertesystem oder auch bei den zivilisatorischen Standards registriert und erklärt werden können. Mit dem Begriff der Globalisierung werden Grenzen dieser Sichtweise deutlich, die aber zumindest teilweise zur Weiterentwicklung der Modernisierungstheorie genutzt werden können:

(a) So zeigt Wallersteins Analyse des modernen Weltsystems (vgl. Kap. 2), dass Nationalstaaten durch externe Wirtschaftsaktivitäten ihre Entwicklungs-

Kapitel 5: Der gesellschaftliche Aspekt

möglichkeiten verbessern oder blockieren können und durch Globalisierung unter Wettbewerbsdruck geraten.
(b) Becks Analysen ökologischer Folgeprobleme der Industrialisierung zeigen, dass gerade der Erfolg des von den Zentrumsstaaten vorangetriebenen Industrialismus, die permanente quantitative Steigerung und räumliche Expansion der Industrieproduktion, zu einer Globalisierung der ökologischen Folgeprobleme führt (vgl. Beck 1986; 1988).
(c) Giddens hat u.a. darauf hingewiesen, dass die in der Atombombe manifest gewordene Möglichkeit der Staaten, die Zerstörungskraft ihres Rüstungspotentials immer weiter zu steigern, sie zur Entwicklung globaler Kontrollformen, also auch zu Abstrichen am eigenen Gewaltmonopol zwingt (Giddens 1995: 78).

Diese und noch einige weitere Beobachtungen zeigen, dass Nationalstaaten sich gegenseitig beeinflussen, also alles andere als eine unhintergehbare Beobachtungsebene abgeben. Darüber hinaus wird deutlich, dass es globale Modernisierungsfolgen gibt, die nur noch als gemeinsame Aufgabe einer Weltschicksalsgemeinschaft verstanden werden können. Diese Perspektive beherrscht bereits seit Meadows (1973) den ökologischen Diskurs.

Daher ist Globalisierung zu einer wichtigen Analyseebene der neueren Modernisierungstheorie geworden, die ihren Absetzbewegungen von dem klassisch parsonianischen Modernisierungsverständnis schärfere Konturen gibt. Diese Ebene steht in engem inhaltlichen Zusammenhang mit den Thesen, dass wir heute in einer zweiten, reflexiven Moderne (Beck 1986; 1993) bzw. einer radikalisierten und dynamisierten Moderne (Giddens 1995) leben. Ein solcher Epochenwechsel bzw. Dynamisierungsschub innerhalb der Moderne kann auch mit der Entwicklung einer globalisierten Politikebene (Beck 1998a) bzw. mit globalisierten Institutionen (Giddens 1995) erklärt werden. Für Beck besteht ein wichtiges Element der zweiten Moderne sowohl in der zivilisatorisch hergestellten Weltschicksalsgemeinschaft wie auch in dem gewachsenen Bewusstsein, in einer gemeinsamen Welt zu leben (Beck 1988; 1998). Giddens hat dagegen konstatiert, dass sich die vier wesentlichen institutionellen Dimensionen der Moderne globalisiert hätten (Giddens 1995: 75ff.):

(a) Die Dimension des Industrialismus, die auf eine Umgestaltung der Natur, eine von Menschen geschaffene Umwelt ziele, sei heute als *System internationaler Arbeitsteilung* institutionalisiert.

(b) Die Dimension des Kapitalismus bilde eine *kapitalistische Weltwirtschaft*, da eine auf Kapitalakkumulation abzielende Privatwirtschaft unter Wettbewerbsbedingungen heute global durchgesetzt sei.

(c) Die mit der Entstehung der Moderne zunächst bei den Nationalstaaten angesiedelte Überwachungs- und Kontrollfunktion werde heute von einem *System der Nationalstaaten* wahrgenommen.

(d) Ebenso habe sich im Zuge der „Industrialisierung des Krieges" die Wahrnehmung militärischer Macht von einem klassischen Staatsmonopol zu einer *globalen militärischen Weltordnung* weiterentwickelt.

Ein solcher modernisierungstheoretischer Zugang leidet an einer wohl für die Soziologie insgesamt typischen „Berufskrankheit": der ausschließlichen Beschäftigung mit dem Hier und Heute. Der „Rückzug der Soziologen auf die Gegenwart" (Elias 1983) hat seinen Preis in einer wachsenden Unfähigkeit der Soziologen, die Dauer und historische Kontinuität sozialer Veränderungen einschätzen zu können. Alles wird aus Mangel an Wissen oder aus Desinteresse an historischen Vorgängen in die Gegenwart verlegt und dort als „Epochenbruch" und dergleichen „entdeckt". So wurde im vierten Kapitel gezeigt, dass die Merkmale einer militärischen Weltordnung auch schon die Beziehungen der wichtigsten Staaten der Bronzezeit charakterisierten. Ähnliches ließe sich auch für die Dimensionen des Industrialismus (vgl. Brock 2006; Kap. 6) oder auch für die Kontrollfunktion aufzeigen.

→ Die modernisierungstheoretische Methode überwindet die Probleme des Positivismus, die der empirisch-deskriptive Zugang mit sich bringt. Es werden Modernisierungsfolgen, die die Interdependenzen von Nationalstaaten offensichtlich machen, analysiert. Diese Probleme, die genuin global sind, betreffen die so genannte Weltschicksalsgemeinschaft.

Anregung: Welche Probleme bringt die modernisierungstheoretische Sichtweise mit sich?

Kapitel 5: Der gesellschaftliche Aspekt

5.3 Globalisierung – eine abhängige Variable?

Lassen sich derartige Blindheitsprobleme nicht vermeiden, wenn man das Globalisierungsverständnis noch weiter einengt und Globalisierung immer nur als abhängige Variable analysiert?

In der Globalisierungsliteratur dominiert – zumindest, wenn man sich am Kriterium der Höhe der Auflagen orientiert – die Globalisierungskritik als Kapitalismuskritik. Globalisierung wird hier als Ausdruck oder als „Erscheinungsform" des Kapitalismus verstanden. Moralische (z.B. Forrester 1997) wie marxistische (z.b. Altvater/Mahnkopf 1996) und davon unabhängige analytische (z.b. Klein 2001; 2007) Kapitalismuskritiker verbinden mit Globalisierung den Prozess der Landnahme des Kapitalismus (Luxemburg 1967/8), wobei diese nicht nur eine räumliche, sondern auch eine politisch-institutionelle (Klein), eine ökologische und eine moralische Dimension aufweist. Vergleichbares gilt spiegelverkehrt auch für liberale Globalisierungsbefürworter. Sie bewegen sich in der Tradition von Adam Smith (1980), der in einer von freien Wirtschaftssubjekten jenseits staatlicher Bevormundung vorangetriebenen globalisierten Arbeitsteilung einen soliden und zuverlässigen Weg in eine reichere und insofern bessere Welt ausmachte.

Das Problem jedes derartigen Zugangs besteht einerseits im begrifflichen Reduktionismus. Globalisierung wird hier zwangsläufig eindimensional. Zum anderen „erbt" die Globalisierungsanalyse die ungelösten Probleme der jeweiligen Theorien, an die Globalisierung angedockt wird. Marxistische Globalisierungskritiker erben die Probleme des Marxismus (vgl. Berger 1986; für einen Kurzüberblick vgl. Brock 2002: 73ff.). Analytische wie moralische Kapitalismuskritiker müssen sich Theorielosigkeit bzw. Naivität vorhalten lassen. Liberale Globalisierungsbefürworter tendieren dagegen dazu, die wirtschaftlichen Schattenseiten des globalen Kapitalismus auszublenden oder zu verharmlosen.

→ Globalisierung wird häufig auch als eine „Erscheinungsform" des Kapitalismus aufgefasst. Diese Ansicht ist aber aufgrund ihres immanenten Reduktionismus problematisch.

Anregung: Ist Globalisierung auch ohne Kapitalismus denkbar? Vergleichen Sie Ihre Argumentation mit den historischen Beispielen aus diesem Buch.

Dennoch enthalten Darstellungen dieser Art zweifellos *wichtige Anregungen*. Nach der diesem Buch zugrunde liegenden Auffassung gilt dies insbesondere für einen *medientheoretischen Blickwinkel*, wie er bei Luhmann und auch ansatzweise bei Castells entwickelt wird. Bei beiden Autoren wird ein Zusammenhang zwischen Medienentwicklung und der Globalisierung, aber auch der Veränderung der zwischenmenschlichen Kommunikation hergestellt.

Luhmanns Medientheorie ist noch wesentlich stärker die Grundlage seines Verständnisses gesellschaftlicher Evolution als seine Evolutionstheorie selbst. Sie wird hier nur in ihren Grundzügen kurz rekapituliert (für eine genauere Darstellung vgl. Luhmann 1984; 1997; Berghaus 2004). Kommunikation besteht für Luhmann aus drei miteinander verkoppelten Selektionen. Jeder Sprecher selegiert eine Information und verbindet sie mit einem ebenso selektiven Mitteilungssinn. Genau diese Differenz beider Selektionen muss der Hörer identifizieren. Er muss sich einen Reim darauf machen, was der Sprecher ihm warum mitgeteilt hat (dritte Selektion). Dauer kann Kommunikation nur gewinnen, wenn der Hörer die Kommunikation annimmt und auf sie seinerseits mit Kommunikation reagiert.

Medien steigern diese jeglicher Kommunikation innewohnende Selektivität immer weiter und schaffen dennoch zugleich Möglichkeiten der Annahme von Kommunikationen. Daher sind sie der Schlüssel zu gesellschaftlicher Evolution im Sinne immer spezifischerer Strukturbildung. Medien gehören zu den Kommunikation ermöglichenden Voraussetzungen. D.h. immer dann, wenn wir uns bestimmter Medien bedienen, machen wir uns bestimmte *zusätzliche* Möglichkeiten (= Medieneigenschaften) zunutze, denn Medien haben die generelle Eigenschaft den Selektionsspielraum zu begrenzen, ohne dabei die Selektionsmöglichkeit zu unterbinden. Das zeigt sich bereits an dem grundlegenden menschlichen Kommunikationsmedium der Symbolsprache. Jede Sprache verpflichtet die Sprecher auf eine Art Baukastensystem von Bedeutungen, die in Form des Wortschatzes verfügbar sind und mit denen nach bestimmten grammatischen Regeln beliebige Sätze gebildet werden können. Indem wir konkrete Sätze sprechen, also Bedeutungen fest miteinander verkoppeln (= Form), reproduzieren wir zugleich das Baukastensystem der jeweils gesprochenen Sprache (= Medium; = lose Kopplung). Auf diese Weise können wir mit Hilfe von Medien Unwahrscheinliches in Wahrscheinliches transformieren.

Mit Hilfe des Mediums der Symbolsprache kann die Reichweite zwischenmenschlicher Kommunikation über das direkt Wahrnehmbare hinaus gesteigert werden. Verbreitungsmedien, beginnend mit Schrift und Buchdruck, erlauben Kommunikation über die Grenze der Rufweite hinaus mit Nichtanwesenden,

Kapitel 5: Der gesellschaftliche Aspekt

jenseits der Gedächtnisbindung und jenseits der Gleichzeitigkeit zwischen Sprecher und Hörer. Symbolisch generalisierte Kommunikationsmedien (wie Wahrheit, Liebe, Geld oder Macht) motivieren schließlich zur Annahme einer Kommunikation, erhöhen also die Erfolgswahrscheinlichkeit. Zwischen diesen drei Arten von Medien besteht derart ein innerer Zusammenhang, dass ihre Benutzung die Kommunikation selbst auch inhaltlich weiterbringt. Ohne Symbolsprache könnte nicht über Vergangenes und Zukünftiges kommuniziert werden. Erst „Schrift und Buchdruck (...) veranlassen damit Reaktion auf Kommunikation in einem sehr viel spezifischeren Sinne, als dies in der Form mündlicher Wechselrede möglich ist" (Luhmann 1984: 224), provozieren Zweifel, Prozesse der Wahrheitskontrolle etc. Auf das damit einhergehende Problem abnehmenden Kommunikationserfolgs reagieren schließlich symbolisch generalisierte Kommunikationsmedien.

 Aus medientheoretischer Perspektive ist die tendenziell globale Reichweite zwischenmenschlicher Kommunikation eine Folge der Medienentwicklung und auf das Engste mit einer Spezialisierung und Verkomplizierung des kommunikativen Austauschs verknüpft.

Trotz konzeptioneller Differenzen kann diese Position mit der These von Manuel Castells verknüpft werden, die besagt, dass die mit der Anwendung der Elektronik auf den Bereich der Kommunikation verbundene Technisierung der Kommunikationsverarbeitung und -verbreitung völlig neue, tendenziell globale Zugriffsmöglichkeiten auf Kommunikation und menschliches Wissen eröffnet (Castells 2003, Bd. 1: 31ff., 527ff.). Er betont insbesondere den mit dem Internet entstehenden globalisierten Netzwerkcharakter der digitalisierten Kommunikation und die damit verknüpften Aspekte der Inklusion bzw. Exklusion. Nur wer Zugang zu den neuen Informationskanälen hat und die Zugriffstechnologie beherrscht, wird in sehr naher Zukunft noch mitreden können. Damit haben sich die kommunikativen Voraussetzungen noch einmal entscheidend weiterentwickelt.

Auch für diese Position gilt die vorangegangene Kritik. Aus medientheoretischer Sicht wird Globalisierung zwangsläufig auf ein Kommunikationsphänomen mit der Perspektive einer durch kommunikative Erreichbarkeit charakterisierten Weltgesellschaft (vgl. Stichweh 2000) reduziert.

An dieser Stelle kann der kursorische Überblick über den Forschungsstand resümiert werden: Wie auch nicht anders zu erwarten war, gibt es keine eindeutig überlegene Forschungsstrategie. Der empirisch-deskriptive Zugang bietet sicherlich die beste Chance alle mit Globalisierung assoziierbaren Phänomene in den Blick zu nehmen. Das geht auf Kosten der soziologischen Aussagefähigkeit des Globalisierungsbegriffs. Genau umgekehrt verteilen sich die Stärken und Schwächen, wenn wir Globalisierung als Ausprägung eines aus einer Theorie abgeleiteten Sachverhalts thematisieren. Der Zuwachs an Aussagekraft wird erkauft durch eine mehr oder weniger rigorose Reduzierung des Globalisierungsphänomens. Ein modernisierungstheoretischer Zugang wäre so etwas wie ein goldener Mittelweg, wenn er nicht mit der soziologischen Berufskrankheit historischer Kurzatmigkeit belastet wäre und eine inakzeptable Aktualität des Globalisierungsphänomens suggerieren würde.

5.4 Überwindung sozialer Grenzen

Durch diese Probleme fühle ich mich ermutigt, einen eigenen Zugang zu entwickeln, der sich allerdings darauf berufen kann, dass er ein Element in den Mittelpunkt rückt, dass sich quer durch alle hier skizzierten Positionen zieht. In allen drei Zugangsvarianten hat Globalisierung nämlich etwas mit der *Überwindung von Grenzen* zu tun, die aber nicht rein räumlicher Art sind, sondern eher als *soziale Grenzen* mit räumlichen Konsequenzen grob umrissen werden können. Auch wenn es noch keine ausgearbeitete soziologische Theorie sozialer Grenzen gibt, sondern nur mehr oder weniger beiläufige Analysen bei einigen soziologischen Klassikern, so ist doch evident, dass soziale Grenzen ein grundlegendes soziologisches Phänomen sind.

Der Konstruktivismus sieht die grundlegende Funktion unseres menschlichen Geistes darin, dass wir Unterscheidungen treffen können und müssen. Aus diesem Blickwinkel stellen soziale Grenzen einen Sonderfall von Unterscheidung dar. Denn sobald nämlich in sozialen Grenzen operiert wird, muss eine Unterscheidung (wie z.B. die zwischen Männern und Frauen) mit einer sozialen Zuschreibung gekoppelt werden. Beispielsweise können Erwachsene in der Regel Tische von anderen Gegenständen wie auch Männern von Frauen unterscheiden. Die erstgenannte Unterscheidung ist rein kognitiv. Mit der zweiten Unterscheidung verbinden wir dagegen eine soziale Zuschreibung: Wenn A ein Mann ist, dann darf er dies und das, andere Verhaltensweisen wären dagegen „unmännlich". Im Streitfall müssten wir beim ersten Beispiel nur klären, ob ein Objekt mit

Kapitel 5: Der gesellschaftliche Aspekt

den Merkmalen x und y ein Tisch ist oder etwas anderes. Bei der Unterscheidung zwischen Männern und Frauen können nicht nur solche Gegenstandsmerkmale strittig sein, sondern auch die damit verknüpften bzw. ausgeschlossenen Verhaltensmöglichkeiten. Das zeigt, dass es sich bei sozialen Grenzen um Konventionen handelt, die Unterscheidungen in zwei Welten, der objektiven und der sozialen Welt, miteinander stabil verkoppeln. *Soziale Grenzen zu ziehen, bedeutet also kognitive Unterscheidungen in fester Kopplung mit normativen Erwartungen zu etablieren*[3]. *Aufgrund dieser Kopplung werden über soziale Grenzen gleichermaßen Weltbilder, Verhaltensweisen sowie Identitäten institutionalisiert. Soziale Grenzen in diesem Sinne können nur unter Lebewesen gezogen werden, denen ein freier Wille, also die Fähigkeit selbst über sich zu bestimmen, zugeschrieben werden kann* (plus kommunikative Erreichbarkeit). Soziale Grenzen sind deswegen eine universelle soziale Tatsache, weil sie eine ebenso universelle wie grundlegende Fähigkeit des menschlichen Geistes, nämlich die Fähigkeit zu unterscheiden, für die Strukturierung des menschlichen Sozialverhaltens nutzen[4].

In sozialer Hinsicht hat Globalisierung offensichtlich immer mit der Überwindung sozialer Grenzen zu tun. Die oben erwähnte Definition von Held et al. (1999) operationalisiert Globalisierung als Veränderung in der räumlichen Organisation sozialer Beziehungen. Organisationsmittel ist dabei das Einziehen, Verändern, Aufheben oder die räumliche Ausweitung sozialer Grenzen. Im Zentrum des modernisierungstheoretischen Zugangs steht die Überwindung oder Relativierung der Grenze des Nationalstaates. Daran anknüpfend werden auf vielen Feldern Entgrenzungsprozesse untersucht. Ansätze, die Globalisierung als Folge der Landnahme, Dynamisierung oder Enthemmung des Kapitalismus auffassen,

---

[3] Man kann die Besonderheiten der Unterscheidung sozialer Grenzen auch vor dem Hintergrund der „Theorie des kommunikativen Handelns von Habermas" (1981) erläutern. Nach Habermas können wir in jeder Kommunikation zugleich Geltungsansprüche im Hinblick auf drei kommunikative Welten beanspruchen: die subjektive, soziale und die objektive Welt. Da bei jeder kommunikativen Verständigung kontrafaktisch Aufrichtigkeit (subjektive Welt) unterstellt werden muss, geht es letztlich immer um die Verständigung darüber, was ist (objektive Welt) und was sein soll (soziale Welt). Diese beiden Dimensionen können als unabhängig voneinander gedacht und vom Prinzip her unabhängig voneinander ausgehandelt werden (siehe Drei-Welten-These, vgl. Habermas 1981, Bd. 1: 269ff.). Sobald wir uns aber auf soziale Grenzen verständigt haben, haben wir eine punktuelle Verkopplung beider Welten herbeigeführt. Wir haben Geltungsansprüche aus zwei kognitiv voneinander unabhängigen Welten kurzgeschlossen.
Im Hinblick auf den soziologischen Grundbegriff „Institution" können soziale Grenzen als eine Mikroebene angesehen werden, die insbesondere eine Brücke zu Aushandlungsprozessen schlägt.
[4] Diese Überlegungen gehen auf eine interdisziplinäre Arbeitsgruppe an der TU Chemnitz zurück, die über ein auf einer eher phänomenologischen Ebene formuliertes Grenzkonzept ein interdisziplinäres Forschungsvorhaben etablieren wollte (vgl. Brock/Holly/Ohler/Voß 2005 und Brock/Neuss/Schütz u.a. 2006).

thematisieren ebenfalls Entgrenzungsprozesse bzw. die räumliche Ausbreitung einer über soziale Grenzen ausdifferenzierten Wirtschaftsform. Der medientheoretische Zugang schließlich erfasst ebenfalls Veränderungen sozialer Grenzen (u.a. Entgrenzungsprozesse als Folge von Verbreitungsmedien, insbesondere des Internet; die Etablierung kommunikativer Grenzen durch symbolisch generalisierte Kommunikationsmedien).

Die Schlüsselfrage des soziologischen Globalisierungsdiskurses lautet also: **Wie kann man soziale Grenzen überwinden?**

Diese Frage ist ganz einfach zu beantworten, wenn man sich seiner multiplen Identität bewusst wird. Wenn man dies tut, dann findet man immer einen Aspekt der vielfältigen Identität, der mit anderen geteilt wird. So in etwa könnte man den Ratschlag zusammenfassen, den der Nobelpreisträger Amartya Sen in seinem in deutscher Übersetzung erschienenen Buch „Die Identitätsfalle" (Sen 2007) gibt: Wenn man sich nur des gemeinsamen Erbes klar werde, dann wird es auch keinen Krieg der Kulturen geben. Ebenso sympathisch klingt folgendes Plädoyer gegen Ausländerfeindlichkeit: „Dein Christus ist ein Jude, Dein Auto ein Japaner, Deine Pizza italienisch, Deine Demokratie griechisch, Dein Kaffee brasilianisch, Dein Urlaub türkisch, Deine Schrift lateinisch… und dein Nachbar nur ein *Ausländer*?" (Postkarte der Aktion gegen Ausländerhass: Vinceremos & Freunde).

Wenn die Überwindung sozialer Grenzen tatsächlich eine rein moralisch-politische Frage wäre, dann könnte das Kapitel hier mit der Bemerkung schließen, dass die Soziologie zu diesem Themenkomplex keine nennenswerten Beiträge leisten könne. Dem ist aber nicht so. Warum hat Sen nicht Recht? Auch Sen, zu dessen multipler Identität es u.a. gehört Feminist, Verfechter der Rechte von Schwulen und Lesben zu sein sowie einen areligiösen Lebensstil zu pflegen, kennt soziale Grenzen, die er – zumindest zum Zeitpunkt seiner Äußerungen[5] – nicht überschreiten würde. Er würde sich nicht aktiv an der Diskriminierung von Frauen, Lesben und Schwulen beteiligen und er würde sein Leben nicht an religiösen Geboten und Verboten ausrichten. Das Beispiel zeigt uns, dass die für einen Menschen verbindlichen sozialen Grenzen immer dort liegen, wo die Kehrseite seiner sozialen Identität beginnt. Jeder, der sie überschreitet, gefährdet oder zerstört damit auch seine Identität. Herr Sen könnte seine Identität nicht wie oben umschreiben, wenn er plötzlich für ein striktes Abtreibungsverbot, für die Bestrafung von Homosexualität oder für ein Verbot der Evolutionstheorie plädieren würde. Aber nicht nur das. Diese Überschreitung „seiner" sozialen Grenzen hätte auch Veränderungen seines Lebenszuschnitts zur Folge. Viele alte Bekannte

---

[5] Das Buch geht auf Vorlesungen zurück, die Sen nach dem 11. 9. 2001 in Boston gehalten hat.

Kapitel 5: Der gesellschaftliche Aspekt

würden ihn plötzlich meiden. Auf der anderen Seite werden vielleicht andere Menschen seine Nähe suchen. Möglicherweise bekäme er auch Schwierigkeiten mit Kollegen, Absagen von Einladungen, aber auch die Gelegenheit sich anderen „sozialen Kreisen" (Simmel) anzuschließen.

Man kann, wenn man kein inneres Verhältnis zur Natur aufgebaut hat[6], räumliche Distanzen als bloße Hindernisse ansehen, die es möglichst schnell und kostengünstig zu überwinden gilt. Es wäre aber ein fataler Irrtum, wenn man soziale Grenzen nur als lästige Hindernisse ansehen würde, die es durch Aufklärung, moralische Appelle und guten Willen aus dem Wege zu räumen gilt, um endlich in einer grenzenlosen Weltgesellschaft anzukommen. Soziale Grenzen sind wie Stehaufmännchen. Man kann sie umlegen, aber sie entstehen an anderer Stelle neu.

Im Fokus steht nach wie vor Herr Sen. Er könnte z.b. den Aspekt „Feminist" seiner Identität aufgeben. Direkt dadurch, dass er Anti-Feminist, Macho oder Ultra-Religiöser würde. Die soziale Grenze würde bleiben, Herr Sen hätte nur die Seiten gewechselt. Er könnte aber auch diese soziale Grenze einreißen, indem er zu Frauen- und Geschlechterfragen keine dezidierte Position mehr einnimmt. Er würde sich dann von einem „innen-geleiteten", vom eigenen Gewissen gesteuerten Menschen in einen „inside dopester" (einen bloßen Informationssammler) verwandeln, der allen nach dem Munde redet – eine für die öffentliche Meinungsbildung verhängnisvolle Entwicklung, die David Riesman und seine Mitarbeiter schon vor mehr als einem halben Jahrhundert untersucht haben (Riesman u.a. 1958). Was würde passieren, wenn Herr Sen mit allen Facetten seiner multiplen Identität so umginge? Er würde zur „grauen Maus". Das wäre seine neue Identität! Ein Mensch ohne Identität wäre dagegen undenkbar, ein buchstäbliches Nichts, Jemand, der nicht weiß, wer er ist und mit dem niemand „persönlich"[7] umgehen kann. Wahrscheinlich wäre er auch in biologischer Hinsicht gar nicht lebens- und überlebensfähig[8].

---

[6] Diese Freiheit unterscheidet uns von den „Naturvölkern", beispielsweise die Umsiedlungen nicht überleben können (vgl. hierzu Darwin 1966: 205).

[7] Auch wenn Unterscheidungen, wie die zwischen personaler und sozialer Identität (Mead 1968; Krappmann 1971), etwas anderes suggerieren, darf man nie vergessen, dass sich das Wort „Person" von der Maske herleitet (vgl. Mittelstraß 1995, Bd. 3: 89; Stichwort „Person"). Masken haben das Ritualleben von Stammesgesellschaften erst ermöglicht. Insofern signalisiert das Wort „Person" eine „Versprachlichung des Sakralen" (Habermas 1981): Wer jemand „persönlich" ist, kann nur über erfolgreiche Zuschreibungen von Attributen in Kommunikationsprozessen herausgefunden werden.

[8] Zu allen Zeiten haben Herrscher (z.B. Kaiser Friedrich II.) „Kaspar Hauser Experimente" durchführen lassen – mit fast durchweg tödlichem Ausgang. Die letzte wissenschaftliche Studie zu diesem Thema fand in den 1930er Jahren statt – mit ähnlichem Ergebnis (vgl. Huch 1973: 12).

Soziale Grenzen haben somit – das ließe sich an unendlich vielen weiteren Beispielen durchdeklinieren – **die Funktion, für zwei oder mehr Menschen gemeinsame Möglichkeiten zu sichern, indem sie andere Möglichkeiten und/oder andere Menschen ausschließ**en. Jede sozial akzeptierte Position, jede Rolle eröffnet und stabilisiert Möglichkeiten, indem sie andere ausschließt. Um genau dies herzustellen und zu fixieren, benötigen wir soziale Grenzen. Hier zeigen sich weitere Grundmerkmale sozialer Grenzen: Sie ermöglichen gleichermaßen überhaupt erst eine zuverlässige soziale Praxis wie Formen der Identitätsbildung. Ihre Funktion ist daher unverzichtbar, allerdings auch zweifellos ambivalent, weil für jede sozial stabilisierte Möglichkeit immer mit dem Gegenteil, dem Ausschluss anderer Möglichkeiten „bezahlt" werden muss. Vielfach ist einem diese Ambivalenz aus Mangel an sozialer Phantasie nicht bewusst, was aber nichts an diesem Sachverhalt ändert.

In einigen Fällen wird diese Ambivalenz für Minderheiten zu einem Problem und damit auch deutlich sichtbar. Eine Geschlechtsumwandlung ist z.B. die Problemlösung für eine derartige Ambivalenz. Menschen kommen mit der ihnen zugeschriebenen Geschlechtsrolle nicht zurecht. Sie vermissen und präferieren die Möglichkeiten des mit der Zuschreibung ausgeschlossenen Geschlechts. Um die Zuschreibung der Mitmenschen auf das „richtige" Geschlecht umzupolen, legen sie sich immer mehr Merkmale des anderen Geschlechts bis hin zu den biologischen Merkmalen zu.

In anderen Fällen wird die Ambivalenz von Grenzen sogar zu einem expliziten gesellschaftlichen Verhandlungsfeld. Beispiele finden wir auf ganz unterschiedlichen Feldern wie Ehe/Familie und Arbeit. Nach konventionellem Verständnis wird mit dem Eingehen einer Ehe in vielfacher Hinsicht eine soziale Grenze zwischen Familienmitgliedern und Nicht-Mitgliedern gezogen. Sie betrifft sexuelle Beziehungen, die Verwendung des Einkommens der Familienmitglieder, Fürsorge und Arbeitsleistungen wie Kochen, Krankenpflege, Wohnen usw. Aus vielen Gründen wird heute dieses Gesamtpaket an sozialen Grenzen aufgeschnürt. Es kommt zu einer Pluralisierung familialer Lebensformen (vgl. Geißler 2006: 351ff.), zu einer Aushandlung der von den Partnern für *ihre* Beziehung gemeinsam anerkannten sozialen Grenzen. Der „Familiencharakter" reduziert und konzentriert sich dabei genau auf die durch die gemeinsam anerkannten Grenzen fixierten und stabilisierten privilegierten Möglichkeiten. Nur wenn sich zwei Partner in irgendeiner Hinsicht auf eine gemeinsame soziale Grenze gegenüber ihrer Umwelt verständigen können, haben sie etwas etabliert, das als Partnerschaft, Beziehung, Familie, feste Freundschaft bezeichnet werden kann. Damit werden für beide automatisch Möglichkeiten im Hinblick auf Andere

Kapitel 5: Der gesellschaftliche Aspekt

ausgeschlossen. Wer sich nicht daran hält, hebt die soziale Grenze auf und beendet damit – zumindest dann, wenn es auffliegt – auch die Beziehung. Beide werden dann mit hoher Wahrscheinlichkeit nach einer erneuten Beziehung (= erneute Etablierung einer durch soziale Grenzen stabilisierten Paarbeziehung) streben.

Auf dem Feld der Erwerbsarbeit existiert eine konstitutive soziale Grenze zwischen Arbeit und Konsum. Sie schließt aus, dass Arbeitskräfte während ihrer Arbeitszeit konsumieren und Konsumenten während ihrer Freizeit arbeiten. Wäre dies nicht so, würde es beispielsweise keinen Sinn machen Arbeitsverträge abzuschließen. Das schließt aber keineswegs aus, dass durch die Verschiebung dieser Grenze etwa neue Geschäftsfelder entstehen können. Bekannt sind jene Angebote, die deswegen so preisgünstig sind, weil sie z.B. die Arbeit des Zusammenbaus eines Regals oder eines Gartenhäuschens auf den Konsumenten verlagern (vgl. Voß/Rieder 2005). Man kauft einen vorgefertigten Bausatz mit Anleitung. Baumärkte mit derartigen Angeboten können vermutlich nur dort existieren, wo diese Grenze zwischen Arbeit und Konsum bereits flexibel geworden ist. Die Ambivalenz dieser Grenze ist am eigenen Leibe erfahrbar, nämlich dann, wenn man wieder einmal Geld gespart hat, sich dafür aber mit einer oft wenig aufschlussreichen Anleitung für die „Endmontage" eines kompliziert konstruierten Artikels herumschlagen muss.

Diese Beispiele vermitteln ein erstes Bild von der Universalität und Nicht-Abschaffbarkeit sozialer Grenzen.

Die populäre Utopie einer in sozialer Hinsicht grenzenlosen Welt propagiert damit eine Welt ohne normative Konventionen, ohne soziale Verbindlichkeiten, in der alles möglich wäre und ad hoc ausgehandelt werden könnte bzw. müsste. In dieser Welt gäbe es keinerlei selbstverständliche soziale Praktiken, keine Differenzierungsmuster, keine Institutionen, keine Identität. Die Vorstellung, dass eine solche „grenzenlose Welt" wünschbar oder erreichbar wäre, beruht also auf einem zu oberflächlichen Verständnis sozialer Grenzen als bloßer Hindernisse. Wenn diese Vorstellung unhaltbar ist, dann verliert auch die Annahme ihre Grundlage, dass neue Kommunikationstechnologien eine solche „grenzenlose Welt" auf lange Sicht bewirken könnten.

> Im Fokus des Globalisierungsdiskurses steht die Überwindung sozialer Grenzen. Innergesellschaftliche soziale Grenzen sind jedoch nicht abschaffbar.
>
> *Anregung: Überlegen Sie sich, wo in Ihrem sozialen Umfeld soziale Grenzen liegen. Und wie könnten Sie diese überwinden/abschaffen?*

Nach diesen Überlegungen zur unersetzlichen Funktion sozialer Grenzen ist bereits klar, dass alle Entgrenzungsszenarien, insoweit sie sich auf soziale Grenzen beziehen, auf einem allzu oberflächlichen Verständnis sozialer Grenzen beruhen. Abschaffbar ist dagegen eine andere Art von Grenzen, die uns bereits im vierten Kapitel beschäftigt hat: Grenzen, die soziale Räume nicht intern differenzieren, sondern sie nach außen abschließen. Daher kann hier von **Abschlussgrenzen** gesprochen werden. Jede Sprache, jedes Verwandtschaftssystem und damit auch jede Stammesgesellschaft, jeder Nationalstaat hat eine solche Abschlussgrenze, die sie gegen in genau derselben Weise strukturierte alternative symbolische Welten oder Gesellschaften abgrenzt. Von außen betrachtet handelt es sich um segmentäre Parallelwelten. *Entgrenzung ist hier ganz ähnlich wie bei Firmenzusammenschlüssen durch Fusion möglich.*

5.5 Gesellschaftliche Abschließung und funktionale Differenzierung in historischer Perspektive

Nun ist aber zu beachten, dass die Art und Weise, wie Gesellschaften gegen andere abgeschlossen werden, dem **sozialen Wandel** unterliegt. *Archaische Gesellschaften bis hin zu den alten Hochkulturen und segmentär differenzierten Stammesgesellschaften* sichern ihre Funktionsfähigkeit durch die Abschließung (a) ihres Weltverständnisses und ihrer Geschichte gegen fremde Gesellschaften, (b) ihrer Sozialstruktur gegen nichtzugehörige „Fremde" und (c) ihrer ritualisierten Praktiken gegenüber „illegitimen" und „unwirksamen" Verhaltensweisen und Ritualen. Der gemeinsame Nenner dieser dreifachen Abschließung besteht darin, dass hierdurch jeweils **Vollständigkeit**, also eine in sich geschlossene Welt hergestellt wird. Nicht nur ist jede Sprache und das darin fixierte Weltverständnis vollständig, sondern auch die Sozialstruktur – genau das ist ja das Problem jedes Fremden. Ebenso gehen die Gesellschaftsmitglieder davon aus, dass ihre rituali-

Kapitel 5: Der gesellschaftliche Aspekt 191

sierten Praktiken alles, was nötig ist, bewirken. Diese drei Ebenen bilden einen in sich geschlossenen sozialen Reproduktionskreislauf: Weltverständnis, Sozialstruktur und ritualis. Praktiken bestätigen sich gegenseitig (vgl. Brock 2006). Die sozialen Abschlussgrenzen derartiger Gesellschaften werden über Fixierungen der Zugehörigkeit zur Sozialstruktur und der Autorisierung der Teilhabe an ritualisierten Praktiken (Abschließung einer Kultgemeinschaft) etabliert. Damit kommt es *in dieser Hinsicht* auf der Ebene der Sozialstruktur zum Ausschluss von „Fremden" sowie auf der Ebene festgelegter Praktiken zum Ausschluss von nicht autorisierten, als unwirksam oder als falsch bzw. als Verletzung von Verboten (Tabus) angesehenen Verhaltensweisen.

Dieses „Grundmuster" wird mit der Entwicklung stratifizierter (d.h. dem Muster stratifikatorischer Differenzierung folgender) Gesellschaften durch eine Abschließung nach „oben" und „unten" *ergänzt*. Diese historisch noch vor der Entstehung der Weltreligionen erfolgte *vertikale Abschließung* liegt auf einer Dimension, die nach heutigem Verständnis sowohl Macht (einschließlich magischer Fähigkeiten) wie auch Standesehre umfasst. Während zuvor die *Unterscheidung zwischen Göttern und Menschen* durchweg als eine unterschiedlich geregelte, innergesellschaftliche soziale Grenze gehandhabt wurde[9], wird nun durchgängig ein menschlicher Bereich von einer Welt der Götter abgetrennt. Die untere Abschlussgrenze schließt den menschlichen Bereich gegen einen subhumanen Bereich ab, wobei hier immer wieder Grauzonen bzw. Abstufungen hart an der Untergrenze des humanen Bereichs identifiziert wurden: z.B. die Parias der indischen Kastengesellschaft, die auf die Ausübung „unreiner Berufe" festgelegten Statusgruppen, Sklaven ohne irgendwelche Rechte an der eigenen Person. Erst mit dieser vertikalen Abschließung konzentrieren sich Gesellschaften explizit auf zwischenmenschliche Beziehungen. *Solche stratifizierten Gesellschaften identifizieren durch Abschließung nach „oben" und „unten" einen als vollständig angesehenen Bereich honoriger menschlicher Lebensführung.* Durch ihre (internen) sozialen Grenzen wird dieser Bereich entlang von Standesgrenzen ausdifferenziert und konkretisiert. Diese Zuschneidung des Vollständigkeitsaspekts drückt sich am stärksten im Weltverständnis aus, das auf die Explikation einer durch Standesunterschiede zutiefst geprägten Welt zugeschnitten wird (vgl. hierzu Dumézil 1958).

Man kann den *Anlass* zur Etablierung dieses Abschließungsmusters im Bedarf nach Zusammenschluss von mehreren Stammesgesellschaften zu einem

---

[9] Die Götter wurden also als zentraler Teil der Gesellschaft verstanden. Ihnen wurden deswegen z.B. auch Siege gegenüber anderen Gesellschaften zugeschrieben.

einheitlichen Staatsverband sehen. In vielen Fällen (Griechenland, Indien, nahezu alle in Folge der indoeuropäischen Wanderungen entstandenen Staaten) ging es darum, unterworfene Stammesgesellschaften als Teile minderen Rechts zu integrieren. Dieses Weltbild kann jedoch auch mit egalitäreren Gründungsszenarien verknüpft werden (z.B. Rom; vgl. Dumézil 1958).

Stammesgesellschaften wie auch stratifikatorisch differenzierte Gesellschaften (Feudalgesellschaften) organisieren sich, indem sie Menschen entweder als zugehörig einschließen oder als unzugehörig ausschließen. Alle weiteren inneren sozialen Grenzen beziehen sich daher immer nur auf Zugehörige. Nichtzugehörige wie z.b. Fremde fallen aus dieser Ordnung zwangsläufig heraus. Insofern bilden Gesellschaften in sich hermetisch geschlossene Welten auf drei miteinander verknüpften Ebenen: Weltverständnis, Sozialstruktur und ritualisierte Praktiken.

> → Aus der historischen Perspektive ist ersichtlich, dass sich Gesellschaften schon immer ihre Funktionstätigkeit gesichert haben. Durch diese Abschließung wird eine hermetisch geschlossene Welt erschaffen.
>
> *Anregung: Am Beispiel Japans zur Tokugawa-Periode können Sie sich diesen Abschließungsprozess exemplarisch vor Augen führen.*

Ein anderes Abschließungsmuster beginnt sich erstmals mit den *großen Weltreligionen* zu entwickeln. In der Soziologie wird es üblicherweise unter dem Stichwort *funktionale Differenzierung* (vgl. Schimank 1996) verbucht. Auf den historischen und gleichermaßen auch inneren Zusammenhang zwischen den großen Weltreligionen und den modernen Funktionssystemen funktionaler Differenzierung hat bereits Max Weber in der „Wirtschaftsethik der Weltreligionen" (Weber 1988) aufmerksam gemacht. Unter den heute lebenden Soziologen betont insbesondere Anthony Giddens (z.B. 1988), dass der Siegeszug der großen Weltreligionen ein erstes transnationales Phänomen war, eine erste Welle der Formung zwischenmenschlichen Verhaltens über gegeneinander abgeschlossene Sprach- und Staatsgrenzen hinweg.

Am Missionsgebot wie an der Bereitschaft, diejenigen als zugehörig zu betrachten, die die Glaubensüberzeugungen einer Religion teilen, kann man sich klar machen, dass die Weltreligionen keineswegs an die zuvor etablierten Abschließungsmechanismen (= gesellschaftlichen Organisationsprinzipien) anknüpfen, sondern sie geradezu in Frage stellen. Sie streben keineswegs gesellschaftliche Vollständigkeit an, sondern ignorieren diesen Aspekt der herkömmlichen Gesellschaftsorganisation. Das gilt nicht nur für die hierarchische Organisation („Sklavenaufstand der Moral"; vgl. Nietzsche 1887), sondern auch für die herkömmlichen Abschlussgrenzen der Gesellschaften. Sie werden in den Weltreligionen typischerweise missachtet, weil sich durch eine *inhaltliche, auf Verhaltensweisen und ihre Motive abstellende Abschlussgrenze* sowohl von anderen Religionen wie von Gesellschaften unterscheiden. Ausgeschlossen werden nämlich alle diejenigen, die die Glaubensüberzeugungen nicht teilen („Ungläubige"). Zugehörig und organisierbar sind dagegen alle „Gläubigen", **unabhängig von ihrem sozialen Status und von verwandtschaftlicher, sprachlicher oder gesellschaftlicher Zugehörigkeit**. Zugehörigkeit wird vom Verhalten und den Überzeugungen abhängig gemacht. Dementsprechend haben auch die sozialen Grenzen innerhalb einer Weltreligion mit Abstufungen der „Glaubensfestigkeit" (Taufe, Novizen, Seligsprechung etc.) oder mit einer Differenzierung religiöser Praktiken (z.B. im Buddhismus; vgl. Kap. 4), aber auch religiöser Ziele zu tun (Mönche vs. Laien etc.).

➜ Mit den großen Weltreligionen etabliert sich erstmals ein Abschließungsmuster, das bestimmte geforderte Verhaltensweisen zum Kriterium erhebt. Es kommt nicht auf den sozialen Status oder verwandtschaftliche Zugehörigkeit an, sondern nur auf das „richtige" Verhalten.

Anregung: Welche Geschichten im Neuen Testament handeln von dieser Anforderung an die Gläubigen?

Ihre andersartige „Organisationsphilosophie" hat die Weltreligionen zunächst zu einem Fremdkörper gegenüber allen anderen, nach formalen Zugehörigkeitsgesichtspunkten abgeschlossenen Lebensbereichen gemacht. Dieses Spannungsverhältnis konnte von Seiten der Herrschaftsinstanzen entweder durch Verfolgung oder durch Erklärung zur Staatsreligion entschärft werden. Letzteres führte dazu, dass die Religion an die „weltliche" Ordnung assimiliert wurde – eine Verbindung, die aber immer wieder aufbrechen konnte, wie man am Beispiel der Reformation sehen kann.

Weber hat gezeigt, wie eine umfassende Durchrationalisierung aller Lebensbereiche im Okzident in dem Moment möglich wird, wo die gesellschaftliche Bedeutung der Religion zurückgeht. Nun kann es zur „Differenzierung der Wertsphären" kommen. Paradoxerweise strahlt die den Weltreligionen immanente Rationalisierungstendenz erst nach dem Bedeutungsverlust von Religion auf „weltliche" Lebensbereiche aus. Dazu müssen diese Lebensbereiche aber als „zusammenhängend", als in sich konsistent angesehen werden. Nur dann können sie gedanklich und in der Folge auch praktisch systematisiert werden[10]. Bruchlinien zwischen solchen „Wertsphären" (bzw. Funktionsbereichen in heutiger Terminologie) ergeben sich immer dort, wo je spezifische Handlungs- oder Bewertungslogiken unterschieden werden können, wo sich Arten von Konsequenz unterscheiden lassen. *Wie bei den Weltreligionen geht es auch hier um die Etablierung inhaltlicher, verhaltens- und leistungsabhängiger Abschlussgrenzen.*

Das klassische „Differenzierungsargument", das diese Zusammenhänge unterstreicht, stammt von Adam Ferguson. Zu Fergusons Lebzeiten gab es nicht nur in England die Tendenz, dass die politischen Machthaber die Religion ihrer Untertanen bzw. Mitbürger bestimmen wollten. Der alte Satz „cuius regio eius religio" spukte auch im frühen 18. Jh. immer noch in den Köpfen vieler Obrigkeiten. Ferguson wirft nun folgende Frage auf: Was lässt sich mit den Mitteln politischer und militärischer Macht im Hinblick auf Religion im besten Falle erreichen? Man kann auf diese Weise bestimmte Verhaltensweisen wie Kirchenbesuch, Bestattungsrituale und dergleichen erzwingen. Was dabei aber in den Köpfen der Menschen vorgeht, kann mit den Machtmitteln politischer Herrschaft nicht diktiert werden, da es hierfür keine Kontrollmechanismen gibt. D.h. also, mit den Mitteln politischer und militärischer Macht bringt man die Menschen dazu, die geforderten Praktiken nur vorzutäuschen. Man zwingt sie zur Heuchelei und zerstört damit geradezu die Religion (vgl. Holmes 1985). Das demonstriert, dass Politik und Religion unterschiedliche Bereiche sind, die einer je eigenen Abschließungssystematik folgen. Daher ist jeder politische Bestimmungsversuch der Religion zum Scheitern verurteilt, weil er nicht in die Systematik von Moral und Religion hineinpasst. Politische Macht könnte keinen Glauben, sondern nur Heuchelei erzwingen.

Die Ausdifferenzierung von „Wertsphären" bzw. Funktionsbereichen bedeutet nichts anderes als die Etablierung eines inhaltlichen Abschließungsmus-

---

[10] Die Brücke zwischen Weltreligionen und modernen Funktionssystemen liegt daher auch im Gebot der Konsequenz. Hierauf weist Weber in der Einleitung seiner Zwischenbetrachtung in der „Wirtschaftsethik der Weltreligionen" hin: „Auch das Rationale im Sinne der logischen oder der teleologischen ‚Konsequenz' einer intellektuell-theoretischen oder praktisch-ethischen Stellungnahme hat nun einmal (und hatte von jeher) Gewalt über die Menschen (…) Gerade die der Ansicht nach rationalen, von Intellektuellen geschaffenen, religiösen Weltdeutungen und Ethiken aber waren dem Gebot der Konsequenz stark ausgesetzt" (Weber 1988, Bd. 1: 537).

Kapitel 5: Der gesellschaftliche Aspekt

ters, wie es beispielsweise bei Weltreligionen zu erkennen ist. Zugehörig ist jeder, der in der vorgesehenen Begriffssystematik operiert. Ausgeschlossen sind alle anderen Begriffssystematiken. Genau darauf hatte Ferguson gepocht. Seine Argumentation implizierte, dass Religion immer nur aus Praktiken bestehen kann, die von den Glaubensüberzeugungen der Akteure bestimmt sein müssen. In der politischen Sphäre wird dagegen mit Macht operiert. Damit hat jede der beiden Sphären eigene soziale Mechanismen, spezifische soziale Möglichkeiten und „Effizienzbedingungen". Mit der Besinnung auf spezifische Mechanismen werden Abschlussgrenzen definiert, jenseits derer mit diesen Mitteln keine effiziente Ordnung etabliert werden kann. In diesem Punkt wird Fergusons Argumentation durch die seines Zeitgenossen Adam Smith ergänzt. Smith hatte die moderne Nationalökonomie ebenfalls mit einem Differenzierungsargument begründet, das auf eine Ausgrenzung einer privatwirtschaftlichen Sphäre aus der Politik abzielte. In seiner Untersuchung über die Quellen des Wohlstands der Nationen versuchte er aufzuzeigen, dass diese in der privaten Initiative und Tatkraft und dem internationalen Austausch der Produkte lägen, die durch politische Eingriffe nur in ihren positiven Wirkungen beschnitten und behindert würden (Smith 1978).

Anregung: Was würde in einer Marktwirtschaft einem Unternehmer widerfahren, der sich von moralischen Überlegungen leiten ließe?

Eine wichtige Konsequenz dieses nun auch auf weltliche Ordnungen übertragenen Abschließungsmusters besteht darin, dass es keine feste Inklusion von Personen kennt. *Während klassische Gesellschaften stabile Zugehörigkeiten definieren müssen, ist hier die Zugehörigkeit von den gezeigten Verhaltensweisen abhängig.* Sowohl bei den Weltreligionen wie auch im Wirtschaftssystem oder im Wissenschaftssystem führen immer nur bestimmte Verhaltensweisen zum Ausschluss bzw. zur Zugehörigkeit. Zugehörigkeiten bestehen daher auch nur solange, wie das „einschlägige" Verhalten gezeigt wird[11].

---

[11] Deswegen zieht sich die permanente Gefahr, das Falsche zu tun, schon durch das Neue Testament. Hier wird an vielen Beispielen gezeigt, dass es nicht auf den sozialen Status oder das Ansehen einer Person ankommt, sondern auf das tatsächliche Verhalten. So können beispielsweise die Schriftgelehrten Falsches tun, während umgekehrt Frauen mit anrüchiger Vergangenheit Richtiges tun können. Dieses Problem besteht in den Funktionssystemen permanent, wenn z.B. Richter nach dem „gesunden Menschenverstand" und nicht nach den Buchstaben des Gesetzes urteilen, Wissenschaftler moralische Argumente verwenden oder Manager nach politischen Kriterien entscheiden.

Von den Weltreligionen unterscheiden sich die Funktionssysteme durch eine größere innere Dynamik. Während die Weltreligionen einen verbindlichen Glaubenskanon sowie damit verbundene Heilswege ein für allemal zu fixieren trachten und Wandlungsprozesse zwar vorkommen, aber nicht zur Programmatik gehören, sind die Funktionssysteme von vornherein auf die Steigerung des Funktionsinhalts angelegt. Das hat u.a. zur Folge, dass alle zu einem bestimmten Zeitpunkt einem Funktionssystem zugerechneten Handlungen voneinander abhängig sind. So ist beispielsweise der „Wert" einer sportlichen Leistung von allen anderen vergleichbaren und (in etwa) zu demselben Zeitpunkt erbrachten sportlichen Leistungen abhängig. Gleiches gilt für die Bewertung aller einem Markt zurechenbarer wirtschaftlicher Fakten oder wissenschaftlicher Hypothesen.

Wozu führt die Ausdifferenzierung von immer mehr eigenständigen Funktionsbereichen? Max Weber befürchtete einen neuen „Polytheismus der Wertsphären". Das ist allerdings eine höchst missverständliche These. Denn Polytheismus bezeichnet den Glauben an eine von vielen Göttern bevölkerte religiöse Welt, die als *Einheit* gedacht wird, weil sie als eigener Götterkosmos von der materiellen Welt der Menschen abgeschlossen ist. Mit der Ausdifferenzierung eigenständiger Funktionsbereiche kommt es dagegen zu einer multiplen Welt (vgl. Luhmann), weil eine Vielzahl sachlich begründeter Abschlussgrenzen in unser Weltverständnis einbezogen werden. Dieser Prozess bedeutet daher eher die Landnahme (vgl. Lutz 1989) eines anders gelagerten und in den Weltreligionen erstmals praktizierten Ordnungsmusters, das die zuvor als einheitlich verstandenen Welten aufspaltet. Anders als die Weltreligionen beginnen die „weltlichen" Funktionssysteme jedoch eher im Kleinen und unter Rahmenbedingungen der klassischen Gesellschaften mit ihren nach Zugehörigkeit gezogenen Abschlussgrenzen.

In dem Kapitel über wirtschaftliche Globalisierung ist exemplarisch deutlich geworden, dass sich ein eigenständiges Wirtschaftssystem erst über die Ausdifferenzierung aus der Hauswirtschaft bilden konnte. Seine Kristallisationspunkte waren zunächst lokal und punktuell. Als Teil staatlicher Aufgaben entstanden dann auf einzelne Staaten konzentrierte Wirtschaftssysteme. Auch der Einstieg in ein System globaler wirtschaftlicher Arbeitsteilung wurde noch von nationalen Volkswirtschaften getragen. Erst seit dem Einstieg in eine dritte Globalisierungsphase entwickelt sich ein Weltwirtschaftssystem.

Bevor untersucht wird, ob eine solche Entwicklung auch in anderen Funktionssystemen stattfindet und welche Konsequenzen dies hat, ist es angebracht, die bisherigen Überlegungen zu Grenzen und zur Frage der Abschaffbarkeit von Grenzen zu bündeln.

Kapitel 5: Der gesellschaftliche Aspekt 197

5.6 *Drei Arten von Grenzen – Drei Arten der Grenzüberwindung?*

Diese Überlegungen zum sozialen Wandel von Abschlussgrenzen und zur Entwicklung spezialisierter Funktionssysteme aus den Weltreligionen erlauben es nun, die zentrale Frage nach der Überwindung und Abschaffung von Grenzen zuzuspitzen.

Es können drei Arten von Grenzen unterschieden werden, von denen nur eine Kandidat für Entgrenzung, also für die Abschaffung von Grenzen ist:

1. *Soziale Grenzen* leisten die Binnendifferenzierung jeder Gesellschaft. Über sie wird Verhaltenssicherheit und Identitätsgewissheit auf Kosten des Ausschlusses von Alternativen hergestellt. Wenn in der Lebenswelt Grenzen beachtet und unter Umständen neu gezogen oder verändert werden, dann erfassen wir damit die *Mikroebene von Institution und Institutionalisierung*. **Soziale Grenzen sind prinzipiell nicht abschaffbar.** Aus historischer Sicht ist auf diesem Feld eine tendenzielle **Komplexitätszunahme** zu vermuten. Die These ist also, dass soziale Grenzen eher zunehmen und immer feinmaschiger gezogen werden.
2. *Abschlussgrenzen (oder segmentäre Abschlussgrenzen)* markieren **Außengrenzen symbolischer und sozialer Welten.** Sie grenzen Vollständigkeit und Unhintergehbarkeit beanspruchende soziale Räume gegen das Unsagbare bzw. Undenkbare und Nichtpraktizierbare ab. Sie grenzen diese zugleich aber gegen *andere, nach denselben Regeln der Sprachgenerierung bzw. Gesellschaftsorganisation gebildete symbolische und soziale Welten ab.* Aus einer externen Beobachterperspektive sind diese Grenzen letztlich als *segmentär* zu bezeichnen. Abschlussgrenzen sind zwar nicht entbehrlich, sie können jedoch vom Prinzip her problemlos **vermehrt oder** bis hin zu einer einheitlichen Weltsprache und einer einheitlichen Weltgesellschaft **vermindert werden. In dieser Hinsicht ist also Entgrenzung möglich.**
3. Funktionssysteme weisen ebenfalls Abschlussgrenzen gegenüber anderen Funktionssystemen auf. Aus einer externen Beobachterperspektive handelt es sich hier nicht um segmentäre, sondern um *funktionale Abschlussgrenzen.* Ein Funktionssystem kann also nicht durch ein anderes gleichwertig ersetzt werden. Daher sind solche funktionalen Abschlussgrenzen **prinzipiell nicht abschaffbar.** Eine weitere Besonderheit ist, dass hier nicht Vollständigkeit beanspruchende Welten voneinander abgegrenzt werden, sondern unterschiedliche Teilwelten gegeneinander. Deswegen bedürfen Funktionssysteme der strukturellen Kopplung an Vollständigkeit beanspruchende

Symbol- und Sozialwelten. **Ohne diese symbolsprachliche und institutionelle Grundlage sind sie nicht lebensfähig.** An diese Grundlage ist eine weitere Möglichkeit von Funktionssystemen geknüpft: Sie können sich *ausdehnen*.

➔ Es gibt drei verschiedene Muster der Abgrenzung: soziale Grenzen, segmentäre sowie funktionale Abschlussgrenzen. Allerdings ist Entgrenzung nur im Fall der segmentären Abschlussgrenzen möglich.

Anregung: Wenn soziale Grenzen nicht (völlig) überwunden werden können, ist dann die kommunistische Idee einer absoluten Gleichheit überhaupt möglich bzw. denkbar?

5.7 Entgrenzung als Fusion segmentärer Parallelwelten

Es gibt also nur einen Ansatzpunkt für Entgrenzungsszenarien: segmentäre Abschlussgrenzen. Im Hinblick auf das Globalisierungsthema kann man die Frage untersuchen, ob sich die Zahl koexistierender Gesellschaften reduzieren lässt und in welcher Weise Gesellschaften fusionieren können.

Instruktive Beispiele für solche Fusionen sind die modernen Nationalstaaten. Wie insbesondere Elias gezeigt hat, setzten in den klassischen Feudalstaaten Auseinandersetzungen zwischen den relativ autarken Herrschaftsbereichen einen „Monopolmechanismus" in Gang, an dessen Ende ein Sieger steht, der auf Basis des erreichten Steuer- und Gewaltmonopols den gesamten Herrschaftsbereich funktional organisiert (Elias 1976). Auch wenn die modernen Nationalstaaten nicht immer auf diese Weise entstanden sind, ist seine Grundaussage sicherlich zutreffend. Die Zusammenfassung vieler zuvor souveräner Herrschaftsbereiche unter eine Herrschaft erlaubt eine Vereinheitlichung, die allerdings funktional organisiert werden muss. An die Stelle vielfältiger Dialekte und Regionalsprachen tritt eine einheitliche Hochsprache. Ebenso wird meist in Zusammenhang mit der Entwicklung eines allgemeinen Bildungssystems eine gemeinsame Kulturtradition konstruiert (vgl. Gellner 1995). Ein nach einheitlichen Grundsätzen verwaltetes und organisiertes Staatsgebiet, eine einheitliche Staatsbürgerschaft, Armee und Polizei, aber auch eine einheitliche Wirtschafts- und Industriepolitik einschließlich national einheitlicher Normierungen (einheitliche Währung, Spur-

Kapitel 5: Der gesellschaftliche Aspekt

breite der Eisenbahn, Verkehrsregeln, Stromspannung etc.) sind weitere Merkmale dieser Vereinheitlichung.

Aus historischer Sicht hat die Zahl koexistierender Sprachgemeinschaften vor allem durch die Bildung von Nationalstaaten abgenommen. Gellner schätzt, dass aus ca. 8000 vormodernen Sprachen/Volkskulturen ca. 200 nationale Kulturen/Nationalstaaten hervorgingen (vgl. Gellner 1995: 71). Aus einer etwas weiter ausgreifenden historischen Perspektive kann man erkennen, dass die Zivilisationsentwicklung fast gesetzmäßig zu einem Verschmelzen diverser segmentärer Parallelwelten zu einer einzigen großen Zivilisation führt. Das gilt für das alte Ägypten gleichermaßen wie für Mesopotamien oder die chinesische Kultur.

Nach solchen Fusionen können ehemalige Abschlussgrenzen in veränderter Form als interne soziale Grenzen wieder auftauchen, z.B. in der Unterscheidung zwischen Preußen und Bayern. Sie hat so gut wie gar nichts mit den vormaligen Beziehungen der Staaten Preußen und Bayern zu tun. Daran dockt jetzt eine gewissermaßen lebensweltliche Unterscheidung an, die durch die wachsenden direkten Sozialkontakte der Bevölkerung im gemeinsamen Deutschen Reich Nahrung bekam. Ein aktuelleres Beispiel ist die Debatte über die Eigenschaften von „Ossis" und „Wessis" (vgl. Lechner 2003). Solche internen Unterscheidungen können, sie müssen aber keineswegs an die politische Geschichte anknüpfen.

Im Anschluss an Elias ist weiterhin zu vermuten, dass solche Fusionen segmentärer Parallelwelten auch zu systematischer funktionaler Differenzierung anregen. Für die Nationalstaaten vermutet Gellner umgekehrt, dass die voranschreitende Arbeitsteilung einen wachsenden Mindestumfang eines Staatsverbands erfordert (Gellner 1995: 56).

Wie sich im dritten Kapitel zeigte, stehen Nationalstaaten heute ihrerseits vor allem aufgrund zunehmender wirtschaftlicher Verflechtungen unter einem beträchtlichen Kooperationsdruck. Das führt zweifellos zu einer punktuellen Abgabe von politischer Macht an militärische Bündnisse wie die NATO und an politische Zusammenschlüsse wie die EU. Ob sich daraus eine weitere Fusionsrunde entwickeln wird, ist absolut offen. Gerade die jüngere Geschichte der EU demonstriert – nicht nur wegen der gescheiterten Referenden zur EU-Verfassung –, dass die Abneigung der Bevölkerung gegen Entwicklungen in Richtung auf einen europäischen Bundesstaat beträchtlich ist. Auf der anderen Seite gibt es Hinweise auf eine sich allmählich entwickelnde europäische Identität (Elias 1987: 207ff.). Allerdings steht weder in Europa noch sonst wo ein politischer Zusammenschluss in absehbarer Zeit auf der politischen Agenda. Eher ist die Etablierung von überstaatlichen Kooperationsebenen unterhalb eines föderalen Zusammenschlusses nach dem Muster der EU auch in anderen Kontinenten zu erwarten.

> → Die Entgrenzung segmentärer Parallelwelten vollzieht sich durch Fusion bzw. Verschmelzung von Gesellschaften.
>
> *Anregung: Welche segmentären Parallelwelten sind bei der Entstehung eines deutschen Nationalstaates im 19. Jh. miteinander verschmolzen worden?*

5.8 Die Globalisierung von Funktionssystemen

Funktionssysteme können sich wesentlich leichter als Gesellschaften ausdehnen. Da sie anders als Gesellschaften nicht auf „ganze Menschen", sondern nur auf Verhaltensweisen zugreifen, können sich Funktionssysteme gewissermaßen schleichend und geräuschlos ausbreiten. Sie bedürfen in der Regel keiner Kriege, sondern bloßer Attraktivität. Insofern reflektiert die Ausdehnung der Funktionssysteme von der lokalen bis zur globalen Reichweite eine zwanglose und friedliche Tendenz in Richtung Weltgesellschaft. Dabei darf allerdings ihr „inhaltlicher Imperialismus" nicht übersehen werden: Man kann nur an Funktionssystemen partizipieren, wenn man sich ihren Konsequenzen unterwirft. Funktionssysteme verbreiten also immer auch Muster von „Selbstzwang" (Elias 1976). Wie schmerzlich das im Einzelnen sein kann, wurde im zweiten Kapitel für das Wirtschaftssystem durchbuchstabiert.

Funktionssysteme können also eine ganz unterschiedliche räumliche wie soziale Reichweite haben. Sie können sich auf rein lokaler Ebene herausbilden – z.B. wies Deutschland vor dem Eisenbahnbau im Binnenland überwiegend lokale Märkte für landwirtschaftliche Produkte und handwerkliche Dienstleistungen auf. Ein klarer Indikator hierfür sind die letzten vorindustriellen Hungerkrisen 1815-1817 und auch noch 1846-1848. Sie entstanden aufgrund regional begrenzter Missernten, die noch nicht hinreichend durch Getreideimporte zu vertretbaren Kosten kompensiert werden konnten (vgl. hierzu Abel 1977). Funktionssysteme können aber auch auf bestimmte Sozialschichten beschränkt bleiben, wie z.B. Arbeitersportvereine (vgl. zusammenfassend Brock 1991).

Diese Beispiele zeigen, dass die soziale und räumliche Ausdehnung von Funktionssystemen durch die räumliche Reichweite der Kommunikations- und Transportmittel (vgl. Wallerstein 1974), aber auch institutionell fixiert werden. So kommt es beispielsweise in Deutschland zu einer nationalen Volkswirtschaft im Zusammenspiel zwischen neuen technischen Möglichkeiten (Eisenbahn als

Kapitel 5: Der gesellschaftliche Aspekt

Schlüsseltechnologie; vgl. Bornschier 1998: 150ff.) und einer Angleichung der institutionellen Rahmenbedingungen. Sie erfolgt zunächst durch Kooperation zwischen diversen Klein- und Mittelstaaten mit Preußen (Deutscher Zollverein 1834 zunächst ohne, ab 1866 einschließlich Süddeutschland). Erst später folgt der mit militärischen Mitteln herbeigeführte politisch-staatliche Zusammenschluss (1866 Norddeutscher Bund und 1871 Deutsches Reich). Im Hinblick auf die technischen Voraussetzungen kann ab ca. 1855 in Deutschland von einem flächendeckenden Schienennetz gesprochen werden (vgl. Putzger 1954: 105).

Im zweiten Kapitel wurde nun eine Skizze der Globalisierung des Wirtschaftssystems vorgelegt. Es wurden drei Phasen unterschieden:

I. Wirtschaftliche Globalisierung in Form einer tendenziell globalen wirtschaftlichen Arbeitsteilung (Globalisierung I);
II. Wirtschaftliche Globalisierung in Form der Zentrumskonkurrenz um wirtschaftliches Wachstum (Globalisierung II);
III. Wirtschaftliche Globalisierung auf der Ebene der Strukturierung unternehmerischer Aktivitäten unter Weltmarktbedingungen (Globalisierung III).

Diese drei Phasen wurden als historisch konsekutiv aufgefasst: die erste als Voraussetzung für die zweite und die zweite als Voraussetzung für die dritte Phase, mit der der Globalisierungsprozess im Wesentlichen abgeschlossen ist. Für die Zukunft sind weniger qualitativ neue Formen der wirtschaftlichen Globalisierung, sondern eher eine Ausreizung der mit der dritten Phase erreichten Möglichkeiten zu erwarten: Bisherige „weiße Flecken" werden in das weltwirtschaftliche Netzwerk auf die eine oder andere Weise integriert und die offene Frage der Herstellung ökologischer und sozialer Verträglichkeit dieses Wirtschaftssystems dürfte in den nächsten Jahrzehnten auf der Tagesordnung stehen.

Letzteres wird aber nur dann Realität werden können, wenn es gelingt, sich auf mehr oder minder globale ökologische und soziale Standards zu einigen. Auch wenn ein solcher Prozess keineswegs zwangsläufig in Richtung eines Weltstaates gehen muss, so impliziert er unweigerlich die Fusion segmentärer Parallelwelten im oben erläuterten Sinne. Das hängt damit zusammen, dass das Wirtschaftssystem immer einer institutionellen Grundlage bedarf, die es nicht selbst schaffen kann. Daher steht mit dem Übergang zur dritten Globalisierungsphase die Schaffung transnationaler institutioneller Rahmenbedingungen für das Wirtschaftssystem auf der Tagesordnung. Nationale und regionale institutionelle Besonderheiten müssen – in welcher Weise und mit welcher Gewichtung auch immer – in tendenziell global verbindliche gemeinsame Standards und Strategien einfließen. Das schließt aber eine Fortexistenz dieser Besonderheiten in Form interner sozialer Grenzen (z.B. Unterschiede in der Unternehmenskultur) keineswegs aus.

Aber nicht nur von einer Globalisierung des Wirtschaftssystems geht Fusionsdruck auf segmentäre Parallelwelten aus. Auch in anderen Funktionssystemen vollzogen bzw. vollziehen sich Entwicklungen in Richtung Globalisierung. Dies wird im Folgenden an drei Beispielen erläutert:

a) für das Sportsystem (siehe unter 5.9),
b) für das Wissenschaftssystem (siehe unter 5.10) sowie
c) für das Kunstsystem (5.11).

Da die Globalisierung des Sportsystems besonders gut nachvollziehbar ist, wird die Darstellung wesentlich ausführlicher sein als in den beiden anderen Fällen, die eher kursorisch behandelt werden.

5.9   *Globalisierung des Sportsystems*
(Koautor Dietmar Mälzer)

Nicht nur in den Bereichen von Wirtschaft, Politik oder Staat, sondern auch innerhalb des Sports werden zunehmend globale Prozesse beobachtet. „In den letzten Jahrzehnten hat sich der Sport mit enormer Dynamik weltweit verbreitet, immer neue Facetten und Formen sportiven Handelns haben sich entwickelt, und eine schier unüberschaubare Anzahl internationaler Wettkämpfe füllt heute die Kalender" (Doll-Tepper 1999: 101). Man denke hier nur stellvertretend an die Olympischen Spiele, die Fußballweltmeisterschaften oder die (zurzeit wegen vermehrter Dopingfälle nicht unumstrittene) „Tour de France".

Innerhalb des sportwissenschaftlichen bzw. -soziologischen Diskurses lassen sich dabei zunächst ganz grob zwei Perspektiven erkennen, unter denen die Globalisierung des Sports analysiert wird:

- Zum einen eine *systemtheoretische* bzw. *differenzierungstheoretische* Betrachtungsweise, bei der Sport als ein ausdifferenziertes Teilsystem der „Weltgesellschaft" (Luhmann 1975; Stichweh 2000) verstanden wird, deren innere Logik einen weltweiten Zusammenhang konstituiert. Instruktiv sind dabei insbesondere die Ausführungen von Cachay (1999; Cachay/Thiel 2000), Schimank (1988) und Stichweh (1990; 1995).

Kapitel 5: Der gesellschaftliche Aspekt   203

- Zum anderen finden sich häufig *sportökonomische* Überlegungen zu dieser Thematik (vor allem Trosien 1998). Die Sportentwicklung ist demnach gekennzeichnet durch Prozesse der Ausdifferenzierung und vor allem der Ökonomisierung, die – so Trosien – eine „Amerikanisierung" des Sports zur Folge haben (Trosien 1998). Deutlich ausmachen lässt sich demnach ein Vormarsch von Sportarten, die vorwiegend aus Nordamerika und – mit gewissen Einschränkungen – aus Europa stammen. Spiel- und Sportkulturen aus anderen Regionen der Welt geraten so immer stärker in den Hintergrund und erfahren lediglich bei besonderen Anlässen, wie z.B. bei Festivals der Sportkulturen der Welt, größere Aufmerksamkeit (Doll-Tepper 1999: 101).

Ob dieser Trend tatsächlich vonstatten geht, scheint aber fraglich. Auch wenn es innerhalb des Spitzensports solche Angleichungstendenzen nachweislich geben sollte, so bleibt doch zumindest der Breitensport (kulturell) vielfältiger und breiter gestaffelt. Unter dem Motto „Sport for all" finden weltweit breitensportlich orientierte Initiativen statt, die große Bevölkerungsgruppen mit ihren unterschiedlichen Bewegungsbedürfnissen und -interessen ansprechen sollen. Förderungsprogramme gelten vornehmlich Frauen, Senioren, Menschen mit Behinderungen, Kindern und Jugendlichen in sozialen Brennpunkten. Diese Entwicklungen werden weltweit von der UNESCO unterstützt, deren Interesse darin besteht, die kulturelle Vielfalt zu wahren und zu erhalten (Doll-Tepper 1999: 101). Im Folgenden sollen beide Perspektiven – die systemtheoretische und die sportökonomische – auf die Globalisierung des Sports berücksichtigt werden.

5.9.1   Globalisierung des Sports aus systemtheoretischer Sicht

Die moderne Gesellschaft kann nach Luhmann (1975) nur noch als Weltgesellschaft vollständig beschrieben werden. Folglich gilt für jedes der einzelnen Funktionssysteme, dass sie nur noch in einem weltweiten, globalen Kontext plausibel gemacht werden können. Die Ausgangsfragen lauten also folgendermaßen: Wie ist Globalisierung überhaupt möglich und was ändert sich in der Folge in den Funktionssystemen (vgl. Stichweh 2000)? Dieser Beitrag soll sich im Folgenden konkret mit dem Sport der Weltgesellschaft befassen.
    Dabei ist zunächst interessant, was den (modernen) Sport auszeichnet bzw. in systemtheoretischer Sprache, wie er codiert ist. Häufig wird im sportsoziologischen Diskurs vom binären Code Sieg/Niederlage ausgegangen (vgl. Schimank

1988: 185ff.; Cachay/Thiel 2000: 134ff.). Dieser Code ist allerdings unter Soziologen nicht unumstritten. So bezeichnet Stichweh (1990: 384ff.) die Codierung Sieg/Niederlage als nicht ausreichend, um die Spezifität, die Ausdifferenzierung und die Einheit des Systems zu erklären. Er spricht dagegen von der *Codierung Leisten/Nicht-Leisten*, um die Gesamtheit des sportiven Handelns abdecken zu können. Stichweh ist insofern instruktiv, als die Codierung Sieg/Niederlage keinesfalls für den gesamten Sportbereich Gültigkeit besitzt (lediglich für den Spitzensport), während die Codierung Leisten/Nicht-Leisten auch den Bereich des Breitensports abzudecken vermag (vgl. Stichweh 1990: 385ff.; Cachay/Thiel 2000: 135). Hinzu kommt, dass im Sport nicht nur das Moment des definitiven Sieges wichtig ist, sondern darüber hinaus auch der kontinuierliche Leistungsvergleich an sich. Und gerade dieses auf Dauer stellen des Leistungsvergleichs – die regelmäßige Wiederholung von sportlichen Wettkämpfen – ist eine wesentliche Bedingung der Autonomie des modernen Sports (Stichweh 1990: 385). Aber dieser *Leistungsvergleich* ist auch gleichzeitig wesentliche Bedingung der Globalisierung des Sports selbst. Denn um eine Leistung überhaupt bestimmen zu können, muss man sie mit einer anderen Leistung vergleichen können. „Die Form, in der sich das Funktionssystem Sport in der Moderne als – schließlich sogar weltweiter – Kommunikationszusammenhang konstituiert, ist die der *Universalisierung des Leistungsvergleichs*" (Stichweh 1995: 23; Hervorh. im Original).

Mehr noch als alle anderen Funktionssysteme ist der Sport auf Mobilität angewiesen, da der eigentliche sportliche Wettkampf wegen des Körperbezugs die Anwesenheit aller Beteiligten am selben Ort zwingend voraussetzt (Stichweh 1995: 23). Daher enthält der sportliche Wettkampf immer die Tendenz zur *Überlokalität* (Entbettung des Sports aus lokalen Kontexten). Ein klassisches Beispiel sind die antiken Wettkämpfe in Olympia. Sie waren noch nicht global im heutigen Sinne. Teilnehmer waren vielmehr nur männliche Aristokraten aus allen griechischen Städten und Landschaften, wobei hiermit keine politische, sondern eine kulturelle Grenze angesprochen wird. Weder Nichtgriechen noch Frauen waren zugelassen. Für Aristokraten war es wichtig in Olympia zu siegen[12], weil sie so ihre individuelle Tüchtigkeit, ihr *arete* öffentlich demonstrieren konnten. Nur sie hatten reale Möglichkeiten zu einer Erfolg versprechenden Vorbereitung

---

[12] „Der Sieger in Olympia oder Delphi war für die Griechen nicht einfach ein hervorragender Sportsmann. Er hatte sich mit seinem Sieg als *esthlos* und *aristos* erwiesen (…) Daher konnten die Sieger in den *agones* ihren Ruhm immer wieder erfolgreich auch in politische Vorrangstellungen ummünzen oder es zumindest versuchen. So ein gewisser Kylon, der sich nach einem Sieg im olympischen Laufwettbewerb mit Hilfe seines Schwiegervaters (…) in Athen um 630 v. Chr. zum Tyrannen aufschwingen wollte" (Stahl 2003: 58).

Kapitel 5: Der gesellschaftliche Aspekt

auf die Wettbewerbe. Mit diesen Beschränkungen hatten aber die alten Griechen kein Problem, da ihrer Ansicht nach weder Nichtgriechen, also Barbaren, noch Frauen zu dieser Welt des männlichen Wettkampfes gehörten. Nur Aristokraten zeichnete nach ihrer Auffassung besondere Leistungsfähigkeit aus. Insofern nahmen „alle" teil.

Auch an der Wiege des modernen Sports stehen zwar überlokale, aber sozial eingeschränkte Wettkämpfe. Britische Aristokraten wollten sich nur mit ihresgleichen im Tennis oder im Polo messen. Fußball entwickelte sich dagegen als Sportart der Arbeiterklasse, die vom Bürgertum zunächst abschätzig beäugt wurde. Aber auch in den Arbeitersportvereinen bestand zunächst keine Neigung sich mit „Feinden" im sportlichen Wettkampf zu messen (vgl. Ritter 1979). Die Grundlage für eine Nationalisierung wie dann für die Globalisierung des Sports war auch hier wiederum eine Fusionierung segmentärer Parallelwelten, insbesondere klassen- und schichtspezifischer Parallelwelten. Auch hier bedeutet Fusion keineswegs den definitiven Abbau von Standesunterschieden. Fußballvereine haben auch heute noch, nachdem sie längst als Wirtschaftsunternehmen geführt werden, ein soziales Image. Sie werden jedoch zu internen Grenzen im Rahmen einer von „allen" geteilten Wettbewerbsarena. So gelten Real Madrid, AC Mailand, Bayern München als „bürgerliche", Atletico Madrid, Inter Mailand, 1860 München dagegen als eher „proletarische" Vereine. Diese Wettbewerbsarena hat sich heute nach dem Verständnis des Publikums eindeutig globalisiert. So gilt beispielsweise im Profifußball der Weltpokal als wichtigste Vereinstrophäe, in Europa gefolgt vom Gewinn der Champions League. Erst danach rangieren nationale Titel. Das ändert aber nichts daran, dass auch ein Sieg im Lokalderby besondere Bedeutung hat.

Für die Globalisierung des Sports bilden darüber hinaus auch die modernen Transportmittel, angefangen von der Eisenbahn über das Automobil bis hin zum Flugzeug, eine notwendige Voraussetzung. Erst unter diesen Bedingungen sind die Sportakteure in der Lage, ihre Leistungen bei internationalen Wettkämpfen zu messen und zu vergleichen, also kontinuierliche Leistungsvergleiche aller Aktiven einer Sportart tatsächlich zu betreiben.

Die rasche Verbreitung des Sports führte zudem dazu, dass die Regeln der verschieden betriebenen Sportarten überlokal kodifiziert werden mussten. Die Vereinheitlichung der Regeln war und ist eine hinreichende Notwendigkeit des Leistungsvergleichs. Aus diesen Angleichungstendenzen entstanden sehr schnell national und schließlich international vereinheitlichte Regelwerke für die verschiedenen Sportarten als zentrale Elemente des globalen Sportsystems. Zusammenfassend lässt sich also sagen, dass erst die Möglichkeit größere regionale

Distanzen schneller zu überbrücken dazu führte, dass sportliche Wettkämpfe lokale Grenzen überschritten und so eine Regelvereinheitlichung und -standardisierung erzwangen (Schimank 1988: 201). Egal, wo heute auf der Welt Fußball bzw. Soccer, Tennis oder Eishockey gespielt wird, die jeweils dazugehörigen Spielregeln sind überall die gleichen.

Eine weitere zentrale Bedingung des modernen und damit auch des globalen Sports ist nach Stichweh (1995: 23f.) die *Messbarkeit von Leistungen*. Durch die Entwicklung von genauen Messtechniken und einer bestimmten Weise der Beobachtung lassen sich Ergebnisse quantifizieren und ermöglichen einen detaillierten, weltweit einheitlichen Leistungsvergleich. Dieser erzwingt wiederum „(...) die *Universalisierung des Rekordbegriffs* im modernen Sport. Jede der verschiedenen Aspekte von Leistung, die man zu unterscheiden lernt, wird, sobald man die Ergebnisse *notiert*, zu einem Rekord, der Vergleiche in verschiedenen Referenzsystemen erlaubt und derart den Sport weltweit integriert" (ebd. 24; Hervorh. im Original).[13] Der moderne Sport vermag es also, unaufhörlich Leistungen zu notieren, sie weltweit zu vergleichen und sie auf internationalen Wettkämpfen zu reproduzieren und zur Schau zu stellen (vgl. ebd. 26). Der zentrale Mechanismus zur Erzeugung von Globalität in der systemspezifischen Logik des Sports liegt damit im Leistungsvergleich selbst verborgen. Dieser innere Motor des permanenten Vergleichens von körperlichen Leistungen impliziert nämlich, die Vergleichskontexte in räumlicher Hinsicht von lokalen über nationale Grenzen auf die ganze Welt auszudehnen, um die jeweils beste Leistung bestimmen zu können (Cachay 1999: 115).

Diese Ausdifferenzierung und globale Expansion des Sportsystems wurde allerdings nur im Zuge der Ausdifferenzierung eines großtechnischen Infrastruktursystems, also durch „günstige" Umwelt-Bedingungen möglich (vgl. Schimank 1988: 201). Durch diese Umstände ist der Sport, wie wir ihn heute kennen, nahezu zwangsweise grenzenlos bzw. grenzüberschreitend. Dennoch sind nach Cachay (1999: 115) die lokalen und nationalen Grenzen für den Sport nach wie vor von großer Bedeutung. Denn das Sportsystem nutzt für seine hierarchische Binnendifferenzierung und zur Strukturierung von Leistungsvergleichen Kriterien der Regionalität. Insbesondere für die Ebene der Organisationen (Vereine und Verbände) sind diese Kriterien wichtige Bedingungen ihrer Operationsmöglichkeiten (ebd. 115).

---

[13] „Die Unlimitiertheit der Leistungssteigerung und die ihr eng verbundene Unlimitiertheit immer feineren Unterscheidens hinsichtlich Aspekten von Leistung stößt im modernen Sport unweigerlich auf eine Grenze. Es ist ja immer der eigene Körper, mit dem die Leistung vollzogen werden muß (...)" (Stichweh 1995: 24).

Kapitel 5: Der gesellschaftliche Aspekt

So werden beispielsweise erst innerhalb der einzelnen Nationen die besten Athleten verschiedener Disziplinen ermittelt, die dann als Vertreter ihres Landes zu den Olympischen Spielen fahren dürfen. Und vor allem in Mannschaftssportarten treten bei internationalen Wettkämpfen und Meisterschaften immer *Nationalmannschaften* gegeneinander an.[14] Bei aller Globalisierungseuphorie sollte also beachtet werden, dass Lokalität und Nationalität wichtige Bestandteile des Sports sind und auch bleiben werden. In gewisser Hinsicht werden Aspekte der Region und Nation innerhalb eines globalen Sportsystems sogar noch verstärkt. So kann ein Chemnitzer gar nicht oft genug betonen, dass der internationale Fußballstar Michael Ballack seine Karriere in jener Stadt begann. Und bei Olympischen Spielen interessiert den Zuschauer vor allem der Medaillenspiegel seiner eigenen Nation. In dieser Hinsicht führt die Globalisierung des Sports nicht zwangsläufig zu einer Auflösung regionaler und nationaler Sportinteressen und -gewohnheiten. Vielmehr wird die regionale und nationale Ebene des Sports durch eine Weltebene erweitert.

5.9.2 Ein Beispiel für die Internationalisierung des Sports: Die Bosman-Entscheidung und deren Auswirkungen

Als Beispiel einer Internationalisierung des Sports wird meist in den Sportwissenschaften die so genannte *Bosman-Entscheidung* (meist inkorrekt als *Bosman-Urteil* bezeichnet) herangezogen. Darunter ist eine Entscheidung des Europäischen Gerichtshofes (EuGH) aus dem Jahr 1995 zu verstehen, welche zum einen besagt, dass Profi-Fußballspieler in der Europäischen Union nach Ende des Vertrages ablösefrei zu einem anderen Verein wechseln dürfen; zum anderen brachte es die im europäischen Sport bestehenden Restriktionen für Ausländer zu Fall. Auslöser für die der Entscheidung zugrunde liegende Schadensersatzklage war eine nach Ansicht des belgischen Profi-Fußballers Jean-Marc Bosman zu hoch angesetzte Ablösesumme seines Arbeitgebers RFC Lüttich, durch die sich Bosman in seiner Arbeitnehmerfreizügigkeit eingeschränkt sah.

Um die *Bosman-Entscheidung* systemtheoretisch analysieren zu können, muss eine System-Umwelt-Perspektive eingenommen werden. Die Entscheidung des

---

[14] Zudem ist der Sport immer auch ein staatliches und politisches Instrument gewesen. So war etwa zur Zeit des „Kalten Krieges" der Sport immer auch ein begehrtes Mittel, um der Welt zu demonstrieren, welches (politische) System das jeweils bessere zu sein scheint. Dass die ehemaligen Ostblockstaaten meist leistungsstarke Sportler heranzüchteten und diese dann bei internationalen Wettkämpfen zur Schau stellten, war sicherlich eine Methode, um sich international zu profilieren.

Europäischen Gerichtshofes ist zunächst eine Operation des Rechtssystems, ein Ereignis in der Umwelt des Sportsystems. Dieses Ereignis löste im Sportsystem Prozesse der Strukturveränderung aus, die weit über die juristische Regulierung hinausgingen (Cachay 1999: 115). „Durch die Annullierung der bis dahin bestehenden Ausländerbeschränkungen und Transferregelungen der nationalen und internationalen Sportverbände entstand nahezu eine Völkerwanderung in die europäischen Spitzenligen (...) Dies wird als neuer Globalisierungsschub interpretiert, denn neben dem weltweiten Leistungsvergleich in Wettkämpfen stellt sich nun für die Vereine die Möglichkeit, auf einem globalen Spielermarkt fast unbeschränkt ausländische Spieler zu rekrutieren" (ebd. 115).

Die Folgen für die jeweiligen nationalen Sportsysteme liegen erst einmal auf der Hand: Die Vereine der Fußball-Bundesliga und der anderen europäischen Spitzenligen können aufgrund der globalisierten Spielermärkte beliebig viele Ausländer aus aller Welt einsetzen, mit der Konsequenz, dass die eigene Nachwuchsförderung obsolet wird, da leistungsstarke Spieler im Ausland ausreichend vorhanden sind. Neben der Gefahr, dass die Vereine langfristig aus der Nachwuchsarbeit aussteigen werden, kann diese Entwicklung auch eine Schwächung der Nationalmannschaft zur Folge haben (vgl. ebd. 115f.). Der Hauptnachteil dieser neuen Transferregelung und des dadurch verstärkten Einsatzes von erfahrenen ausländischen Spielern ist also in erster Linie die verringerte Bereitschaft der Profivereine junge Nachwuchsspieler im Ligabetrieb einzusetzen, um ihre Leistungsfähigkeit zu überprüfen. Denn ein Verein gefährdet durch den Einsatz neuer Nachwuchsspieler im laufenden Spielbetrieb seine Tabellenposition (vgl. Schellhaaß/May 2003).

Dennoch muss die Globalisierung des Sports keine Einbahnstraße sein bzw. bleiben. So ist es auch vorstellbar, dass die Profi-Fußballvereine mittel- und langfristig effizienter wirtschaften, wenn sie eigens ausgebildete (kostengünstige) Spieler für ihre Mannschaft rekrutieren anstatt ausländische Spieler teuer zu erkaufen. Die Hoffnung auf steigende Ablösesummen könnte dann sogar die Jugendarbeit intensivieren. Zudem kann mit eigens ausgebildeten, leistungsstarken Spielern viel Geld für den Verein erwirtschaftet werden, nämlich dann, wenn diese Spieler von anderen Vereinen teuer abgeworben werden. Aber auch wenn die Nachwuchsarbeit tatsächlich zugunsten der Erhöhung des Ausländeranteils vernachlässigt werden sollte, so werden die nun vielleicht zahlenmäßig dezimierten Nachwuchstalente aufgrund der internationalen Klasse der Bundesliga besser auf den globalen Leistungsvergleich vorbereitet, als das in den 1970er Jahren der Fall war, wo die Deutschen sozusagen den Pokal noch unter sich ausspielten.

Kapitel 5: Der gesellschaftliche Aspekt

Im Gegensatz zu den Vorhersagen ökonomischer Studien geht mit dem Wegfall der Transferentschädigung jedenfalls keine Verschlechterung der Spielerqualität in den Profiligen aufgrund verringerter Ausbildungsanreize einher. Vielmehr ist die Erhöhung der individuellen Leistungsfähigkeit einzelner Spieler ein Produkt, das beim Mannschaftstraining zur Verbesserung der aktuellen Tabellenposition im laufenden Spielbetrieb zwangsläufig entsteht (vgl. Schellhaaß/May 2003: 244ff., 255).

5.9.3 Globalisierung des Sports aus sportökonomischer Sicht

Als Nächstes soll die Globalisierung des Sports aus sportökonomischer Sicht betrachtet werden. Beide Perspektiven, sowohl die systemtheoretische als auch die sportökonomische, sind keineswegs sich gegenseitig ausschließende oder gar widersprüchliche Betrachtungsweisen. Vielmehr ergänzt die sportökonomische Betrachtung der Globalisierung des Sports die bisherigen Ausführungen. Auch ist in der systemtheoretischen Terminologie mit Luhmanns Konzept der *strukturellen Kopplung* (vgl. Baraldi et al. 1997: 186ff.) durchaus ein Zusammenhang zwischen dem Funktionssystem Sport und dem Funktionssystem Wirtschaft fixierbar.

Die sportökonomische Perspektive zeigt, dass das Wirtschaftssystem seit Ende des 19. Jahrhunderts ganz wesentlich zur Ausdifferenzierung des modernen (Breiten-)Sports beigetragen hat. So wurden in großen Unternehmen häufig Betriebssportgruppen und -vereine gegründet; die Initiative ging teils von den Beschäftigten, teils auch von patriarchalischen Unternehmern aus, die sportliche Freizeitaktivitäten ihrer Mitarbeiter als Ablenkung vom Klassenkampf sahen (vgl. Schimank 1988: 205).

Neben dieser **sozialintegrativen Funktion** zwischen Kapital und Arbeit hat sich der Sport weiterhin zu einem **Absatzmarkt** für das Wirtschaftssystem entwickelt. Der Markt für Sportartikel wie Sportkleidung und Sportgeräte wuchs stetig. Darüber hinaus ließ (kommerzielle) Sportstättenbau (z.B. Bodybuilding-Studios, Fußballstadien oder Tenniscenter) auch ein neues Betätigungsfeld der Bauindustrie entstehen, auf das sich mittlerweile ganze Unternehmen spezialisiert haben. Das Wirtschaftssystem hat also zur systematischen Ausdifferenzierung des Sports beigetragen, der Sport hat demgegenüber neue Wirtschaftsbranchen entstehen lassen (vgl. ebd. 205f.).

Insofern kann von einer *Koevolution von Wirtschafts- und Sportsystem* gesprochen werden. Beide Systeme haben die Interpenetrationszone zur Ausdifferenzierung genutzt. Die *Sportökonomie* ist daher ein wichtiges Analysefeld der Globalisierung des Sports. Denn Sport ist in der heutigen Welt nicht mehr nur auf „Sport treiben" konzentriert. Hinzu kommen auf diesen Vorgang bezogene vor- und nachgelagerte sowie prozessbegleitende Aktivitäten[15]: Sport muss immer auch organisiert werden, kann durch die Einrichtung von Wettbewerbsarenen und Siegestrophäen systematisch und berechenbar produziert und vom Publikum konsumiert werden. Alle diese Vorgänge können über das Geldmedium organisiert werden. Daher ist Sport heute zu einer bedeutsamen Kraft geworden, die Wirtschaftssysteme und weltweite Entwicklungen vorantreibt.

Welche globalen Prozesse der Sportökonomie lassen sich aber aktuell ausmachen? Nach Trosien (1998) kommt es neben der zunehmenden Ausdifferenzierung auch zu einer verstärkten Ökonomisierung des Sports. So konstatieren Trosien (1998: 19f.) und Holderbach (1998: 47ff.) eine gewaltige Kommerzialisierung der Olympischen Spiele, wobei das Internationale Olympische Komitee (IOC) einen erheblichen Anteil dazu beiträgt. „Heute folgen dem olympischen Feuer neben den Sportlern vor allem Medien und Wirtschaftsunternehmen. Die ursprüngliche Konzentration der Spiele auf seine Geburtsstätte Europa nimmt immer mehr ab und das internationale Geschäft mit der ‚Ware Olympia' boomt" (Holderbach 1998: 47). Immer stärker werden Sportveranstaltungen und so genannte Sport-Events aufgrund der dort vertretenen hohen Medienpräsenz von wirtschaftlichen Interessen bestimmt. Sportveranstalter und allen voran die Sportler selbst sind zunehmend auf Werbung und auf Sponsoren aus der Wirtschaft angewiesen.

Allein in den Vereinigten Staaten wird der laufende Umsatz der nationalen Sportindustrie auf etwa 525 Milliarden US-Dollar geschätzt; dies ist mehr als der Umsatz der Verteidigungsindustrie (Mac Kenzie 1998: 35, 41). Einmal mehr wird deutlich, dass die Sportindustrie ein wesentlicher Faktor der Globalisierung des Sports ist.

Problematisch ist allerdings die von Trosien (1998) konstatierte **„Amerikanisierung" des Sports**. So schreibt er: „Viele Ansätze, Ideen, Moden oder Trends kommen aus Nordamerika auf die deutsche Gesellschaft zu – mehr offensichtlich jedenfalls als aus anderen Regionen unserer Welt. Hinter dieser Vermutung steht kein Konzept, sondern eine reale Tendenz. Eine spannende Beobachtung, mit bereits semantischer Qualität. Sprache ist ein durchaus bedeutsamer Indikator. Wir kennen Streetball oder Streetsoccer, Beachvolleyball und Biking, wir wandern kaum mehr, sondern betonen ‚walking', wir ‚snowboarden' oder sind vom

---

[15] Gleiches charakterisiert nach Karl Marx bekanntlich die Entwicklung der Industriearbeit.

Kapitel 5: Der gesellschaftliche Aspekt

‚Inline Skating' fasziniert" (Trosien 1998: 18). Zumindest im marktwirtschaftlichen Teil der Sportbranche seien die häufiger aus den Vereinigten Staaten kommenden Einflüsse bemerkbar (vgl. Trosien 1998: 29; Dinkel/Kratz 1998).

Der Terminus „Amerikanisierung" ist aber aus vielerlei Gründen problematisch, weil allzu vordergründig. Zunächst einmal werden trotz der großen Popularität des angelsächsischen Sports in Deutschland und weiteren europäischen wie asiatischen Ländern keineswegs alle amerikanischen und englischen Sportarten in gleichem Maße übernommen. Trosien (1998: 23f.) stellt dabei selber fest, dass amerikanische Sportarten wie American Football und Baseball bei den Deutschen auf ebenso wenig Interesse stoßen wie das englische Cricket. In dem gemeinnützigen Teil der deutschen Sportbranche sind traditionelle Sportarten noch immer dominant, allen voran der Fußballsport. Aber auch wenn beispielsweise die Veränderungen der Organisationsstruktur des deutschen Eishockeys maßgeblich nordamerikanisch inspiriert sind (vgl. Trosien 1998: 26f.; Fries 1998), so kann trotzdem nicht von einem einseitigen Einfluss der Vereinigten Staaten auf die Welt ausgegangen werden. Man denke dabei nur an die unzähligen asiatischen Kampfkünste bzw. Kampfsportarten wie *Karate*, *Kung Fu* (eigentlich *Wushu*) oder Entspannungs- und Konzentrationstechniken wie *Tai Chi*, die sich nicht nur in Deutschland, sondern auch in den USA großer Beliebtheit erfreuen. In diesem Zusammenhang ist auch der mittlerweile weltweit verbreitete brasilianische Kampftanz *Capoeira* zu erwähnen, der während der Kolonialzeit in Brasilien von aus Afrika eingeschifften Sklaven praktiziert und weiterentwickelt wurde. Inzwischen finden überall auf der Welt Capoeira-Workshops statt. Aber auch lateinamerikanische Tänze wie Rumba, Cha-Cha-Cha, Mambo oder Tango gehören – insofern man den Tanz als Sport begreift – zum Standardrepertoire jeder Tanzsportveranstaltung. Weiterhin verbreiten sich einst typisch europäische Sportarten wie Fußball zunehmend in anderen Teilen der Welt. So ist der asiatische oder nordamerikanische Fußball weiter auf dem Vormarsch, meist inspiriert durch auf diesen Kontinenten ausgetragene Fußballweltmeisterschaften (1994 in den USA, 2002 in Südkorea/Japan).

Die Beispiele ließen sich sicherlich noch fortsetzen; jedenfalls scheint der Begriff der „Amerikanisierung" nicht geeignet zu sein, um die aktuellen Prozesse umfassend beschreiben zu können. Eher könnte man von einer **wechselseitigen Durchdringung nationaler und kontinentaler Sportkulturen** sprechen.

Die zunehmende Kommerzialisierung des Spitzensports bleibt aber nicht ohne bitteren Beigeschmack. So ist der wirtschaftliche Aspekt ein Grund dafür, dass Spitzensportler vermehrt zum *Doping* greifen. Deutlich zeigt sich dies bei der „Tour de France", wo der Erfolgsdruck des Sportlers meist aus wirtschaftlichen Interessen gespeist wird. Anhand des „IOC als Instanz globaler Sportvermarktung" (Holderbach 1998) soll dieser Trend der Ökonomisierung des Spitzensports näher belegt werden.

5.9.4 Ein Beispiel: Das IOC als Instanz globaler Sportvermarktung

Das Internationale Olympische Komitee (IOC) wurde am 23. Juni 1894 in Paris von dem Franzosen *Baron Pierre de Coubertin* gegründet, der in der Wiederbelebung der Olympischen Spiele der Antike eine Chance sah, die Völker und Nationen der Welt einander näher zu bringen und zum Frieden und zur internationalen Verständigung beizutragen. Die mit zunehmender Ausdehnung des Infrastruktursystems immer stärkere Internationalisierung der Gesellschaft jener Zeit bekräftigte sein Vorhaben. Das Projekt Olympische Spiele ist damit seit seiner Neugründung ein globales Projekt. Zur Umsetzung und Verbreitung der Beschlüsse wurde eben jenes oben genannte Komitee gegründet. Das IOC selbst ist eine nichtstaatliche, gemeinnützige Organisation, deren Zweck die Organisation und Betreuung der Olympischen Spiele ist. Es hält die Schirmherrschaft über die Olympische Bewegung und beansprucht alle Rechte an den olympischen Symbolen (wie Fahne, Motto etc.) sowie an den Spielen selbst. Das IOC steht in enger Verbindung mit 197 Nationalen Olympischen Komitees und den internationalen Fachverbänden aller olympischer Sportarten (vgl. Holderbach 1998: 48). Zwischen den ersten Spielen der Neuzeit in Athen 1896 und den Olympischen Spielen in Atlanta 1996 haben sich allerdings gravierende Veränderungen innerhalb der Organisationsstruktur und wirtschaftlichen Bedeutung ergeben. Das IOC hat großen Anteil an dieser Entwicklung. Nach dem Baden-Badener IOC-Kongress 1971 ist eine Kommerzialisierungswelle über die Olympischen Spiele hereingebrochen. Die Olympischen Sommerspiele in Atlanta 1996 sind ein Indiz für diese Kommerzialisierung: Zum 100. Jahrestag fanden die Spiele nicht an ihrer Ursprungsstätte – in Athen – statt, sondern wegen des Vermarktungsinteresses in Atlanta (Trosien 1998: 19), dem Firmensitz von Coca Cola. „Das IOC ist heute eine der weltweit operierenden Nonprofit-Organisationen, die ihre Position aus ökonomischen Verwertungsstrategien zieht. Das IOC bezieht seine Stärke aus nationalem Prestigedenken – hat sich selbst jedoch längst zu einem ‚global player' entwickelt" (ebd. 21). Dank der erfolgreichen, weltumspannenden Marketing-Kampagnen des IOC gehören die Olympischen Spiele in finanzieller Hinsicht zu den wertvollsten Dingen der Welt (Holderbach 1998: 47). Sämtliche Marketing-Programme des IOC werden dabei von dem 1989 gegründeten IOC-Marketing-

Department entwickelt und durchgeführt. Die Aufgaben dieses Departments sind unter anderem die Entwicklung neuer Sponsoring-Programme (Ausrüsterverträge, Lizenzprogramme etc.) sowie die Führung der Verhandlungen für die TV-Rechte im Sinne der IOC-Marketingstrategie.

Ein wichtiges Standbein bei der Finanzierung der Olympischen Spiele bilden dabei die Fernsehverträge (vgl. ebd. 51ff.). Von den expandierenden TV-Reichweiten und dem daraus folgenden weltweit breiteren Publikum profitieren vor allem Medien, Sport und Wirtschaft. So wurden 1996 in Atlanta von etwa 70 Stunden Sportübertragung rund 55 Stunden Werbung gezeigt – ein wirtschaftlicher Erfolg. Andersrum bezahlen die Medienkonzerne für die Exklusivübertragungsrechte einen hohen Preis. Für dieses finanzielle Engagement geht der Sport aber auch durchaus Kompromisse ein: Seit 1994 finden die Winter- und die Sommerspiele zeitversetzt statt, so dass der ältere Vierjahresrhythmus durch einen wirtschaftlich einträglicheren Zweijahresrhythmus ersetzt wurde. Zudem wurden die Wettkämpfe in Atlanta erstmals um einen Tag verlängert, was mit vier zusätzlichen Werbestunden gleichzusetzen ist.

Weiterhin sind für die Finanzierung der Olympischen Spiele die Sponsorenverträge von großer Bedeutung. Das Emblem der Olympischen Ringe wird heute zu besten Marktpreisen verkauft. Die Topsponsoren (Worldwide Sponsors) beispielsweise können dieses Fünf-Ringe-Logo weltweit für eigene Imagekampagnen einsetzen; zudem haben sie Zutritt zu allen olympischen Wettkampfstätten, dürfen Tickets verkaufen und haben Verbindung zu Athleten (vgl. Holderbach 1998: 50, 54). Weitere Einnahmequellen des IOC liegen im Ticketverkauf, in Lizenzprogrammen sowie im Bereich Münzen/Briefmarken/Sonstiges.

Das IOC behält von der Gesamtsumme nur einen kleinen Anteil von ca. 7 Prozent, der Rest wird auf die NOKs (Nationale Olympische Komitees), die OKs (Organisations-Komitees der Olympischen Spiele), die Fachverbände, die Olympic Solidarity und andere spezielle Programme verteilt. Das IOC-Budget hat sich aber im Laufe der Zeit dennoch erheblich erhöht. Dass die Olympische Bewegung ohne Vermarktung in der heutigen Zeit nicht mehr fortbestehen könnte, wird dabei allzu schnell vergessen. Die aktuellen Marketingkonzepte stellen dabei keineswegs den Ausverkauf des Sports und seiner Werte dar, sondern sind eine wichtige Grundlage, damit die Olympischen Spiele auch in Zukunft in solch erfolgreichem Maß stattfinden können (vgl. Holderbach 1998: 53).

5.9.5 Zusammenfassung: Sechs Thesen zur Globalisierung des Sports

1. Die Globalisierung des Sports ist ein Faktum. Mit der Entwicklung eines Interesses an globalen Leistungsvergleichen, moderner Transportmittel und der Steigerung der Mobilität in der Bevölkerung können nun auch Sportler global ihre Leistungen bei internationalen Wettkämpfen vergleichen.
2. Die globale Verbreitung des Sports führt zu einer überlokalen Vereinheitlichung der Spielregeln. Vereinheitlichte Regelwerke sind eine Notwendigkeit des Leistungsvergleichs und zentrales Charakteristikum des globalen Sportsystems.
3. Trotz der globalen Ausbreitung des Sports bleiben lokale und nationale Grenzen für den Sport nach wie vor von großer Bedeutung. Globalisierung des Sports bedeutet daher nicht zwangsläufig die Aufgabe lokaler Sportkulturen. Vielmehr wird die regionale und nationale Ebene des Sports durch eine Weltebene erweitert.
4. Am Beispiel der Bosman-Entscheidung wird deutlich, dass „günstige" Umwelt-Bedingungen, hier war es eine Entscheidung des Rechtssystems, die Globalisierung des Sportsystems vorantreiben können. Die Aufhebung der Ausländerbeschränkungen und Transferregelungen der nationalen und internationalen Sportverbände führte zur verstärkten Mobilität auf dem Spielermarkt. Ausländische (leistungsstarke) Spieler finden verstärkt Einzug in europäische Spitzenligen.
5. Die Globalisierung des Sports ist ein weitestgehend offener Prozess. D.h., welche konkreten Entwicklungen und Konsequenzen sich aus einer globalen Entfaltung des Sports ergeben, kann nur schwer beantwortet werden (auch das soll am Beispiel der Bosman-Entscheidung verdeutlicht werden). Die Prognostizierfähigkeit der (Sport-)Soziologie stößt dabei an ihre Grenzen. Aber auf keinen Fall ist die Globalisierung des Sports eine Einbahnstraße, wie etwa der Begriff „Amerikanisierung" suggeriert.
6. Der Spitzensport wird zunehmend von Vermarktungsgesichtspunkten dominiert. Einerseits ist die Kommerzialisierung eine Notwendigkeit, um die internationalen Wettkämpfe (wie die Olympischen Spiele) überhaupt finanzieren zu können, andererseits können sich aber durch dieses Vermarktungsinteresse negative Konsequenzen für den Sport ergeben (wie etwa das Doping von Sportlern). Rahmenbedingungen und Reglementierungen scheinen unerlässlich, damit der Spitzensport seine Autonomie wahren kann.

Kapitel 5: Der gesellschaftliche Aspekt 215

5.10 Die Entstehung eines globalen Wissenschaftssystems
(Koautoren Benjamin Kahlert und Dietmar Mälzer)

Die nachfolgende Darstellung fasst ausschließlich Arbeiten von Stichweh zum Thema zusammen, da sie passgenau die Nationalisierung und die Globalisierung des Wissenschaftssystems behandeln. Andere Perspektiven wie z.b. die von Whitehead (1988), Nelson (1986), Needham (1993) oder Zilsel (1985) bleiben schon aus Gründen der Übersichtlichkeit ausgeblendet.

Die Wissenschaft der europäischen frühen Neuzeit war wesentlich kosmopolitische Wissenschaft, und das hieß, dass Wissenschaft eben jenen Anspruch auf Universalität gerecht werden wollte. Unter diesem Vorzeichen entstand beispielsweise das Völkerrecht des 17. und 18. Jahrhunderts. Das internationale Medium wissenschaftlicher Verständigung, in dem kommuniziert wurde, war Latein (Stichweh 2000a: 106). Eine andere Erfindung, welche den Kosmopolitismus der frühen Neuzeit gut dokumentiert, ist die Idee der *res publica literaria* – einer übernationalen kosmopolitischen Gelehrtenrepublik als Kommunikations- und Korrespondenznetzwerk von Wissenschaftlern (vgl. Stichweh 2003).

5.10.1 Nationalisierung – der Einstieg in die Globalisierung des Wissenschaftssystems

Seit der zweiten Hälfte des 18. Jahrhunderts entstand eine ausgeprägte *Nationalisierung* der Wissenschaft. Diese äußerte sich vor allem in einer gesamteuropäischen Forderung nach *Nationalerziehung* und richtete sich insbesondere gegen die Internationalität der Universitäten und anderer Hochschuleinrichtungen. So wundert es nicht, dass gegen den Jesuitenorden, der sich als eine transnational operierende kirchliche Erziehungsorganisation verstand, opponiert wurde. Um 1770 schließlich wurde der Jesuitenorden fast überall in Europa verboten (Stichweh 2000b: 132; 2001: 348). Seit dem frühen 19. Jahrhundert wurde diese Bindung der Universitäten an die nationalstaatlichen Institutionen weiter ausgebaut. Dies äußerte sich insbesondere in nationalen Prüfungspraktiken (z.B. Staatsexamina) und nationalen Graden. Zudem wurde in den Universitäten nicht mehr vorrangig Latein gesprochen; vielmehr setzten sich seit dem 17. Jahrhundert *Nationalsprachen* als Medien wissenschaftlicher Kommunikation durch (Stichweh 2003). So wurden überall Institutionen geschaffen, die nationalstaatlichen Interessen verpflichtet waren. Im 20. Jahrhundert wurde schließlich die bundesstaatliche bzw. nationalstaatliche Finanzierung der Universitätsforschung das vermutlich wichtigste neue Element (ders. 348f.). Mit dieser Entwicklung einhergehend entstanden *nationale scientific communities*, welche die transnationalen Erziehungsorganisationen endgültig ablösten.

> „Der Weg zur modernen globalen und universellen Wissenschaft führt über eine Zwischenphase einer in hohem Grade *nationalisierten Wissenschaft*" (Stichweh 2000a: 105; Hervorh. im Original). Denn mit nationalen wissenschaftlichen Gemeinschaften beginnt die Expansion und damit zusammenhängend, das ist nach Stichweh für die Globalisierung entscheidend, eine sich beschleunigende interne Differenzierung der Wissenschaft (Stichweh 2000a: 106f.). Nach Stichweh ist „(...) die Dynamik interner Differenzierung der Wissenschaft, d.h. die Sequenz von disziplinärer Differenzierung, subdisziplinärer Differenzierung, subsubdisziplinärer Differenzierung die wichtigste Ursache der Globalisierung von Wissenschaft (...)" (Stichweh 2000a: 110).

5.10.2 Globalisierte Scientific Communities

Die stetige Zunahme von neuen Spezialgebieten beschleunigt die Herauslösung der Wissenschaft aus anderen Sinnzusammenhängen der Gesellschaft. Durch die zunehmende Zerlegung des Problembereichs der Wissenschaft ist es immer unwahrscheinlicher, dass kollegiale wissenschaftliche Beziehungen mit nationalstaatlichen Grenzen kompatibel sind. Die Vielzahl an Spezialthemen in der Wissenschaft macht eine regionale Segmentierung nahezu unmöglich. Die immer spezielleren Probleme benötigen auch eine hinreichende Anzahl von Adressaten, was eine begrenzte Rekrutierung im jeweiligen Kommunikationssystem ausschließt (ebd. 23). Stichweh nennt diesen Mechanismus zur Erzeugung eines globalen Wissenschaftssystems auch „globale Interrelation oder Vernetzung" (Stichweh 2000a: 110). Die fortwährende interne Differenzierung der Wissenschaft führt also dazu, dass Wissenschaftler über Staatsgrenzen hinweg Kooperationen suchen müssen. Es entstehen weltweit agierende Netzwerke, so genannte scientific communities. Sie sind Ausschnitte einer intensiveren wissenschaftlichen Kommunikation. Anhand ihrer Strukturen ist ein genaueres Studium der Globalisierung der Wissenschaft möglich.

Am Beispiel der Koautorschaft zeigt sich, dass es ein erstaunliches Wachstum internationaler wissenschaftlicher Kooperationen zu verzeichnen gibt (Stichweh 2000a: 114f.; 2000b: 133f.). Der Anteil der Publikationen mit Koautoren aus verschiedenen nationalen Zugehörigkeiten ist drastisch gestiegen, nicht zuletzt deshalb, weil es einen Reputationsvorteil für Publikationen mit internationaler Koautorschaft zu geben scheint. Die fortdauernde nationale Basis vieler wis-

Kapitel 5: Der gesellschaftliche Aspekt 217

senschaftlicher Organisationen (wie beispielsweise der Universitäten) kann jedenfalls eine Herausbildung internationaler wissenschaftlicher Kooperationen weder hinreichend kontrollieren geschweige denn verhindern.

Des Weiteren werden durch die modernen Kommunikationsmedien die Möglichkeiten einer Kooperation über große Distanzen in der Wissenschaft verbessert. Mit telekommunikativen Medien wie E-Mail, Fax oder Telefon wird auch die Differenzierung zwischen Zentrum und Peripherie im System der Wissenschaft abgeschwächt, wenngleich wissenschaftliche Projekte auf Dauer und gerade auch in der Einleitungsphase der Projektarbeit eine gewisse interaktionelle Kopräsenz verlangen, da Interaktionssysteme über eine größere mediale Komplexität verfügen, etwa verbale und nonverbale Kommunikation (vgl. Stichweh 2000a: 114ff.). Doch es bleibt festzuhalten, dass eine Wissenschaft die unvorstellbare Komplexität, die als die herausragende Eigenschaft der Wissenschaft der modernen Gesellschaft gilt, nur dann erreicht, wenn sie jedes ihrer Spezialgebiete als weltuniversell denkt und auch strukturelle Vernetzungen realisiert (Stichweh 2003: 23).

5.10.3 Globale Diffusion

Der zweite Mechanismus, welcher die Entstehung der globalen Wissenschaft vorantreibt, ist die so genannte „globale Diffusion" (Stichweh 2000a: 109). Dieser Mechanismus meint, dass jene institutionellen Erfindungen, die sich langfristig bewährt haben und damit Erfolg versprechen, wie etwa die *europäische Universität* oder der *Nationalstaat*, von Beobachtern außerhalb der nationalen Grenzen wahrgenommen und imitiert werden, weil sie als notwendige Eigenschaften eines modernen Staates verstanden werden. *Nur so konnte sich überhaupt eine Institution wie die Universität weltweit verbreiten.* Nicht zuletzt durch die erfolgreiche Kopie bzw. Imitation von Strukturen scheint es nun aber auch möglich, dass die Differenzierung der Wissenschaft in Zentrum und Peripherie endgültig ad acta gelegt wird und somit eine dezentrale Struktur des globalen Wissenschaftssystems entstehen könnte (Stichweh 1988: 91f.; 2000a: 120ff.).

Aus diesen beiden Mechanismen, also aus der globalen Verknüpfung, in Folge der disziplinären Differenzierung, und der globalen Diffusion, ergeben sich Konsequenzen. *Die Globalisierung der Wissenschaft vollzieht sich scheinbar ohne ihre Organisationen.* Organisationen wie beispielsweise Universitäten, die sich meist durch hohe Reputation und Langlebigkeit auszeichnen, bleiben nationale bzw. lokale Einrichtungen. Deshalb ist es nur konsequent, dass wissenschaftliche Beziehungen, die auf sachthematischen Spezialisierungen basieren, nicht in gemeinsame Organisationszugehörigkeit eingebettet sind. „Insofern scheint Wissenschaft ein kommunikativ dezentrales globales System zu sein, das zwar der Standardisierung institutioneller Muster eine Kontakterleichterung verdankt, aber nicht durch Organisationen kontrolliert werden kann" (Stichweh 2000d: 172).

5.10.4 Zusammenfassung in vier Thesen[16]

1. Der zentrale Mechanismus einer Globalisierung des Wissenschaftssystems ist die disziplinäre Differenzierung. In der Folge von subdisziplinärer Differenzierung werden kommunikative Adressaten jenseits der Einschränkungen nationaler Grenzen oder der Zugehörigkeiten zu Organisationen bestimmt.
2. Im Zuge der Globalisierung von Wissenschaft nehmen globale Vernetzungen zu. Der Anteil von internationaler Koautorschaft an allen Publikationen, die mehr als einen Verfasser aufweisen, ist zum Beispiel zwischen 1980 und 1990 von 11 auf 20 Prozent gestiegen.
3. Die Wissenschaft nutzt telekommunikative Medien – insbesondere das Internet – zur transorganisatorischen Kommunikation.
4. Globale Netzwerke, so genannte scientific communities, entstehen. Räumliche Konzentration und interaktionelle Kopräsenz verlieren nach und nach ihre Relevanz. Dies geht einher mit dem Relevanzverlust der Differenzierung in wissenschaftliche Zentren und Peripherien.

5.11 *Globalisierung des Kunstsystems*
(Koautoren Benjamin Kahlert und Max Wolf)

5.11.1 Zur Ausdifferenzierung des Kunstsystems

Das Kunstsystem ist „eine soziokulturelle Sphäre, welche einerseits stark von der Produktion kreativer Individuen und einer überwiegend individuellen Rezeption von Kunstliebhabern und Kunstkonsumenten bestimmt wird, verfügt andererseits über ein dichtes Netz von Institutionen und Organisationen, die großenteils,

---

[16] Diese vier Thesen folgen direkt Stichweh 1999.

Kapitel 5: Der gesellschaftliche Aspekt

aber nicht ausschließlich der Kunstvermittlung dienen" (Müller-Jentsch 2005: 187). Im 18. und 19. Jahrhundert begann die Kunst sich zu einem autonomen Teilsystem auszudifferenzieren. „Autonomie der Kunst bedeutet freilich nicht, dass das Künstlerindividuum allein auf seine Kreativität und Genialität (...) zurückgeworfen wird. In dem Maße, in dem die Kunst sich von den traditionellen Abhängigkeiten befreite, geriet sie in den Bann der Marktökonomie"(ebd. 189). Aber „(...) die Anlehnung an die Wirtschaft gibt der Kunst, das sollte man nicht unterschätzen, sehr viel mehr Freiheit als die Anlehnung an Mäzene wie Kirche oder Fürsten oder führende Adelshäuser. Sie führt zu einer themenunabhängigen Einschätzung der Kunstwerke" (Luhmann 1997a: 266). Die Ausdifferenzierung eines eigenständigen Kunstsystems setzt ein, sobald Kunst nicht mehr dazu dient, dem Publikum religiöse Botschaften zu vermitteln oder die herausgehobene Stellung bestimmter Personen zu signalisieren. Luhmann charakterisiert diese „alteuropäische" Bedeutung der Kunst folgendermaßen: „Zweck des Kunstwerks sei es, Erstaunen und Bewunderung hervorzurufen und dies im Sinne von Passionen (...) Das setzt voraus, dass die Gesellschaft eine Welt einrichtet, in der es Erstaunliches und Bewundernswertes gibt, vor allem im Bereich von Religion und Politik" (ebd. 351). Kunst kann sich aber nur dann ausdifferenzieren, wenn sie auf eine Funktion festgelegt werden kann, die nur sie erfüllt. Eine solche Funktion kann in einer Brechung der Zwecke und Nützlichkeiten des Alltagslebens identifiziert werden (ebd. 353). Damit im Alltag zuverlässig zwischen Kunst und Nichtkunst unterschieden werden kann, muss ein symbolisch generalisiertes Kommunikationsmedium gefunden werden. Im Kunstsystem existieren solche medialen Möglichkeiten nur auf der Ebene einzelner Kunstarten wie Malerei, Musik usw. Dabei lässt sich jedoch ein Grundprinzip ausmachen: Kunst muss – und dies gilt nach Luhmann seit dem 17. Jh. (ebd. 354) – jeweils ihre „Originalität" demonstrieren. „Über Originalität entscheidet nun nicht die Qualität der Imitation, sondern der Vergleich mit anderen Kunstwerken. Die Kunst wird in der Form einer Forderung an das einzelne Werk als autonom und selbstbezüglich ausdifferenziert" (ebd. 354).

Diese Besonderheit des Kunstsystems macht es schwer, in zusammengefasster Form einen auch nur groben Gesamtüberblick über Globalisierungstendenzen des Kunstsystems zu geben. Daher soll die folgende Auseinandersetzung als heuristische Stütze für die analytische Annäherung dienen. Zwar gibt es in Form der sich im 18. Jh. entwickelnden Ästhetik (ebd. 979) eine Reflexionstheorie, über die ein Gesamtbild dessen, was als Kunst gelten kann, zu gewinnen ist. In Form professioneller Kunstkritik können daraus gewonnene Kunstbegriffe auch popularisiert werden. Das ändert aber nichts daran, dass die Frage, wann und wie es zu einer Globalisierung des Kunstsystems gekommen ist, jeweils nur für einzelne Kunstarten untersucht werden kann. Das kann hier nicht geleistet werden. Ähnlich wie Stichweh für das Wissenschaftssystem gezeigt hat, lässt sich auch für einzelne Kunstarten vermuten, dass nationale Entwicklungen eine wichtige Zwischenstufe auf dem Weg zur Globalisierung waren. Am Beispiel der Malerei könnte man beispielsweise zeigen, wie Stilrichtungen, die sich in nationalen Kontexten entwickelt haben, diese Grenze plötzlich überschreiten und international stilbildend werden.

5.11.2 Internationaler Kunstmarkt

Eine weitere Katalysatorfunktion kann dem Kunstmarkt zugeschrieben werden. Zwar gehört er in den Bereich der Wirtschaft – schließlich geht es hier ausschließlich um den Verkauf von und um Verkaufpreise für dinglich fassbare Kunst. Aber Erfolge wie Misserfolge sind auch Gradmesser für die Reputation von Künstlern. Wenn beispielsweise Kunstauktionen, an denen ein internationales Publikum als Käufer beteiligt ist, im Medium der kaufkräftigen Nachfrage den gesellschaftlichen „Wert" bestimmter Kunstwerke signalisieren, dann gehen von ihnen Einflüsse auf die globale Kunstproduktion aus.

An solchen Beispielen ist zu beobachten, dass die internationale Kunstwelt ein Ort des interkulturellen Austausches wird. Auf der ganzen Welt werden mit den Mechanismen des Kunstmarktes neue kulturelle Räume geschaffen, in denen kulturelle Formen und Werte in einer globalen Öffentlichkeit aufeinander bezogen und ausgetauscht werden können.

Die internationale Kunstszene, basierend auf der westlichen Kunstwelt, breitet sich weltweit aus. Galerien und Museen nach europäischem Vorbild, in ökonomischer wie ästhetischer Hinsicht, werden auf der ganzen Welt immer zahlreicher. Man kann eine Dominanz europäischer und nordamerikanischer Künstler bzw. Kunstakteure, selbst bei der Beachtung von afrikanischen oder ozeanischen Einflüssen, nicht von der Hand weisen.

Für die Globalisierung des Kunstsystems sind insbesondere drei Teilbereiche des Kunstmarktes von Bedeutung:

I. Ein Primärmarkt, in dem unorganisierte Künstler in Galerien ausstellen und nur lokal handeln. Es handelt sich also um „kleine" Händler und private Käufer;

Kapitel 5: Der gesellschaftliche Aspekt 221

II. Ein Sekundärmarkt, in dem Objekte etablierter Künstler auf Märkten in bedeutenden Städten gehandelt werden. Auf diesem Markt gibt es neben den privaten auch öffentliche Käufer;
III. Ein Tertiärmarkt, also den Internationalen Markt in dem Objekten von renommierten Künstlern von Auktionshäusern ersteigert werden (vgl. Thorsby 1994: 5).

Viele Beobachter der zeitgenössischen Kunst gehen davon aus, dass sich der Kunstmarkt durch die Globalisierung gravierend gewandelt hat. In keiner anderen Sphäre der Kultur sollen die Verschränkungen von Ost und West, von Nord und Süd so intensiv sein.

Die zunehmende geografische Ausdehnung der sozialen Beziehungen der Kunstakteure untereinander, möglich auch durch Informations- und Kommunikationsmittel, führt zu solchen Einschätzungen. Die ausgebauten realen und digitalen Infrastrukturen ermöglichen die Mobilität von Akteuren und die Präsentationsmöglichkeiten ihrer Produkte. Der Kunstbetrieb ist zu einem, in Umfang und Dichte stark zunehmenden, globalen Netzwerk geworden.

Aber, dass die Globalisierung der Kunst universell ist, lässt sich widerlegen. Hierfür reicht ein Blick auf die von der Zeitschrift „Capital" seit 1970 veröffentlichte Rangliste der weltweit gefragtesten Künstler der Gegenwart. Die Rangliste, auch „Kunstkompass" genannt, verdeutlicht für das Jahr 2005, dass das Zentrum des Kunstmarktes nach wie vor im „Westen" liegt und von einer kulturellen Hegemonie der USA und Europas bestimmt wird. Die wenigen Künstler aus Südamerika, Asien oder Afrika, die einen der begehrten Plätze unter den Top 100 erlangen konnten, leben und arbeiten zum Großteil in den bedeutenden Kunstmetropolen in den USA, Deutschland, Großbritannien oder Frankreich. Es gibt aber in den letzten Jahren auch Anzeichen für eine leichte Abschwächung der extrem hohen Konzentration des Kunstmarktes und Tendenzen hin zu einer Globalisierung des Kunstfeldes. Die Zahl der Künstler und Künstlerinnen aus nicht- westlichen Staaten steigt und es gibt immer mehr Galerien, die ihre Werke ausstellen (vgl. http://www.bpb.de/wissen/NCKKFH,0,0,Kunstmarkt.html)

Allerdings ist in diesem Zusammenhang immer wieder von einer eurozentrischen Kunstauffassung die Rede bzw. wird gleichzeitig die „modische Einbindung von ethnischen Randgruppen" stark kritisiert. Es wird argumentiert, dass die bestehenden Machtstrukturen langfristig kaum verschoben werden. Künstler werden nur auf der Basis von „Anderssein" aufgenommen und ihre Werke müssten zwangsläufig Spuren ihrer afrikanischen oder asiatischen Herkunft aufweisen, um Beachtung zu finden. Für außereuropäische Kulturen gibt es also *andere*

Maßstäbe: „(E)chte afrikanische Kunst wird nach Kriterien bewertet, die (...) sich an unserem statischen Bild afrikanischer Kultur und Lebensweise orientieren" (Breidenbach/Zukrigl:186). „Die in den Kanon afrikanischer Kunst aufgenommenen Objekte müssen das stereotype Afrikabild bestätigen. Fruchtbarkeit, Sexualität und Magie, diese „typisch afrikanischen" Eigenschaften, sollen sich auch in den Kunstgegenständen wieder finden lassen" (Breidenbach/Zukrigl 1998: 187).

Dieser Zwang nach Authentizität beherrscht den globalen Kunstmarkt und prägt auch die großen Ausstellungen.

In der kunstgeschichtlichen Forschung ist diese Sichtweise ebenfalls vertreten. Dort werden für die westliche Kunst gegenseitige Beeinflussungen betont, während diese Aspekte in der außereuropäischen Kunst nicht beachtet werden: „Bis zu dem intensiven Kulturkontakt zwischen den Völkern der verschiedenen Kontinente bezog afrikanische Kunst ebenso wie die Werke der australischen Aborigines ihren Wert und Sinn aus ihrem unmittelbaren Umfeld. Bei den Aborigines bildete Kunst ein Kommunikationssystem, in dem Wissen über die Ahnen und die Vergangenheit festgehalten und übermittelt wurde. (...) Durch die zunehmende Vernetzung, den intensiveren Kontakt zwischen Produzent, Händler und Käufer berühren sich ursprünglich autonome Kunstverständnisse und Bewertungsmaßstäbe. Der afrikanische Schnitzer ebenso wie der Aborigines- Rindermaler produziert heute vornehmlich für den Markt, nicht mehr für die lokale Gemeinschaft" (ebd.: 188) und „(u)ngeachtet ihrer großen Diversität entwickelt sich Kunst entlang der vom Westen vorgegebenen Richtlinien. Authentizitäts- und Qualitätsmaßstäbe richten sich nach kaufkräftigen Kunstsammlern und Spezialisten in Toronto, Zürich und Tokio " (ebd.: 191).

In den letzten Jahren ist jedoch auch ein allmähliches Aufbrechen des westlich geprägten Kunstdiskurses zu beobachten. Die weltweit bedeutendste Ausstellung für zeitgenössische Kunst, die *Documenta,* ist zum Beispiel ein Raum für einen internationalen Diskurs um bildende Kunst. Versteht man Kunst nun als Ausdrucksform oder Medium von Kultur, so erscheinen solche Räume als Orte der Aushandlung kultureller Formationen im aktuellen Zeitgeschehen. Die Documenta hat in ihrer langen Geschichte viele Schwerpunkte: Unter anderem untersuchte sie mit den Mitteln der Kunst gesellschaftspolitische Fragen der Globalisierung, der Migration und des Urbanismus und im Jahre 2007 stand die Frage nach den Möglichkeiten einer Kunstausstellung unter veränderten Bedingungen einer globalisierten Welt im Mittelpunkt. Diese Ausstellung stellt auch die Integration außereuropäischer KünstlerInnen in den Vordergrund. So ist es kein Zufall, dass die Documenta 2002 in Kassel eine sehr starke Beteiligung nicht-okzidentaler KünstlerInnen zu verzeichnen hatte (vgl. Dziewior 1999: 345).

Kapitel 5: Der gesellschaftliche Aspekt

Im Kunstsystem werden Diskurse um kulturelle Konfigurationen in einem globalen Rahmen geführt. So schneiden sich repräsentative, symbolische, gesellschaftliche und ökonomische Dynamiken auf einzigartige Weise in der Kulturwelt. Demnach vollzieht sich die Globalisierung der Kunst nicht formbestimmt sondern strukturell: „Global hat sich nicht eine künstlerische Ausformung durchgesetzt (…) sondern ein der Industrievergesellschaftung angepasster Kunstbetrieb. Der Kunstbetrieb agiert als ein Sektor der Kulturindustrie, insofern er alles als Kunst zu fassen und zu vermarkten vermag, wie die Kulturindustrie insgesamt" (Damus 2000; 404).

5.11.3 Fazit

Als Fazit dieser drei Beispiele kann festgehalten werden, dass trotz aller systemspezifischen Besonderheiten in allen drei Fällen eine deutliche Tendenz in Richtung Globalisierung erkennbar ist. Daraus kann gefolgert werden, dass nicht nur mit der Globalisierung des Wirtschaftssystems (Kap. 2), sondern auch mit der Globalisierung weiterer Funktionssysteme Impulse in Richtung Weltgesellschaft verknüpft sind.

> → Wie die Beispiele zum Sport-, Wissenschafts- und Kunstsystem belegen, vollzieht sich die Globalisierung in vielen Funktionssystemen.
>
> *Anregung: Welche Funktionssysteme behandelt Luhmann in seiner Systemtheorie noch und wie globalisieren sich diese Ihrer Vermutung nach?*

5.12 Wege in Richtung Weltgesellschaft?

Wenn man in Zeithorizonten von Jahren oder auch Jahrzehnten analysiert, dann wäre die Frage vermessen, ob sich alles in Richtung auf einen Weltstaat oder eine Weltgesellschaft bewegt. Schon wenn man lediglich auf Europa blickt, könnte man mit dem Hinweis auf einige Ereignisse wie die Ablehnung der EU-Verfassung, die hartnäckige EU-Resistenz von Norwegen und der Schweiz, die neue europäische Kleinstaaterei usw. schnell in den Bereich politischer Utopien geraten, der nichts mit der Realität zu tun hat. Das vierte Kapitel hat jedoch nachhaltig demonstriert, dass das Globalisierungsthema Jahrtausende alt ist. Dieses fünfte Kapitel hat noch zusätzlich einige begriffliche Werkzeuge an die Hand gegeben. Nun ist es an der Zeit, die verschiedenen analytischen und historischen Stränge zu einem keineswegs politischen, sondern soziologischen Szenario zusammenzufassen, das die Entwicklungen in Richtung Weltgesellschaft bündelt.

An vier Fallbeispielen wurde ersichtlich, dass Funktionssysteme die Tendenz haben, nicht nur bestimmte Leistungen gedanklicher wie praktischer Art in systematischer Weise zu erbringen, sondern ihre Systematik auch global auszudehnen. Das wichtigste, weil ganz unmittelbar mit existenziellen Konsequenzen verbundene Fallbeispiel war die im zweiten Kapitel ausführlich behandelte Globalisierung des Wirtschaftssystems. Aber auch für Sport, Wissenschaft und Kunst hat sich eine ausgeprägte Globalisierungstendenz bestätigen lassen. Dass die Entwicklung in Richtung Globalisierung jeweils recht unterschiedlich verläuft, spricht für und nicht gegen die *Vermutung einer „hartnäckigen" Globalisierungstendenz der Funktionssysteme.*

Sicherlich wäre es reizvoll gewesen auch Funktionssysteme (wie das Rechtssystem), die noch stärker am Gängelband der Nationalstaaten hängen, auf solche Tendenzen hin zu untersuchen. Gerade von den nationalstaatlichen politischen Systemen geht auch hier ein Druck in Richtung Globalisierung aus, wie neu errichtete Institutionen (wie der Haager Gerichtshof) oder die offenen Fragen nach rechtlicher Legitimation weltpolizeilicher Aktivitäten in Sachen Terrorismusbekämpfung demonstrieren. Weitere Exkurse würden jedoch den Lehrbuchcharakter dieses Buches sprengen.

Worauf können solche hartnäckigen Globalisierungstendenzen zurückgeführt werden? Zunächst einmal zweifellos auf den ständigen Zuwachs an technischen und wirtschaftlichen Möglichkeiten räumliche Distanzen immer schneller und kostengünstiger zu überwinden. Damit werden immer bessere Gelegenheitsstrukturen für den Austausch von Kommunikationen, Produkten und für die regionale Mobilität von Menschen geschaffen.

Solche Gelegenheitsstrukturen können aber nur genutzt werden, wenn *ein wechselseitiges Interesse an den „einschlägigen" Leistungen anderer Menschen* besteht, die nicht nur räumlich, sondern auch durch gesellschaftsinterne soziale Grenzen oder durch sprachliche bzw. gesellschaftliche Abschlussgrenzen von der „eigenen" gesellschaftlichen Gemeinschaft getrennt sind. Dieses ausgeweitete, tendenziell globale Interesse an den Leistungen anderer unterscheidet beispielsweise die neuzeitlichen von den antiken Olympischen Spielen. Die antiken Olympischen Spiele waren schon „komplett", wenn männliche Aristokraten aus allen griechischen Städten und Landschaften sich an einem Ort versammelten.

Kapitel 5: Der gesellschaftliche Aspekt

Die heutigen Spiele sind erst dann vollständig, wenn alle männlichen wie weiblichen Athleten aus allen nationalen Sportverbänden, die bestimmte Leistungskriterien erfüllt haben und im Rahmen zahlenmäßiger Beschränkungen von den nationalen Sportverbänden nominiert wurden, an einem Ort zusammenkommen. Analoges ließe sich auch für die anderen Funktionssysteme aussagen.

Letztendlich lassen sich Globalisierungstendenzen der Funktionssysteme einerseits auf die Gelegenheitsstrukturen zurückführen, die durch die Weiterentwicklung der Transportsysteme und Verbreitungsmedien entstehen. Andererseits muss sich aber auch ein Interesse an einschlägigen (z.B. sportlichen, wissenschaftlichen, künstlerischen oder wirtschaftlichen) Leistungen „Fremder" entwickeln.

Anregung: Wie wirkt es sich nach Ihrer Wahrnehmung auf die Berichterstattung der Medien aus, wenn Bürger anderer Länder als besonders bzw. als wenig leistungsfähig angesehen werden? Denken Sie z.B. an die Berichterstattung über die PISA-Studien.

Globalisierte Funktionssysteme stellen also „Nähe" zwischen Menschen her, die durch symbolsprachliche wie nationalstaatliche Abschlussgrenzen voneinander getrennt sind. Diese Nähe ist zunächst auf „einschlägige Leistungen" eingeschränkt und kann auf der Ebene Kooperation/Konkurrenz fixiert werden. Insofern „kennen" sich Sportler oder Sportlerinnen einer Disziplin mit höchstem Leistungsstand ebenso wie international renommierte Wissenschaftler mit derselben Spezialisierung oder wie Anbieter von Speicherchips auf dem Weltmarkt. Im letzten Falle handelt es sich bei den Wettbewerbern allerdings um juristische Personen, die durch austauschbare Manager repräsentiert werden. Diese zunächst auf den Austausch von Leistungen zwischen den Polen Konkurrenz und Kooperation zugeschnittene Beziehung ist darüber hinaus eine Gelegenheitsstruktur für zwischenmenschliche Kontakte. Sie können, aber sie müssen sich nicht entwickeln.

Solche Beziehungen über sprachliche wie nationalstaatliche Abschlussgrenzen hinweg bestehen nicht nur zwischen „Leistungserbringern", sondern auch für ein beobachtendes Publikum. Auch hier bilden die Regeln und Bedingungen der Leistungserbringung die Gelegenheitsstrukturen. Auf sie können sich Beobachter gedanklich beziehen, aber sie müssen nicht. *Beobachter* (z.B. Nichtteilnehmer innerhalb und außerhalb des Funktionssystems) können auch den Kontext für ihre Beobachtung frei wählen. Es kann beispielsweise die mit den Beobachtern geteilte Staatsangehörigkeit sein. Die jeweils nationale Sportberichterstattung ist ein Paradebeispiel für einen derartigen Beobachtungsstandpunkt. Sie ist auf das Abschneiden der „eigenen" Sportler zugeschnitten. Im Profisport sind die „eigenen" Mannschaften wichtig, auch wenn sie aus Spielern unterschiedlichster Staatsbürgerschaft bestehen und einem „fremden" Milliardär gehören.

> *Anregung: Welche Rolle spielte Ihrer Meinung nach das Wissen um die Globalisierung des Sports für das Verhalten des deutschen Publikums während der Fußball-Weltmeisterschaft 2006 in Deutschland?*

Eine „Globalisierung" scheint sich dagegen in der Wahrnehmung der direkt Beteiligten durchgesetzt zu haben. In den Profisportarten hat sich der Arbeitsmarkt internationalisiert, aber auch Spitzensportler in den Amateursportarten verfügen überwiegend über intensive internationale Kontakte, die auch die „Sichtweise" prägen. Ähnliche Beobachtungen lassen sich auch für das Wirtschaftssystem anstellen. Zumindest in den oberen Etagen des Managements scheint eine zunehmende Internationalisierung des wirtschaftlichen Denkens stattgefunden zu haben, die auch in der Öffentlichkeit immer offensiver artikuliert wird. So ist beispielsweise internationale „Erfahrung" zu einem zentralen Qualifikationskriterium für Spitzenmanager geworden (vgl. u.a. Hamann 2007).

In derartigen punktuellen Beobachtungen konkretisiert sich ein wichtiges Begleitmoment der Globalisierung von Funktionssystemen. Die immer globaler werdende Vernetzung ereignet sich in konkreten, durch funktionale Binnengrenzen innerhalb der Funktionssysteme ausdifferenzierten Teilbereichen, in denen die Abschließungslogik des Funktionssystems konkret wird (z.B. der Hochsprung für Frauen im Sportsystem oder der Markt für Handydienstleistungen im Wirtschaftssystem). Globalisierung bedeutet hier zunächst nur, *dass identische Regeln bzw. Funktionsbedingungen und Leistungsgesichtspunkte global anerkannt werden.* Das ist keineswegs selbstverständlich. Mit der globalisierten Durchführung von Sportereignissen (Weltmeisterschaften, Olympische Spiele) trifft dieses Merkmal für Sportdisziplinen wie den Hochsprung für Frauen zu. Dagegen kann man beim Wirtschaftssystem erkennen, dass sich mit der Globalisierung der Finanzmärkte und der Liberalisierung des internationalen Kapitalverkehrs zwar bestimmte Kriterien globalisiert haben. Die Wettbewerbsbedingungen auf konkreten Feldern wie dem Markt für Handydienstleistungen werden aber immer noch durch nationale Regeln bestimmt, die nur allmählich internationalisiert werden (z.B. Ersetzung durch EU-Bedingungen bzw. globale Angleichung im Rahmen des GATT). Die Verfolgung der offenbar im großen Stil betriebenen Bestechungspraktiken in der ehemaligen Handysparte von Siemens durch das Unternehmen zeigt allerdings, dass der Druck, bestimmte Spielregeln einzuhalten, wächst. Noch vor einigen Jahren hätte das Unternehmen sicherlich noch Wege gefunden, eine penible Untersuchung von Bestechungsvorwürfen zu vermeiden.

 Aus der Globalisierung der Funktionssysteme ergibt sich ein Interesse an Leistungen, das nicht mehr ausschließlich auf Mitglieder der „eigenen" Gesellschaft beschränkt ist. Daraus entstehen auf immer mehr Feldern globalisierte Beobachtungsstandpunkte, aber auch ein ebenso globaler Druck gegen unfairen Wettbewerb.

Gerade wenn man die Globalisierungstendenz der Funktionssysteme konkretisiert, dann zeigt sich, dass von ihr ein Vereinheitlichungsdruck auf segmentäre Parallelwelten ausgeht, sowohl auf Sprachen wie auf Nationalstaaten. Schon ein kurzer Blick auf die sprachliche Ebene macht deutlich, dass diesem Druck in Richtung Vereinheitlichung nicht nur auf *eine* Art und Weise nachgegeben werden kann. Eine gängige Möglichkeit ist die Übersetzung. Gebrauchsanweisungen, Beipackzettel und weitere schriftliche Anhängsel international vermarkteter Produkte enthalten immer mehr verschiedene Sprachen. Jede Übersetzung verkoppelt symbolsprachliche Welten punktuell miteinander. Eine andere Möglichkeit ist die Benutzung einer internationalen Sprache, heute in der Regel Englisch. Sie dominiert bei den wichtigsten Akteuren in den Funktionssystemen. Von Managern, Spitzensportlern, Spitzenpolitikern, Wissenschaftlern, renommierten Künstlern wird erwartet, dass sie Englisch verstehen und sprechen. In diesem Fall wird eine symbolsprachliche Welt gemeinsam benutzt. Eine dritte Möglichkeit besteht in der Benutzung international vereinheitlichter bildlicher Zeichen. Beispiele sind Verkehrszeichen, Hinweise auf Toiletten, Telefonzellen und dergleichen. Auch viele Montageanleitungen bedienen sich einer Bild- und Zeichensprache. Bei dieser Variante geht es ebenso wie bei der zweiten um direkte Vereinheitlichung.

Kapitel 5: Der gesellschaftliche Aspekt

> *Anregung: Welche Beispiele sprachlicher Vereinheitlichung sind Ihnen in den letzten Tagen begegnet?*

Wesentlich komplizierter wird es durchzubuchstabieren, *was Vereinheitlichungsdruck in Richtung auf nationalstaatliche Parallelwelten bedeutet*. Am wichtigsten Beispiel, dem Wirtschaftssystem, kann man erkennen, dass es einerseits immer der Etablierung gewisser gemeinsamer Mindeststandards bedarf, damit es „offiziell" zu einer globalen Vernetzung kommen kann. Damit ist schon angedeutet, dass es auch zu „inoffizieller Globalisierung" ohne gemeinsame institutionelle Rahmenbedingungen kommen kann: im Bereich des Wirtschaftssystems beispielsweise zu globalen Mafiaaktivitäten oder einem globalen Markt für gefährliche Drogen. Bei der Bekämpfung solcher Aktivitäten geht es gerade darum, die globale Vernetzung zu zerstören.

Auch wenn man diesen inoffiziellen Bereich ausklammert, muss man zunächst einmal Niveaus wirtschaftlicher Globalisierung unterscheiden, um gedanklich weiter zu kommen. Entsprechend der Darstellung im zweiten Kapitel können drei Niveaus wirtschaftlicher Globalisierung unterschieden werden:

Globalisierung I: Internationaler Handel mit der Folge räumlicher wirtschaftlicher Arbeitsteilung.

Globalisierung II: Internationale Konkurrenz nationaler Standorte um wirtschaftliche Innovation und Wertschöpfung.

Globalisierung III: Globales Agieren einzelner Wirtschaftsakteure – sowohl natürlicher wie juristischer Personen.

Für jedes dieser drei Niveaus bedarf es spezifischer *Voraussetzungen*. Bei Globalisierung I reicht eine Konkurrenz zwischen Staaten aus, deren politisches System die Protektion der „nationalen" Wirtschaftsakteure betreibt. Über das eigene Territorium hinausgehende Wirtschaftsaktivitäten führen von einem bestimmten Umfang an in diese Globalisierungsphase hinein.

Dagegen ist Globalisierung II ohne die Kooperation und einen gewissen Interessenabgleich zumindest zwischen den Zentrumsstaaten nicht möglich. Sie müssen gemeinsame Minimalstandards für den Handel untereinander vereinbaren. Dazu gehören konvertible Währungen, der Abbau substantieller Import- und Exportverbote, der Schutz geistigen Eigentums durch Angleichung des Patent-

Kapitel 5: Der gesellschaftliche Aspekt

rechts und Angleichungen hinsichtlich der Garantie grundlegender Persönlichkeitsrechte wie Niederlassungsfreiheit, Freiheit der Berufswahl etc. Auf diesen Voraussetzungen basiert auch Globalisierung III. Hinzukommen muss allerdings eine im Einzelnen schwer konkretisierbare Internationalisierung der Bürgerrechte im Sinne einer rechtlichen Absicherung internationaler Wirtschaftsaktivitäten privater Wirtschaftsakteure. Gewisse Sicherheiten gegenüber staatlicher Willkür sind in jedem Falle zusätzlich erforderlich.

 Am Beispiel wirtschaftlicher Globalisierung kann man erkennen, dass eine wachsende Globalisierung von Funktionssystemen ein wachsendes Maß an transnationaler Abstimmung und Angleichung institutioneller Voraussetzungen erfordert.

Von solchen zwingend erforderlichen Einstiegsvoraussetzungen sind *zusätzliche Möglichkeiten der Förderung wirtschaftlicher Globalisierung* zu unterscheiden. Das bedeutet keineswegs, dass sie weniger wichtig wären. Von ihnen hängt nämlich das Ausmaß und die Entwicklungsdynamik wirtschaftlicher Globalisierung entscheidend ab. Sie liegen für die *erste Globalisierungsphase* vorrangig auf nationalstaatlicher Ebene und haben mit Entwicklungen zu tun, die auch in der klassischen Modernisierungstheorie betont werden. In dem Maße, wie die Differenzierung zwischen dem gemeinsamen staatlichen Handeln und privaten Wirtschaftsaktivitäten voran kommt, die Demokratisierung zumindest den wichtigen Wirtschaftsakteuren politischen Einfluss sichert und die Bildungsexpansion Qualifikationen und zivilisatorische Fertigkeiten nicht zuletzt im Umgang mit dem Medium Schrift vermittelt, kann der jeweils nationale Anteil am und das nationale Profitieren vom internationalen Austausch erweitert werden. Das gelingt vor allem dann, wenn hier Modernisierungsvorteile gegenüber rivalisierenden Staaten entstehen. In der Folge kann sich dann die staatliche Protektion der Außenhandelsaktivitäten zu kolonialem Engagement verdichten. Ein Paradebeispiel für eine derartige Entwicklung ist das britische Engagement in Indien (Rothermund 2006). Im Zuge der Durchsetzung des Kolonialismus erfordert die Konkurrenz der Kolonialmächte untereinander dann ein immer höheres Maß an Kooperation etwa hinsichtlich der Abgrenzung und gegenseitigen Anerkennung von Kolonialgebieten. Dabei kommt es auch zur Entwicklung gemeinsamer Kolonialinteressen – charakteristisch ist hierfür das Auftreten der Kolonialmächte im 19. Jahrhundert in China und Japan (vgl. z.B. Osterhammel 2006; Martin 2006).

Für die *zweite Globalisierungsphase* bezieht sich die Angleichung institutioneller Rahmenbedingungen auf eine weitere „Harmonisierung" im Umgang mit Exporten und Importen: Der Abbau von hohen Zolltarifen, ihre Harmonisierung durch Meistbegünstigungsklauseln, Vereinfachungen im internationalen Zahlungsverkehr etwa durch die Verwendung von Leitwährungen oder durch die Verständigung auf feste Wechselkurse sowie die internationale Angleichung diverser Normierungen haben zentrale Bedeutung für die Erweiterung des internationalen Handels. Hinzu kommen konkurrierende nationalstaatliche Aktivitäten der Bildungs-, Wissenschafts- und Wirtschaftsförderung.

Für die *dritte Globalisierungsphase* spielt die immer weiter gehende Entwicklung, Verdichtung und Verbilligung globaler Verkehrs-, Transport- und Kommunikationssysteme eine wichtige Rolle. In engem Zusammenhang damit steht eine zunehmende Durchsetzung von Infrastrukturstandards, die globale unternehmerische Dispositionen erst zu einer realen Möglichkeit werden lassen. In institutioneller Hinsicht kommt es zur Konkurrenz zwischen nationalstaatlichen Standortbedingungen um unternehmerische Standortentscheidungen – aus der Globalisierung unternehmerischer Aktivitäten resultiert ein Anpassungsdruck insbesondere auf kostenrelevante Standortmerkmale wie Steuern, Löhne, Sozialabgaben und gesetzliche Einschränkungen des unternehmerischen Dispositionsspielraums. Auf diese Konkurrenzsituation können Staaten mit Kooperation reagieren, um einen Verfall ihrer Steuereinnahmen aufzuhalten (vgl. Kap. 3).

→ Wenn Staaten als Standorte eines globalisierten Funktionssystems ihre Chancen nutzen wollen, dann müssen sie für das jeweilige Funktionssystem besonders günstige Entwicklungsbedingungen schaffen. Dabei können sie entweder in Konkurrenz zu anderen Staaten treten oder mit ihnen kooperieren.

Anregung: Formulieren Sie in Ihren eigenen Worten die Bereiche, in denen der Nationalstaat in der dritten Phase wirtschaftlicher Globalisierung Souveränitätsverluste erleidet.

Da diese drei Globalisierungsphasen aufeinander aufbauen, kann man aus dieser Beschreibung eine Tendenz herauslesen: Immer mehr Elemente, über die Staaten autonom zu verfügen glaubten, geraten infolge ökonomischer Globalisierung unter Konkurrenz- bzw. Kooperationsdruck. Staaten müssen mit anderen Staaten

Kapitel 5: Der gesellschaftliche Aspekt 231

immer mehr über die Ausübung ihrer souveränen Rechte verhandeln, wenn sie nicht unter Konkurrenzdruck kommen wollen. Aus sozialtheoretischer Sicht sind sowohl Kooperation wie Konkurrenz Ausdruck ein und desselben Sachverhalts: der Angleichung wirtschaftsrelevanter Standortfaktoren. Konkurrenz geht in Richtung auf eine Angleichung auf minimalem Kostenniveau; Kooperation ermöglicht die Erhaltung von mehr staatlichen Funktionen. Nur sehr große Staatenblöcke bzw. ein einziger Weltstaat könnten versuchen dem bis auf Unternehmensebene globalisierten Wirtschaftssystem Bedingungen zu diktieren.

Anregung: Wieso ist für die Nationalstaaten Kooperation hinsichtlich wirtschaftlicher Rahmenbedingungen vorteilhafter als Konkurrenz?

Dieser Angleichungsdruck auf symbolsprachliche wie auf gesellschaftliche Parallelwelten geht nicht nur vom Wirtschaftssystem, sondern ebenso auch von den anderen Funktionssystemen aus. Daraus kann man folgern, dass dieses für das Beispiel des Wirtschaftssystems knapp skizzierte Anpassungsszenario real viel umfangreicher und viel weiter gefächert ist als in dieser knappen Skizze. Selbst wenn hier vereinfachend Gesellschaften mit Staaten gleichgesetzt werden, wird deutlich, an wie vielen Ecken und Enden Gesellschaften unter Anpassungsdruck geraten. Prinzipiell gibt es drei Reaktionsmöglichkeiten: Konkurrieren (Unterbieten), Kooperieren (sich auf den kleinsten gemeinsamen Nenner verständigen) oder Fusionieren.

Anregung: Welche Bedeutung könnte eine Kooperation der Staaten für die globale Bekämpfung des Dopings im Sport haben? Welche Folgen hätte es dagegen für die Dopingbekämpfung, wenn Staaten um sportlichen Erfolg – gemessen am Medaillenspiegel bei Olympia – konkurrieren?

Geraten Nationalstaaten als alternative Standorte in **Konkurrenz** zueinander, dann werden sie aus der Perspektive eines Funktionssystems unter Leistungsgesichtspunkten wahrgenommen. Je nachdem, ob sie z.B. als potentielle Sport-, Kunst-, Wissenschafts- oder Wirtschaftsstandorte betrachtet werden, spielen jeweils unterschiedliche, zum Teil auch konträre Gesichtspunkte eine Rolle. An solchen Standorten können Funktionssysteme gefördert oder behindert werden.

Aufgrund ihrer globalen Verflechtung können die Funktionssysteme aber auf Behinderungen reagieren, indem sie günstige Standorte suchen, ungünstige dagegen vermeiden. Sobald globalisierte Funktionssysteme selektiv auf solche Standortmerkmale reagieren, beginnen die Nationalstaaten ihre Autonomie bei der Normierung, der Lenkung von Ressourcen usw. zu verlieren. Aus Abschlussgrenzen werden so überschreitbare räumliche Grenzen zwischen tendenziell gleichartigen Segmenten. Spätestens dann, wenn die politischen Systeme ihren Gestaltungsbereich als Standort wahrnehmen, haben sie sich als Segment einer umfangreicheren räumlichen Struktur wahrgenommen. Aus dem äußeren analytischen Beobachtungsgesichtspunkt, von dem aus segmentäre Parallelwelten identifiziert werden konnten, ist dann eine interne Beobachtungsperspektive geworden, aus der adaptive Verhaltensstrategien gegenüber globalisierten Funktionssystemen entwickelt werden.

Kooperation zwischen solchen Segmenten kann auf Basis einer gemeinsamen Konkurrenzwahrnehmung als eine Behauptungsstrategie entwickelt werden. Nur so kann unter den Bedingungen der Standortkonkurrenz Autonomie zurück gewonnen werden (vgl. auch Kapitel 3). Das erfordert aber in allen Bereichen, wo transnational kooperiert wird, Abstimmungsprozesse in Richtung einer Vereinheitlichung relevanter Standortbedingungen. *Das Resultat erfolgreicher transnationaler Kooperation ist also immer eine punktuelle Fusion.* Im Hinblick auf bestimmte Standortmerkmale hat dadurch aus der Perspektive der globalisierten Funktionssysteme die Zahl der Alternativen abgenommen. *Der logische Fluchtpunkt dieser Behauptungsstrategie ist die Fusion, letztlich also der Weltstaat.*

Hier stellt sich nun die Frage, *was* über transnationale Kooperation und über Fusionen behauptet werden kann. Kurz gesagt: Die Funktion politischer Systeme, insoweit sie demokratisch verfasst sind, besteht darin, für das Gemeinwohl der Staatsangehörigen zu sorgen (vgl. z.B. Zürn 1998: 37ff.), was sowohl Schutz vor Gewalt wie auch materielle Wohlfahrt mit einschließt. Diese Zielsetzung wird auf Basis des Steuer- und Gewaltmonopols verfolgt und durch die Anerkennung von anderen Staaten nach außen abgesichert. Im Hinblick auf dieses Leistungsversprechen kann auch der Staat als Funktionssystem aufgefasst werden. Wie jede andere spezifizierte Leistung kann daher auch die Sorge für das Gemeinwohl global erbracht werden. Dafür spricht, dass die hier zu lösenden Probleme nicht zuletzt aufgrund der Globalisierung anderer Funktionssysteme eine wahrhaft globale Dimension gewonnen haben. Über die bereits erläuterten Konkurrenzprobleme hinaus, zu denen insbesondere eine soziale Normierung des globalisierten Wirtschaftssystems gehört, sind hier insbesondere *die ökologischen Pro-*

bleme zu nennen, die nur global gelöst werden können. Ein Weltstaat wäre nicht mehr, aber auch nicht weniger als ein politisches System, in das alle menschlichen Bewohner des Planeten eingeschlossen sind, das über ein globales Steuer- und Gewaltmonopol verfügt, das ein globalisiertes Wohlfahrtsziel verfolgt und dessen Legitimität allgemein anerkannt wird.

 Zumindest der Möglichkeit nach können staatliche Leistungen global erbracht werden.

Um diese aus einem sozialtheoretischen Blickwinkel sichtbare Tendenz einzuordnen, sind folgende Hinweise nützlich:

(a) In dem Maße, wie die transnationale Kooperation der Staaten global erfolgt und zu einverständlichen Lösungen/Leistungsversprechen etwa bei der Lösung ökologischer Probleme führt, wird weltstaatliches Regieren ohne institutionelle Absicherung (zum Demokratieproblem vgl. Kap. 3) bereits de facto praktiziert.

(b) Weiterhin ist anzumerken, dass auch weltstaatliche Strukturen in ein föderales System mit einer starken kontinental- und nationalstaatlichen Ebene eingebettet werden können. Auch hier kann das Subsidiaritätsprinzip praktiziert werden, das vorsieht, nur die Fragen auf einer zentraleren Politikebene zu organisieren, die auf dezentraleren Ebenen nicht effektiv beantwortet werden können.

(c) Damit wird keine Prognose abgegeben, dass es irgendwann zu einem Weltstaat kommen muss. Es wird nur eine perspektivische Möglichkeit aufgezeigt. Diese Möglichkeit ist aber dann zwingend, wenn ein politisches System des bisherigen Zuschnitts mit Wohlfahrtszielen erhalten bleiben soll. Solange nationalstaatlich segmentierte politische Systeme mit anderen bereits globalisierten Funktionssystemen in Beziehung stehen, werden sie über Konkurrenzmechanismen geschwächt und innerlich ausgezehrt. Das führt zu Abstrichen bei der Verfolgung von Wohlfahrtszielen. Der Abbau staatlicher Leistungen darf zwar kein Tabuthema sein. Bedenklich und für jede demokratische Kultur zerstörerisch ist es jedoch, wenn ein Abbau wohlfahrtsstaatlicher Leistungen nicht über ein politisches Votum der Bürger zustande kommt, sondern aus den Zwängen der Standortkonkurrenz gegen den Willen der Mehrheit exekutiert wird.

(d) Weiterhin ist zu beachten, dass die Globalisierung der Funktionssysteme nur ein Antriebsmoment in Richtung Fusion ist. Daneben können wir eine ganze Reihe von Themen registrieren, bei denen eine globalisierte und zugleich auf Vollständigkeit angelegte Ordnung durchaus gedacht wird. Es gibt Gründe für die Vermutung, dass ein Denken in derartigen Ordnungen in den letzten Jahrzehnten deutlich stärker geworden ist. Um welche Gesichtspunkte geht es dabei?

Ein politisches Argument für weltstaatliche Strukturen macht auf die durch das enorme **Rüstungsniveau** hergestellte *Weltschicksalsgemeinschaft* aufmerksam. Spätestens seit der erstmaligen Produktion von Wasserstoffbomben und dem darauf folgenden Atomrüstungswettlauf zwischen den USA und der Sowjetunion wurde ein Rüstungsniveau erreicht, das die globale Zerstörung der menschlichen Lebensgrundlagen zu einer denkbaren Folge kriegerischer Auseinandersetzungen werden ließ. Es entstand ein „Gleichgewicht des Schreckens". Der Friede wurde auch in Konflikten wie der Kuba-Krise dadurch erhalten, dass die Folgen eines Ersteinsatzes von Atomwaffen letztlich unkalkulierbar waren und über jedem Atomkrieg das Damoklesschwert des kollektiven Untergangs schwebte. Zwar wurden mit der Entwicklung so genannter taktischer Atomwaffen militärische Konsequenzen aus dem Problem überdimensionierter und deswegen in ihren Folgen nicht kontrollierbarer Waffen gezogen, ohne dass damit allerdings Atomkriege führbar wurden. Heute sind Atomwaffen vor allem für instabile Regime wie Nordkorea oder den Iran hoch attraktiv, weil sie damit de facto unangreifbar werden. Fazit: Weil die Folgen des Einsatzes von Atomwaffen für die menschlichen Lebensgrundlagen nicht lokalisierbar sind und der Einsatz einer größeren Zahl von Atombomben die menschlichen Lebensgrundlagen global zerstören könnte, ist die Menschheit in dieser Hinsicht zu einer Schicksalsgemeinschaft geworden, die – sieht man einmal von religiösen oder politischen Fanatikern ab – das Interesse an der Nichtanwendung von Atomwaffen eint.

Ein zweites politisches Argument für weltstaatliche Strukturen besteht in der unausweichlichen **gemeinsamen ökologischen Verantwortlichkeit**. Auch das Ökologiethema ist ein Folgeproblem der immens gewachsenen Fähigkeiten der Menschheit – insbesondere der industriellen wie auch der wissenschaftlich-technischen Fähigkeiten. Das Wirtschaftssystem stößt aufgrund seiner Leistungsfähigkeit an ökologische Grenzen des Planeten: Der Umfang nutzbarer fossiler Brennstoffe, Metalle und weiterer Rohstoffe ist definitiv begrenzt. Ebenso begrenzt ist das Regenerationspotential des Planeten, so dass z.B. die Atmosphäre belastende Emissionen, die großflächige Zerstörung der Wälder und weitere Ein-

Kapitel 5: Der gesellschaftliche Aspekt

griffe über das Klima die Lebensgrundlagen nicht nur der Menschen gefährden. Diese Gefährdung erfolgt sowohl direkt über neue Gesundheitsrisiken wie auch indirekt über die Zerstörung von Lebensgrundlagen (etwa über zunehmende Wüstenbildung). Anders als beim militärischen Aspekt können aus der gemeinsamen Abhängigkeit von solchen ökologischen Lebensgrundlagen sehr unterschiedliche Handlungsimperative abgeleitet werden, die nicht nur Staaten und Großorganisationen, sondern prinzipiell jeden Menschen und seinen Umgang mit diesen Ressourcen betreffen. Dennoch kommt auch hier einer globalisierten Ebene politischer Normierung und Umstrukturierung insbesondere von Rahmenbedingungen des Wirtschaftssystems vorrangige Bedeutung zu. Ebenso wie bei dem militärischen Aspekt können unabgestimmte Reaktionen einzelner Staaten nicht erfolgreich sein, zumal sie gegenteilige Reaktionen anderer Staaten nach sich ziehen könnten. Als genauso problematisch wie einseitige Abrüstung können sich auch einseitig gesetzte Klimaschutzziele erweisen.

Wenn mit einem möglichen globalen Zusammenschluss eine globale staatliche Organisationsform assoziiert wird, dann könnte vermutlich schnell ein weitgehender Konsens hergestellt werden, das diese Frage nicht auf der politischen Agenda steht. Die Möglichkeiten und Probleme transnationaler Politik wurden bereits im dritten Kapitel präsentiert und diskutiert. Als ein zentrales Problem erwies sich hierbei das Demokratiedefizit zwischenstaatlicher Vereinbarungen. Es verweist auf einen Zusammenhang, der in dieses Kapitel gehört. Demokratisch gewählte Regierungen haben ein Mandat durch eine Stimmenmehrheit der Wähler erhalten. Wähler sind nur die Bürger des jeweiligen Staates. Ihre Interessen gilt es zu vertreten. Grenzen dieses Mandats werden nicht nur in zwischenstaatlichen Aushandlungsprozessen (vgl. Kap. 3), sondern auch bei den beiden Interessenkomplexen Ökologie und Nichteinsatz von Massenvernichtungswaffen erreicht. Da beide Interessenkomplexe nur global realisiert werden können, ist die Umsetzung durch nationale Regierungen nicht möglich. Ein vergleichbares Problem entstünde, wenn Bürger einer Stadt den Stadtrat beauftragen, das nationale Asylrecht zu ändern. Mit anderen Worten: Beide Interessenkomplexe erfordern eigentlich eine „Weltregierung" und eine globale Öffentlichkeit, die diese Themen diskutiert und die ein solches globales politisches Mandat vergeben könnte.

Aus diesem Blickwinkel fällt der enorme Erfolg auf, den Nichtregierungsorganisationen (NGO's) in den letzten Jahrzehnten auf globalisierten Politikfeldern erzielen konnten. Sie sind Vorreiter einer Globalisierung der politischen Öffentlichkeit, insbesondere auf dem Ökologiesektor. Greenpeace, WWF und weitere NGO's besetzen bestimmte Teilaspekte des Feldes, die sie ganz selbstverständlich global verfolgen. Ein anderer Bereich, auf dem NGO's eine globalisierte politische Öffentlichkeit herzustellen suchen, ist der Bereich der Menschenrechte und – im weitesten Sinne – eines fairen und gleichberechtigten Umgangs aller Menschen miteinander. International agierende Organisationen wie Amnesty International, „Ärzte ohne Grenzen" oder auch viele begrenzte Projekte (wie SOS-Kinderdörfer) treiben über ihre praktischen Aktivitäten wie ihre Öffentlichkeitsarbeit punktuell eine global vernetzte politische Öffentlichkeit voran.

5.13 Grenzen der Globalisierung

Weder mit einer weiter voranschreitenden Globalisierung der Funktionssysteme noch mit Diskursen globaler Verantwortlichkeit ist allerdings der Weg in eine Art **Welteinheitsgesellschaft** verbunden. In globalen Netzwerken organisierbar sind zunächst einmal nur über die Funktionssysteme institutionalisierte Leistungsversprechen. Unter diesen Gesichtspunkten können menschliche Handlungen und ihre Resultate verglichen und bewertet werden, in Konkurrenz zueinander treten und kooperativ miteinander verbunden werden. Solche mit der Entwicklung der Weltreligionen aufgekommenen Leistungsversprechen institutionalisieren eine Beobachterperspektive (vgl. Habermas 1981, Bd. 2: 229ff.) gegenüber eigenen wie fremden menschlichen Handlungen. Es zählen nur auf Funktionssysteme und ihre Konkretisierungen zugeschnittene Leistungen – z.B. kommt es im Hinblick auf das Sportsystem nicht einfach nur auf „Sportlichkeit", sondern z.B. auf die spezifische Fähigkeit an, im Hochsprungwettbewerb eine bestimmte Höhe zu meistern.

Der „ganze Mensch" bleibt dagegen außen vor. Er interessiert nur aus der Teilnehmerperspektive. Eine solche Teilnehmerperspektive wird dort institutionalisiert, wo Sozialsysteme über Abschlussgrenzen nicht einschlägige Verhaltensweisen, sondern „ganze Menschen" ein- oder ausschließen[17]. Sie liegt der

---

[17] Das erinnert an die dualistische Gesellschaftskonzeption von Habermas (1981). Nach Habermas erfolgt die Verständigung im Rahmen der alltäglichen Lebenswelt immer aus einer Teilnehmerperspektive heraus. Aus der Lebenswelt hat sich – Habermas zufolge – ein auf die materielle Reproduktion zugeschnittener systemischer Bereich ausdifferenziert, bei dem über die Medien Macht und Geld eine Beobachterperspektive institutionalisiert wurde. Hier wird behauptet, dass eine solche Beobachterperspektive überall dort institutionalisiert ist, wo es auf spezifische „Leistungen" ankommt, auf die hin menschliches Verhalten beobachtet wird. Das können Gesichtspunkte der Frömmigkeit sein, ebenso aber sportliche, wissenschaftliche, künstlerische oder schulische Leistungen. Beobachter machen ihr Verhalten gegenüber Anderen von deren beobachteten Leistungen abhängig. Solche Beobachtungen sind – nach Luhmann – Teil der Kommunikationspraxis.

Kapitel 5: Der gesellschaftliche Aspekt

sprachlichen Verständigung in einer konkreten Sprache ebenso zugrunde wie Kultgemeinschaften und Gesellschaften. Während die Inklusion in eine Sprachgemeinschaft bedeutet, dass man mit anderen Mitgliedern derselben Sprachgemeinschaft buchstäblich über „alles" Reden kann, weil man eine gemeinsame Symbolwelt teilt, so bedeutet die Inklusion in Kultgemeinschaften bzw. Gesellschaften, dass man eine gemeinsame Sozialwelt teilt. Die soziale Platzierung hängt von den innergesellschaftlichen sozialen Grenzen ab, über die Gesellschaften das reentry ihrer Mitglieder organisieren. Dieses reentry kann sowohl aus der Makroperspektive gesellschaftlicher Aufgabenfixierung und -erfüllung wie aus der Mikroperspektive individueller Identitätsstiftung bzw. -findung analysiert werden[18].

Wie in diesem Kapitel (vgl. unter 5.4) bereits ausführlich erläutert wurde, *geht von der Globalisierung der Funktionssysteme keinerlei Vereinheitlichungsdruck auf diese sozialen Grenzen aus*. Eher nimmt die Vielfalt an Möglichkeiten, innerhalb einer bestimmten Gesellschaft seinen Platz zu finden, durch die immer weitere Differenzierung sozialer Grenzen tendenziell zu[19]. Die rasante Entwicklung der neuen elektronischen Medien hat nicht nur die Globalisierung der Funktionssysteme vorangetrieben, sondern sie hat auch dazu geführt, dass die räumliche wie die zeitliche Reichweite zwischenmenschlicher Sozialkontakte stark angewachsen ist, die nach wie vor durch innergesellschaftliche soziale Grenzen strukturiert werden. Dadurch sprengt die Vernetzung der alltäglichen Lebenswelt immer deutlicher die Grenzen der Kopräsenz, der gemeinsamen Anwesenheit an einem Ort. Das erhöht die Selektivität. Weniger technisch ausgedrückt: Die soziale Vielfalt *innerhalb* gesellschaftlicher Abschlussgrenzen wird mit einiger Sicherheit noch erheblich zunehmen. Die Kooperation wie auch die Fusion zwischen Nationalstaaten werden solche Tendenzen eher noch verstärken.

---

[18] Zweifellos kommt auch aus dieser Teilnehmerperspektive nie der „ganze Mensch" in allen seinen Besonderheiten zur Sprache. Auf gesellschaftlich vorgezeichneten Wegen kann eben nur über uns alle prägende soziale Schematisierungen geredet werden. Die Grenzen des Kommunizierbaren werden über Luhmanns Unterscheidung zwischen sozialen und psychischen Systemen deutlich, aber auch daran, dass das Wort Person von Masken abgeleitet ist, mit denen sich Menschen schon seit Urzeiten „ein Gesicht gegeben", also ihr natürliches Gesicht soziokulturell überformt haben. An die zentrale Bedeutung des Gesichts und des Gesichtsausdrucks für die Kommunikation nicht nur unter Menschen und Primaten kann hier nur erinnert werden.

[19] So lässt sich schon Simmels Analyse der Kreuzung sozialer Kreise lesen (Simmel 1992: 456-511).

→ Die vermutete Tendenz in Richtung eines Weltstaates würde alles andere als eine Welteinheitsgesellschaft implizieren. Wohl eher könnte sie zum Träger, zur institutionellen Grundlage für eine Weltleistungsgesellschaft werden, die alle Leistungserwartungen global organisiert.

Literaturverzeichnis

ABEL, W. (1977): Massenarmut und Hungerkrisen im vorindustriellen Deutschland. Göttingen.
ALTVATER, E./MAHNKOPF, B. (1996): Grenzen der Globalisierung. Ökonomie, Ökologie und Politik in der Weltgesellschaft. Münster.
BARALDI, C./CORSI, G./ESPOSITO, E. (1997): Glossar zu Niklas Luhmanns Theorie sozialer Systeme. Ffm.
BARKER, E. (1989): New Religious Movements: A Practical Introduction. London.
BARZ, H. (1992): Postmoderne Religion am Beispiel der jungen Generation in den alten Bundesländern. Opladen.
BAUMAN, Z. (1995): Moderne und Ambivalenz. Das Ende der Eindeutigkeit. Ffm.
BAUMAN, Z. (1997): Flaneure, Spieler und Touristen. Essays zu postmodernen Lebensformen. Hamburg.
BAUMAN, Z. (2002): Der Pilger und seine Nachfolger: Spaziergänger, Vagabunden und Touristen. In: Merz-Benz, U./Wagner, G. (Hg.): Der Fremde als sozialer Typ. S. 163-186. Konstanz.
BECK, U. (1986): Risikogesellschaft. Auf dem Weg in eine andere Moderne. Ffm.
BECK, U. (1988): Gegengifte. Die organisierte Unverantwortlichkeit. Ffm.
BECK, U. (1993): Die Erfindung des Politischen. Ffm.
BECK, U. (1998): Was ist Globalisierung? Irrtümer des Globalismus – Antworten auf Globalisierung. 4. Auflage. Ffm.
BECK, U. (HG.) (1998a): Politik der Globalisierung. Ffm.
BECK, U. (2000): Modell Bürgerarbeit. In: Ders.: Schöne neue Arbeitswelt. S. 7-189. Ffm./NY.
BELL, D. (1975): Die nachindustrielle Gesellschaft. Ffm./NY.
BERGER, J. (1986): Gibt es ein nachmodernes Gesellschaftsstadium? Marxismus und Modernisierungstheorie im Widerstreit. In: Ders.: Die Moderne – Kontinuitäten und Zäsuren. Sonderband 4 der Sozialen Welt. S. 79-96. Göttingen.
BORNSCHIER, V. (1998): Westliche Gesellschaft – Aufbau und Wandel. Zürich.
BORST, A. (1982): Lebensformen im Mittelalter. Ffm./Berlin/Wien.
BRAUDEL, F. (1985): Sozialgeschichte des 15.-18. Jahrhunderts. Der Alltag. München.
BRAUDEL, F. (1990): Venedig. In: Braudel, F./Duby, G./Aymard, M. (Hg.): Die Welt des Mittelmeeres. Zur Geschichte und Geographie kultureller Lebensformen. Ffm.
BREIDENBACH, J./ZUKRIGL, I. (1998): Tanz der Kulturen. Kulturelle Identitäten in einer globalisierten Welt. München.
BROCK, D./VETTER, H.-R. (1986): Technische Dynamik und soziale Beharrung. Anmerkungen zum Verhältnis von technischem und sozialem Fortschritt anhand einer Fallstudie zum Robotereinsatz im Automobilbau. In: Soziale Welt. 37. Jg. H. 2/3. S. 208-236.

BROCK, D. (1991): Der schwierige Weg in die Moderne. Umwälzungen in der Lebensführung der deutschen Arbeiter zwischen 1850 und 1980. Ffm./NY.
BROCK, D. (1991b): Industrialisierung in den 90er Jahren: Grüne Wiese, High Tech, Arbeitsmoral und konservative Werte? In: Zeitschrift für Berufs- und Wirtschaftspädagogik 87. H. 8. S. 637-651.
BROCK, D. (1997a): Globalisierung und Regionalisierung. In: Hradil, S. (Hg): Differenz und Integration. S. 782-792. Ffm./NY.
BROCK, D. (1997b): Wirtschaft und Staat im Zeitalter der Globalisierung. Von nationalen Volkswirtschaften zur globalisierten Weltwirtschaft. In: Aus Politik und Zeitgeschichte. S. 33-34.
BROCK, D. (1997c): Economy and the State in the Era of Globalization. From National Economies Towards a Global World Economy. Auf russisch erschienen in: Politeconom. Deutsch-russische Zeitschrift zu Theorie und Praxis der Wirtschaftspolitik. H. 3/4. S. 27-34.
BROCK, D. (2002): Karl Marx. In: Brock, D./Junge, M./Krähnke, U. (Hg.): Soziologische Theorien von Auguste Comte bis Talcott Parsons. S. 57-77. München.
BROCK, D./HOLLY, W./OHLER, P./Voß, G. (2005): Kommunikationsgrenzen – Grenzkommunikationen. Grenze als disziplinübergreifendes Basiskonzept. Ms. Chemnitz.
BROCK, D. (2006): Leben in Gesellschaften. Von den Ursprüngen bis zu den alten Hochkulturen. Wiesbaden.
Brock, D./NEUSS, B./SCHÜTZ, A. u.a. (2006): Soziale Trennungsgrenzen. Ms. Chemnitz.
BROCK, D. (2008): Gesellschaftskritische Theorieansätze. In: Brock, D./Junge, M. (Hg.): Soziologische Paradigmen seit Parsons. (In Erscheinung) München.
BROZUS, L./ZÜRN, M. (2003): Regieren im Weltmaßstab. In: Informationen zu Politik und Zeitgeschichte. H. 280. Online im Internet (Stand 14.10.2007): http://www.bpb.de/publikationen/EYRTL9,3,0,Regieren_im_Weltma%DFstab.html#art3
BUDE, H./WILLISCH, A. (HG.) (2006): Das Problem der Exklusion. Ausgegrenzte, Entbehrliche, Überflüssige. Hamburg.
BURKE, P. (1991): Offene Geschichte. Die Schule der ‚Annales'. Berlin.
CACHAY, K. (1999): Globalisierungsprozesse im Sport: Bosman und die Folgen. In: Roth, K./Pauer, Th./Reischle, K. (Hg.): Dimensionen und Visionen des Sports. Evaluation – Profilbildung – Globalisierung. Beiträge zum 14. Sportwissenschaftlichen Hochschultag der Deutschen Vereinigung für Sportwissenschaft vom 27.-29.9.1999 in Heidelberg. Schriften der Deutschen Vereinigung für Sportwissenschaft. Bd. 108. S. 115-117. Hamburg.
CACHAY, K./THIEL, A. (2000): Soziologie des Sports. Zur Ausdifferenzierung und Entwicklungsdynamik des Sports der modernen Gesellschaft. Weinheim/München.
CASANOVA, J. (1994): Public Religions in the Modern World. Chicago/London.
CASTELLS, M. (2003): Das Informationszeitalter. 3 Bände. Opladen.
CHOSSUDOVSKI, M. (2002): Global brutal. Der entfesselte Welthandel, die Armut, der Krieg. Ffm.
COHEN, A. K. (1955): Delinquent Boys. London.

Literaturverzeichnis 241

COHEN, D. (1998): Fehldiagnose Globalisierung. Die Neuverteilung des Wohlstands nach der dritten industriellen Revolution. Ffm./NY.

COULMAS, F. (1993): Das Land der rituellen Harmonie. Japan: Gesellschaft mit beschränkter Haftung. Ffm./NY.

DAHRENDORF, R. (2002): Anmerkungen zur Globalisierung. In: Kemper, P./Sonnenschein, U. (Hg.): Globalisierung im Alltag. 3. Auflage. Ffm.

DAMUS, M. (2000): Kunst im 20. Jahrhundert. Von der transzendierenden zur affirmativen Moderne. S. 402-407. Hamburg.

DARWIN, CH. (1966): Die Abstammung des Menschen. 3. Auflage. Wiesbaden.

DINKEL, M./KRATZ, S. (1998): Zum amerikanischen Einfluss auf Team-Sport-Ligen in Deutschland. In: Trosien, G. (Hg.): Globalisierung und Sport. Business, Entertainment, Trends. S. 47-57. Aachen.

DIRLMEIER, U./FUHRMANN, B. (2006): Der Aufstieg der Kommunen: Die Städte. In: Die Zeit (Hg.): Welt- und Kulturgeschichte. Bd. 7. S. 274-287. Hamburg.

DOLL-TEPPER, G. (1999): Globalisierung. In: Roth, K./Pauer, Th./Reischle, K. (Hg.): Dimensionen und Visionen des Sports. Evaluation – Profilbildung – Globalisierung. Beiträge zum 14. Sportwissenschaftlichen Hochschultag der Deutschen Vereinigung für Sportwissenschaft vom 27.-29.9.1999 in Heidelberg. Schriften der Deutschen Vereinigung für Sportwissenschaft. Bd. 108. S. 101-103. Hamburg.

DU BOIS-REYMOND, P. (1882): Die allgemeine Funktionentheorie. Tübingen.

DUMEZIL, G. (1958): L´idéologie tripartie des Indo-Européens. Brüssel.

DUMULIN, H. (1990): Religion und Politik. Die Entwicklung des japanischen Buddhismus bis zur Gegenwart. In: Eliade, M. (Hg.): Geschichte der religiösen Ideen. Bd. 4. S. 325-409. Freiburg.

DZIEWIOR, Y. (1999): On the Move. Interkulturelle Tendenzen in der aktuellen Kunst. In: Scheps, M./Dziewor, Y./Thiemann, B. (Hg.): Kunstwelten im Dialog – von Gauguin zur globalen Gegenwart. S. 345-350. Köln.

ELIADE, M. (HG.) (1978): Geschichte der religiösen Ideen. 4 Bände. Freiburg.

ELIAS, N. (1976): Über den Prozess der Zivilisation. 2 Bände. Ffm.

ELIAS, N. (1983): Über den Rückzug der Soziologen auf die Gegenwart. In: KZfSS 35. S. 29-40.

ELIAS, N. (1991): Die Gesellschaft der Individuen. Ffm.

ELSTERMANN, T. (1994): Schuldenfreies Tauschgeld TALENT – Entwurf einer grundlegenden Geldreform. Zürich.

ERHARDT, H. (2006): Im Drachenboot zu fernen Ufern: Die Wikinger. In: Die Zeit (Hg.): Welt- und Kulturgeschichte. Bd. 7. S. 12-26. Hamburg.

ESPING-ANDERSEN, G. (1990): The Three Worlds of Welfare Capitalism. Cambridge.

FEATHERSTONE, M. (HG.) (1990): Global Culture, Nationalism, Globalization and Modernity. Newbury Park/London/New Dehli.

FORRESTER, V. (1997): Der Terror der Ökonomie. München.

FOURASTIÉ, J. (1954): Die große Hoffnung des 20. Jahrhunderts. Köln.

FRIES, M. (1998): Das Franchisesystem und die Wirtschaftlichkeit der Deutschen Eishockey-Liga (DEL) am Beispiel „Die Adler" Mannheim Eishockey GmbH. In: Trosien, G. (Hg.): Globalisierung und Sport. Business, Entertainment, Trends. S. 81-88. Aachen.
GANS, H. J. (1962): The Urban Villagers. Group und Class in the Life of Italian-Americans. NY.
GELLNER, E. (1995): Nationalismus und Moderne. Berlin.
GESELL, S. (1991): Die Natürliche Wirtschaftsordnung. Gesammelte Werke, Band 11. Lütjenburg.
GIDDENS, A. (1988): Die Konstitution der Gesellschaft. Grundzüge einer Theorie der Strukturierung. Ffm./NY.
GIDDENS, A. (1995): Konsequenzen der Moderne. Ffm.
GIMPEL, J. (1996): Die Kathedralenbauer. Deukalion.
GORZ, A. (1994): Kritik der ökonomischen Vernunft. Sinnfragen am Ende der Arbeitsgesellschaft. Berlin.
GRÜNDER, H. (2006): „Die Welt ist rund und kugelförmig": Die Entdeckung Amerikas. In: Die Zeit (Hg.): Welt- und Kulturgeschichte. Bd. 8. S. 125-135. Hamburg.
HABERMAS, J. (1981): Theorie des kommunikativen Handelns. 2 Bände. Ffm.
HAMANN, G. (2007): Der neue Bertels-Mann. In: Die Zeit. Nr. 37; 26.
HANNERZ, U. (1990): Cosmopolitans and Locals in World Culture. In: Theory, Culture and Society. S. 237-251.
HANNERZ, U. (2002): Kosmopoliten und Sesshafte in der Weltkultur. In: Merz-Benz, U./Wagner, G. (Hg.): Der Fremde als sozialer Typ. S. 139-161. Konstanz.
HARDT, M./NEGRI, A. (2002): Empire. Die neue Weltordnung. Ffm.
HAYEK, F. V. (1969): Der Wettbewerb als Entdeckungsverfahren. In: Ders.: Freiburger Studien. Wirtschaftswissenschaftliche und wirtschaftsrechtliche Untersuchungen. S. 249-265. Tübingen.
HELD, D./MC GREW, A./GOLDBLATT, D./PERRATON, J. (1999): Global Transformations: Politics, Economics and Culture. Stanford.
HEUSER, U. (1996): Tausend Welten. Die Auflösung der Gesellschaft im digitalen Zeitalter. Berlin.
HINTZE, O. (1929/1964): Wirtschaft und Politik im Zeitalter des modernen Kapitalismus. In: Ders.: Staat und Verfassung. Bd. 2. S. 427-452. Göttingen.
HIRSCHBERGER, J. (1991): Geschichte der Philosophie. 2 Bde. Sonderausgabe der 13. Auflage. Freiburg/Basel/Wien.
HITZLER, R./HONER, A. (1994): Bastelexistenz. Über subjektive Konsequenzen der Individualisierung. In: Beck, U./Beck-Gernsheim, E. (Hg.): Riskante Freiheiten. S. 307-315. Ffm.
HOLDERBACH, E. (1998): Das IOC als Instanz globaler Sportvermarktung. In: Trosien, G. (Hg.): Globalisierung und Sport. Business, Entertainment, Trends. S. 47-57. Aachen.
HOLMES, S. (1985): Differenzierung und Arbeitsteilung im Denken des Liberalismus. In: Luhmann, N. (Hg.): Soziale Differenzierung. S. 9-41. Opladen.
HOLZ, J./LANGE, K./MÜNTER-ELFNER, M. u.a. (2006): Die stolze Seerepublik: Venedig. In: Die Zeit (Hg.): Welt- und Kulturgeschichte. Bd. 7. S. 220-226. Hamburg.
HUCH, K. J. (1973): Einübung in die Klassengesellschaft. 3. Auflage. Ffm.

Literaturverzeichnis

HUNTINGTON, S. (1998): Kampf der Kulturen. Die Neugestaltung der Weltpolitik im 21. Jahrhundert. Taschenbuchausgabe. München.
ISRAEL, J. (1972): Der Begriff Entfremdung. Makrosoziologische Untersuchungen von Marx bis zur Soziologie der Gegenwart. Reinbek.
JASPERS, K. (1956): Philosophie I-III. 3. Auflage. Berlin/Göttingen/Heidelberg.
JENSEN, A. E. (1991): Mythos und Kult bei Naturvölkern. Taschenbuchausgabe. München.
JUNGE, M. (2002): Emile Durkheim. In: Brock, D./Junge, M./Krähnke, U. (Hg.): Soziologische Theorien von Auguste Comte bis Talcott Parsons. S. 108-131. München.
JUNGE, M. (2006): Zygmunt Bauman: Soziologie zwischen Moderne und Flüchtiger Moderne. Eine Einführung. Wiesbaden.
KALDOR, M. (1999): Neue und alte Kriege. Organisierte Gewalt im Zeitalter der Globalisierung. Ffm.
KAUFMANN, F.-X. (1989): Religion und Modernität. Tübingen.
KEEGAN, J. (1995): Die Kultur des Krieges. Berlin.
KELLER, R. (2007): Das interpretative Paradigma. (Noch unveröffentlicht) Ms.
KERN, H./SCHUMANN, M. (1984): Das Ende der Arbeitsteilung? Rationalisierung in der industriellen Produktion. München.
KERRY, B. (1890): System einer Theorie der Grenzbegriffe. Ein Beitrag zur Wissenschaftstheorie I. Leipzig/Wien.
KINGSNORTH, P. (2003): Global Attack! Der neue Widerstand gegen die Diktatur der Konzerne. Bergisch Gladbach.
KLEIN, N. (2000): No Logo! Der Kampf der Global Players um Marktmacht. Ein Spiel mit vielen Verlierern und wenigen Gewinnern. München.
KLEIN, N. (2007): Die Schock-Strategie – der Aufstieg des Katastrophenkapitalismus. Ffm.
KLEINSCHMIDT, M. (1913): Versuch einer allgemeinen Theorie des Grenzverfahrens. Diss. Jena.
KOHL, K.-H. (1993): Ethnologie – die Wissenschaft vom kulturell Fremden. München.
KONDRATIEFF, N. (1926): Die langen Wellen der Konjunktur. In: Archiv für Sozialwissenschaft und Sozialpolitik 56. S. 573-609.
KORFF, R. (1996): Globale Integration und lokale Fragmentierung. Das Konfliktpotential von Globalisierungsprozessen. In: L. Clausen (Hg.): Gesellschaften im Umbruch. Verhandlungen des 27. Kongresses der Deutschen Gesellschaft für Soziologie in Halle an der Saale 1995. S. 309-323. Ffm./NY.
KRAPPMANN, L. (1971): Soziologische Dimensionen der Identität. Stuttgart.
KRECKEL, R. (1992): Politische Soziologie der sozialen Ungleichheit. Ffm./NY.
KUCKENBURG, M. (2004): Wer sprach das erste Wort? Die Entstehung der Schrift. Stuttgart.
KUHN, T. S. (1970): The Structure of Scientific Revolutions. 2. Auflage. Chicago.
LANE, F. (1979): Profits from Power. Readings in Protection Rent and Violence Controlling Enterprises. Albany.
LECHNER, F. J./BOLI, J. (HG.) (2004): The Globalization Reader. 2. Auflage. Oxford/Malden/Carlton.
LECHNER, G. (2003): Ist die Erlebnisgesellschaft in Chemnitz angekommen? Von feinen Unterschieden zwischen Ost und West. Opladen.

LEGGEWIE, C. (2003): Die Globalisierung und ihre Gegner. München.
LUHMANN, N. (1975): Die Weltgesellschaft. In: Ders.: Soziologische Aufklärung 2. Aufsätze zur Theorie der Gesellschaft. S. 51-71. Opladen.
LUHMANN, N. (1984): Soziale Systeme. Ffm.
LUHMANN, N. (1989): Die Wirtschaft der Gesellschaft. 2. Auflage. Ffm.
LUHMANN, N. (1997): Die Gesellschaft der Gesellschaft. Ffm.
LUHMANN, N. (1997a): Die Kunst der Gesellschaft. Ffm.
LUTZ, B. (1989): Der kurze Traum immerwährender Prosperität. Ffm./NY.
LUXEMBURG, R. (1967/8): Die Akkumulation des Kapitals. Deutsche Erstausgabe 1913. Amsterdam.
MAC KENZIE, M. J. (1998): Amerikanische Sportindustrie auf dem Weg der Globalisierung. In: Trosien, G. (Hg.): Globalisierung und Sport. Business, Entertainment, Trends. S. 35-45. Aachen.
MANDER, J./GOLDSMITH, E. (HG.) (2002): Schwarzbuch Globalisierung. Eine fatale Entwicklung mit vielen Verlierern und wenigen Gewinnern. München.
MARTIN, B. (2006): „Erleuchtete Regierung": Japan in der Meijizeit. In: Die Zeit (Hg.): Welt- und Kulturgeschichte. Bd. 12. S. 380-394. Hamburg.
MARTIN, H.-P./SCHUMANN, H. (1996): Die Globalisierungsfalle. Der Angriff auf Demokratie und Wohlstand. Reinbek.
MARX, K. (1972): Das Kapital. 1. Bd. In: Marx-Engels-Werke; Bd. 23. Deutsche Erstausgabe 1867. Berlin.
MEAD, G. H. (1968): Geist, Identität und Gesellschaft aus der Sicht des Sozialbehaviourismus. Ffm.
MEADOWS, D. (1972): Die Grenzen des Wachstums. Bericht des Club of Rome zur Lage der Menschheit. Stuttgart.
MERTON R. K. (1949): Pattern of Influence: A Study of Interpersonal Influence and Communications Behaviour in a Local Community. In: Lazarsfeld, P. F./Staunton, F. (Hg.): Communications Research. Deutsche Übersetzung in: Ders. (1995): Soziologische Theorie und Soziale Struktur. Berlin/N.Y.: S. 367ff.
MERZ-BENZ, U./WAGNER, G. (HG.) (2002): Der Fremde als sozialer Typ. Konstanz.
MIEGEL, M. (1983): Die verkannte Revolution. Stuttgart.
MINTZEL, A. (1997): Multikulturelle Gesellschaften in Europa und Nordamerika. Passau.
MITTELSTRAß, J. (HG.) (1995): Enzyklopädie Philosophie und Wissenschaftstheorie. 4 Bde. Stuttgart.
MITTELSTRAß, J. (1995): Stichwort Grenzbegriff. In: Ders.: Enzyklopädie Philosophie und Wissenschaftstheorie. Bd. 1. S. 814. Stuttgart.
MÜNCH, R. (1988): Theorie des Handelns. Zur Rekonstruktion der Beiträge von Talcott Parsons, Emile Durkheim und Max Weber. Taschenbuchausgabe. Ffm.
MÜNCH, R. (2004): Soziologische Theorie. Band 3: Gesellschaftstheorie. Ffm./NY.
MÜLLER, K. (2006): Eine „Welt hinter Mauern": Das Schogunat der Tokugawa. In: Die Zeit (Hg.): Welt- und Kulturgeschichte. Bd. 11. S. 221-229. Hamburg.

Literaturverzeichnis 245

MÜLLER-JENTSCH, W. (2005): Das Kunstsystem und seine Organisationen oder die fragile Autonomie der Kunst. In: Jäger, W./Schimank, U. (Hg.): Organisationsgesellschaft. Facetten und Perspektiven. S. 186-223. Wiesbaden.

NAUCK, B. (2001): Generationenbeziehungen und Heiratsregimes – theoretische Überlegungen zur Struktur von Heiratsmärkten und Partnerwahlprozessen am Beispiel der Türkei und Deutschlands. In: Klein, T. (Hg.): Partnerwahl und Heiratsmuster. S. 35-55. Opladen.

NEEDHAM, J. (1993): Wissenschaftlicher Universalismus. 3. Auflage. Ffm.

NELSON, B. (1986): Der Ursprung der Moderne. Vergleichende Studien zum Zivilisationsprozeß. Ffm.

NIETZSCHE, F. (1887): Zur Genealogie der Moral. Eine Streitschrift. Leipzig.

NISSEN, H. (1990): Grundzüge einer Geschichte der Frühzeit des Vorderen Orients. Darmstadt.

OSTERHAMMEL, J. (2006): Demütigung und Niedergang: China zur Zeit der ungleichen Verträge. In: Die Zeit (Hg.): Welt- und Kulturgeschichte. Bd. 12. S. 352-362. Hamburg.

OSTERLAND, M./DEPPE, W./GERLACH, F. u.a. (1973): Materialien zur Lebens- und Arbeitssituation der Industriearbeiter in der BRD. Ein Forschungsbericht. Ffm.

OSTNER, I. (1978): Beruf und Hausarbeit. Die Arbeit der Frau in unserer Gesellschaft. Ffm./NY.

PARK, R. E. (1928): Human Migration and the Marginal Man. In: AJS 33. S. 881-893.

PARK, R. E. (2002): Migration und Randseiter. In: Merz-Benz, U./Wagner, G. (Hg.): Der Fremde als sozialer Typ. S. 55-71. Konstanz.

PARSONS, T./SMELSER, N. (1956): Economy and Society. London.

PARSONS, T. (1975): Gesellschaften. Evolutionäre und komparative Perspektiven. Ffm.

PARSONS, T. (1996): Das System moderner Gesellschaften. 4. Auflage. München.

PERRY, W. J. (1923): The Children of the Sun. London.

PIORE, M./SABEL, C. (1989): Das Ende der Massenproduktion. Ffm.

POHL, M. (1997): Historische Entwicklung. In: Informationen zur politischen Bildung. Nr. 255. S. 6-11. Bonn.

POLANYI, K. (1966): Dahomey and the Slave-Trade: An Analysis of an Archaic Economy. Seattle/Washington.

POLANYI, K. (1977): The Great Transformation. Politische und ökonomische Ursprünge von Gesellschaftssystemen. Wien.

POLANYI, K. (1979): Ökonomie und Gesellschaft. Ffm.

POLLACK, D. (2000): Wiederkehr des Religiösen? Neue religiöse Bewegungen im Kontext des religiösen und gesellschaftlichen Wandels. In: Sociologica Internationalis 38. S. 13-44.

POLLACK, D./PICKEL, G. (2003): Deinstitutionalisierung des Religiösen und religiöse Individualisierung in Ost- und Westdeutschland. In: KZfSS 55. S. 447-474.

PUTZGER, F. W. (1954): Historischer Schulatlas. Bielefeld/Berlin/Hannover.

REICH, R. (1993): Die neue Weltwirtschaft. Berlin.

REINHARD, W. (1999): Geschichte der Staatsgewalt. Eine vergleichende Verfassungsgeschichte Europas von den Anfängen bis zur Gegenwart. München.

RICHTA, R. UND KOLLEKTIV (1968): Zivilisation am Scheideweg (Richta-Report). Prag.
RIESEBRODT, M. (2000): Die Rückkehr der Religion. Fundamentalismus und der „Kampf der Kulturen". München.
RIESMAN, D./DENNEY, R./GLAZER, N. (1958): Die einsame Masse. Reinbek.
RIFKIN, J. (1996): Das Ende der Arbeit und ihre Zukunft. Ffm./NY.
RITTER, G. A. (HG.) (1979): Arbeiterkultur. Königstein.
ROBERTSON, R. (1992): Globalization. Social Theory and Global Culture. Newbury Park/London/New Dehli.
ROSENAU, J. N. (1997): Along the Domestic-Foreign Frontier. Exploring Governance in a Turbulent World. Cambridge.
ROTHERMUND, D. (2006): Unter den Vizekönigen: Die Anfänge der britischen Kolonialherrschaft. In: Die Zeit (Hg.): Welt- und Kulturgeschichte. Bd. 11. S. 149-157. Hamburg.
ROTHKIRCH, C. V./WEIDIG, I./PROGNOS AG (1986): Zum Arbeitskräftebedarf nach Qualifikationen bis zum Jahr 2000. In: BeitrAB. Bd. 95. Nürnberg.
SAPIR, E. (1921): Language: An Introduction to the Study of Speech. NY.
SASSEN, S. (1996): Metropolen des Weltmarkts. Die neue Rolle der Global Cities. Ffm./NY.
DE SAUSSURE, F. (1967): Grundlagen der allgemeinen Sprachwissenschaft. Berlin.
SCHELLHAAß, H. M./MAY, F. C. (2003): Die ökonomischen Institutionen des Spielermarktes im Fußballsport – Eine Analyse des FIFA-Transferreglements. In: Dietl, H. M. (Hg.): Globalisierung des wirtschaftlichen Wettbewerbs im Sport. Sportökonomie 5. S. 235-258. Schorndorf.
SCHIMANK, U. (1988): Die Entwicklung des Sports zum gesellschaftlichen Teilsystem. In: Mayntz, R./Rosewitz, B./Schimank, U./Stichweh, R. (Hg.): Differenzierung und Verselbständigung. Zur Entwicklung gesellschaftlicher Teilsysteme. S. 181-232. Ffm./NY.
SCHIMANK, U. (1996): Theorien gesellschaftlicher Differenzierung. Opladen.
SCHIMANK, U. (2006): Teilsystemische Autonomie und politische Gesellschaftssteuerung. Wiesbaden.
SCHMIDT, W. (1926-1949): Der Ursprung der Gottesidee. Münster.
SCHUMPETER, J. A. (1993): Theorie der wirtschaftlichen Entwicklung. Eine Untersuchung über Unternehmergewinn, Kapital, Kredit, Zins und den Konjunkturzyklus. 8. Auflage. Berlin.
SCHUMPETER, J. A. (1993a): Kapitalismus, Sozialismus und Demokratie. 7. Auflage (1. Aufl. 1950). Tübingen/Basel.
SCHÜTZ, A. (1944): The Stranger. An Essay in Social Psychology. In: AJS 49. S. 499-507.
SCHÜTZ, A. (1972): Der Fremde. Ein sozialpsychologischer Versuch. In: Ders.: Gesammelte Aufsätze, Bd. 2. S. 53-69. Den Haag.
SCHÜTZ, A. (1972a): Gesammelte Aufsätze, Bd. 2: Studien zur soziologischen Theorie. Den Haag.
SEITZ, K. (2006): China. Eine Weltmacht kehrt zurück. Taschenbuchausgabe. München.
SEN, A. (2007): Die Identitätsfalle. Warum es keinen Krieg der Kulturen gibt. München.
SESTON, W. (1963): Verfall des Römischen Reiches im Westen. Die Völkerwanderung. In: Mann, G./Heuß, A. (Hg.): Propyläen Weltgeschichte. Band 4. S. 487-603. Berlin/Ffm.
SIMMEL, G. (1991): Philosophie des Geldes. Gesamtausgabe. Bd. 6. 2. Auflage. Ffm.

SIMMEL, G. (1992): Soziologie. Untersuchungen über die Formen der Vergesellschaftung. Gesamtausgabe, Bd. 11. Dt. Erstausgabe 1908. Ffm.
SHIMADA, S. (1994): Grenzgänge – Fremdgänge. Japan und Europa im Kulturvergleich. Ffm./NY.
SINGER, K. (1996): Spiegel, Schwert und Edelstein. Strukturen des japanischen Lebens. Einmalige Sonderausgabe. Ffm.
SIU, P. C. P. (1952): The Sojourner. In: AJS 58. S. 34-44. Hier zitiert nach der deutschen Übersetzung in: Merz-Benz, U./Wagner, G. (Hg.) (2002): Der Fremde als sozialer Typ. S.111-137. Konstanz.
SMITH, A. (1978): Der Wohlstand der Nationen. Eine Untersuchung seiner Natur und seiner Ursachen. Engl. Original erstmals 1776. Taschenbuchausgabe. München.
SMITH, G. E. (1928): In the Beginning. The Origin of Civilization. NY.
SODEN, W. V. (1961): Sumer, Babylon und Hethiter bis zur Mitte des zweiten Jahrtausends. In: Mann, G./Heuß, A. (Hg.): Propyläen Weltgeschichte. 1. Band. S. 523-609. Berlin/Ffm.
SOROS, G. (2000): Die Krise des globalen Kapitalismus. Offene Gesellschaft in Gefahr. Ffm.
SOROS, G. (2001): Die offene Gesellschaft. Für eine Reform des globalen Kapitalismus. Berlin.
SPENCER BROWN, G. (1972): Laws of Form. NY.
STAHL, M. (2003): Gesellschaft und Staat bei den Griechen: Archaische Zeit. Paderborn/München/Zürich.
STARK, R./IANNACCONE, L. R. (1994): A Supply-Side Reinterpretation of the Secularization of Europe. In: Journal of the Scientific Study of Religion 338. S. 230-252.
STICHWEH, R. (1988): Differenzierung des Wissenschaftssystems. In: Mayntz, R./Rosewitz, B./Schimank, U./Stichweh, R. (Hg.): Differenzierung und Verselbständigung. Zur Entwicklung gesellschaftlicher Teilsysteme. S. 45-115. Ffm./NY.
STICHWEH, R. (1990): Sport – Ausdifferenzierung, Funktion, Code. In: Sportwissenschaft 20. S. 373-389.
STICHWEH, R. (1995): Sport und Moderne. In: Hinsching, J./Borkenhagen, J. (Hg.): Modernisierung und Sport. Jahrestagung der dvs-Sektion Sportsoziologie vom 14.-16.9.1994 in Greifswald. Schriften der deutschen Vereinigung für Sportwissenschaft 67. S. 13-27. Sankt Augustin.
STICHWEH, R. (1999): Globalisierung von Wirtschaft und Wissenschaft: Produktion und Transfer wissenschaftlichen Wissens in zwei Funktionssystemen der modernen Gesellschaft. In: Soziale Systeme. Zeitschrift für soziologische Theorie 5. H. 1. S. 27-39.
STICHWEH, R. (2000): Die Weltgesellschaft. Soziologische Analysen. Ffm.
STICHWEH, R. (2000a): Globalisierung der Wissenschaft und die Region Europa. In: Ders.: Die Weltgesellschaft. Soziologische Analysen. S. 103-129. Ffm.
STICHWEH, R. (2000b): Globalisierung der Wissenschaft und die Rolle der Universität. In: Ders.: Die Weltgesellschaft. Soziologische Analysen. S. 130-145. Ffm.
STICHWEH, R. (2000c): Von der „Peregrinatio Academica" zur globalen Migration von Studenten. Nationale Kultur und funktionale Differenzierung als Leitthemen. In: Ders.: Die Weltgesellschaft. Soziologische Analysen. S. 146-169. Ffm.

STICHWEH, R. (2000d): Gibt es eine „Weltpolitik" der „Weltwissenschaft"? In: Ders.: Die Weltgesellschaft. Soziologische Analysen. S. 170-183. Ffm.
STICHWEH, R. (2001): Die moderne Universität in einer globalen Gesellschaft. In: Stölting, E./ Schimank, U. (Hg.): Die Krise der Universitäten. Leviathan, Sonderheft 20/2001. S. 346-358. Wiesbaden.
STICHWEH, R. (2003): Genese des globalen Wissenschaftssystems. In: Soziale Systeme. Zeitschrift für soziologische Theorie 9. H. 1. S. 3-26.
STIGLITZ, J. (2002): Die Schatten der Globalisierung. Berlin.
STÖHR, W. (1991): Mana und Tabu – Die ozeanischen Religionen. In: Eliade, M. (Hg.): Geschichte der religiösen Ideen. Bd. 3/2. S. 143-183. Freiburg.
TENBRUCK, F. (1984): Emile Durkheim oder die Geburt der Gesellschaft aus dem Geist der Soziologie. In: ZfS. 10. Jg. S. 333-350.
THORSBY, D. C. (1994): The Production and Consumption of the Arts: A View of Cultural Economics. In: Journal of Economic Literature. Vol. 32 (1). S. 1-29.
TROSIEN, G. (HG.) (1998): Globalisierung und Sport. Business, Entertainment, Trends. Aachen.
TROTHA, T. V. (1994): Koloniale Herrschaft. Tübingen.
TSCHAJANOV, A. (1987): Die Lehre von der bäuerlichen Wirtschaft. Versuch einer Theorie der Familienwirtschaft im Landbau. Nachdruck der deutschen Ausgabe von 1923 mit einer Einleitung von Gerd Spittler. Ffm./NY.
TYLOR, E. B. (1871): Primitive Culture: Researches into the Development of Mythology, Philosophy, Language, Art and Custom. London.
DE WAAL, F. (1991): Wilde Diplomaten. Versöhnung und Entspannungspolitik bei Affen und Menschen. München/Wien.
VOß, G./RIEDER, K. (2005): Der arbeitende Kunde. Ffm./NY.
WALLERSTEIN, I. (1974): The Modern World-System I. San Diego.
WALLERSTEIN, I. (1980): The Modern World-System II. Mercantilism and the Consolidatition of the European World-Economy. Boston/San Diego.
WEBER, M. (1972): Wirtschaft und Gesellschaft. 5. Auflage. Tübingen.
WEBER, M. (1988): Der Sozialismus. In: Ders.: Gesammelte Aufsätze aus Soziologie und Sozialpolitik. 2. Auflage. Tübingen.
WEX, TH. (1999): Nonprofit-Organisationen im Globalisierungsprozeß – Modernisierung als Assimilation an den Marktsektor? In: Brose, H.-G./Voelzkow, H. (Hg.): Institutioneller Kontext wirtschaftlichen Handelns und Globalisierung. S. 173-204. Marburg.
WHITEHEAD, A. N. (1988): Wissenschaft und moderne Welt. Ffm.
WOLL, A. (1971): Allgemeine Volkswirtschaftslehre. 3. Auflage. München.
WOLMAN, W./COLAMOSCA, A. (1998): Der Verrat an der Arbeit. Bern/München/Wien.
ZANGGER, E. (1994): Ein neuer Kampf um Troja. München.
ZILSEL, E. (1985): Die sozialen Ursprünge der neuzeitlichen Wissenschaft. 2. Auflage. Ffm.
ZÜRN, M. (1996): Über den Staat und die Demokratie im europäischen Mehrebensystem. In: Politische Vierteljahreszeitschrift. Jg. 37. H. 1. S. 27-55.
ZÜRN, M. (1998): Regieren jenseits des Nationalstaates. Ffm.
ZÜRN, M. (1998a): Schwarz-Rot-Grün-Braun: Reaktionsweisen auf Denationalisierung. In: Beck, U. (Hg.): Politik der Globalisierung. S. 297-330. Ffm.

Literaturverzeichnis 249

Internetquellen

Bundeszentrale für politische Bildung (Stand 22.07.2007): Online im Internet:
http://www.bpb.de/wissen/NCKKFH,0,0,Kunstmarkt.html
Wikipedia (Stand 04.08.2007): IOC. Online im Internet:
http://de.wikipedia.org/wiki/IOC
Wikipedia (Stand 04.08.2007): Bosman-Urteil. Online im Internet:
http://de.wikipedia.org/wiki/Bosman-Entscheidung
Capital (Stand 22.07.2007). Online im Internet:
www.capital.de

Sachregister

Abschlussgrenzen 13, 20f., 122, 125, 129, 131, 133, 135, 138, 155, 170f., 190ff., 224f., 232, 236f.
Abschmelzen der Mittelschichten 64
Alphabetisierung 31
Amerikanisierung 203, 210f., 214
Arbeiter, globalisierte 62
Arbeitsteilung, internationale 28, 34, 64
Arbeitsteilung, internationale wirtschaftliche 26f., 29, 33f.
Arbeitsteilung, manufaktureller 37
Atlantislegende 134
Ausbau wohlfahrtsstaatlicher Elemente 42
Austausch, internationaler 27f., 153, 159, 195, 229
Austausch, zwischengesellschaftlicher 14f.
Ausweitung der politischen Partizipation 42

Bastelidentität 136
Bastelreligion 136
Bedeutungsverlust der Produktion 52
Beobachter 128, 217, 221, 225
Beschleunigung des Globalisierungstempos 45
Beziehungen, zwischengesellschaftliche 12f., 16f.
Bildungsrevolution 31, 41
Bürgerarbeit 97ff.

Demokratie 31, 36, 69, 72, 86, 89, 101f., 113, 186
Demokratische Revolution 31
Denationalisierung 10ff.
Dienstleistungen, einfache 62, 99
Differenzierung zwischen Politik und gesellschaftlicher Gemeinschaft 31

Differenzierung zwischen Wirtschaft und Politik 31f., 36
Diffusion, globale 217
Disziplinargesellschaft 108
Dritte Welt 46, 63
Durchsetzung neuer Kombinationen von Produktionsfaktoren 38
Dynamisierung 19, 55, 60, 185

Effektivitätsprobleme 25
Effizienzdruck 8
Eingriffe in das wirtschaftliche Kalkül 58
Empire 108
Entgrenzung 20f., 197f., 200
Entlohnung von Nichtarbeit 59
Entwicklung, abhängige 28
Entwicklung, ungleiche 28
Entwicklung, wirtschaftliche 38, 41, 43
Erwerbswirtschaft 36, 78f.
Expansion des Bildungssystems 42
Export der Beschäftigung 65

Fairer Handel 94
Fernstensolidarität 114
Fertigungsnetzwerk 49
Fertigungstiefe, betriebliche 48f.
Finanzierung sozialer Sicherungssysteme 71
Finanzplätze, internationale 54
Flexibilität gegenüber dem Arbeitsmarkt, neue 49
Frage, soziale 84ff.
Fremde, der 12f., 17, 20, 157ff., 170
Fundamentalkritik, antikapitalistische 107
Fusion 21, 190, 198ff, 205, 232, 234, 237

Gemeinsame ökologische
  Verantwortlichkeit 234
GEPA 94
Gesellschaft 7, 12ff., 30, 37, 41, 63, 69
Gesellschaft, arbeitsteilige 78
Gesellschaft, bürgerliche 30
Gesellschaft, moderne 30, 33, 36, 41, 59, 76, 81f., 110, 154, 174, 203, 217
Gesellschaft, stratifizierte 191
Gewaltmonopol 87, 111, 179, 198, 232f.
Gleichberechtigung der Geschlechter 42
Global 7, 10ff., 19, 21ff., 46, 49ff., 67, 84, 88ff., 111, 113, 115, 129, 138, 162, 167f., 180, 201, 204, 214, 223ff., 232ff.
Global governance 76, 89ff., 106, 111
Globalisierung 7ff., 29, 38, 40, 45, 47, 49, 54f., 59f., 64f., 69, 72, 75ff., 86, 92, 98, 100ff., 113ff., 129, 132f., 138, 141, 144, 153, 167, 174ff., 200ff., 214ff.
Globalisierung, kulturelle 20, 76f., 113, 118ff., 131ff., 141, 143, 147, 151, 155ff., 169
Globalisierung, wirtschaftliche 8ff., 19, 24, 30, 34, 37, 43, 45, 54f., 61, 66, 72, 75ff., 92, 102, 105, 109, 116, 121, 147, 196, 201, 228ff.
Globalisierungsdiskurse 9, 18, 118
Globalisierungskritik 18, 103ff., 181
Globalisierungskritiker 8, 73, 105, 109ff., 181
Global players 18, 48, 212
Grenzen 9, 13f., 17, 19ff., 55, 63, 67, 78, 88, 108f., 122, 133, 165, 169f., 175, 178, 184, 188, 190, 196f., 205f., 214, 232ff.
Grenzen, nationalstaatliche 11, 51, 90, 105, 133, 206, 214ff.
Grenzen soziale 11, 20f., 177, 184ff., 197ff., 202, 224, 237
Großbritannien 31, 34ff., 221

Handel 14, 16, 28ff., 34, 38, 66f., 72, 94f., 111, 121, 148, 154, 159, 175, 228, 230
Handelsbeziehungen 24, 26, 34, 37, 94, 159

Hauswirtschaft 78ff., 84, 196
Hegemonialmacht 31, 34ff.

Ideenökonomie 51, 53
Imperien 25f., 33, 76, 149
Industrialisierung 36f., 43, 48, 52, 56, 58, 60, 144, 179, 180
Industriegesellschaft 37, 166
Innovationen die Quelle ökonomischer Wertschöpfung 52
Innovationspotential 38, 43
Interkulturalität 153, 157

Kampf der Kulturen 138
Katholische Kirche 108f.
Knappheit der Kollektivgüter 47
Kollektivgüter 30, 47, 113
Kollektivgüter, globale 113
Kolonialisierung 32, 147ff.
Kolonien 32f., 87, 149, 162
Kopplung, strukturelle 57f., 79, 81, 126, 172, 197, 209
Kosmopolit 119, 132f., 157, 168f., 176f.
Kulturelemente, intergesellschaftliche 133
Kulturkreise 91f., 138, 142
Kulturkreislehre 134
Kunstmarkt, internationaler 220

Labouring Poor 101
Landkarte, kognitive 149
Liberalisierung 46, 60, 88, 106, 226
Liberalismus 8, 110, 142, 159
Lohneinkommen 82ff., 110

Marginal man 163f.
Markt für staatliche Protektion 47
Marxismus 8, 142, 181
Massenarbeitslosigkeit 64, 71, 101f.
Masseneinkommen 70, 72, 83, 85
Mechanismen ungleicher und abhängiger Entwicklung 28
Metropolen 69, 120, 146
Migrant, der 20, 157, 160, 164

Sachregister

Miteinander, soziales 127, 175
Mittelklasse, neue 64
Mittelsmänner, strategische 62
Modernisierung, gesellschaftliche 29
Möglichkeiten für Unternehmen, neue dispositive 49
Monetarisierung 32
Monotheismus 134
Multikulturalismus 119, 121

Nationalisierung 11, 205, 215
Netzwerke, transnationale 19, 113
Nichtregierungsorganisationen (NGO's) 19, 76, 98, 103, 111ff., 174, 235
Niederlande 24, 28f., 31, 35f., 104
Niedriglohn 51, 63, 70f.
Nord-Süd-Gefälle 51

Organisationsformen, effiziente 43

Peripherie 27ff., 37, 45ff., 65, 68, 162, 217f.
Personen, juristische 88, 225, 228
Praxis, ritualisierte 13
Primat der Politik 25
Privatwirtschaft 8, 80ff., 96, 98, 110, 180
Problemidentifizierer 53, 62
Problemlöser 53, 62
Produktionsverhältnisse, vormoderne 32, 46, 108
Protektionsrenten-Theorem 40f., 83

Realeinkommen 58, 69
Regime, politökonomisches 42f.
Resonanz, innergesellschaftliche 16
Revolution, industrielle 30
Rotes Kreuz 112
Routineproduktion 63, 99
Routinetätigkeit 62, 70

Säkularisierung 141f.
Schlüsseltechnologien 38ff., 43, 70, 85
Schwellenländer 65ff.
Scientific Communities 216, 218

Semiperipherie 27, 29
Sicherungssystem, soziales 42, 59, 64, 71f., 83, 98
Souveränität 86ff., 144
Sozialabbau 8
Sozialbeziehungen, zwischengesellschaftliche 15, 17
Sozialeinkommen 99f.
Sozialstruktur 13, 27, 128, 130, 148, 151, 162, 166, 190ff.
Spezialisierung 14, 49, 68, 78, 112, 183, 218, 225
Spheres of authority 114
Sport 21, 98, 128f., 202ff., 223ff., 231, 236
Sportökonomie 210
Sportsystem 128, 202, 205ff., 214, 226, 236
Staatengemeinschaft 106, 112
Staatsinterventionismus 42
Staatswirtschaft 80ff.
Ständegesellschaft 92
Steigerung der Unternehmerfunktion, reflexive 55
Steuermonopol 87
Stoppregeln 55, 57, 59, 73
Subsidiaritätsprinzip 90, 92, 233
Systeme, politische 10, 31, 41ff., 50, 55, 72, 76f., 80, 83, 86ff., 92, 113, 174, 224, 232f.

Terms of trade 27, 67
Territorialität 86f.
Theorie der langen Wellen 39f., 52, 60, 70
Theorie internationaler Arbeitsteilung 66
Thomas-Theorem 9
Transferleistungen 41, 100
Transport- und Kommunikationstechnologien, neue 9
Turbokapitalismus 9, 76

Überfluss in komplexen Wirtschaftssystemen 56
Übergang von Massen- auf Qualitätsproduktion 49
Umweltzerstörung 8

Ungleichheit der Produktionsverhältnisse 27
Ungleichheit zwischen Staaten 27

Verantwortung, soziale 8, 110
Verbreitungsmedien 9, 14ff., 121, 155ff., 164, 172, 182, 186, 225
Verlagerung in strukturschwache Regionen 51
Verlierer 65, 68, 100, 103, 105, 146
Vermittler, strategische 53

Wahlrecht 31, 41f., 72, 83, 86, 92
Wandel, sozialer 166, 190, 197
Weltgesellschaft 12, 22, 120, 131, 133, 183, 187, 197, 200, 202f., 223
Weltschicksalsgemeinschaft 179, 180, 234
Weltstaat 21, 77, 201, 223, 231ff., 238
Weltverständnis 13, 126f., 132, 149ff., 158, 166, 190ff., 196
Werkzeugmaschinen 30, 37, 44

Wertschöpfung 37f., 56, 62, 228
Wertschöpfung, wirtschaftliche 37, 39, 52f., 56, 62f.
Wettbewerb 8, 26, 30, 35, 40, 43, 47, 68, 180, 205, 210, 225, 227
Wettbewerbsdruck, internationaler 68f., 179
Wirtschaftsraum, gemeinsamer 89, 92
Wirtschaftssysteme, redistributive 80
Wissensarbeiter 61ff., 69, 162
Wissenschaftssystem 195, 202, 215ff.
Wohlfahrtsstaat 60, 64, 69, 72, 83ff., 100

Zähmung des Kapitalismus 56, 60, 73, 76, 107
Zentrum 27ff., 34ff., 46, 65, 68, 80, 121, 145, 185, 217, 221
Zentrumsstaaten 31, 34ff., 50, 64f., 69, 72, 85, 95, 179, 228
Zivilgesellschaften 10, 17, 19, 22, 24, 75f., 92ff., 97, 100ff., 116, 174

Lehrbücher

Heinz Abels
Einführung in die Soziologie
Band 1: Der Blick auf die Gesellschaft
3. Aufl. 2007. 402 S. Br. EUR 24,90
ISBN 978-3-531-43610-4

Band 2: Die Individuen in ihrer Gesellschaft
3. Aufl. 2007. 434 S. Br. EUR 24,90
ISBN 978-3-531-43611-1

Andrea Belliger / David J. Krieger (Hrsg.)
Ritualtheorien
Ein einführendes Handbuch
3. Aufl. 2006. 483 S. Br. EUR 34,90
ISBN 978-3-531-43238-0

Nicole Burzan
Soziale Ungleichheit
Eine Einführung in die zentralen Theorien
2. Aufl. 2005. 210 S. Br. EUR 17,90
ISBN 978-3-531-34145-3

Paul B. Hill / Johannes Kopp
Familiensoziologie
Grundlagen und theoretische Perspektiven
4., überarb. Aufl. 2006. 372 S.
Br. EUR 28,90
ISBN 978-3-531-53734-4

Wieland Jäger / Uwe Schimank (Hrsg.)
Organisationsgesellschaft
Facetten und Perspektiven
2005. 591 S. Br. EUR 26,90
ISBN 978-3-531-14336-1

Hermann Korte
Einführung in die Geschichte der Soziologie
8., überarb. Aufl. 2006. 235 S.
Br. EUR 16,90
ISBN 978-3-531-14774-1

Stefan Moebius / Dirk Quadflieg (Hrsg.)
Kultur. Theorien der Gegenwart
2006. 590 S. Br. EUR 26,90
ISBN 978-3-531-14519-8

Bernhard Schäfers /
Johannes Kopp (Hrsg.)
Grundbegriffe der Soziologie
9., grundl. überarb. und akt. Aufl. 2006.
373 S. Br. EUR 16,90
ISBN 978-3-531-14686-7

Erhältlich im Buchhandel oder beim Verlag.
Änderungen vorbehalten. Stand: Juli 2007.

www.vs-verlag.de

VS VERLAG FÜR SOZIALWISSENSCHAFTEN

Abraham-Lincoln-Straße 46
65189 Wiesbaden
Tel. 0611.7878-722
Fax 0611.7878-400

Lehrbücher

Stefan Hradil
Die Sozialstruktur Deutschlands im internationalen Vergleich
2. Aufl. 2006. 304 S. Br. EUR 24,90
ISBN 978-3-531-14939-4

Stefan Hradil
Soziale Ungleichheit in Deutschland
8. Aufl. 2001. 545 S. Br. EUR 14,90
ISBN 978-3-8100-3000-9

Holger Lengfeld
Organisierte Ungleichheit
Wie Organisationen Lebenschancen beeinflussen
2007. 345 S. (Hagener Studientexte zur Soziologie) Br. EUR 26,90
ISBN 978-3-531-15232-5

Bernhard Miebach
Organisationstheorie
Problemstellung – Modelle – Entwicklung
2007. 222 S. (Soziologische Theorie)
Br. EUR 14,90
ISBN 978-3-531-14986-8

Bernhard Miebach
Soziologische Handlungstheorie
Eine Einführung
2., grundl. überarb. und akt. Aufl. 2006.
475 S. Br. EUR 27,90
ISBN 978-3-531-32142-4

Peter Preisendörfer
Organisationssoziologie
Grundlagen, Theorien und Problemstellungen
2005. 196 S. Br. EUR 16,90
ISBN 978-3-531-14149-7

Bernhard Schäfers / Albert Scherr
Jugendsoziologie
Einführung in Grundlagen und Theorien
8., umfassend akt. und überarb. Aufl.
2005. 204 S. Br. EUR 12,90
ISBN 978-3-531-14685-0

Reinhold Sackmann
Lebenslaufanalyse und Biografieforschung
Eine Einführung
2007. 230 S. (Studienskripten zur Soziologie) Br. EUR 19,90
ISBN 978-3-531-14805-2

Albert Scherr (Hrsg.)
Soziologische Basics
Eine Einführung für Pädagogen und Pädagoginnen
2006. 203 S. Br. EUR 14,90
ISBN 978-3-531-14621-8

Annette Treibel
Einführung in soziologische Theorien der Gegenwart
7., akt. Aufl. 2006. 315 S. Br. EUR 17,90
ISBN 978-3-531-15177-9

Erhältlich im Buchhandel oder beim Verlag.
Änderungen vorbehalten. Stand: Juli 2007.

www.vs-verlag.de

VS VERLAG FÜR SOZIALWISSENSCHAFTEN

Abraham-Lincoln-Straße 46
65189 Wiesbaden
Tel. 0611.7878-722
Fax 0611.7878-400

MIX
Papier aus verantwortungsvollen Quellen
Paper from responsible sources
FSC® C105338

If you have any concerns about our products,
you can contact us on
ProductSafety@springernature.com

In case Publisher is established outside the EU,
the EU authorized representative is:
**Springer Nature Customer Service Center GmbH
Europaplatz 3, 69115 Heidelberg, Germany**

Printed by Libri Plureos GmbH
in Hamburg, Germany